ARBEITEN AUS DEM
INSTITUT FÜR AFRIKA-KUNDE

61

Rolf Hasse
Elisabeth Zeil-Fahlbusch
(Hrsg.)

BOTSWANA

Entwicklung am Rande der Apartheid

INSTITUT FÜR AFRIKA-KUNDE

im Verbund der Stiftung Deutsches Übersee-Institut

Hasse, Rolf ; Zeil-Fahlbusch, Elisabeth (Hrsg.):
Botswana : Entwicklung am Rande der Apartheid. -
Hamburg : Institut für Afrika-Kunde, 1989.
(Arbeiten aus dem Institut für Afrika-Kunde ; 61)
ISBN 3-923519-86-9

VERBUND STIFTUNG DEUTSCHES ÜBERSEE-INSTITUT

Das Institut für Afrika-Kunde bildet mit anderen, überwiegend regional ausgerichteten Forschungsinstituten den Verbund der Stiftung Deutsches Übersee-Institut.
Dem Institut für Afrika-Kunde ist die Aufgabe gestellt, die gegenwartsbezogene Afrikaforschung zu fördern. Es ist dabei bemüht, in seinen Publikationen verschiedene Meinungen zu Wort kommen zu lassen, die jedoch grundsätzlich die Auffassung des jeweiligen Autors und nicht des Instituts für Afrika-Kunde darstellen.

Hamburg 1989
ISBN 3-923519-86-9

I

INHALTSVERZEICHNIS

II

Abkürzungsverzeichnis

AAC	Anglo American Corporation of South Africa
ACDO	Assistant Community Development Officer
AD	Agricultural Demonstrator
AECI	African Explosives & Chemicals Industries, Südafrika
ALDEP	Arable Lands Development Programm
ANC	African National Congress of South Africa
BAC	Botswana Agricultural College
BAMB	Botswana Agricultural Marketing Board
BCL	Bamangwato Concessions Limited
BCR	Botswana Council of Refugees
BDC	Botswana Development Corporation
BDP	Botswana Democratic Party
BEDU	Botswana Enterprises Development Unit
BIP	Botswana Independence Party
BHC	Botswana Housing Corporation
BLS	Botswana, Lesotho, Swaziland
BMC	Botswana Meat Commission
BNF	Botswana National Front
BOTFEP	Botswana Foundation for Education with Production
BP	British Petrolium
BPFP	Bechuanaland Protectorate Federal Party
BPP	Botswana People's Party
BRIDEC	Brigades Development Centre
BSAC	British South Africa Compagny
BSP	Bruttosozialprodukt
CDI	Criminal Investigation Department
CONSAS	Constellation of Southern African States
CSO	Central Statistics Office
CSO	Central Selling Organization
CTO	Central Transport Organization
DC	District Commissioner
DEBSWANA	De Beers Botswana Mining Company
DGFB	Deutsche Gesellschaft der Freunde Botswanas (e.V.)
DO (D)	District Officer (Development)
DO (L)	District Officer (Lands)
EG	Europäische Gemeinschaft
FAP	Financial Assistance Policy
FEP	Foundation for Education with Production
FRELIMO	Frente de Libertacao de Mocambique
GDP	Gross Domestic Product
GTZ	Deutsche Gesellschaft für Technische Zusammenarbeit
HCT	High Commission Territories
IAE	Institute of Adult Education
IWF	Internationaler Währungsfond
JC	Junior Certificate
KRDA	Kweneng Rural Development Association

LMS	London Missionary Society (Anglikanische Kirche)
LWB	Lutherischer Weltbund
MLGL	Ministry of Local Government & Lands
MPLA	Movimento Popular de Libertacao de Angola
NDB	National Development Bank of Botswana
NDP	National Development Plan of Botswana
NIC	Newly Industrializing Country
OAU	Organization of African Unity
OGIL	Open General Import Licence System
PAC	Pan Africanist Congress of Azania
PLO	Palestine Liberation Organization
PS	Permanent Secretary
PTA	Preferential Trade Agreement
RAD	Remote Area Dwellers
RAO	Regional Agricultural Officer
RIDS	Rural Income Distribution Survey
RMA	Rand Monetary Area
RMO	Regional Medical Officer
RNM	Resistencia Nacional de Mocambique (auch Abk. Renamo)
RSA	Republic of South Africa
SACU(A)	Southern African Customs Union (Agreement)
SADCC	Southern African Development Coordination Conference
SADF	South African Defence Force
SHHA	Self Help Housing Agency
SWA	South West Africa/Namibia
SWAPO	South West Africa People's Organization
TFR	Total Fertility Rate
TGLP	Tribal Grazing Land Policy
TTC	Teacher Training College
UB	University of Botswana
UDI	Unilateral Declaration of Independence (Rhodesien)
UNO	Vereinte Nationen
UNHCR	United Nations High Commissioner for Refugees
UNITA	Uniao Nacional Para Independenca Total de Angola
VDC	Village Development Commitee
VTC	Vocational Training Centre
WFP	World Food Programm
WHO	World Health Organization
ZANLA	Zimbabwe African Liberation Army
ZANU (PF)	Zimbabwe African National Union (Patriotic Front)
ZAPU	Zimbabwe African People's Union

Vorwort

Die Idee zu diesem Buch reicht nunmehr vier Jahre zurück. Anläßlich der Berichterstattung in den deutschen Medien über den südafrikanischen Militärüberfall auf Gaborone im Juni 1985 wurde uns deutlich, wie wenig über Botswana, seine Geschichte und seine politisch-wirtschaftliche Stellung im südlichen Afrika bekannt ist. Nur selten wird das Land einer ausführlicheren Analyse für wert befunden. Was es an Buchveröffentlichungen im deutschen Sprachraum gibt, bezieht sich zumeist auf Spezialaspekte, die eher für ein kleines Fachpublikum zugänglich sind. Diese Situation ist umso erstaunlicher, als Botswana einige Einmaligkeiten auf dem afrikanischen Kontinent aufweist.

Wir begriffen den Umstand, in Botswana zu arbeiten und zu leben, als Chance, dieses Informationsdefizit abbauen zu helfen, aber vor allem auch als Ansporn für uns selbst, im gezielten Hinwirken auf eine Publikation mehr über das Land zu lernen, Zusammenhänge aufzuspüren, Entwicklungen genauer nachzugehen und die Kooperation von einheimischen Autoren zu suchen. Das nun vorliegende Ergebnis ist in mancher Hinsicht unzulänglich. Andere Ansätze wären denkbar.

Die meisten der in diesem Band versammelten europäischen Autoren haben sich einige Jahre in Botswana aufgehalten und in ihrem jeweiligen Beruf für den Staat Botswana gearbeitet. Ihnen gemeinsam ist ein persönlicher Bezug und die kritische Sympathie mit dem Land und seiner Bevölkerung.

Die Absicht des Buches war es, eine allgemein verständliche Darstellung Botswanas zu liefern. Aufgrund der Verschiedenheit der formalen Zugangsweise und der fachlichen Voraussetzungen der einzelnen Beiträge kann es nicht streng wissenschaftlichen Anspruch erheben, noch will es Vollständigkeit beanspruchen. Manche Gebiete mußten vernachlässigt werden, anderen wird möglicherweise mehr Raum gegeben als ihnen der einzelne Leser an Bedeutung beimessen mag.

Der lange Zeitraum, den die Fertigstellung des Buches erforderte, bedingt zudem, daß manche Daten und Einschätzungen notwendigerweise einen Stand festhalten, der durch neue Entwicklungen überholt wird. So ist beispielsweise in Botswana unterdessen eine ernsthafte politische Diskussion um Arbeitslosigkeit und Industrialisierung, Ökologie und Demokratie aufgekommen; und die regionale Konfliktkonstellation hat sich in jüngster Zeit mit den Bemühungen zur Beendigung des Bürgerkrieges in Angola und den Vorbereitungen zur Unabhängigkeit Namibias in noch nicht absehbarem Maße verändert.

Das Buch entstand aus freien Stücken, ohne finanzielle Unterstützung und institutionelle Einbindung.

Unser Dank gilt den Batswana, die uns in ihrer Mitte aufgenommen, uns im demokratischen Geist der kgotla belehrt und nicht nur unser Wissen erweitert, sondern viel mehr unseren menschlichen Horizont bereichert haben.

Re itumetse thatha.

Delft, im April 1989   Die Herausgeber

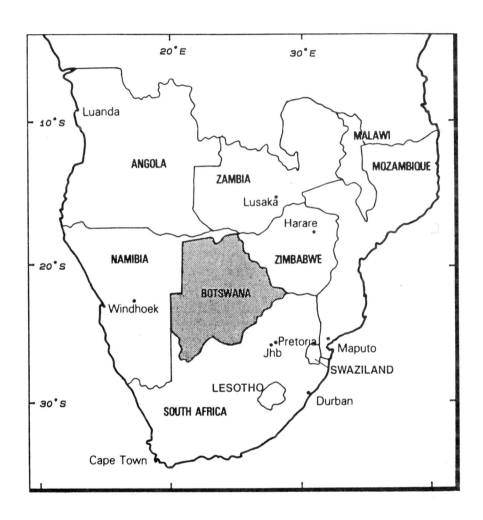

DAS SÜDLICHE AFRIKA

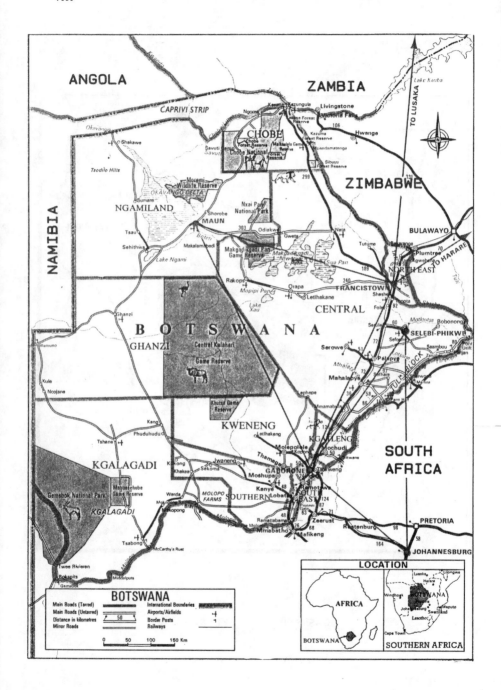

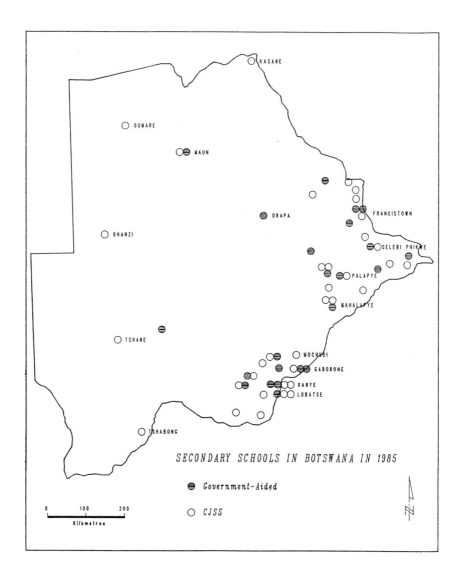

SECONDARY SCHOOLS IN BOTSWANA IN 1985

⊜ Government-Aided

○ CJSS

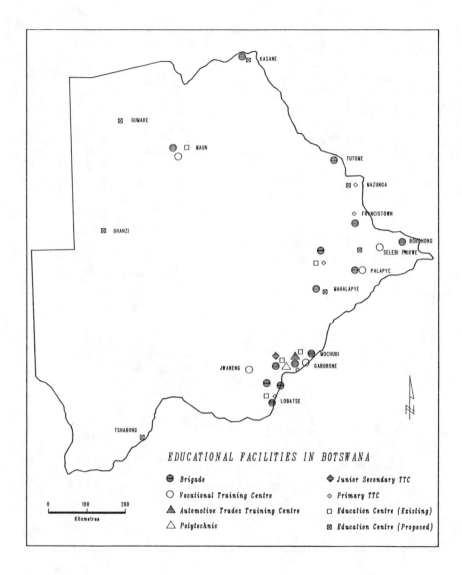

EDUCATIONAL FACILITIES IN BOTSWANA

Brigade
Vocational Training Centre
Automotive Trades Training Centre
Polytechnic

Junior Secondary TTC
Primary TTC
Education Centre (Existing)
Education Centre (Proposed)

KASANE
GUMARE
MAUN
TUTUME
MAZUNGA
FRANCISTOWN
GHANZI
BOBONONG
SELEBI PHIKWE
PALAPYE
MAHALAPYE
MOCHUDI
JWANENG
GABORONE
LOBATSE
TSHABONG

0   100   200
Kilometres

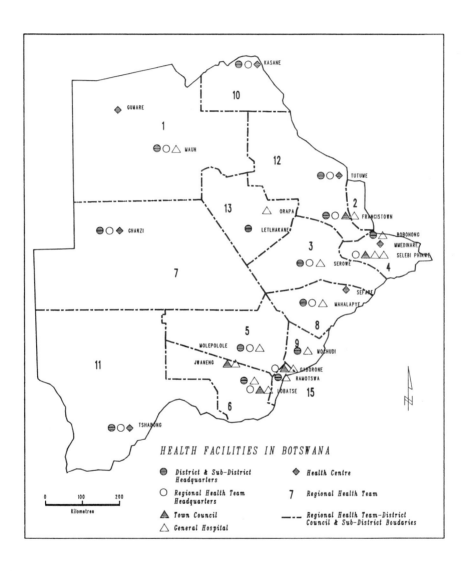

HEALTH FACILITIES IN BOTSWANA

◉ District & Sub-District Headquarters

◯ Regional Health Team Headquarters

▲ Town Council

△ General Hospital

◆ Health Centre

7 Regional Health Team

—·—·— Regional Health Team-District Council & Sub-District Boudaries

0   100   200
Kilometres

KAPITEL 1   DAS LAND UND SEINE BEWOHNER

1.1 Geographischer Überblick

Elisabeth Zeil-Fahlbusch

Landschaftsformationen und Bevölkerung

Die Republik Botswana ist mit 582000 km² flächenmäßig etwa so groß wie Kenya oder Frankreich. Sie hat 1.2 Mio. Einwohner (1988) und ist damit eines der am dünnsten besiedelten Länder der Welt (ca. 2 Einwohner pro km²).

Im regionalen geomorphologischen Rahmen des zentralen südlichen Afrika gesehen, ist Botswanas Landoberfläche Teil eines kontinentalen Plateaus ohne nennenswerte Erhebungen, das sich von Angola und Zambia im Norden, über Namibia und Botswana, bis in die südafrikanische Kap-Provinz erstreckt und durchschnittlich 1000m über dem Meeresspiegel liegt.

Den weitaus größten Teil des Landes (80%) bildet die Kalahari (auch Kgalagadi genannt), ein oft fälschlich als Wüste betrachtetes Gebiet, in Wirklichkeit aber eine Baum- und Buschsavanne, die eine Vielfalt von Flora, Fauna und menschlichen Lebensformen ermöglicht. Die Kalahari ist eines der wenigen, noch existierenden großen natürlichen Wildgebiete Afrikas. Insgesamt sind über 20% des Landes entweder als Wildreservate oder als Nationalparks ausgewiesen.

Die Kalahari ist ein sandgefülltes Becken, das in der Magkadikgadi-Senke seinen tiefsten Punkt hat und im Westen und Osten durch etwas höhere Hügelketten begrenzt wird. Die Sandbedeckung variiert zwischen einigen Metern und mehr als 200m. Die Vegetation reicht von Gras- über Busch- zu Busch- und Baumsavanne je nach Durchfeuchtung des Bodens.

Für das Auge ist die Kalahari eine leicht gewellte, durch wechselnde Formationen ungestörte endlose Landschaft, deren Zauber in ihrer schieren Weite und Gleichförmigkeit liegt. Fossile Dünen, die bis zu 20m hoch sein können und durch Bewuchs stabilisiert sind, geben Zeugnis von trockeneren paläoklimatischen Perioden. Flache fossile Flußtäler, wie z.B. das Okwa, erinnern daran, daß es in der Kalahari auch einmal feuchtere Zeiträume als heute

gegeben hat, in denen die Makgadikgadi-Senke ein riesiges inländisches
Abflußgebiet darstellte. Nach heftigen Gewitterschauern füllen sich heute die
Makgadikgadi-Salzpfannen – wie die vielen kleinen Pfannen der Kalahari –
nurmehr für wenige Stunden oder Tage mit Wasser.

Die Abwesenheit von ganzjährig erhältlichem Oberflächenwasser und der für
den Ackerbau ungeeignete Boden bedingen, daß die Kalahari für den Menschen ein eher unwirtliches Land und äußerst dünn besiedelt ist. Für Jahrhunderte lebten hier nur die nomadisierenden San, deren Existenzweise auf
der Jagd und dem Sammeln wilder Früchte und der vollkommenen Einpas-
sung in die natürliche Umwelt der Kalahari beruhte.

Die bis zu max. 1350m hohen Hügelketten des östlichen Botswana, die sich
von Ramatlabama im Süden bis Francistown im Norden entlang der Grenze
zu Südafrika hinziehen, sind Überreste einer ehemals höher liegenden Landoberfläche, die über geologische Zeiträume abgetragen wurde.
Entlang dieser östlichen Achse lebt die überwiegende Mehrheit der Bevölkerung Botswanas. Hier sind die klimatischen Bedingungen weniger extrem
als in der Kalahari, Regenfälle häufiger und ergiebiger, Grundwasser leichter zugänglich und die Böden lehmhaltig und daher landwirtschaftlich nutz-
bar. Hinzu kommen historische Gründe, nämlich die traditionelle politische
Organisation der Tswana-Stämme in großräumigen zentralen Siedlungen.

Über die Kalahari hinaus sind Botswanas markanteste landschaftliche Formationen das Okavango-Delta im Nordwesten und der sich nach Osten anschließende Uferstreifen des Chobe, der am Vierländer-Eck – Namibia,
Botswana, Zambia und Zimbabwe – in den Zambezi mündet.
Der Okavango, einer der großen Flüsse Afrikas, entspringt im regenreichen
Hochland Angolas. Er wird in seinem Fluß nach Süden durch eine Verlän-
gerung des großen ostafrikanischen Grabensystems in Botswana blockiert
und versickert in einem einzigartigen Binnendelta im Sand der nordwest-
lichen Kalahari. Das Delta bedeckt mit seinen unzähligen Kanälen, Sümpfen
und Schwemmflächen, Seen und Inseln ein Gebiet von 15000km². Die Vegetation zeigt alle Übergänge zwischen Baum-/Buschsavanne, Palmenhainen und
üppigem tropischem Feuchtpflanzenbewuchs wie Papyrus und bietet einen
ganz eigenen Lebensraum für Vögel, Wild und Wassertiere. An den Rändern
des Deltas leben nicht-tswanastämmige Minderheiten wie die Bayei und Ham-

bukushu, die Fischfang und Ackerbau auf den periodisch überschwemmten Anbauflächen betreiben. Das Innere des Deltas ist nur mit dem Einbaum zugänglich oder – in neuerer, touristischer Zeit – mit dem Kleinflugzeug.

Das Klima Botswanas ist kontinental und semi–arid; das bedeutet heiße Sommer mit erratischen Regenfällen in der Zeit von Oktober bis März/April und trockene kühle Winter. Die Luftfeuchtigkeit ist generell äußerst gering. Regenfälle variieren zwischen weniger als 250mm (Jahresmittel) im Südwesten bis zu mehr als 650mm im Nordosten. Wiederkehrende anhaltende Dürreperioden sind eine permanente Realität, die die Geschichte und Entwicklung Botswanas mitbedingt.

Da Botswana außer dem Okavango und dem Chobe im Norden kein ganzjährig verfügbares natürliches Oberflächenwasser hat, muß der Wasserbedarf von Siedlungen und Städten durch künstlich angelegte Oberflächendämme, die das Wasser kurzzeitig fließender Flüsse aufstauen, und die Anbohrung von Grundwasser gedeckt werden.

Während es in der Kalahari nur Schotterstraßen, planierte Sandpisten und Fahrspuren gibt, ist der Osten Botswanas verkehrsmäßig gut erschlossen. Die Straßen zwischen allen größeren Ortschaften sind geteert. Die Hauptverkehrsachse verläuft von Ramatlabama im Süden über Lobatse, Gaborone und Francistown nach Kasane und Kazangula im Norden. Asphaltierte Anschlußstücke nach Maun und Lethlakane/Orapa stehen kurz vor der Fertigstellung. In Planung ist eine Trans–Kalahari–Verbindung von Jwaneng über Ghanzi nach Mamuno.

Eine wichtige Rolle sowohl im Personen– wie Güterverkehr spielt die Eisenbahn, die ebenfalls von Süden nach Norden im Ostteil des Landes verläuft. Seit 1987 ist der Bahndienst auf dem Streckenabschnitt Botswanas – Ramatlabama–Francistown – von Botswana Railways übernommen worden (vorher National Railways of Zimbabwe).

Auch sind die Städte, Großdörfer und Minenenklaven im Osten mit Energie und sozialer Infrastruktur gut versorgt und durch Telekommunikationsnetze und Fluglinien (Air Botswana) verbunden. Eine inländische Flugverbindung gibt es weiterhin nach Maun am Südrand des Okavango–Deltas und nach Kasane am Chobe.

3/4 der Gesamtbevölkerung Botswanas leben in ländlichen Gebieten, 1/4 in urbanen Zentren. Wie die traditionellen "Agrotowns" (Großdörfer) liegen auch alle modernen Städte im Osten des Landes. 1986 hatten die wichtigsten Städte und Ortschaften folgende Einwohnerzahlen:

Gaborone (Hauptstadt)	:	95 000
Serowe	:	27 000
Francistown	:	44 000
Selebi-Phikwe	:	41 000
Kanye	:	25 000
Lobatse	:	24 000
Mochudi	:	24 000
Mahalapye	:	24 000
Palapye	:	14 000

Darüber hinaus sind noch die beiden Minenenklaven Orapa (7400 Einw.) und Jwaneng (10000 Einw.) zu nennen. Die einzige größere Ortschaft im Nordwesten ist Maun (17500 Einw.) (vgl. unten Kapitel 5.2).

Der Name des Staates Botswana – zur englischen Kolonialzeit "Bechuanaland" genannt – leitet sich vom Namen seiner Bewohner her: den Batswana (Motswana im Singular). Der linguistische Terminus Setswana bezeichnet die südliche Bantusprache, die von fast allen Staatsbürgern Botswanas gesprochen wird. Setswana ist Botswanas Landessprache; daneben gilt englisch als Amts- und Handelssprache.

Die Batswana gehören zur großen, im Lauf der Geschichte und durch koloniale Expansion aufgespaltenen Völkergruppe der Sotho (vgl. unten Kapitel 1.2). Die Batswana setzen sich aus mehreren, in Lebensform, Kultur und Sprache eng verwandten Stämmen zusammen. Deren größte sind die Bangwato, die Bakwena, die Bangwaketse und die Bakgatla.
Nicht–tswanastämmige Minderheiten stellen die San (Basarwa), Bayei, Bahambukushu, Bakgalagadi und Bakalanga sowie eine kleine Zahl von Indern und Europäern.
Botswana hat mit seiner Unabhängigkeit einen konsequent anti–rassistischen, multinationalen Stand gewählt, der sich auch in den Farben seiner Staatsflagge ausdrückt: die Koexistenz von schwarzer und weißer Hautfarbe, umrahmt von blauen Feldern, die die lebenswichtige Bedeutung von Wasser – Pula (Regen) – für Leben und Wohl des Landes und seiner Menschen symbolisieren.

Wirtschaft

Botswana hat eine der am schnellsten wachsenden Wirtschaften auf dem afrikanischen Kontinent, mit einer stabilen Währung (1 Pula geteilt in 100 Thebe), einer vergleichsweise niedrigen Inflationsrate, starken Devisenreserven und einem ausgeglichenen Staatshaushalt (vgl. unten Kapitel 3.2).

Die traditionelle Basis der Wirtschaft ist die Landwirtschaft, größtenteils in Form von Subsistenzwirtschaft. Die Hauptanbaufrüchte sind Hirsesorten, Mais, Hülsenfrüchte, Melonen und Kürbisse. Doch die schwierigen klimatischen Bedingungen setzen dem Ackerbau ohne künstliche Bewässerung enge Grenzen. Der Mangel an Zugtieren, Düngemitteln und know-how vieler landwirtschaftlicher Kleinstbetriebe läßt nur geringe Erträge zu. Die Masse der bäuerlichen Familien ist daher auf Geldeinkommen durch einen oder mehrere Lohnempfänger, überwiegend durch Wanderarbeit entweder im Inland oder in den südafrikanischen Minen, angewiesen oder muß zusätzliche Einkommensquellen im informellen Sektor suchen.

Botswana muß einen großen Teil seines Nahrungsmittelbedarfs importieren, eine Situation, die sich in Dürreperioden noch verschärft.

Kommerzielle Farmen (Barolong, Tuliblock) machen einen Bruchteil aller landwirtschaftlichen Betriebe aus, erwirtschaften aber einen disproportional hohen Anteil an der landwirtschaftlichen Gesamtproduktion des Landes, v.a. bei Mais. Großfarmen im Limpopo-Tal (Tuliblock) bauen auch Baumwolle und Zitrusfrüchte an.

Allerdings unternimmt der Staat seit den letzten Jahren (u.a. durch die parastaatliche BDC) große Anstrengungen, um die stagnierende bzw. rückläufige Agrarproduktion zu steigern und zu diversifizieren (Getreideproduktion, Gemüsebau, Milchvieh- und Hühnerhaltung) und damit das Land unabhängiger von Nahrungsmitteleinfuhren zu machen. So sind neue geeignete Großfarmgebiete (um Pandamatenga und entlang des Chobe) ausgewiesen, ein Unterstützungsprogramm für den kleinbäuerlichen Ackerbau (ALDEP 1978) entwickelt und landwirtschaftliche "extension services" bereitgestellt worden. Eine besondere Form der Erschließung neuen Ackerlandes stellt die staatlich geförderte Molapo-Landwirtschaft auf den randlichen Schwemmländern des Okavango-Deltas dar. Wenn die jährliche Überflutung zurückgeht, bieten die gut gedüngten, durchfeuchteten Flußniederungen hervorragende Bedingungen für den Anbau von Mais und Hirse.

Wesentlich günstiger als für den Ackerbau sind die Bedingungen Botswanas
für die Weidewirtschaft, die seit jeher von den Batswana betrieben und seit
der Unabhängigkeit durch die Entwicklungspolitik in großem Maßstab gefördert wurde. Botswana hat eine nationale Herde von 2.4 Mio. Rindern. 4/5
des landwirtschaftlichen Bruttoinlandsprodukts entfallen auf die Rinderwirtschaft.

Rinder stellen, wie in vielen anderen afrikanischen Ländern, für die Batswana noch immer nicht nur ein Mittel zum Erwerb von Geld dar, sondern
bedeuten Wohlstand und Alterssicherung im traditionellen Sinne und geben
ihrem Besitzer ein Maß seines Status und Ansehens in der Gemeinschaft.
Doch hat sich im Zuge der jüngeren Entwicklung Botswanas, als Resultat
von landwirtschaftlichem "extension work", Modifikationen in den Landbe-
sitzverhältnissen und infrastrukturellen Verbesserungen eine stärker ökonomisch geprägte Orientierung durchgesetzt.[1] Moderne Brunnentechnologie
hat das Vordringen der Rinderzucht in die Kalahari ermöglicht, das durch
das Fehlen von Wasser lange Zeit verhindert wurde.

Über den in den Lomé-Abkommen zugestandenen präferentiellen Zugang zum
europäischen Markt ist Botswana zu Afrikas führendem Rindfleischexporteur
geworden. Das Fleisch geht zu 70-80% in die EG (zu Preisen, die über den
Weltmarktpreisen liegen), nach Südafrika und in einige andere afrikanische
Länder. Rindfleisch, tiefgekühlt oder in verarbeiteter Form, ist Botswanas
drittwichtigster Exportartikel, mit einem Anteil von 11% am Exportvolumen
(incl. Felle, Häute und andere Beiprodukte).[2] Ankauf, Schlachtung und Vermarktung von Rindfleisch erfolgen zentral durch die halbstaatliche
Botswana Meat Commission (BMC), die in Lobatse den größten Schlachthof
Afrikas betreibt (mit einer Dependence in Maun; ein dritter Schlachthof soll
in Francistown gebaut werden).

Die exportorientierte Kommerzialisierung der Rinderzucht seit Mitte der 70er
Jahre hat allerdings zugleich negative sozio-ökonomische und ökologische
Folgen für Botswana, die zunehmend kritisch diskutiert werden.[3]

---

[1] Mtetwa, J.: Man and Cattle in Africa. A Study of Social Change in
Pastoral Societies in Botswana, Saarbrücken 1982
[2] African Business, Oct. 1985, Botswana Survey; Oct. 1987, Botswana
Survey, IC Publications, London
[3] vgl. Weimer, B: Botswana, in: Nohlen, D./Nuscheler, F. (Hrsg.): Handbuch
der Dritten Welt, Bd. 5, Hamburg 1982², p. 322; Weimer, B.: Rich Farmers
- Poor Environment. Economy and Ecology of Beef Production in

Das staatliche Landreformprogramm der Tribal Grazing Land Policy (TGLP) von 1975 war ursprünglich dazu konzipiert, kommunales Weideland zu entlasten und damit Überweidung zu verhindern und die Voraussetzungen für moderne Managementmethoden in der Viehwirtschaft zu schaffen. Doch es hat, so wird vielfach argumentiert, nicht nur seine ökologischen Ziele nicht erreicht, sondern darüber hinaus die sozio-ökonomischen Unterschiede zwischen den reichen und den armen Viehbesitzern bzw. den 55% aller Haushalte, die keine Rinder besitzen, eher verschärft. Indem es auf eine Umwandlung der traditionell kommunal verfaßten Landwirtschaft in eine mit de-facto Eigentumstiteln an Land und Bohrlöchern hinauslief, hat es jene begünstigt, die über ein hohes Eigentum an Vieh verfügen und in technologische Innovation und kommerzielles Ranching mit kapitalintensiven Zucht- und Weidemethoden investieren können. Ein überwiegender Anteil an den Einnahmen aus dem Export von Rindfleisch kommt einer kleinen Minderheit aller viehbesitzenden Haushalte zugute.

Mit dem Vordringen der Rinderzucht in immer weitere Gebiete der Kalahari verstärken sich die Gefahren von Überweidung und Desertifikation. Es ergibt sich zunehmend eine Kollision der Interessen zwischen Rinderwirtschaft und Erhaltung des natürlichen ökologischen Gleichgewichts der Kalahari. Zum Schutz der Rinderzucht und unter dem Druck der Exportpartner (EG) wurden im Norden und Nordosten des Landes Ende der 70er Jahre Zäune ("veterinary cordon fences") von insgesamt ca. 1500km Länge gezogen, um die Ausbreitung von Maul- und Klauenseuche, die von Wildtieren übertragen wird, zu kontrollieren. Doch die Zäune begrenzen nicht nur die Wanderung der Rinder und damit das Wiederaufkommen der Seuche, sondern bedeuten auch einen Eingriff in das fragile Ökosystem der Kalahari. Sie beeinträchtigen die lebensnotwendige saisonale Migration der Wildtierherden und schränken den Bewegungsraum der nomadisierenden San, die von der Flora und Fauna der Kalahari abhängen, weiter ein. Neuerdings ist das von der Weltbank finanzierte "National Land Management and Livestock Project III" ("Livestock I" begann bereits 1973) von westlichen Naturschützern in kritisches Licht gerückt worden, da es die weitere chemische Bekämpfung der

Botswana and West-Germany, Vilsheim 1987 (DGFB-Diskussionspapier No.1); Gruber, L.: Landwirtschaftliche Kooperation zwischen Europäischer Gemeinschaft und Afrika im Rahmen der Lomé-Abkommen. Fallstudien zum Zucker- und Rindfleischhandel, Hamburg 1987 (Institut für Afrika-Kunde, Hamburger Beiträge zur Afrika-Kunde, Bd. 30)

Tsetse-Fliege im Okavango-Delta zur Gewinnung neuer Weideflächen für Rinder vorsieht.[4]

Doch die ökologischen Probleme, die sich aus der erweiterten und intensivierten Rinderwirtschaft ergeben, sind nicht nur von Naturschützern, sondern durchaus auch von staatlicher Seite in Botswana erkannt. 1986 wurde vom Parlament Botswanas eine "National Wildlife Conservation Policy" verabschiedet und eine nationale Umweltpolitik ist in der Planung. Wie die Agrarproduktion hat auch die stärkere volkswirtschaftliche Nutzung des natürlichen Wildbestandes des Landes in den letzten Jahren vermehrte politische Aufmerksamkeit erfahren. So gibt Botswanas Nationaler Entwicklungsplan 1985-91 die Einrichtung von "Wildlife Management Areas" und verschiedene Programme zur Nutzung der Wildressourcen ("game ranching") als zusätzliche Einkommensquelle im ländlichen Bereich an. Des weiteren wird die Förderung des Tourismus diskutiert, dessen Potential gerade auf den einzigartigen Habitats des Landes und ihrer Tierwelt (wie Okavango-Delta, Chobe Nationalpark, Central Kalahari Game Reserve) beruht, wobei die Betonung eher auf Individual- als auf Massentourismus liegt.

Obgleich die Landwirtschaft nach wie vor eine wichtige Rolle in der politischen Ökonomie wie im allgemeinen Bewußtsein der Batswana spielt, wird die Wirtschaft Botswanas tatsächlich vom Bergbau dominiert.

Es ist der Bergbau, der Botswanas Wirtschaft in den 70er und 80er Jahren außerordentlich hohe Wachstumsraten beschert und sie zu einer der außenwirtschaftlich stärksten auf dem Kontinent gemacht hat. Der Bergbau hält einen Anteil von 83% am gesamten Exportvolumen und steht für 40% der Staatseinnahmen Botswanas.[5]

Mit seinen drei Minen – Orapa, Lethlakane und Jwaneng – besitzt Botswana nach Australien und Zaire eine weltweite Führungsposition im Diamantenbergbau. Neben Diamanten werden Kupfer/Nickel (Selebi-Phikwe), Kohle (Morupule, mit angeschlossenem zentralem Elektrizitätswerk) und in bescheidenem Maße Gold (bei Francistown) abgebaut. Ein Projekt zur Gewinnung von Soda aus Salzlauge der Sua-Pfanne (westlichste Pfanne der Magkadikgadi-Pans) steht kurz vor seiner Implementierung. Weitere Rohstoffpotentiale werden vermutet (vgl. unten Kapitel 2.3).

---

[4] vgl. Vorholz, F.: Tragödie in der Wüste, in: DIE ZEIT – Nr. 39, 23. Sept. 1988, p. 22; Gensch, G.: Botswana: Der Tanz ums goldene Kalb, in: epd-Entwicklungspolitik 2/88 (Jan.), p. 13-16

[5] Botswana Survey, op. cit. Oct. 1987

Der Bergbau ist äußerst kapitalintensiv, weitgehend von multinationalem bzw. südafrikanischem Kapital beherrscht und nur schwach beschäftigungswirksam. Nur ca. 8% aller Arbeitnehmer im formellen Sektor sind im Bergbau beschäftigt, wobei die Kupfer/Nickel-Mine in Selebi-Phikwe daran den größten Anteil hat und überhaupt Botswanas größter privater Arbeitgeber ist.

Die Entdeckung und Ausbeutung seiner Bodenschätze hat Botswana zu einer der reichsten Ökonomien in Afrika gemacht; doch die langfristige wirtschaftliche Zukunft des Landes wird davon abhängen, inwieweit es gelingt, eine diversifizierte industrielle Entwicklung einzuleiten, um Arbeitsplätze und Einkommen für seine rapide wachsende Bevölkerung (3.4% pro Jahr, vgl. unten Kapitel 5.1) zu schaffen. Zum Zeitpunkt der Unabhängigkeit, 1966, gab es in Botswana praktisch keine Industrie. Doch gefördert einerseits durch ein günstiges Investitionsklima und andererseits durch staatliche Programme und Institutionen (BEDU, BDC, FAP etc.) zur Unterstützung einheimischer Unternehmen und zur Arbeitsplatzbeschaffung konnten Groß- und Einzelhandel, Dienstleistungsbetriebe (Transport und Verkehr, Wasser- und Energiewirtschaft) und die verarbeitende Industrie (v.a. Textilgewerbe, Leder- und Wollverarbeitung, Metallproduktion, Baumaterial und -gewerbe, chemische und Gummiprodukte) in den letzten Jahren vergleichsweise stark expandieren. So wuchs der verarbeitende Sektor 1984/85 um 12% und der Dienstleistungssektor um 18%.[6] Größere Industrieprojekte wie z.B. eine Gießerei und ein Montagewerk für Kraftfahrzeuge sind in der Diskussion. Auch hat die verarbeitende Industrie über die vergangenen zehn Jahre wachsende Beschäftigungsmöglichkeiten geschaffen, konnte jedoch die aufgrund der hohen Urbanisationsrate (und Geburtenrate) steigende Arbeitslosigkeit nicht auffangen.

Ein bislang nicht ausgeschöpftes Potential liegt in der Verarbeitung landwirtschaftlicher Produkte (z.B. Gerbereien), und auch einige andere Branchen bieten weitere Industrialisierungschancen. Der Anteil des Angebots aus eigener Produktion für Erzeugnisse der verarbeitenden Industrie insgesamt beträgt z.Zt. ca. ein Viertel, in der Branche Nahrungs- und Genußmittel und Getränke liegt er wesentlich höher. Die Entwicklung deutet darauf hin, daß Botswana, zumindest in einer Reihe von Bereichen, Importe durch eigene Produkte substituieren kann.

---

[6]   vgl. Botswana Survey, op. cit., Oct. 1987

Limitierende Faktoren für die industrielle Entwicklung des Landes bleiben allerdings auch weiterhin seine geographische Lage, lange Wege, ein kleiner Binnenmarkt, die Dominanz von Diamanten und Fleisch im Exporthandel, die Abhängigkeit von Rohstoff- und Konsum- wie Investitionsgüterimporten und die Konkurrenz südafrikanischer Produkte.

Geopolitische Lage

Botswana ist ein Binnenstaat, der von drei Seiten durch Südafrika bzw. südafrikanisch kontrollierte Gebiete (Namibia/Caprivi-Streifen) begrenzt wird. Im Nordosten hat Botswana eine ca. 800km lange gemeinsame Grenze mit Zimbabwe und stößt im äußersten Nordosten in einem Punkt an Zambia. Gute Straßen und die Bahnlinie (Mafeking – Bulawayo) im Osten des Landes verbinden Botswana mit Südafrika, Zimbabwe und Zambia. Mit Zambia gibt es eine Fährverbindung über den Zambezi bei Kazangula.

Gaborone verfügt seit 1985 über einen für Interkontinentalflüge ausgebauten, internationalen Flughafen. Direkte Flugverbindungen bestehen zu allen angrenzenden Staaten (ausgenommen Namibia), nach Malawi, Tanzania, Kenya und nach Europa.

Abgesehen von dem Weg über Südafrika hat Botswana nur über Zimbabwe und Mozambique Zugang zu einem Seehafen.

Seine Binnenlage im südlichen Afrika macht Botswana in politischer, wirtschaftlicher und infrastruktureller Hinsicht extrem abhängig von äußeren Entwicklungen, die sich seiner Einflußnahme weitgehend entziehen. Von vitalem Interesse für Botswana sind nicht nur die Entwicklungen in der Republik Südafrika selbst, sondern auch die Unabhängigkeit Namibias.

Botswana ist Mitglied der Gruppe der "Front Line States" – Tanzania, Mozambique, Zambia, Botswana, Angola und Zimbabwe (letzteres beigetreten nach seiner Unabhängigkeit 1980) – die sich, gebildet 1974, um Konfliktlösungen im südlichen Afrika bemüht. Botswana spielt eine herausragende Rolle in der "Southern African Development Co-ordination Conference" (SADCC), dem wirtschaftlichen Zusammenschluß der unabhängigen Staaten des südlichen Afrika (1979 bzw. 1980) gegen die ökonomische Übermacht Südafrikas. Zur SADCC gehören neben den Frontstaaten außerdem auch Lesotho, Swaziland und Malawi.

Die SADCC zielt auf eine intraregionale Zusammenarbeit, unter Anerkennung der ökonomischen Disparitäten und unterschiedlichen politischen Ideologien ihrer Mitgliedstaaten. Kernstück der Strategie ist die Förderung bzw. Rehabilitierung eines von Südafrika unabhängigen Transport- und Kommunikationsnetzes. Mit westlicher wie östlicher internationaler Unterstützung sind u.a. folgende Projekte auf den Weg gebracht worden oder in der Diskussion: Transportrouten durch Mozambique und Tanzania und Erweiterung der Kapazität des Hafens von Dar es Salaam, Ausbau des Hafens von Beira in Mozambique, Wiedereröffnung der vom Bürgerkrieg zerstörten Benguela-Bahnlinie zum angolanischen Hafen Lobito am Atlantischen Ozean und Wiedereröffnung der Limpopo-Linie vom südlichen Zimbabwe zum Hafen von Maputo in Mozambique.[7] Ein zweiter Aspekt der SADCC-Politik bezieht sich auf die Entwicklung und Förderung von intraregionalen Handelsbeziehungen auf der Basis bilateraler Vereinbarungen, wobei allerdings Botswana, zusammen mit Lesotho und Swaziland, zugleich an die South African Customs Union (SACU) gebunden ist. Ein dritter wesentlicher Aspekt ist die regionale Kooperation in wichtigen Sektoren wie Nahrungsmittelangebot, Bergbau, Energie, Bildungswesen und Arbeitskräfte mit dem Ziel, nationale Produktivität, Sicherheit und Unabhängigkeit von Südafrika zu steigern.

Botswana unterhält keine diplomatischen Beziehungen zu Südafrika; geographische Nähe, historisch-wirtschaftliche Voraussetzungen und militärische Bedrohung zwingen es jedoch zu Pragmatismus gegenüber dem Apartheidsstaat. Andererseits ist Botswana ein prominenter Wortführer der SADCC und der Bemühungen um die Lösung der politischen Konflikte und ökonomischen Probleme der Region durch friedlichen Wandel und Stärkung der wirtschaftlichen Kooperation in der SADCC. Generell ist Botswanas Außenpolitik gekennzeichnet durch eine Politik der Blockfreiheit, die über die Region hinaus die entwicklungspolitische Kooperation mit allen Ländern und auf allen Gebieten sucht (vgl. Kapitel 7.1).

---

[7] African Business, März 1988, IC Publications London, p. 10

1.2 Tswana Staaten – Kolonialismus – Republik Botswana

Abriß einer wechselvollen Geschichte

Elisabeth Zeil–Fahlbusch

Einleitung

> "Uns wurde gelehrt, und manchmal mit großem Nach-
> druck, uns selbst und unsere Lebensart zu verachten.
> Wir wurden glauben gemacht, daß wir keine nennenswerte
> Vergangenheit, keine Geschichte hätten, auf die wir stolz
> sein könnten. Die Vergangenheit, soweit sie uns betraf,
> war bloß ein leeres Feld und sonst nichts. Nur die
> Gegenwart war wichtig, und wir hatten sehr wenig Kon-
> trolle über sie...
> Es sollte nun unser Anliegen sein, soviel von unserer
> Vergangenheit zu bergen, wie wir können. Wir sollten
> unsere eigenen Geschichtsbücher schreiben, um zu bewei-
> sen, daß wir tatsächlich eine Vergangenheit hatten; und
> daß es eine Vergangenheit war, die es genauso wert ist
> geschrieben und gelernt zu werden wie irgendeine
> andere. Wir müssen das aus dem einfachen Grunde tun,
> weil eine Nation ohne Vergangenheit eine verlorene Nation
> und ein Volk ohne Vergangenheit ein Volk ohne Seele
> ist..." [1]

Zur Besiedlung Botswanas (bis 1800)

Die Tswana-Staaten Botswanas, so wie sie zum Zeitpunkt der britischen Ko-
lonisierung Ende des letzten Jahrhunderts bestanden, waren relativ jung.
Erst um 1840 – nach den Wirren der "Difaqane" – hatten sich die Tswana-
Monarchien der Bangwato, Bangwaketse, Bakwena, Bakgatla und Batawana
fest in ihren gegenwärtigen Hauptstädten ("Agrotowns") – Serowe, Kanye,
Molepolole, Mochudi und Toteng – und dem diese umgebenden Land eta-

---

[1] Graduierungsrede des Kanzlers der Universität von Botswana, Lesotho
u. Swaziland (heute UB) und Präsidenten von Botswana, Sir Seretse
Khama, abgedr. in der "Botswana Daily News" (Gaborone), 19. Mai 1970
(übers. v. Verfasserin)

bliert. Doch die Geschichte der Batswana ist um einige hundert Jahre und die Geschichte des geographischen Gebiets Botswana ist um einige Jahrtausende älter.

San und Khoe – Jäger und Sammler[2]

Vor 2000 Jahren war der ganze südliche Teil des afrikanischen Kontinents ausschließlich von San bewohnt, einem Nomadenvolk, dessen Subsistenz auf dem Sammeln wilder Früchte und der Jagd beruhte. Während der Kontakt mit bantu-sprachigen Viehzüchtern und Bauern[3] und die Beschränkung ihres Lebensraums ihre Kultur verändert haben mögen, haben sich doch ihre Überlebenstechniken über Jahrhunderte bewahrt.

Als die ersten bantu-sprachigen Bauern sich um 200 n. Chr. in den nörd-lichen und östlichen Grenzgebieten Botswanas niederließen, lebten die San weit verstreut über große Gebiete. Ihre politisch-gesellschaftliche Organisa-tion war "rudimentär": sie lebten in mobilen "Camps"[4] verwandter Familien von 15 – 20 Mitgliedern (gelegentlich mehr je nach lokalen und saisonalen Bedingungen), die, abgesehen von sich überlappenden Territorialrechten des Sammelns und Jagens, weder in sich selbst noch untereinander eine distinkte Hierarchie aufwiesen.

Von diesen Ureinwohnern des südlichen Afrika leben heute in Botswana noch etwa 40 000 Menschen[5]. Doch nurmehr eine winzige Minderheit in ab-gelegenen Gebieten der Kalahari (in Namibia; in Botswana weniger als 1000 Menschen) verfolgt heute noch für einen größeren Teil des Jahres ihre tra-ditionelle Lebensweise.

---

[2] Beide Wörter bedeuten "Mensch". Die burischen Siedler bezeichneten später die San als "bushmen" und die Khoe als "hottentots", daher der pejorative deutsche Ausdruck "Hottentoten". In Setswana werden die San "Basarwa" ("Mosarwa" im Singular) genannt.

[3] Der Terminus "bantu", "bantu-sprachig" bezieht sich auf die meisten Sprachen der Völker Ost- , Zentral- und des südlichen Afrika und eini-ger Teile Westafrikas. Sie sprechen Sprachen, die durch einige gemein-same Wortstämme und eine gemeinsame Form der Grammatik verwandt sind: jedes Nomen gehört zu einem bestimmten, durch ein Präfix charak-terisierten Klasse, das auf den ganzen Satz bzw. alles, was mit dem Nomen in Verbindung steht, abfärbt. Der Begriff ist also rein lingui-stisch (ähnlich wie z.B. "indogermanisch") und sagt nichts aus über Rasse, Kultur oder Wirtschaft. – Auch Setswana, die Sprache der Batswana, gehört zur bantu-Sprachfamilie.

[4] vgl. Yellen, J.E.: Settlement Patterns of the !Kung, und Lee, R.B.: !Kung Spatial Organization, beides in: Lee, R.B./de Vore, I. (Hrsg.): Kalahari

Verdrängung, Unterwerfung, Absorption in die feudalistische Wirtschafts-
und Gesellschaftsstruktur der Batswana als quasi-leibeigene Arbeitskräfte,
die Begrenzung ihres Bewegungsraums und die Bedrohung ihrer natürlichen
Ressourcen, der Flora und Fauna der Kalahari, über die letzten 200 Jahre
haben die Grundlagen der traditionellen Existenzweise der San zerstört. Der
Prozeß hat sich über die letzten 50 Jahre beschleunigt [6].
Als Volk sind die San heute praktisch ausgestorben; damit sind ihre Kultur
und ihre intime Kenntnis des verletzlichen Ökosystems der Kalahari für
immer verloren.

Über die Khoe ist aus der Zeit, bevor europäische Siedler am südafrikanischen Kap der Guten Hoffnung mit ihnen in Berührung kamen (um 1600),
wenig bekannt. Wahrscheinlich sind die Khoe zur selben Zeit, als bantu-
sprachige Bauern in das heutige Zimbabwe vordrangen, ins südliche Afrika
eingewandert.[7]
Physische Erscheinung und Sprache deuten auf nahe Verwandtschaft mit
den San hin. Doch unterschied sich die Khoe-Kultur in wesentlichen Aspekten von der der San: sie hielten Rinder und Schafe (in Botswana wahrscheinlich aus dem Nordwesten eingeführt), verfügten über Techniken der
Eisenbearbeitung und Tonwarenherstellung und waren in "Clans" unter
einem jeweiligen lokalen Oberhaupt (headman) organisiert, also kohärenter
als die San-Gemeinschaften. Obgleich die Khoe einen Teil ihrer Subsistenz
aus dem Jagen und Sammeln bezogen, waren sie wegen ihres Besitzes an
Tieren auf Verfügbarkeit von Wasser und Weideland angewiesen und ten-
dierten daher – ungleich den San – zu semi-permanentem Aufenthalt an
einem Ort (in Botswana z.B. am Boteti-Fluß).
Die charakteristischen Klick-Konsonanten der Khoe-San Sprachen sind in
einige der späteren Sprachen des südlichen Afrika eingegangen, etwa in

---

Hunter Gatherers, Harvard 1982, p. 47 – 72 bzw. p. 73 – 97.
[5] vgl. Campbell, A.: Notes on the Prehistoric Background to 1840, in:
     Hitchcock, R.R./Smith, M.R. (Hrsg.): Settlement in Botswana, Marshalltown
     1982, p. 13 – 22, p. 14
[6] Die Literatur über die San ist relativ reichhaltig, da ihre Lebensweise
     und v.a. ihre kulturelle Hinterlassenschaft in Gestalt von Abertausenden
     von Felszeichnungen im gesamten südlichen Afrika vielfältiges akademi-
     sches Interesse gefunden haben. Einen Einblick in ihre Kultur gibt
     etwa Shostak, R.: Nisa erzählt. Das Leben einer Nomadenfrau in Afrika,
     Reinbeck 1982
[7] vgl. Campbell, op. cit., p. 15

Xhosa und Zulu. Physische Merkmale der Khoe–San wie hellere Haut, man-delförmige Augen und hohe Wangenknochen finden sich z.B. bei Batswana und Bakgalagadi.

Frühe und mittlere Eisenzeit.

Rinderzucht, Handel, Eisengewinnung

Zivilisationen der Eisenzeit [8] entwickelten sich seit den ersten Jahrhunder-ten des christlichen Milleniums auf dem Plateau des südlichen Afrika. Sie zeichnen sich aus durch:

- Kenntnis von Agrikultur und Rinderzucht
- Kenntnis der Gewinnung von Eisen, später auch Kupfer und anderer Metalle, und seiner Bearbeitung
- Handel und die Entstehung zentralisierter politischer Organisation in großräumigen Siedlungen.

Die frühesten Siedlungsspuren bantu–sprachiger Bauern und Viehzüchter in Botswana sind im Norden, Nord– und Südosten gefunden worden – am Chobe (200 n. Chr.), in den Tälern des Thamalakane und Boteti (350 – 500 n. Chr.), in der Gegend um Francistown (400 n. Chr.), am oberen Motloutse bis südlich nach Shoshong (650 n. Chr.), bei den Tsodilo und Aha Hills (500 – 850 n. Chr.), um Molepolole (700 – 900 n. Chr.) und bei Lobatse (Seoke, 900 n. Chr.). Im Norden waren diese nach Botswana eingewanderten Völker-schaften zentralafrikanischen Ursprungs (zugewandert aus dem Zambezi-Gebiet), im Nordosten Shona–Gemeinschaften (zugewandert aus dem heutigen Zimbabwe) und im Südosten Tswana– und Kgalagadi–Völker (zugewandert aus dem Transvaal, Südafrika).[9]

Zum Verständnis dafür, warum um das Jahr 1000 n. Chr. relativ große ackerbauende und viehzüchtende Gemeinschaften zureichende Bedingungen in Botswana vorfinden konnten, müssen klimatische Veränderungen in Betracht gezogen werden. Es scheint Hinweise dafür zu geben, daß das Kli-ma in Botswana vor 1000 Jahren feuchter war als heute und es zumindest

---

[8]   Laut Tlou, Th./Campbell, A.: History of Botswana, Gaborone 1984 wird die Eisenzeit im südlichen Afrika von ca. 200 n. Chr. bis 1850 angesetzt, also bis zur Etablierung europäischer Händler, in deren Folge die Kunst, Metalle aus dem Felsen zu schmelzen, aufgegeben wurde.

[9]   vgl. Campbell, A.: Notes on the Prehistoric Background to 1840, p. 21

in einigen Gebieten der Kalahari genügend Wasser und damit attraktives Weideland gab (z.b. Ghanzi Ridge, Lethlakeng-Tal)[10].

Somit lebten um 1200 Jäger/Sammler - Gemeinschaften und bevölkerungsmäßig stärkere, ackerbauende und viehzüchtende Dorfstaaten nebeneinander. Der geographisch weitläufigste und politisch-ökonomisch entwickeltste Staat dieser frühen Zeit auf dem Boden Botswanas war der von Toutswe - etabliert zwischen 650 n. Chr. und 1300, mit einer Blütezeit um 1050 n. Chr. und so benannt nach den ersten Fundstellen bei Toutswemogala Hill ca. 40 km nördlich des modernen Palapye. Archäologische Orientierungs- und Ausgrabungsergebnisse in Toutswemogala, Sung bei Shoshong und Bosutswe lassen auf komplexe, hierarchische Siedlungs- und Machtstrukturen schließen, die auf überlegenem Reichtum an Vieh gründeten [11].

Die Gründe für den Niedergang der Toutswe-Tradition um 1300 und die sukzessive Entvölkerung des Gebietes zwischen 1300 und 1500, sind wahrscheinlich eher unter internen Bedingungsfaktoren als in externer Einwirkung zu suchen. Die Monokultur der Rinderzucht war extrem abhängig von zureichenden Ressourcen an Wasser und Weideland, die sich nach einer relativ langen Zeit intensiver Bewirtschaftung erschöpften und zu starken Produktionseinbußen führten.

Zum Verständnis des prähistorischen Botswana ist die Toutswe-Tradition außerordentlich bedeutsam. Darüber hinaus liefert sie zugleich wichtige Evidenz für die Grundlagen der historischen und modernen Völker des südlichen Afrika überhaupt.
Die Toutswe-Tradition bedeutete für Botswana den Import neuer Technologien und eines neuen sozio-ökonomischen Systems. Sie belegt ferner - bis heute relevant - die frühe politische, soziale, ökonomische und spirituelle Rolle des Eigentums an Rindern für die Populationen des südlichen Afrika generell und für die Entwicklung mächtiger Königreiche im besonderen. Das

---

[10] vgl. ders., op. cit., p. 15, sowie Cooke, H.J.: Botswanas Present Climate and the Evidence for past Change, in: Hinchey, M.T. (hrsg.): Symposium on Drought in Botswana, Botswana Society, 1979, p. 53-58.
[11] vgl. Tlou, Th./Campbell, A.: History of Botswana, p. 38 f.; für detailliertere Ausführungen vgl. Denbow, J.R.: The Toutswe Tradition. A Study in Socio-Economic Change, in: Hitchcock (Hrsg.), Settlement in Botswana, p. 73-86.

Eigentum an Rindern, das sich zunehmend in den Händen herrschender Linien konzentrierte, war neben der Kontrolle über den Handel mit der Ostküste (v.a. über Delagoa Bay, Mozambique) und Zugang zu und Kontrolle über Mineralabbau und -verarbeitung (Eisen, später Kupfer und Gold) ein entscheidender Faktor für Entstehung und Machterhaltung der Königreiche des südlichen Afrika.

Anders als Toutswe gründete sich das Reich von Great Zimbabwe wahrscheinlich in erster Linie auf die Kontrolle stetig zunehmenden Handels mit der Ostküste, der seinen Ursprung u.a. in den goldreichen Gebieten östlich des Shashe-Flusses hatte. Aufgestiegen im 13. Jahrhundert im südöstlichen Zimbabwe – mit Zentrum nahe des heutigen Masvingo – , beherrschte Great Zimbabwe für ca. 200 Jahre riesige Gebiete. Die Archäologie der Ruinen von Great Zimbabwe, ein an strategischer Stelle der Goldroute angelegter, weitläufiger Komplex von Steinmauern (Höhe bis zu 10 m, Stärke bis zu 4.8 m), die Wohnhäuser und Rinderkrals reicher Familien umschlossen, belegt, daß der Stadtstaat nicht nur den Handel kontrollierte, sondern auch über die Tributpflicht vieler unterlegener Herrscher sich den durch Ackerbau und Viehzucht erwirtschafteten Mehrwert großer Gebiete aneignete. Dies erlaubte, eine große Zahl von Handwerkern und Arbeitern zu beschäftigen sowie eine Einwohnerschaft von 11 000 Menschen zu ernähren. Zu ökonomischem Wohlstand und politischer Stärke des Stadtstaates kam wahrscheinlich die religiöse Macht seiner Herrscher hinzu.
Es ist anzunehmen, daß die Herrscher von Great Zimbabwe Vorväter der späteren Torwa-Dynastie waren, die um 1500 das Butwa-Reich gründeten, mit Khami als Zentrum, nahe dem heutigen Bulawayo.
Great Zimbabwe scheint um 1500 aufgegeben worden zu sein, offensichtlich aus Gründen von Überpopulation und Erschöpfung von Ressourcen – Prozesse, die durch die ganze Geschichte des südlichen Afrika hindurch immer wieder und in relativ kurzen Zeiträumen Verlegung und Neugründung von Siedlungen erzwungen haben.[12]

---

[12] vgl. Parsons, N.: A New History of Southern Africa, London 1982, p. 28

Bakgalagadi und Batswana

Nach dem Niedergang der Toutswe-Tradition um 1300 und der darauf folgenden Entvölkerung begann um 1500 n. Chr. eine starke Wiederbesiedlung
Botswanas. Sie erfolgte aus zwei Richtungen:

- aus dem Nordosten: um 1450 breitete sich das Reich von Monomotapa bis
  nach Nordost-Botswana hinein aus, ebenso wie später das Nachfolge-
  Reich der Rozvi. Steinwall-Ruinen am Zusammenfluß von Limpopo und
  Lotsane, bei Serule und anderswo zeugen vom kontinuierlichen Einfluß
  der Staaten des Zimbabwe-Plateaus auf die Besiedlung Botswanas.
  Die Einwanderer aus Zimbabwe waren Shona-Völker. Von Chishona-
  sprachigen Gemeinschaften stammen die Bakalanga ab, die heute die
  größte Minderheitsgruppe in Botswana stellen.
- die 'eigentliche' Besiedlung Botswanas durch Tswana-Stämme: die Völker, die ab 1500 aus dem Südwesten nach Botswana vordrangen,
  stammten aus dem Transvaal (heute Südafrika) und waren alle Tswana
  und Kgalagadi Ursprungs.

a. Zur Herkunft von Bakgalagadi und Batswana

In vielen historischen Werken wird die Bevölkerung südlich des Limpopo
unter linguistischen Kriterien in zwei große Klassen unterteilt:

- die Nguni, zu denen die Zulu, Swazi, Xhosa, Thembu, Mpondo etc.
  gehören und die hauptsächlich in Südafrika leben; doch sind Nguni -
  Gruppen soweit nördlich wie das heutige Malawi und Tanzania ver-
  sprengt worden; und auch die Ndebele, die nach den Shona die
  zweitgrößte Volksgruppe des heutigen Zimbabwe stellen, sind Nguni
  Ursprungs; [13]
- die Sotho, die zumeist in drei Gruppen eingeteilt werden:
  die westlichen Sotho oder Tswana - heute Batswana Botswanas;
  die nördlichen Sotho incl. der Bapedi und Lobedu;

---

[13] Auch haben sich etwa Nguni - Gruppen des Transvaal an die vorherr-
schende Tswana - Kultur angepaßt, z.B. die Balete, die Mitte des 19.
Jahrhunderts nach Botswana einwanderten. Ebenso fanden wahrscheinlich Assimilationsprozesse in umgekehrter Richtung statt.

20

die südlichen Sotho oder Basotho, d.h. die Bewohner des heutigen
Königreichs Lesotho und unmittelbar angrenzender Gebiete. [14]

Die Gemeinschaften, aus denen sich die Völker der Bakgalagadi und
Batswana konstituierten, formierten sich zwischen 1200 und 1500 n. Chr. im
westlichen Transvaal durch die Herausbildung von Abstammungslinien und
die Amalgamierung kleinerer Gruppen. Sie entwickelten feudalistische Herr-
schafts- und Gesellschaftsstrukturen, die auf Viehbesitz, Lehnswesen (d.h.
Kontrolle des Chief über den Rinderbesitz des Stammes), Zugang zu Mineralvorkommen, Handel und zahlenmäßiger Stärke der Bevölkerung basierten.
Mündliche Überlieferung führt die Vorfahren der heutigen Batswana und
Bakgalagadi auf fünf Stammesgruppen zurück [15] :

- Bakgalagadi, wahrscheinlich diejenigen, die am frühesten die Randge-
  biete der Kalahari besiedelten;
- Bafokeng;
- westliche Batswana, einschließlich der Bahurutse und Bakwena;
- südliche Batswana, einschließlich der Barolong;
- Bakgatla, einschließlich der Bapedi im nördlichen und östlichen Transvaal.

b. Einwanderung von Batswana nach Botswana

In den drei Jahrhunderten von 1500 bis 1800 fanden extensive Expansionen,
Wanderungen und Verschiebungen der Tswana-Staaten des Transvaal statt.
Deren Folge war, daß Tswana-Völkerschaften, ihre Kultur und Sprache sich
über große Teile des zentralen Hochlands (highveld) ausbreiteten. Verschiedene Bakgalagadi- und andere gemischte Gruppen wurden dabei als tribut-
pflichtige Gemeinschaften (subject peoples) in die Tswana-Staaten inkorpo-

---

[14] vgl. Maylam, P.: A History of the African People of South Africa, Cape
      Town 1986, p. 21; vgl. auch Tlou/Campbell, op. cit., p. 58
      Diese Klassifizierung darf nur als rein linguistische Ordnung verstan-
      den werden, die das historische Verständnis von Wanderungsbewe-
      gungen und Staatsgründungen im südlichen Afrika erleichtert. Denn
      angesichts der Retribalisierungspolitik, die ein inhärenter Bestandteil
      des Apartheidssystems ist, hat jede Kategorisierung der schwarzen
      Majorität Südafrikas einen rassistischen Aspekt.
[15] vgl. Tlou/ Campbell: op. cit., p. 60; Der Name Bakgalagadi wird oft für
      alle möglichen Völkerschaften gebraucht, die in oder am Rand der
      Kalahari (Kgalagadi) leben.

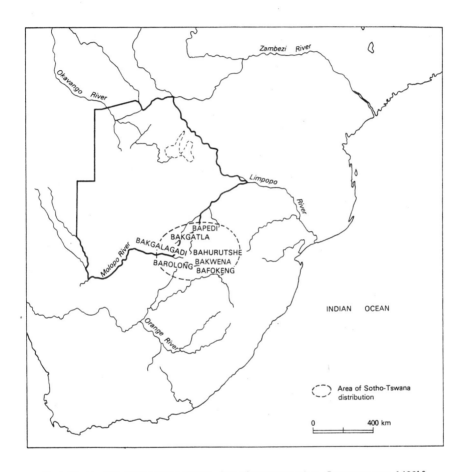

Verteilung der Siedlungsgebiete der obengenannten Gruppen um 1400[16]

---

[16] Quelle: Tlou/Campbell, op. cit., p.61; vgl. auch Stammbaum ebd., p. 58/59

riert oder zur Auswanderung in die arideren westlichen Gebiete gezwungen.
Gründe für die Fragmentierung von Stammesgemeinschaften oder Konföderationen des Transvaal müssen sowohl in internen Faktoren wie Rivalitäten über Herrschernachfolge, Vieh und Land als auch in externen Faktoren wie Verarmung des Bodens und Überweidung durch Bevölkerungswachstum und vermehrten Viehbestand gesucht werden. Nicht zu vergessen sind periodische Dürreeinbrüche, die bereits ohnehin intensiv beanspruchte und übervölkerte Landstriche besonders hart getroffen haben dürften.
Die im Hinblick auf die Besiedlung Ost-Botswanas relevanten Sezessionen waren das Zerbrechen der sog. "Baphofu – Confederacy" im Nordosten des Transvaal, zu der die dynastischen Kerngruppen der Bahurutse, Bakwena, Batlharo, Bakgatla und Bapedi gehörten, die Spaltung des Hurutse/Kwena – Königreichs und die darauf folgende Zersplitterung der beiden Zweige.
Ein Teil der Bahurutse emigrierte in den Südosten Botswanas und siedelte dann bei Shoshong im heutigen Central District (16. Jahrhundert), wo er sich weiter aufspaltete. Die Bakwena expandierten rasch, indem sie kleinere Gemeinschaften ihrer Tributpflicht unterwarfen. Doch auch unter ihnen erfolgte eine erneute Spaltung (16. Jahrhundert). Einer dieser Zweige, die sog. Kgabo-Kwena, siedelte zunächst im Kweneng District. Aus ihm gingen um 1760 die Bangwato und die Bangwaketse als selbständige Stämme ("merafe") hervor. Die Bangwaketse siedelten in der Nähe des heutigen Gaborone, in Seoke beim heutigen Lobatse, im östlichen Kweneng District und schließlich in Segeng beim heutigen Kanye. Die Bangwato siedelten im Gebiet von Shoshong, Palapye und Serowe. Im späteren 18. Jahrhundert spaltete sich aufgrund von Erbfolgestreitigkeiten ein Teil der Bangwato wiederum ab, zog unter Führung von Tawana nach Norden, um am Boteti und in den Kwebe Hills zu siedeln, und gründete schließlich im Ngamiland ein neues Reich. Die verschiedenen dort lebenden Völkerschaften, d.h. die Bayei, Hambukushu, Basarwa und Bakgalagadi, wurden den Batawana unterworfen. [17]

Mit dem 16. Jahrhundert reichte der Einfluß der Barolong bis weit in die Kalahari hinein. Eine Gruppe der Barolong, die Bakaa, siedelte im 17. Jahrhundert in Südost-Botswana, später in den Shoshong Hills und zog dann

---

[17] Zur Geschichte des Ngamilandes und seiner verschiedenen Völker vgl. Tlou, Th.: A History of Ngamiland 1750 – 1906. The Formation of an African State, Gaborone 1985

nach Nordosten, wo sie unter dem Namen "Sebina" bekannt wurden. [18]
Pedi – Gemeinschaften siedelten im 18. Jahrhundert in den an Eisenvorkom-
men reichen Tswapong Hills, in Konföderation mit anderen Gruppen wie
Bakalanga–, Balete– und Babirwa–Clans; sie wurden daher auch Batswapong
genannt.
Zusammenfassend ist festzuhalten, daß sich mit dem 16. Jahrhundert
Tswana–Königreiche bis in die Ausläufer der Kalahari ausgebreitet, sich um
1800 Batswana – Stämme im ganzen Osten Botswanas niedergelassen hatten
und nach Norden (Francistown), Westen (Bokspits) und Nordwesten
(Ngamiland) vorgedrungen waren. Im Zuge dessen waren die kleineren
Gruppen und loser organisierten Bakgalagadi verdrängt oder als abhängige
Völkerschaften absorbiert worden.

c. Batswana – Merafe um 1800

Die Tswana – Merafe um 1800 stellten statische Gesellschaften dar. Ihre
Ökonomie beruhte auf der Rinderzucht, dem Ackerbau, dessen Bedeutung
nach Niederschlags– und Bodenbedingungen variierte und im Osten ertrag-
reicher war als im Westen, der Jagd und dem Sammeln von Feldfrüchten.
Die einzelnen Stämme waren rechtlich unabhängig voneinander, erkannten
jedoch eine historische Hierarchie der Seniorität an.
Das erbliche Oberhaupt des Stammes, der Kgosi, wurde von der königlichen
Familie gestellt. Er vereinigte auf sich sowohl politische (Gesetzgebung,
Rechtsprechung, Interpretation der Volksmeinung) und ökonomische Funktionen (Konzentration und Verwaltung des Wohlstandes des Stammes) als auch
militärische (oberster Befehlshaber der Armee) und rituelle Ämter. Als feu-
dalistischer Herrscher hatte er nicht nur Recht auf persönliche Dienste,
sondern auch auf Tribut in vielerlei Form und zu vielen Gelegenheiten. Da
der Kgosi den für alle Stammesangehörigen verbindlichen Zeitpunkt von
Feldbestellung, Ernte etc. festlegte, wurden Konkurrenz und Mehrwerter-
wirtschaftung verhindert.
In Fällen von Unzufriedenheit mit dem Regierungsstil eines Kgosi gewann
ein anderer königlicher Verwandter Unterstützung, bis ein offener Konflikt
ausbrach. Oftmals hatte dieser eine Spaltung des Stammes zur Folge.
Die Praxis der Verheiratung von Vettern und Kousinen 1. Grades diente so

---

[18] Zur Geschichte der Bakaa vgl. Head, B.: A Bewitched Crossroad. An
African Saga, Craighall 1984

wohl der Erhaltung des Rinderbestandes - durch den Brautpreis in Form von Rindern - als auch der Zementierung der sozialen Hierarchie.

Angehörige der vier sozialen Klassen konnten nur innerhalb ihrer eigenen Klasse heiraten. Die herrschende Klasse war die königliche Dynastie, die ihre Herkunft auf die Gründer des Stammes zurückführen konnte (royals). Darauf folgten andere Batswana, die sich von ihrem ursprünglichen Stamm abgespalten hatten und Mitglieder des neuen Stammes geworden waren (commoners). Angehörige von Nicht-tswana-Stämmen lebten meist in eigenen Bezirken ("wards") unter Führung eines erblichen headman am Rande der Hauptstadt oder gar in separaten Dörfern und besaßen zumeist keine Staatsbürgerschaft (z.B. Bakgalagadi). Niemals als Bürger anerkannt waren die Basarwa, die entweder weit weg vom Dorf lebten oder als leibeigene Bedienstete ohne Besitz- und Erbrecht bestimmten wohlhabenderen Haushalten angegliedert waren. Sie wurden, pejorativ, "malata" genannt. [19]

---

[19]   vgl. Tlou/Campbell: History of Botswana, p. 71 ff.

Verteilung der Tswana Merafe über Botswana um 1800[20]

---

[20] Karte nach Tlou/Campbell: History of Botswana, p. 102

Das 19. Jahrhundert

Die zwei für das ganze südliche Afrika entscheidenden Umwälzungen des 19.
Jahrhunderts sind die "Difaqane"-Kriege [21] und die europäische Kolonisierung. Mit letzterer gingen weitreichende technologische und ökonomische
Veränderungen einher, die die Basis der traditionellen Ökonomie und Herr-
schaftsstruktur erschütterten: Revolutionierung der Militärtechnik durch die
Einführung von Kavallerie und Feuerwaffen, Extension und Intensivierung
des Handels durch die Einführung des Ochsenkarrens, Export von Fellen,
Elfenbein und Rindern gegen Import europäischer Konsumgüter, schließlich
die kapitalistische Ausbeutung der Minen des Witwatersrand und bei Kimberley und damit der Beginn von Arbeitsmigration.
Christliche Missionstätigkeit war Begleitfaktor wie auch Agent zur Durchsetzung kolonialer Interessen.

Die Difaqane-Kriege

Die als Difaqane bezeichnete Zeit der 20er und 30er Jahre des 19. Jahrhunderts umfaßt eine Serie von Kriegen, in die alle Völker des Subkontinents hineingezogen wurden und die immense Wanderungsbewegungen,
Vertreibungen und Machtverschiebungen zur Folge hatten. Alte Staaten
wurden zerstört und ihre Bürger zerstreut. Neue Staaten entstanden. Sie
basierten entweder auf militärischer Macht oder auf Handelsbeziehungen mit
dem Kap der Guten Hoffnung, die den älteren Handel mit der Ostküste des
Subkontinents ersetzten.
Die Hintergründe der Difaqane sind in der starken Bevölkerungszunahme um
1800 und den daraus resultierenden Kämpfen um neues Land zu suchen.
Hinzu kam das Vordringen europäischer Siedler und gemischtrassischer
Gruppen vom Kap her.

Die ersten Raubzüge und Plünderungen begannen bereits in den ersten

---

[21] Die Zeit der Wirren und Kriege, die in den 20er und 30er Jahren des
      19. Jahrhunderts den Subkontinent erschütterten, wird in Sesotho als
      "Difaqane", in Zulu als "Mfecane" bezeichnet, was soviel heißt wie "zer-
      drücken", "zerquetschen", "vernichten".

Jahren des Jahrhunderts. Nationale Gemeinschaften wurden gespalten oder
verloren ihre Existenzgrundlagen an Vieh und Getreide. Die Überlebenden
regruppierten sich und attackierten auf ihrer Suche nach neuem Land weitere Nationen.

Den auslösenden Faktor für den großen Krieg bildeten der Ausbruch der
Nguni-Zulu Kriege 1818 und Aufstieg und Expansion des militaristischen
Zulu-Staates unter Shaka, der aus den Ruinen des Mthethwa-Königtums ent-
stand [22].

Shaka (geb. 1787, ermordet 1828) bereitete durch seine zentralisierte
Staatsführung, die Einführung einer straff organisierten, erfolgsverpflich-
teten stehenden Armee und neuer Techniken der Kriegsführung den Grund
für den Aufstieg des Zulu-Staates zur mächtigsten Militärmacht des südlichen Afrika im 19. Jahrhundert – bis zur Niederlage gegen den britischen
Imperialismus 1879 [23].

Aus den Inter-Nguni Kriegen entstand in der Folge ein Kriegschaos, das
das ganze Gebiet zwischen den Drakensbergen und dem Vaal-Fluß in Mitleidenschaft zog. Mehr und mehr Gruppen, vertrieben durch Plünderung
und Verwüstung, flohen vor dem Krieg nach Nordwesten, d.h. in das von
Batswana und Basotho bewohnte Transvaal, auf der Suche nach Nahrung,
neuem Land und Frieden und organisierten sich ihrerseits wiederum in
streitkräftigen Einheiten, die den Krieg weitertrugen.
Drei große, streitfähige Stammesverbände, die Herrschaft über Batswana und
Basotho Siedlungsgebiete zu etablieren suchten, formierten sich aus dem
Kriegschaos:

- die Baphuting (1823)
- die Bafokeng, später Bakololo genannt, unter Führung von Sebitoane,
  1824-26
- und schließlich die Amandebele (Ndebele), geführt von Mzilikazi, dem
  erblichen Führer des Khumalo-Clans, der als General der Zulu-Armee
  1821 die Loyalität zu Shaka aufgekündigt hatte (1829-37).

---

[22] Zur Geschichte der Nguni-Reiche im 18./19. Jahrhundert vgl. Parsons,
      N.: A New History of Southern Africa, p. 55 ff.
[23] Zur Geschichte Shaka's vgl. Mofolo, Th.: Chaka, und Kunene, M.:
      Emperor Shaka the Great. A Zulu Epic, beide "African Writers Series",
      Heineman 1981 bzw. 1979.

Hinzu kamen wenig später die Buren (Boer Trek, 1836), die geschwächte Nationen und verlassene Landstriche vorfanden.

Die Invasionen der Bakololo und Amandebele bedeuteten für die Tswana-Staaten Zersplitterung und Vertreibung, von denen sie sich erst 20 Jahre später wieder erholten. Die Königreiche der Bahurutse, Bakwena, Bakgatla, Bangwaketse und Bangwato wurden zerschlagen, dabei bereits ohnehin bestehende Spaltungsbestrebungen und Uneinigkeiten beschleunigt. Ihre Bevölkerungen wurden über große Gebiete verstreut. Von daher rührt es, daß heute in allen Tswana-Stammesgruppen eine große Anzahl verschiedener ethnischer Clans integriert sind.

Einige Königtümer verschwanden für kurze Zeit völlig, als ganze Bevölkerungen in Gefangenschaft gerieten; andere etablierten Regierungen im Exil, als sie sich tief in die Kalahari zurückzogen. Die Batswana verloren den größten Teil ihres Besitzes an Vieh und Ländereien und sahen die Zerstörung ihrer Siedlungen. Über die Verluste an Menschenleben durch die Invasionen hinaus sind ökonomische Verarmung und politische Schwächung von erheblichen Konsequenzen für die Folgezeit gewesen.

Die Bakololo eroberten um 1830 das Tawana-Königreich um den Lake Ngami im Nordwesten Botswanas und siedelten schließlich im Chobe-Zambezi Gebiet. Die Amandebele siedelten ab 1838 auf dem westlichen Zimbabwe-Plateau, um Bulawayo.

Boer Trek – Kolonisierung – britische Imperialinteressen

Bevor Wiederaufbau und Nationenbildung der modernen Tswana-Staaten Botswanas nach der Difaqane dargestellt werden, ist kurz auf die Kolonisierung des Subkontinents vom Kap der Guten Hoffnung aus einzugehen.

Aus der befestigten Versorgungsstation unter Kontrolle der "Netherlands East India Company" – "Kaap Stadt" genannt – war durch Ausbreitung holländischer Farmen und Ranches auf usurpiertem Khoe-San Land um 1690 eine Kolonie entstanden, die rasch nach Osten und Norden expandierte. Die schubweise einwandernden europäischen Siedler waren vor allem holländischen, aber auch deutschen und französischen Ursprungs [24].

---

[24] Die frühen Einwanderer waren hauptsächlich Calvinisten und Lutheraner, was mit den europäischen Konfessionskriegen zu tun hat. Europä-

Grundlage landwirtschaftlicher Produktion in der Kolonie war ein regelmä-
ßiger Import von Afrikanern aus Westafrika und Madagaskar und von Malai-
en als Sklaven für die Farmarbeit. Die ansässige Bevölkerung des Kaps
wurde durch Beraubung ihres Landes, Hunger, Krieg und Vermischung mit
den weißen und farbigen Einwanderern rapide dezimiert. Einige gemischte
Gruppen sammelten sich zur forcierten Emigration, um jenseits der Grenzen
der Kolonie unabhängige Staaten zu errichten (Korana, Orlam, Griqua).

Um die Wende zum 19. Jahrhundert wurde die Kap-Kolonie gewaltsam von
den Briten - mittlerweile zur führenden Handels- und Seefahrernation Europas sowie zur ersten industriekapitalistischen Macht der Welt geworden -
übernommen. Ab 1815 begann Großbritannien, die Kolonie systematisch als
Rohstoff- und Absatzmarkt und als Siedlungsgebiet zu entwickeln.

Der sog. "Große Trek" der Buren nach Norden und Nordosten von 1836 -
auch als "Afrikaner-Difaqane" bezeichnet -, dem eine ganze Reihe von
Grenz- und Usurpationsscharmützeln seit Beginn des 18. Jahrhunderts
vorausging, hatte ökonomische, politische und ideologische Gründe. Er war
eine Reaktion auf die britische Aneignung des Kaps und kapitalistisch-
liberalistische Politik, d.h. die formale Abschaffung der Sklaverei, früh-
kapitalistische Arbeitsgesetzgebung, Agrarpolitik im Sinne von Kapitalinvestitionen und zentralisierte Verwaltung. Er war ideologisch bedingt
durch eine tiefsitzende, religiös motivierte Verteidigungshaltung gegen Bedrohung von "erarbeitetem Eigentum", das in Wirklichkeit usurpiert war -
eine Haltung im Übrigen, die seit 1948 zum tragenden Bestandteil des weißen
Minderheitsregimes der R.S.A. geworden ist. Er war schließlich eine strate-
gische Ausnützung des Vakuums, das durch die Difaqane-Kriege im Inneren
des Subkontinents entstanden war.

Während britische Kolonien sich entlang des südafrikanischen Küstengürtels
ausbreiteten (Eastern Cape, Natal), besetzten die burischen Siedler durch
Waffengewalt, Expropriation von Land und Erschleichung von Verträgen in
den 40er Jahren die Orange und Vaal Gebiete und schließlich das Transvaal.

---

ische Feudalverhältnisse sind in der Unterscheidung von "boers"
(kleine Bauern, denen von der Company Land zugeteilt wurde) und
unabhängigen "burghers" (Bürgern) reflektiert.

Der "Orange Free State" (1854) beruhte v.a. auf Handel und war dadurch enger mit dem Kap verbunden als das Transvaal (Ende der 50er Jahre), das durch militärische Macht gehalten wurde.

Das Verhältnis zwischen der britischen Verwaltung am Kap und den burischen Siedlerstaaten war komplex und oftmals von Spannungen gekennzeichnet.

Zum Verständnis britisch-kolonialer Einflußnahme lassen sich drei Phasen ansetzen [25]:

- Frühzeit der Kap-Kolonie (Merkantilismus)
- Imperialismus des "Freien Handels" (ca. 1840-70)
- Britisches Hegemoniestreben (kapitalistischer Imperialismus) im südlichen Afrika, wie dokumentiert auf der Berliner Konferenz von 1884, auf der Afrika unter den europäischen Großmächten aufgeteilt wurde.

Mit der Niederlage der Zulu, der bis dahin größten afrikanischen Militärmacht, gegen die Briten 1879 kippte das Machtsystem im südlichen Afrika zugunsten weißer Staaten um. Ab den 90er Jahren wurde die britische Hegemonie unaufhaltsam.

In diesem Rahmen steht die Erklärung des "Bechuanaland Protectorate" von 1885 über die Tswana-Staaten nördlich des Molopo (Ngwaketse, Kwena, Ngwato und, 1894, Ngamiland der Batawana), d.h. über das Gebiet, das später "Republic of Botswana wurde". Die Tswana-Gebiete südlich des Molopo (Barolong, Bathlaping) wurden zur Kronkolonie "British Bechuanaland" erklärt und später (1895) von der Kap-Kolonie annektiert.

Das britische Interesse an den Tswana-Staaten war v.a. strategischer Natur. Die Protektoratserklärung diente der Sicherung der Handels- und Missionsroute nach Norden, die durch die Entdeckung der Diamantvorkommen bei Kimberley (1867) und der Goldvorkommen des Witwatersrand (1884) umso wichtiger geworden war, als über sie Arbeitskräfte für die kapitalistische Ausbeutung der Minen rekrutiert werden konnten. Sie diente außerdem der

---

[25] vgl. Parsons, A New History of Southern Africa, p.89

Erhaltung britischer Vorherrschaft in der Region in der Konkurrenz mit
Buren und Deutschen [26].
Diese kolonialgeschichtlichen Voraussetzungen sind für Botswana in ver-
schiedener Hinsicht folgenreich gewesen.

Wiederaufbau und Nationenbildung der Tswana–Staaten

Die allen Tswana–Staaten des mittleren 19. Jahrhunderts gemeinsame Bedro-
hung von außen – die burische Aggression – förderte die Bildung von
Allianzen unter den sich nach der Difaqane rekonsolidierenden Staaten Ost-
Botswanas: den Bakwena (senior morafe), Bangwaketse und Bangwato [27].
Jene wurden durch Heiraten der verschiedenen königlichen Familien unter-
einander und Handelsbeziehungen über die Karrenroute, die von Kuruman
(heute R.S.A.) über Kanye, Molepolole, Shoshong, d.h. durch alle drei
Staatsgebiete führte, gefestigt.

Da Neubesiedlung unbewohnter Landstriche nicht mehr möglich war, kon-
zentrierten sich die Tswana–Staaten auf internen Machtausbau und nationale
Reorganisation. Ökonomische, politische und soziale Konsolidierung folgte
ähnlichen Mustern in allen Staaten – eingeschlossen den Batawana–Staat im
Nordwesten, der 1795 von den Bangwato sezessiert war:

- Vertreibung aller Gruppen, die die zentrale Herrschaft gefährden
  könnten (z.B. der Ndebele und der Bakaa im Falle der Bangwato) oder
  deren Assimilierung (z.B. der Bakalanga im Falle der Bangwato);
- enge Anbindung untergebener Völker durch die Einsetzung regie-
  rungsverantwortlicher "Gouverneure" (basimane ba mafatshe); deren
  Aufgaben bestanden in regelmäßigen Besuchen, Eintreibung von Tri-
  butspflichten, Zuteilung von Land, niederer Gerichtsbarkeit;
- zentrale, vom König selbst geleitete Initiation (bogwera) der Jugendlichen aller Bevölkerungsgruppen und Aufstellung von Altersklassen-
  Regimentern (mephato) unter Führung eines königlichen Nachkommens;

---

[26] Die Tatsache, daß die Deutsche Reichsregierung 1884 "German South
West Africa" zum Protektorat erklärt hatte, ist in diesem Zusammenhang
nicht zufällig.
[27] Von daher ergibt sich der Name des Landes: "bo–Tswana", was soviel
wie Gruppe oder Gemeinschaft der Tswana–Staaten heißt.

damit wurde das mögliche Entstehen rivalisierender Verbände verhindert und die jüngere Generation zur Loyalität gegenüber dem Staat erzogen;

abgesehen von diesem Punkt wurden Sitten und Bräuche der Bevölkerungsminderheiten toleriert und gewisse politische Rechte ihrer Führer respektiert;

– Einführung des "Kgamelo-Systems", d.h. die Belehnung von ausgewählten, verdienten Gemeinen (commoners, d.h. Leute von Tswana-Herkunft, die aber nicht der Aristokratie angehören) mit Vieh; dies System diente einerseits der Stärkung des Kgosi gegenüber möglichen Rivalitätsansprüchen seiner aristokratischen Verwandten und andererseits der Verbreiterung seiner Machtbasis im Volk.

Andere Faktoren sind der Erwerb von Schußwaffen und Pferden, die für die Tswana-Staaten seit den 20er Jahren erhältlich wurden, sowie Versuche der Dikgosi, den Handelsverkehr in ihren Gebieten zu monopolisieren. Die Handelskontrolle war jedoch nur solange wirksam, bis eine wirtschaftlich vom traditionellen System unabhängige Kaste von Gemeinen entstand. Eine weitere Rolle spielte außerdem die Ansiedlung von christlichen Missionsstationen in den Tswana-Zentren; sie gehörten fast ausnahmslos der "London Missionary Society" an.

Die Bangwaketse regruppierten sich unter zwei rivalisierenden Herrschern, zunächst Sebego, der die Herrschaft an sich gerissen hatte, dann Gaseitsiwe, dem rechtmäßigen Thronfolger, unter dessen Führung (1857–1889) ein vereinigtes Königreich mit Kanye als Mittelpunkt entstand. Die vor den Buren geflohenen Barolong unter Montshiwa blieben bis 1870 unter Ngwaketse Schutz.

Unter der Herrschaft Sechele's (1831–1892) entstand in den 40er und 50er Jahren der ausgedehnte Staat der Bakwena. Er setzte sich erfolgreich gegen die Buren zur Wehr und festigte seine Macht durch Allianzen mit Flüchtlingsclans.

Der Staat der Bangwato, der jüngste und um die Jahrhundertmitte der unbedeutendste unter den drei genannten, entwickelte sich unter Sekgoma I (1835–1857; 1858–1866) und später dessen Sohn Khama (1875–1923) zum flächenmäßig größten und ökonomisch und politisch mächtigsten der Tswana-Staaten.

Mit der Unabhängigkeit von den Ndebele (1844), der Vertreibung der Bakaa aus Shoshong (1849) und der Anerkennung von Ngwato-Autorität seitens der Malete in den Tswapong Hills (1848) gewann der Ngwato-Staat Souveränität über ganz Ostzentral-Botswana und über verschiedene nicht-Ngwato Populationen. Das Herzland der Bangwato bildete das hügelige Dreieck zwischen den drei sukzessiven Ngwato-Hauptstädten Shoshong, Phalatswe (Old Palapye) und Serowe. 1850 machte Sekgoma I Shoshong zur Hauptstadt der Bangwato [28]. Sie wurde in den späten 60er Jahren zur größten, wohlhabendsten und bestbewaffneten Stadt des Inneren, mit einer de iure Einwohnerschaft von 30000 Menschen.

Diese Vormachtstellung unter Ngwato-Kontrolle verdankte Shoshong seiner strategischen Lage im Knotenpunkt der Karrenwege zwischen Kap und Zambezi. Es eignete sich als zentraler, auf halber Strecke gelegener Umschlagplatz für Exportgüter aus den Jagdgründen am Boteti und um die Tswapong Hills (Elfenbein, Felle, Straußenfedern) und für den Import europäischer Güter aus der Kap-Kolonie.

Der Erwerb von Pferd und Feuerwaffe hatte die extensive Jagdökonomie möglich gemacht, die Überseeinteressen bediente. Der Transport mittels Ochsenkarren eröffnete permanente Handelsrouten über große Distanzen und erleichterte auch regionalen Handel, z.B. in Getreide.

Doch der Aufstieg des Bangwato-Staates vollzog sich nicht ohne intern-Ngwato und intra-Tswana Rivalitäten. Ein durch Sechele, den Kwena König, und Mzilikazi, den Herrscher der Ndebele, angezettelter Coup gegen Sekgoma I brachte kurzzeitig Macheng an die Macht. Doch da dieser sich bald die Gunst Sechele's und des Ngwato-Adels verscherzte, kam Sekgoma 1858 wieder zur Herrschaft.

Schwerer wog der Bürgerkrieg von 1866-1875. Er entstand aus dem Konflikt zwischen dem traditionell orientierten Sekgoma und seinen christlich konvertierten Söhnen Khama und Kgamane, die neben dem Christentum auch mit anderen europäischen Bräuchen und Werten sympathisierten, und wurde zusätzlich von außen durch Sechele geschürt, der als König des älteren Stammes der Bakwena noch einmal versuchte, Einfluß auf die Bo-Tswana zu

---

[28] "Bangwato" ist der korrekte Name des Stammes in der Vor-Difaqane-Zeit. Der oft benutzte Name "Bamangwato" erstreckt sich über alle Flüchtlinge und diversen Bevölkerungsgruppen, die während des späteren 19. Jahrhunderts Ngwato-Nationalität annahmen.

gewinnen. 1875 putschte Khama erfolgreich gegen seinen Vater und herrschte dann kontinuierlich bis 1923.

Die Batawana machten nach den Kololo-Invasionen 1840 Toteng am Lake Ngami zu ihrer Hauptstadt. Unter der Regierung Letsholathebe's (1840-84) dehnten die Batawana ihre Herrschaft über ganz Ngamiland und dessen Bevölkerung der Bayei, Bakgalagadi und Khoe-San aus. Die Beziehungen zwischen Batawana und ihren "subject peoples" waren durch Tributpflicht und "botlhanka" (Leibeigenschaft) gekennzeichnet. Toteng, obgleich weitab gelegen von den anderen Tswana-Zentren, war durch die Handelsroute entlang des Boteti mit Shoshong verbunden.

Die Konsolidierung der Tswana-Staaten in der zweiten Häfte des 19. Jahrhunderts geschah politisch durch die Eingliederung verschiedener Bevölkerungsgruppen, zentralisierte Administration und nationale Institutionen. Sie verdankte sich ökonomisch der Anpassung an den rationalisierten Exporthandel entlang kapitalistischer Linien, mit dem sich v.a. die Ngwato-Staatsmacht identifizierte, und an die damit einhergehende Ideologie (Christentum, europäische Güter als Statussymbol etc.).
Doch diese importierte Ökonomie hatte zugleich immense Folgen:

- rapide Dezimierung des Wildbestandes (z.B. die Ausrottung von Elefanten in allen Teilen Botswanas außer dem Norden), der als Exportreserve damit bald nurmehr in eingeschränktem Maße zur Verfügung stand;
- Verarmung von Weideland, Reduzierung des Waldbestands und Wasserverknappung um die Ballungszentren und entlang der Handelsrouten;
- Schwächung der lokalen Ökonomie der Landwirtschaft und des Handwerks, das durch die steigende Einfuhr europäischer Manufakturgüter, deren Erwerb zu einer Angelegenheit sozialen Prestiges wurde, stark zurückging oder ganz ausstarb wie im Falle von Metallgewinnung und -verarbeitung;
- Verbreitung der Geldwirtschaft, die die Arbeitsmigration von Batswana in die südafrikanischen Minen und auf burische Farmen förderte; dies selbst zog wiederum das Aufbrechen der traditionellen sozialen Hierarchie nach sich.

Diesem ökologischen, ökonomischen und schließlich politischen Druck (durch den Kolonialismus) waren die Tswana-Staaten kaum gewachsen, eine Tatsache, die miterklärt, warum Botswana zunehmend zum bloßen Anhang der politischen Ökonomie der Region werden konnte.

Das Protektorat Bechuanaland (1885 - 1965)

Die afrikanischen Staaten - Swaziland, Basotholand/Lesotho und Bechuanaland -, die als "High Commission Territories" unter britischem Kolonialismus überlebten, waren britische Verbündete vor dem Südafrikanischen Krieg zwischen Buren und Briten (1899–1902) gewesen. Doch nachdem die britische Herrschaft im südlichen Afrika stabilisiert war, verloren die "High Commission Territories" rasch an strategischer Bedeutung und wurden von den Briten im wesentlichen als Arbeitskräfte-Reservoirs betrachtet, die über kurz oder lang in die Südafrikanische Union (geschaffen 1910) eingegliedert würden. Indizien für die Inkorporationspläne Bechuanalands sind u.a. dessen verwaltungsmäßige Anbindung an Südafrika (das Verwaltungshauptquartier für das Protektorat lag in Mafeking, S.A., und der britische Vertreter in S.A. war zugleich zuständig für das Protektorat) und das Zollunions-Abkommen von 1910, das die Abhängigkeit des Protektorats Bechuanaland wie auch Lesothos und Swazilands von der Wirtschaft Südafrikas sicherte.

Eine weitere Bedrohung der territorialen Integrität Bechuanalands ging von der "British South Africa Company" (BSAC) aus, 1889 als Monopolgesellschaft gegründet und geführt von dem Minenmagnaten Cecil Rhodes. Die Gesellschaft bot Großbritannien die Administration Bechuanalands gegen freien wirtschaftlichen Spielraum und ein Konzessionsmonopol an. Intensiver Widerstand seitens der Tswana-Chiefs (Khama, Bathoen und Sebele), die 1895 bei einem Besuch in England die liberale Öffentlichkeit für ihre Sache mobilisierten, sowie geteilte Meinungen bei Missionaren und einigen Kolonialbeamten führten jedoch zur Entscheidung, die Verantwortung für das Protektorat bei der Kolonialmacht zu belassen. Allerdings erhielt die BSAC nicht unerhebliche Teile an "Kronland" (Tuli, Gaborones und Lobatse Blocks), den Landstreifen an der östlichen Grenze Botswanas, auf dem die

Eisenbahnlinie verläuft [29].

Obgleich die Tswana-Herrscher vehement auf ihren speziellen Vertrags-
verhältnissen mit den Briten insistierten – die von letzteren nicht als bin-
dend angesehen wurden –, war die Gefahr der Eingliederung Bechuanalands
in die Südafrikanische Union endgültig erst nach dem Zweiten Weltkrieg
gebannt. Durch den Sieg der "National Party" 1948 in Südafrika und deren
Einführung des Systems der Apartheid sowie der darauf folgenden Erklärung der Union als "Republic of South Africa" und deren Ausscheiden aus
dem "Common Wealth of Nations" 1961 sah Großbritannien sich genötigt,
Schritte zu unternehmen, die die "High Commission Territories" auf den Weg
zur politischen Unabhängigkeit brachten.

Koloniale Administration

Das Protektorat Bechuanaland hatte eine im ganzen zwar festgelegte, doch
vergleichsweise untergeordnete Rolle im britischen Empire zu spielen. Das
Territorium sollte mit relativ geringem Aufwand an Verwaltungskosten gehalten und seine Wirtschaft sollte den britischen Interessen in der Region
angepaßt sein.
Die Briten richteten einen bescheidenen Verwaltungsapparat mit starker
Ordnungskomponente ein, der durch lokale Steueraufkommen finanziert
wurde.
75% aller Ausgaben gingen in die Verwaltung; nur ganz geringe Beträge
wurden für soziale Infrastruktur oder produktive Kapazitäten des Landes
aufgewendet. Von daher wird verständlich, warum Botswana bei seiner
Unabhängigkeit kaum Grundzüge eines Erziehungs-, Gesundheits- oder
Transportwesens noch Anfänge von Industrialisierung aufwies.

Während in der Frühphase des Protektorats die Chiefs und ihre Regierungen generell respektiert wurden ("indirect rule" oder "parallel rule"),
wurde das Verhältnis in den 30er Jahren modifiziert, als sich Steuereintrei-
bung und Verwaltungsfunktionen ausweiteten.

---

[29]   vgl. dazu Tlou/Campbell: History of Botswana, p.154 ff.

Bereits wenige Jahre nach der Errichtung des Protektorats waren Reser-
vatsgrenzen ("tribal reserves") festgelegt (1899), die Konzession von Land
unter koloniale Aufsicht gestellt und die Chiefs zur Eintreibung von Steuern ("hut tax") in ihren jeweiligen Regierungsgebieten verpflichtet worden.
Der koloniale "Resident Commissioner" beanspruchte Appellationszuständig-
keit gegen Gerichtsurteile der Chiefs in der Kgotla.
In dem 1920 eingerichteten "Native Advisory Council", das als formale
Maschinerie zur Kooperation der Tswana-Staaten untereinander und mit der
kolonialen Verwaltung fungieren sollte, hatten die Chiefs nur beratende
Stimme. Das Gremium wurde daher von den Bangwato lange Zeit boykottiert.

Die "Native Administration Proclamations" von 1934 und 1938 brachten die
Chiefs weitgehend um ihre politische Selbständigkeit und machten sie zu
untergeordneten Regierungsbeamten. Die Verordnungen beschnitten den
Spielraum der Chiefs in "inneren Angelegenheiten" in entscheidenden Punkten. Sie legten u.a. fest:

- Prozedur zur Ernennung und Anerkennung von Chiefs, wobei diese
  durch die Kolonialverwaltung suspendiert oder verbannt werden
  konnten;
- Ernennung von Councillors, die die Chiefs bei der Ausübung ihres
  Amtes konsultieren mußten;
- legislative Bestimmungen;
- Einrichtung eines "Native Treasury", aus dem die Chiefs ein formales
  Gehalt bezogen;
- Stationierung von Distriktkommissaren, Polizei und kolonialen Gerich-
  ten als Appellationsinstanzen in allen Tswana-Staaten.

Darüber hinaus erließ die Kolonialverwaltung - unter Umgehung der Chiefs
- neue Gesetze zur Steuerpflicht (Erhöhung der "hut tax" und eine zusätzliche "native tax", 1919) und verbot den Chiefs, Altersklassen-Regimenter
aufzustellen, Tribut einzuziehen und Initiationsriten abzuhalten.

In dieser Weise unterminierte der Kolonialismus die traditionelle Herr-
schaftsstruktur. Die gemeinsame Verwaltung stärkte jedoch zugleich die
historische Allianz der fünf großen Tswana-Staaten und schuf eine schmale
koloniale Elite (Kleriker, Beamte, Lehrer), die später die Forderung nach
konstitutionellem Fortschritt und nationaler Unabhängigkeit aufnahm.

Die Chiefs versuchten, ihre eingeschränkte Macht zur "Modernisierung" und Anpassung ihrer Staaten an die gewandelten politischen und sozialen Verhältnisse zu nutzen. So fallen die Anfänge eines unabhängigen Bildungswesens, aus der sich die zukünftige Bürokratie rekrutieren konnte, die Neuordnung der lokalen Verwaltungen, eine Reform des Gerichtswesens, die Einrichtung von "tribal funds" zur Finanzierung von Infrastrukturmaßnahmen und Maßnahmen zum Schutz natürlicher Ressourcen in diese Zeit[30].

'Entwicklung zur Unterentwicklung'

Da Großbritannien kein genuines, sondern ursprünglich nur strategisches Interesse an Bechuanaland hatte, tat es nicht nur nichts, um das Land infrastrukturell und wirtschaftlich zu entwickeln, sondern prädestinierte Bechuanaland durch die Anbindung an die kapitalistische Wirtschaft Südafrikas (Ausbeute der Diamantenfelder von Kimberley und der Goldvorkommen des Witwatersrand sowie Großfarmen) geradewegs zur Unterentwicklung. Obgleich die Tswana-Staaten des 19. Jahrhunderts über einigen wirtschaftlichen Wohlstand verfügt hatten und das Land um die Jahrhundertwende beispielsweise auch genügend Getreide anbaute, um seine Bevölkerung zu ernähren, zählte Botswana bei seiner Unabhängigkeit zu den ärmsten Ländern Afrikas.

Faktoren in diesem wirtschaftlichen Niedergang Bechuanalands während der Kolonialzeit sind [31]:

- der Bau der Eisenbahnlinie vom Kap durch den Osten Botswanas nach Rhodesien, der zum Niedergang des Karrentransports und der daran angegliederten Wirtschaftszweige führte;
- die rasche industrielle Entwicklung Südafrikas machte Bechuanaland immer weniger konkurrenzfähig beim Verkauf seiner vergleichsweise wenigen Produkte;
- die Rinderpest-Epidemie von 1896, die eine starke Dezimierung der Tswana-Herden zur Folge hatte;

---

[30] vgl. zu diesem Absatz Shapera, I.: Tribal Innovators. Tswana Chiefs and Social Change 1795-1940, London 1970

[31] vgl. Parsons, J.: Botswana. Liberal Democracy and the Labour Reserve in Southern Africa, Boulder/Colorado 1984, p.22 ff.

- die Konzessionen ertragreichen Landes an die BSAC und die Bestätigung der Tati-Konzession führten zu Landdruck in einigen Gebieten;
  da die Tswana-Staatsgrenzen gezogen waren, war Expansion anderswo
  limitiert;
- die Steuerpflichten verschärften den ökonomischen Druck auf die
  Bevölkerung, nach Möglichkeiten zur Lohnbeschäftigung zu suchen,
  zumal mit dem seit dem 19. Jahrhundert steigenden Import europäischer Manufakturgüter die Konsumbedürfnisse gestiegen waren;
- die Gelegenheiten, in Bechuanaland selbst Lohnbeschäftigung zu finden, waren beschränkt; als Ausweg blieb daher für die meisten nur
  die Arbeitsmigration in die südafrikanischen Minen und, in geringerem
  Maße, die Beschäftigung auf europäischen Farmen in Südafrika.

Die Minen hatten einen wachsenden Bedarf an ungelernten Arbeitskräften,
der zu billigsten Kosten gedeckt werden sollte. Das System der Wanderarbeit bot dafür die idealen Bedingungen. Die Löhne der auf Kontraktbasis
arbeitenden Wanderarbeiter konnten unter Subsistenzlevel liegen, da die
Kosten für Kinderaufzucht, Familie, Wohnung, Altersversorgung etc. von der
Bevölkerung ihrer Herkunftsländer aufgebracht wurden. Damit erübrigte es
sich weiterhin für die südafrikanische Regierung, entsprechende Infrastrukturen zu erstellen, was den Minen wiederum höhere Besteuerung er-
sparte.
Zum Verständnis des südafrikanischen Kapitalismus ist das System der
Arbeitsmigration – nicht nur aus Bechuanaland/Botswana, sondern aus allen
Teilen des südlichen Afrika und später den unter der Apartheid in Südafrika selbst geschaffenen sog. "homelands" – von entscheidender Bedeutung.
Im Falle von Bechuanaland, aber nicht nur da, standen die Profite der südafrikanischen Minen, auf denen Südafrikas Wirtschaftsentwicklung basierte,
in direktem Verhältnis zur wirtschaftlichen Stagnation Bechuanalands.
1943 waren fast die Hälfte aller arbeitsfähigen Männer zwischen 15 und 44
Jahren zu jeder gegebenen Zeit abwesend von Bechuanaland [32]. Dieser
Exodus hatte den Niedergang des einheimischen Agrar- und Manufaktur-
sektors zur Folge. Bechuanaland hatte den größten Teil der Versorgungs-
lasten seiner "migrant workers" in Südafrika zu tragen. Das geringe Niveau
einheimischer Produktion rechtfertigte kaum größere Aufwendungen zum

---

[32] ders. op.cit, p.25

Aufbau von Erziehungswesen, Transportsystem etc. seitens der Kolonialverwaltung. Die Versuche der Tswana-Stammesverwaltungen, eine solche
Infrastruktur zu erstellen, waren unter den finanziellen Voraussetzungen
der Kolonialzeit verständlicherweise limitiert. Die Chiefs erleichterten im
allgemeinen die periodische Auswanderung von Arbeitskräften, da sie die
ihnen auferlegte Pflicht zur Eintreibung der Kolonialsteuern sicherte.
Zu den ökonomischen Lasten kamen soziale Probleme wie Aufsplitterung der
Familien, Zerbrechen sozialen Zusammenhalts und Überlastung der Frauen,
die für die landwirtschaftliche Produktion, Reproduktion und soziale Kontinuität zugleich aufzukommen hatten. Infolge des Systems der Arbeitsmigration entstand ein "Peasantariat" [33], d.h. eine semi-proletarisierte Bauern-
schaft, deren Existenzweise auf der Kombination von kapitalistischer Lohnbeschäftigung und subsistenter Land- und Viehwirtschaft beruhte.

**Seretse Khama und die Vorbereitungen zur politischen
Unabhängigkeit Botswanas**

Zwei Ereignisse des Jahres 1948 gaben der nationalistischen Bewegung in
Bechuanaland Auftrieb und führten schließlich zur politischen Unabhängigkeit:
- die Heirat des Thronfolgers der Bangwato, Seretse Khama, mit der
  Engländerin Ruth Williams während seines Jurastudiums in England;
- der Wahlsieg der "National Party" in Südafrika, der Großbritannien
  zwang, seine Position gegenüber der Kolonie und den "High Commission
  Territories" zu überdenken.

Seine Heirat mit einer Ausländerin trug Seretse Khama zunächst die Ablehnung seines Onkels Tshekedi Khama ein, der während Seretse's Minder-
jährigkeit und Abwesenheit die Regentschaft der Bangwato innegehabt
hatte. Der Stamm war über die Angelegenheit zunächst gespalten. In mehreren Sitzungen der Kgotla gelang es Seretse jedoch, die Bangwato für seine
Seite zu gewinnen. Der Stamm akzeptierte 1949 sowohl seine Heirat wie auch
seine rechtmäßige Nachfolge als Chief. Tshekedi dankte ab und versöhnte
sich einige Jahre später mit seinem Neffen. In dieser Entscheidung der
Bangwato, die bereits eine lange Tradition der Toleranz gegenüber Minderheiten und der Eingliederung verschiedener fremder Völkerschaften hatten,

---

[33] ders. op.cit, p.26

mag einer der Gründe für Botswanas konsequent anti-rassistische Position gesehen werden. Die Mischehe eines schwarzen Führers mit einer Weißen rief Empörung in Bechuanalands Nachbarländern Rhodesien und Südafrika hervor, da sie die Ideologie der Apartheid der Rassen bedrohte. Südafrika wiederholte seine Forderung nach Inkorporation Bechuanalands, um politische Kontrolle über die Region zu behalten. England versuchte, die Situation zu entschärfen und der Entscheidung aus dem Weg zu gehen, indem es 1950 Seretse Khama vom Betreten Bechuanalands und der Aufnahme der Ngwato-Regierung bannte und über das Thema der Inkorporierung schwieg. Da auch Tshekedi aus dem Staatsgebiet verbannt war, waren die Bangwato ohne politische Führung. Von 1950–53 fungierte der koloniale Distriktkommissar von Serowe gegen den Widerstand der Bevölkerung als "native authority". Alle Versuche seitens der Briten, die Wahl eines alternativen Oberhauptes der Bangwato herbeizuführen, schlugen fehl.

Unter dem Druck schwarzafrikanischer Führer, englischer Liberaler und Stellungnahmen internationaler Foren gegen die Apartheid wendete sich in den 50er Jahren das politische Blatt. Großbritannien gab den Inkorporierungsplan auf zugunsten der Vorbereitung Bechuanalands auf politische Unabhängigkeit in relativ kurzer Zeit. 1951 wurden der "African Advisory Council" und der "European Advisory Council" zu einem "Joint Advisory Council" zusammengefaßt. 1956 wurde Seretse Khama die Rückkehr nach Bechuanaland erlaubt, unter der Bedingung, daß er keinen Anspruch auf die Ngwato-Herrschaft erhöbe. Unter seiner Vizepräsidentschaft wurde der "Tribal Council" der Bangwato zu einer dynamischen lokalen Verwaltung. Später wurde Seretse Khama zum aktiven Mitglied in dem 1960 von den Briten zugestandenen "Legislative Council", das zu gleichem Verhältnis aus Batswana und Europäern bestand.

Nachdem der Prozeß politischer Veränderung einmal begonnen hatte, beschleunigte er sich rasch. In schneller Folge entstanden mehrere nationalistische Parteien, wobei sich konservativ-demokratische gegen pan-afrikanistische, sozialistische Kräfte formierten. Erstere gewannen die Oberhand, da sie in den ländlichen Gebieten eine Massenbasis hatten und ihre Führer professionellen mit traditionellem Status verbinden konnten.

Abgesehen von der kurzlebigen "Federal Party", gegr.1959 von L.D. Raditladi in Serowe, war die erste Partei die "Bechuanaland (später Botswana) People's Party"(BPP). Sie wurde 1960 von K.T. Motsete, P.G. Matante und M. Mpho gegründet. Alle drei hatten politische Organisations- erfahrung mit dem "African National Congress" (ANC) bzw. dem "Pan Africanist Congress" (PAC). Die Partei übte starke Kritik an Kolonialismus und Rassismus und verlangte die sofortige Unabhängigkeit Bechuanalands. Anhängerschaft hatte sie v.a. in den Städten Lobatse und Francistown und unter den Bakalanga. Sie gewann jedoch keinen Rückhalt bei der traditiona- listisch orientierten ländlichen Bevölkerung. Zwischen 1962 und 1964 kam es über politische Differenzen, die die zwischen ANC und PAC widerspiegelten, zwischen Matante, Mpho und Motsete zur Spaltung der Partei, was zu ihrer schwachen Position bei den ersten allgemeinen Wahlen 1965 beitrug.

1962 wurde in Gaborone die "Bechuanaland (später Botswana) Democratic Party" (BDP) unter Führung Seretse Khamas, Quett Masires u.a. gegründet. Alle Gründungsmitglieder verfügten über Verwaltungserfahrung im "African Advisory Council" und im "Legislative Council". Ob ihres gemäßigt-nationali- stischen Standes wurde die BDP von den Briten favorisiert, womöglich so- gar mitinitiiert. Ihr Vorsitzender, Seretse Khama, verband in seiner Person traditionelle Legitimität mit moderner Bildung und Lebenssicht. Andere Füh- rungsmitglieder waren ebenfalls entweder Repräsentanten der traditionellen politischen und ökonomischen Oberschicht oder der neuen Bildungselite oder beides. Daher hatte das Peasantariat eine quasi-natürliche Neigung zur BDP, weil historisch verankerte Loyalitäten nurmehr verlängert werden brauchten. In Opposition zur BDP gründete K. Koma 1965 die sozialistisch orientierte "Botswana National Front" (BNF).

Bei den Wahlen zur Nationalversammlung auf der Basis allgemeinen Wahl- rechts von 1965 gewann die BDP 28 von 31 Sitzen und vereinigte auf sich 80.4% der Stimmen bei einer Wahlbeteiligung von 75% aller Wahlberech- tigten[34].

Im September 1966 erhielt die "Republic of Botswana" volle politische Unab- hängigkeit. Sir Seretse Khama wurde Botswanas erster Präsident, der er unangefochten bis zu seinem Tode 1980 blieb.

---

[34] ders. op.cit, p.33

Botswana seit der Unabhängigkeit

Politisches System und Verwaltungsstruktur

Aufgrund der ökonomischen Umstände und des allgemeinen Entwicklungs-
defizits zum Zeitpunkt der Unabhängigkeit spielt der Staat eine zentrale
Rolle im post-kolonialen Botswana.

Botswana ist eine parlamentarische Republik. Ihre Institutionen basieren auf
dem Westminster Modell parlamentarischer Regierung, schließen jedoch Züge
der präsidentialen Regierungsform ein. Das Parlament ist die legislative
Autorität und besteht aus dem Präsidenten und der Nationalversammlung.
Diese setzt sich aus 34 vom Volk gewählten Mitgliedern, 4 vom Präsidenten
nominierten Mitgliedern, dem Sprecher, der von den Parlamentsmitgliedern
bestimmt ist, und dem Generalstaatsanwalt zusammen. Bis dato waren alle
nominierten Parlamentarier Vertreter der BDP, die bei allen bisherigen, im
Rhythmus von 5 Jahren abgehaltenen allgemeinen Wahlen die überwältigende
Mehrheit der Sitze gewann.

Die oberste Gewalt liegt beim Parlament, und die Exekutive ist der Legislative verantwortlich. Doch modifiziert die Verfassung dieses Verhältnis,
indem sie dem Präsidenten spezielle Vollmachten einräumt. Er ist oberster
Befehlshaber der Armee, ernennt alle Minister, deren Vertreter und ständigen Sekretäre sowie den Vizepräsidenten und hat Vetorecht bei allen
Gesetzesvorlagen.

Das Kabinett, bestehend aus Präsident, Vizepräsident und Ministern, hat
den Präsidenten in allen Fragen der Regierungspolitik zu beraten, und der
Präsident hat den Kabinettsentscheidungen, von einigen Ausnahmen abgesehen, zu folgen. Einmal ernannt, sind die Minister individuell verantwortlich.
Das Kabinett ist kollektiv der Nationalversammlung verantwortlich.

Die Judikative liegt bei dem "High Court" (Lobatse) und einer Reihe von
Bezirksgerichten. Darunter gibt es die "Magistrate Courts" sowie die
"Customary Courts".

Das "House of Chiefs" setzt sich zusammen aus den Chiefs der acht
Tswana-Stämme, vier unter den Subchiefs der Distrikte Chobe, Francistown,
Ghanzi und Kgalagadi gewählten und drei speziell gewählten Mitgliedern.
Alle stammesbezogenen Gesetzesvorlagen müssen dem "House of Chiefs" zur
Diskussion vorgelegt werden. Die Kammer hat allerdings nur beratende
Funktion.

Die lokalen politischen Institutionen umfassen neun Distrikt- und vier Stadträte (councils), die aus gewählten und nominierten Mitgliedern bestehen, sowie die traditionellen Stammesautoritäten (chiefs) samt ihren Beratern und Headmen, die bis heute über die Kontrolle der Kgotla verfügen.

In der ersten Dekade nach der Unabhängigkeit wurde der bis dahin bescheidene Verwaltungsapparat in Struktur und Funktion vollkommen neu geordnet und erweitert. Unter anderem wurden eingerichtet: "Ministry of Finance & Development Planning" (1970/71), "Ministry of Local Government & Lands" (1967/68), "Ministry of Education" (1969/70), "Ministry of Health" (1975/76), "Ministry of Commerce & Industry" (1973/74) und "Ministry of Mineral Resources & Water Affairs" (73/74) sowie auf Abteilungsebene das "Auditor General's Department" (1969/70) und die "Departments of Income Tax (1968/69), Customs & Exise (1971/72) und Central Transport Organization" (71/72). Die parastaatlichen Einrichtungen "Water Utilities Corporation", "Botswana Power Corporation" und "Botswana Development Corporation" wurden 1970/71 geschaffen, "Botswana Housing Corporation" 1971/72, "Botswana Lifestock Development Corporation" 1972/73, "Botswana Agricultural Marketing Board" 1974/75 und die "Bank of Botswana" 1975/76, als Botswana seine eigene Währung, den Pula, einführte.

Damit ging ein ungemeiner Bedarf an Beschäftigten im Öffentlichen Dienst einher. Da Botswana nicht über genügend qualifiziertes Personal verfügte, bedeuteten Expansion und Spezialisierung im Öffentlichen Dienst zunächst eine starke Präsenz von Ausländern, v.a. in mittleren und gehobenen Positionen. Unter dem Thema "localization" wurde (und wird) diese nicht unproblematische Situation oft diskutiert und die staatliche Bildungsplanung, wie Stipendien und Universitätsprogramme, daraufhin ausgerichtet, möglichst rasch einheimische Fach- und Führungskräfte bereitzustellen. Als verantwortliche Abteilung für den Öffentlichen Dienst wurde 1970 das "Directorate of Personnel" im "Office of the President" geschaffen; es ist für Ausbildungspolitik, Rekrutierung, Beförderung und Lokalisierung zuständig. 1972 waren 28.3% aller überhaupt formell beschäftigten Batswana im Öffentlichen Dienst angestellt, 1976 30.4%, 1980 36.9% oder 30800, incl. des Erziehungssektors.[35]

---

[35] ders. op.cit, p.42

Die Beziehungen zwischen Distriktregierungen und Zentralregierung erfuhren zwischen 1966 und heute mehrere Neuordnungen. Die Beziehungen zwischen den traditionellen Autoritäten und der staatlichen Bürokratie erfuhren eine graduelle, kontinuierliche Machtverschiebung zugunsten letzterer, ohne jedoch – unter Anerkennung ihrer wichtigen ideologischen Rolle – die traditionelle Institution der Chiefs ganz zu zerstören.

Politische Stabilität und wirtschaftliche Entwicklung

Neben einem rasanten Wirtschaftswachstum sind die auffälligsten Merkmale des post-kolonialen Botswana seine innenpolitische Stabilität und Kontinuität. Hier mögen historische Faktoren mitspielen wie die relative stammesmäßige Homogenität, die Tradition politischer Debatte in der Kgotla, die relativ schwache kolonialistische Durchdringung und der gewaltlose Übergang in die politische Unabhängigkeit.

Hinzu kommt aber auch das fortbestehende Eingebundensein weiter Bevölkerungsteile in zwei qualitativ unterschiedliche Produktionsweisen, die Subsistenzlandwirtschaft einerseits und die Wanderarbeit andererseits, bei verbreiteter Armut oder sogar Marginalisierung – eine sozio-ökonomische Konstellation, die revolutionäre Auseinandersetzung bislang verhindert hat.[36]

In einem Klima relativer politischer Toleranz hat das post-koloniale Mehrparteiensystem den Tod Sir Seretse Khama's überlebt, dessen Charisma und Integrationsfähigkeit als "Tautona" (der große Löwe) der Nation Vielen als Garant politischer Stabilität galt.

Aus allen allgemeinen Wahlen seit 1965 ging die BDP als absoluter Sieger hervor. Der Erfolg der BDP ist im Zusammenhang mit ihrer Struktur und ihrer sozialen Basis sowie im Kontext von Botswanas wirtschaftlichem Wachstum in den letzten 20 Jahren zu sehen. Die Wahlergebnisse der BDP basieren vor allem auf der Allianz der Masse der vieharmen Subsistenzbauern/ Wanderarbeiter (Peasantariat) und der traditionellen ökonomischen Elite der Viehbesitzer, die sich zu einem Teil mit der modernen Bildungs- und bürokratischen Elite überschneidet. Diese Allianz leitet sich ideologisch her aus der traditionellen ökonomischen, sozialen und politischen Ordnung. Das

---

[36] vgl. Weimer, B.: Unterentwicklung und Abhängigkeit in Botswana. Untersuchung einiger politisch-ökonomischer Determinanten, Hamburg 1981, p.44

Übergewicht von führenden Parteimitgliedern mit hohem traditionellem Status und die Assoziierung der Partei mit der Erhaltung traditioneller Autorität verleihen ihr eine Legitimität, die nicht leicht zu brechen ist. Diese Allianz wird materiell aufrechterhalten durch das Fortbestehen der traditionellen Beziehung zwischen Viehbesitzern und Nicht-Viehbesitzern sowie darüber hinaus verständlicherweise durch den Amtsbonus der BDP als Regierungspartei während einer dramatischen wirtschaftlichen Wachstumsphase mit expandierender physischer und sozialer Infrastruktur, von der auch die Armen profitiert haben.

Inwieweit dieser Zusammenhang stabil ist, hat auch mit der Art und Weise zu tun, wie sich die organisierte Opposition präsentiert und die Allianz der BDP aufzubrechen in der Lage ist. Obgleich Kritik an der Regierungspartei v.a. unter der städtischen Intelligenz und Arbeiterschaft zu wachsen scheint, steht bislang keine alternative Partei auf der politischen Bühne bereit, die die Dominanz der BDP effektiv herausfordern könnte. Alle drei Oppositionsparteien (BPP, BIP und BNF) hängen eher von regional beschränkter Unterstützung ab, weisen beträchtliche Strukturdefizite hinsichtlich Programmatik und Organisation auf und haben erschwerten Zugang zu Massenmedien und Finanzen. Der BNF, die sich zum Sozialismus bekennt, gelang es noch am ehesten, in Ansätzen eine landesweite Organisation aufzubauen. Sie konnte bei den letzten Wahlen nicht unwichtige Erfolge, z.B. in Kanye und Gaborone, verzeichnen.
Trotz der genannten Schwächen scheint die Opposition über ein weitgefächertes, außerparlamentarisches, nationalistisch orientiertes Potential unter der Sekundar- und Hochschul-Studentenschaft, der Gewerkschaftsbewegung, Teilen des Öffentlichen Dienstes und eventuell der Armee zu verfügen.[37] Falls es der BNF gelingen würde, sich programmatisch, strategisch und logistisch effizienter zu organisieren und dieses Potential zu binden, könnte es zu einer nachhaltigen Veränderung der politischen Landschaft kommen.

Die sozio-ökonomische Entwicklung hat zu einer Verbreiterung des Peasantariats als Klasse geführt sowie zu stärkerer Konkurrenz innerhalb der herrschenden Klasse. Diese Widersprüche mögen durch kontinuierliches

---

[37] ders. op.cit, p.48

Wirtschaftswachstum aufgefangen werden. Sie können aber auf längere Sicht auch eine Situation politischer Instabilität hervorbringen.

In den frühen 60er Jahren schienen Botswanas ökonomische Aussichten düster. Der Staat war auf britische Subventionen angewiesen, um seine laufenden Ausgaben zu decken. Abgesehen von geringen Rindfleisch-Exporten nach Südafrika und Nordrhodesien und der kleinen "Monarch Gold Mine" bei Francistown gab es kaum wirtschaftliche Unternehmen. Die bestehende Infrastruktur wie Straßennetz und Eisenbahnlinie im Osten waren nur Erweiterungen des südafrikanischen bzw. rhodesischen Netzes. Verarbeitende Industrie gab es praktisch keine. Botswana gehörte der "Rand Monetary Area" (RMA) an und war abhängig von den Zuweisungen aus dem Pool der Zollunion (SACU). Die landwirtschaftliche Produktionskapazität war begrenzt. Die allgemeinen Entwicklungsprobleme waren immens. Die politische Ökonomie Botswanas war die eines Arbeitskräfte-Reservoirs. Aus diesem Kontext heraus entstand die post-koloniale Wirtschaftsplanung.

Die Wende trat mit dem Beginn der 70er Jahre ein. Im Finanzjahr 1972/73 war Botswana zum ersten Mal budgetmäßig unabhängig. Die Entdeckung substantieller Bodenschätze – Kupfer/Nickel, Kohle, vor allem aber Diamanten – und deren Bewirtschaftung (Diamantenminen von Orapa, eröffnet 1971, Lethlakane 1977, Jwaneng 1982), die kommerzielle Entwicklung der Rinderzucht für den v.a. europäischen Exportmarkt, die allgemeine Infrastruktur-Entwicklung aus Erlösen des Bergbausektors sowie die Revision der SACU 1969 führten zu rapidem Wirtschaftswachstum. Was die Höhe des BSP betrifft, rangiert Botswana heute unter den reicheren der schwarzafrikanischen Länder. Die hohen wirtschaftlichen Wachstumsraten und die beachtlichen wirtschaftspolitischen Erfolge Botswanas täuschen allerdings über die seit der Unabhängigkeit gewachsenen Einkommensunterschiede und die noch immer bestehende Armut der Mehrheit der Bevölkerung hinweg.

Die in den frühen 70er Jahren formulierte duale ökonomische Strategie unterschied zwischen einem modernen und einem nicht-modernen Sektor. Sie sah als Basis wirtschaftlichen Wachstums die Entwicklung des Bergbausektors vor, mit dessen Hilfe der Rest der Wirtschaft modernisiert werden sollte. Da Botswana selbst weder über Kapital noch Technologie zum Aufbau des Bergbausektors verfügte, war der Staat bestrebt, ein investitionsgünstiges Klima zur Gewinnung ausländischer Investoren zu schaffen und dem

Land durch kontrollierte Lizenzvergabe für Exploration und Prospektion, Förderabgaben und Besteuerung, ausgeglichenes Shareholding und Erstellung und Operation von Infrastrukturen, langfristigen Nutzen zu sichern. Die Einnahmen aus dem Bergbau sollten in arbeitskraftintensive Sektoren, ein soziales Versorgungsnetz und ländliche Entwicklungsprogramme reinvestiert werden.

Die Vorhaltung physischer und sozialer Infrastruktur sog in den ersten 15 Jahren nach der Unabhängigkeit den überwiegenden Teil staatlicher Ressourcen auf. In dieser Hinsicht ist sehr viel geleistet worden, v.a. im Gesundheits-, Erziehungs- und Verkehrswesen. Doch verteilten sich die Ressourcen nicht gleichmäßig über städtische und ländliche Gebiete. Abgesehen von Primarschulwesen, Sicherung der Wasserversorgung und Gesundheitsstationen blieben letztere gegenüber den städtischen Zentren benachteiligt. Allerdings ist der BDP-Regierung auch zugute zu halten, daß sie keine teuren Prestigeobjekte zu ihrer Selbstdarstellung nötig hatte.

Die letzten Jahre haben gezeigt, daß die Landwirtschaft zugunsten der Viehwirtschaft vernachlässigt wurde und verstärkte Aufmerksamkeit erfahren muß. Zugleich machte steigende Arbeitslosigkeit die Notwendigkeit deutlich, die Entwicklungsstrategie stärker an der Schaffung breitgefächerter Beschäftigungsmöglichkeiten zu reorientieren, die unter dem Vorrang der Infrastrukturerstellung nach der Unabhängigkeit völlig ungenügend war. Entsprechende Programme dazu und eine gezielte Industrialisierungsstrategie sind formuliert worden, um die Wirtschaft durch den Aufbau inländischer Industrien auf eine breitere, weniger anfällige und stärker inlandsbezogene Basis als Diamanten- und Fleischexporte zu stellen.

Die Entwicklung des Bergbaus und eine effiziente Wirtschaftspolitik haben zu signifikanten staatlichen Ressourcen geführt und dem Land ein Wirtschaftswachstum beschert, das auf dem Kontinent einmalig ist. Wenngleich in unzureichendem Maße, ist es Botswana in den letzten Jahren auch gelungen, eine bescheidene Industrialisierung einzuleiten, mehr Arbeitsplätze im formellen Sektor zu schaffen und einen größeren wirtschaftlichen Spielraum gegenüber Südafrika zu gewinnen. Botswanas gesamtwirtschaftliche Zukunft wird wesentlich dadurch mitbestimmt werden, inwieweit die Abhängigkeit von Südafrika weiter abgebaut werden kann und im Rahmen der SADCC ein alternatives regionales Wirtschaftsgefüge entsteht.

KAPITEL 2   KNAPPHEIT UND REICHTUM IN DER KALAHARI

2.1 Klimatische Bedingungen

Michael v. Hoyer

Botswana im Großklima des südlichen Afrika

Das Klima Botswanas ist kontinental, trocken, semi-arid. Dies ist bestimmt durch die geographische Lage des Landes im Zentrum der südafrikanischen Landmasse. Mehr als 600 km trennen diesen Teil des afrikanischen Plateaus von den feuchten Luftmassen über dem Atlantik und dem Indischen Ozean. Botswana liegt unter dem Wendekreis des Steinbocks und damit im weltweiten Wüstengürtel der südlichen Hemisphäre.

Während der Wintermonate Mai bis September herrscht stabil hoher Luftdruck, extrem trockene Luftmassen liegen über dem südafrikanischen Hochplateau. Auch mit dem Vorrücken der Sonne über den Äquator zum südlichen Senkrecht-Stand im Dezember bleibt der Hochdruck in der oberen Atmosphäre erhalten. Lokal bilden sich jedoch thermische Tiefdruckzonen, und die geradezu eintönig stabilen Schönwetterbedingungen der Trockenzeit werden von abwechslungsreicheren Luftbewegungen abgelöst. Über dem zentralen Afrika und SO-Angola bilden sich Tiefdruckzellen, in die feuchte Luftmassen vom Indischen Ozean und dem Atlantik einströmen. Das jedoch nur randlich zu diesen Wetterzonen gelegene Botswana erhält gewöhnlich nur schwache Ausläufer dieser regenbringenden Luftbewegungen. Entscheidend für den Ablauf der Regenzeit in den Monaten Oktober bis April ist die Position der Intertropischen Konvergenzzone über dem Kontinent. Dieser Bereich des Zusammenströmens sommerlich feuchter Luftmassen liegt während der Monate des südlichen Sonnenhöchststandes über dem zentralen Afrika. Sein südlicher Randbereich liegt in günstigen Jahren über Nord-Botswana, und dann werden regenschwere Luftmassen vom Indischen Ozean oder dem Atlantik herangeführt und erreichen die östlichen bzw. nördlichen Teile des Landes.

Der jährliche Klimaverlauf

Botswana erfreut sich eines angenehmen und gesunden Klimas. In der Trockenzeit, d.h. in den Monaten Mai bis September, steigen tagsüber unter tiefblauem, wolkenlosem Himmel die Temperaturen bis auf 22° C. Im Mittel liegen sie für diese Jahreszeit bei 19° C. Bei Sonnenuntergang sinken die Temperaturen rasch um 5 bis 10 Grad; bei klarem Himmel können im Verlauf der Nacht die Temperaturen bis zum Nullpunkt abfallen. Frost in den frühen Morgenstunden ist besonders in der Kalahari nicht selten. Die mittleren Tagesniedrigtemperaturen für den Wintermonat Juli liegen bei 5° C. Während man zur Mittagszeit sonnenbaden kann, ist ein warmer Pullover zur Abendzeit angebracht.

Viele halten den Winter für die schönste Jahreszeit in Botswana, mit seinen sonnigen und stillen Tagen und den klaren Nächten unter sternenübersätem Firmament. Als höchst unangenehm werden Tage mit bedecktem Himmel empfunden, an denen die wärmende Sonne fehlt. Niederschläge sind äußerst selten. Ungeteerte Straßen und Pfade verwandeln sich zu Bändern aus mehligem Staub, mit dem Fahrzeuge und Insassen, Bäume und Sträucher überpudert werden. Die Luftfeuchtigkeit erreicht ihr Minimum. Rissige Hände und aufgesprungene Lippen verbinden sich mit dieser Zeit des Jahres.

Der Beginn der Trockenzeit bedeutet Erntezeit in den ländlichen Gebieten. Mais, Sorghum und andere Feldfrüchte werden eingetragen und eingelagert. Wer zur Bestellung, Bearbeitung und Ernte der Felder von den Dörfern in die Ackerbaugebiete gezogen war, kehrt jetzt zurück. Wenn Wasseransammlungen in Senken und Flußbetten austrocknen, wird das Vieh um Bohrbrunnen der Dörfer zusammengetrieben.

Erste, vereinzelte Gewitterschauer treten im September auf, aber der eigentliche Beginn der Regenzeit fällt in den Oktober. Mit höherem Sonnenstand und zunehmender Erwärmung kommt Thermik in Gang. Windhosen (dust devils) saugen den Staub empor und wandern als mehrere 10er Meter hohe, sich biegende Staubschläuche über Busch und Grasflächen. Staubwalzen von Kilometerbreite und bis zu Höhen von 200m blasen über das Land. Feiner Sand und Staub, emporgewirbelt, verdunkelt die Sonne und dringt in Häuser und durch feinste Ritzen.

Regen fällt überwiegend in Form von Gewitterschauern. Die frühen Gewitter im Oktober und November sind häufig energiegeladene Ereignisse mit dramatischem Verlauf. Sturm- und Hagelschäden, Blitzschlag und Überschwemmung sind häufige Erscheinungen. Nachdem die ersten Regen den Staub gebunden haben und die Böden angefeuchtet sind, setzt innerhalb von Tagen Begrünung und rasches Pflanzenwachstum ein. November ist der Monat für Pflügen und Aussaat. Dem Regen folgend zieht das Vieh wieder in den Busch. Im weiteren Verlauf der Regenzeit nehmen die Niederschlagsereignisse mehr die Form von länger dauernden Schauern oder sogar weit verbreitetem Landregen an. In dieser Jahreszeit liegen die durchschnittlichen Tageshöchsttemperaturen bei 33°C (Januar). Das Thermometer kann aber auch bis auf 43°C klettern. Die niedrigsten Temperaturen liegen um 19°C.

Niederschlag – räumliche und zeitliche Verteilung

"Pula" heißt in Setswana "laß es regnen". "Pula" heißt auch die Währung des Landes. "Pula" ist der Sammelruf bei politischen Veranstaltungen, und "Pula" bedeutet der blaue Hintergrund der Nationalflagge.

Regen bedeutet Wachstum und Nahrung. Es ist deshalb verständlich, daß Berichte über Regenfälle häufig Gesprächsthema sind. Botswanas randliche Lage zu den zentralafrikanischen Regenzonen bringt geringe Niederschläge in höchst ungleicher Verteilung. Regen fällt in den Sommermonaten Oktober bis April überwiegend als lokale Schauer und Gewitter. Landregen sind seltener.

Ein Blick auf die mittleren jährlichen Niederschlagszahlen zeigt deutlich die Abhängigkeit von der geographischen Lage und damit von dem Einfluß der regionalen Luftströmungen. Im Norden liegt das Mittel bei 650mm, im Osten und SO zwischen 500 und 550mm und im SW bei nur 250mm. Die Wahrscheinlichkeit, daß diese Niederschlagswerte erreicht werden, nimmt von Norden nach Süden ab. So liegt die Wahrscheinlichkeit im Norden bei 45% und im SW bei nur 30%.

Die Regen fallen im Norden des Landes in den Monaten November bis März, mit den höchsten Monatswerten im Februar. In der östlichen und südöstlichen Region lassen sich dagegen bis zu drei Regenperioden unterscheiden. Frühe Regen können im Oktober einsetzen, gefolgt von einer kurzen Trockenperiode und erneutem Niederschlag zwischen Mitte November und Mitte Dezember. Januar und Februar sind häufig trocken und heiß. Die dritte Regenperiode setzt im März ein und zieht sich bis in den späten April hinein. In trockenen Jahren kann eine dieser Niederschlagsperioden ganz ausfallen.

Generell lassen sich zwei Niederschlagsformen unterscheiden. Bei den tropischen Gewittern ballen sich Wolken in den heißen Nachmittagsstunden und entladen lokal beträchtliche Wassermengen in kurzer Zeitspanne; die Gewittertätigkeit setzt sich häufig bis in die Nacht hinein fort.

Die Landregen sind von räumlich weiterer Deckung in Verbindung mit eindringenden Kaltfronten; sie bringen in der Regel gleichmäßig, über viele Stunden fallenden Regen.

Dürre, Klimaänderung, Klimazyklen

Aus der Lage Botswanas in Beziehung auf die regionalen Klimazonen und Luftströmungen ist zu verstehen, daß Dürren, d.h. das Ausbleiben von Niederschlag, wiederkehrende Erscheinungen darstellen.

Es wird teilweise behauptet, daß es noch nie so wenig geregnet habe wie in jüngster Zeit. Daß dies nicht stimmt, kann anhand von Langzeit-Niederschlagsdaten gezeigt werden. Historische Unterlagen berichten zudem von langen Trockenzeiten, Viehsterben und Völkerwanderungen als Folge von Dürre. Trotzdem stecken hinter dieser Behauptung ernstzunehmende Beobachtungen, z.B. der Ausfall einer Ernte, da zu wenig Regen fiel oder Regen zur falschen Zeit kam; oder z.B. die Notwendigkeit, den Viehbestand zu reduzieren, da nicht genügend Futter produziert wurde; oder die Erfahrung, daß die Wasserversorgung einer Stadt gefährdet war, weil die Zuflüsse zum Staudamm unzureichend ausfielen.

Der Begriff Dürre bedarf offensichtlich einer Definition. Wenig Niederschlag, im absoluten Sinn, ist als Definition nicht befriedigend, denn durchschnittliche Niederschlagsmengen in einem humiden Klima würden wahre Fluten in einem semi-ariden Klimabereich bedeuten. Auch die Bezugsgröße des langjährig mittleren Niederschlags ist nicht zufriedenstellend, da in Klimaten mit hohen Niederschlagsschwankungen dieses Mittel sehr stark von einzelnen hohen Niederschlagszahlen beeinflußt ist. Würde man das langjährige Mittel als Bezugsgröße nehmen, dann müßte man in Botswana die meisten Jahre zu Dürrejahren erklären, was sicher nicht richtig wäre.

S. Sanford[1] schlägt als Definition für die Dürre und zugleich für die Bemessung der Härte einer Dürre vor, ihre Auswirkungen auf die Volkswirt-

---

[1] vgl. Sandford, S.: Towards a Definition of Drought, in: Proceedings of the Symposium on Drought in Botswana, Gaborone 1978, p. 33-40

schaft anzusetzen. Im Bereich der Landwirtschaft führt Dürre zum Rückgang oder sogar zum vollständigen Ausfall der Produktion. Dies führt zu Versorgungsschwierigkeiten und Teuerung mit weitgreifenden wirtschaftlichen Folgen. Wasserknappheit in Bergbau und Industrie bringt Produktionskürzungen, Rückgang von Exporteinnahmen und kann sogar zu Entlassungen führen.

Mit dieser Definition wird auch deutlich, daß die Häufigkeit des Auftretens von Dürren sowie das Ausmaß ihrer Wirkungen nicht allein von der tatsächlichen Niederschlagsmenge abhängen, sondern mehr von Regen- bzw. Wasserbedarf. Dieser ist nicht gleichbleibend, sondern steigt in der Regel im Zusammenhang mit Bevölkerungszunahme, Technisierung, steigendem Pro-Kopf-Verbrauch und in der Land- und Viehwirtschaft mit höheren Ertragserwartungen. Niederschläge, die vor Jahren noch als ausreichend angesehen wurden, mögen also heute als zu gering beurteilt werden.

Da regionale Klimabedingungen grundsätzlich nicht verändert werden können, wird auch klar, daß Ländern mit Klimaverhältnissen wie Botswana von Natur her Grenzen für ihre Entwicklung gesetzt sind.

Mit der Erkenntnis, daß Dürren wiederkehrende Erscheinungen sind, erhebt sich die Notwendigkeit für wohlüberlegte Nutzung der Wasserressourcen, für Vorsorgemaßnahmen und auch Hilfsaktionen für Dürregeschädigte. Wirkungsvolle Maßnahmen müssen vorausgeplant werden. Hier begegnet man dem Problem der Dürrevorhersage.

S. Sandford[2] hat unter seiner Definition der Dürre die Häufigkeit für das Auftreten von Dürre mit Folgeerscheinungen unterschiedlichen Ausmasses ermittelt, und zwar für die für Botswana so wichtige Weidewirtschaft. Seine Ergebnisse sind hier auszugsweise für die vier Hauptniederschlagszonen des Landes wiedergegeben (Tab.1).

Mit dem Problem der Vorhersage von Klimatendenzen beschäftigt sich auch P.D. Tyson[3]. Anders als Sandford, dessen Überlegungen mehr auf die Folgen der Dürre ausgerichtet sind, gelten Tysons Untersuchungen periodisch auftretenden Klimaschwankungen im südafrikanischen Subkontinent. Mit einer statistischen Auswertung der Niederschlagswerte über den Zeitraum 1910-1978 von über 60 Stationen im Sommerregengebiet des südlichen Afrika

---

[2] ders., op. cit.
[3] vgl. Tyson, P.D.: Southern African Rainfall: Past, Present and Future, in: Proceedings of the Symposium on Drought in Botswana, Gaborone 1978, p. 45-52

kommt er zu dem Schluß, daß Trocken- und Feuchtperioden in einem etwa 20jährigen Rhythmus aufeinander folgen. Ein Zyklus würde demnach z.B. mit Niederschlägen beginnen, die dem langjährigen Mittel entsprechen.

Tab.1

Region	Häufigkeit und Auswirkungen der Dürre wie angegeben		
	mittelmäßig	schwerwiegend	katastrophal
Gaborone	1 in >= 2 J.	1 in >= 5 J.	1 in >= 50 J.
Francistown	1 in <= 2 J.	1 in <= 4 J.	1 in <= 50 J.
Maun	1 in >= 16 J.	1 in >= 33 J.	vernachlässigbar
Ghanzi	1 in >= 11 J.	1 in >= 25 J.	vernachlässigbar
Tshabong	1 in >= 6 J.	1 in >= 11 J.	1 in >= 50 J.

J = Jahre

>= bedeutet: in wenigstens

<= bedeutet: in höchstens

Die darauf folgenden 5 Jahre werden zunehmend trockener. Niederschläge nehmen danach zu, um nach weiteren 5 Jahren wieder im Bereich des langjährigen Mittels zu liegen. Mit gleichbleibend steigender Tendenz folgen etwa 5 Jahre mit zunehmenden Niederschlägen über dem langjährigen Mittel. Über weitere 5 Jahre fällt der jährliche Niederschlag schrittweise und erreicht das langjährige Mittel etwa 20 Jahre nach Beginn des Zyklus. In einer Extrapolation dieser Periodizität sagte Tyson Ende der 70er Jahre trockene Jahre für den Beginn der 80er Jahre und eine schrittweise Zunahme der Regenmengen nach 1985/6 voraus. Die Erfahrungen der letzten Jahre scheinen seine Hypothese zu bestätigen.
Einen zeitlich weiteren Bogen spannen T. Tlou und A. Campbell[4] mit einem

---

[4]   vgl. Tlou, Th./Campbell, A.: History of Botswana, Gaborone 1984, p.8-11

Überblick über das Paläoklima Botswanas. Es zeigt sich, daß über die vergangenen 100000 Jahre das Gebiet des heutigen Botswana Zeiten feuchteren, aber auch trockeneren Klimas erlebt hat. Beredte Zeugen dafür sind z.b. die heute größtenteils überwachsenen Dünen der Kalahari, Trockenflüsse im Inneren der heutigen Kalahari und Uferlinien einstiger Seen anstelle der trockenen Depressionen Makgadikgadi, Mababe und Ngami. Über die letzten 1000 Jahre scheinen die Niederschläge ähnlich hoch gewesen zu sein wie die heutigen. Vor 4000 bis 5000 Jahren war das Klima wesentlich feuchter, mit permanenten Quellen in der Kalahari. Dieser Periode gingen etwa 5000 Jahre eines trocken-ariden Klimas voraus. Zu dieser Zeit wurden vermutlich die Sanddünen im SW Botswanas angeweht. Vor 25000 Jahren war das Klima wesentlich feuchter; es gab dichte Bewaldung, Flüsse und Seen. Vor etwa 40000 Jahren wiederum wäre einem das Klima ähnlich dem heutigen erschienen. Weiter zurück, vor 80000 Jahren fiel etwa viermal soviel Regen wie heute. Damals bedeckten dichte Wälder das heutige Kalahari-Gebiet, in ausgedehnten Seen sammelte sich das Wasser ganzjährig fließender Flüsse und Bäche.

Oft diskutiert wird die Frage, ob menschliche Aktivitäten in Botswana klimaändernd und dürrefördernd wirken können. H.J. Cooke[5] faßt die Argumente zusammen und kommt zu dem Schluß, daß eine Beeinflussung des lokalen Klimas kaum möglich ist. Jedoch haben Viehhaltung und Ackerbau die Anfälligkeit der Umwelt für die Auswirkungen von Trockenperioden vergrößert. Falsche Bodenbearbeitung hat zur Zerstörung der Bodenstruktur geführt mit folgend hohen Verlusten an Bodenfeuchtigkeit. Überweidung hat schmackhafte Gräser ausgerottet und Raum für Unkräuter und Buschwerk geschaffen. Eine Verarmung der Vegetationsgemeinschaften ist festzustellen.

Diese gefährliche Entwicklungstendenz ist erkannt, und korrigierende Maßnahmen wurden ergriffen. Es bleibt abzuwarten, ob man dieser Entwicklung Einhalt gebieten kann. Ohne Zweifel muß dabei in längeren Zeiträumen gedacht werden.

---

[5]   vgl. Cooke, H.J.: Botswana's Present Climate and the Evidence for Past Change, in: Proceedings of the Symposium on Drought in Botswana, Gaborone 1978, p. 53-58

2.2 Wasser – Die Verteilung begrenzter Reserven

Michael v. Hoyer

Oberflächenwasser

Für eine Klassifizierung der Flüsse in Botswana bietet sich das Abfluß-
verhalten an. Danach lassen sich drei Gruppen unterscheiden:

a. die ephemeren Flüsse im Osten und SO des Landes
b. das ganzjährig wasserführende Okavango–Chobe System
c. das fossile Entwässerungsnetz des Kalaharibeckens

Zur ersten Gruppe gehören die Flüsse Shashe, Motloutse, Lotsani,
Mahalapshwe, Notwani, um nur einige der wichtigsten zu nennen. Sie alle
sind Zuläufer zum Limpopo, der über 400km die Grenze zu Südafrika bildet.
Ihre Wasserführung steht in unmittelbarer Abhängigkeit zu Häufigkeit und
Intensität von Regenfällen, mit einem typischen Abflußkurvenverlauf.
Flußbetten sind typischerweise flache, breite Gerinne mit niedrigen Ufer-
böschungen. Da ein ständiger Niedrigwasserabfluß fehlt, ist gewöhnlich auch
keine Hauptrinne ausgebildet. Während der regenlosen Periode des Jahres
trocknen die Flüsse vollkommen aus. Auch der Limpopo führt in der
Trockenzeit kein Wasser.
Der Molopo, dem die Grenze zwischen Botswana und Südafrika im Süden
folgt, ist in seinem Oberlauf bis etwa 100km westlich von Mafeking ein
ephemerer Fluß. Er entspringt einer Karstquelle östlich von Mafeking und
führt gewöhnlich in der Regenzeit Wasser, bis zu seinem völligen Versiegen
nahe Waters End. Westlich des 24. Längengrades ist seit Menschengedenken
kein Wasser mehr geflossen, und das Flußbett wird über viele Kilometer als
Straße benutzt. Gleiches gilt für den Nossop, einen nördlichen Zufluß des
Molopo und Grenzfluß zu Namibia.

Okavango und Linyanti–Chobe sind die einzigen Flüsse mit ganzjähriger
Wasserführung. Ihre Einzugsgebiete liegen außerhalb Botswanas im regenreichen angolanischen Hochland. Die beiden Flüsse Cubango und Cuito vereinigen sich zum Okavango, der in der NW–Ecke bei Mohembo nach Botswana

eintritt. Er ist einer der großen Ströme Afrikas. Sein Einzugsgebiet beträgt rund 200000 km². Beim Eintritt nach Botswana führt er jährlich durchschnittlich 11000x10⁶ m³ Wasser heran. Der bisher niedrigste gemessene jährliche Abfluß wurde 1983 mit 6000x10⁶ m³ beobachtet. Die Wasserführung unterliegt starken jahreszeitlichen Schwankungen. Die Regenzeit im angolanischen Hochland beginnt im November. Normalerweise steigt im Februar der Pegelstand in Mohembo und erreicht seinen Höchststand während März/April. Einen Monat später fallen die Wasserstände, und bis August/September wird wieder Niedrigstand erreicht.

Das Okavango Delta hat in etwa die Umrisse eines Dreiecks, dessen Fläche leicht nach SO mit einem Gradienten von durchschnittlich 30cm pro Kilometer geneigt ist. Die Gesamtfläche des Deltas entspricht mit 15000km² etwa der Fläche des Bundeslandes Schleswig–Holstein (15720km²). 6000km² der gesamten Deltafläche sind permanent überflutet, und weitere 7000km² sind während der Flutperioden von Wasser bedeckt. Im oberen Bereich des Deltas bewegt sich das Wasser in raschem Fließen entlang vegetationsfreier, sandiger Kanäle und sammelt sich in Seen und Sumpfgebieten mit üppigem Bewuchs. Eine Vielzahl von Wasserarmen verläßt das Gebiet der permanenten Überflutung, und in vielfacher Aufgabelung und Vernetzung fließt das Wasser träge über sandigen Untergrund, durch lagunenartige Erweiterungen, vorbei an bewaldeten Inseln.

Drei Auslaufsysteme für das Delta lassen sich erkennen. Bei Wasserhochstand kommt über den Magwequana (auch Selinda Spillway genannt) eine Verbindung mit dem Linyanti–Chobe System zustande. Boro und Santatadibe, zwei der wichtigsten Wasserarme des Deltas, führen ihr Wasser dem Thamalakane zu, der wiederum einen kleineren Teil in den Nxhabe abgibt, den größeren Teil aber in den Boteti einleitet. Der Boteti verläßt in SO–Richtung das Deltarandgebiet und fließt in windungsreichem Lauf durch die Kalahari, bis er bei Mopipi am Rande der Makgadikgadi Pfannen in einem künstlich angelegten Stauwerk endet. In SW–Richtung verläßt der Kunyere das Delta und führt sein Wasser zum Ngami See, der auch über den Nxhabe Zufluß erhält.

Betrachtet man die Entwicklung des Okavango Deltas über einen längeren Zeitraum, dann zeigt es sich, daß dieses hydrologische System häufige, tiefgreifende Änderungen erfahren hat und ein recht instabiles Fließsystem ist. In der jüngsten Vergangenheit hat sich der Boro zum Hauptabflußarm des

Deltas entwickelt. Noch bis Mitte der 60er Jahre hatte der Santatadibe diese Funktion, und vor 140 Jahren war der Thaoge im westlichen Deltabereich der Hauptfließweg und führte alljährlich Wasser zum Lake Ngami. Heute erreichen seine Wasser kaum das Dorf Gomare 100km nördlich des Sees. Als Ursache für die häufigen Verlegungen der Hauptentwässerungskanäle werden allgemein Blockierungen der Kanäle durch Vegetation, Papyrus und andere schnellwüchsige Wasserpflanzen, angesehen, die binnen weniger Jahre undurchdringliche Wälle aufbauen können und bei Niedrigwasserständen in Seen und Lagunen permanent verwurzeln. Aber auch tektonische Ereignisse spielen hier sicher mit. Schon früh erkannten Geologen, daß das Okavango Delta über einem jungen, tektonisch aktiven Grabenbruch-System angelegt ist[1]. Spätere seismische Beobachtungen[2] und die Auswertung von Satellitenbildmaterial[3] bestätigen diese Ansicht.

Eine in SW-Richtung verlaufende Abzweigung des ostafrikanischen Grabensystems erstreckt sich über das in Zambia gelegene Luangwa Tal und über die Kariba Zone bis in das nördliche Botswana. Hier ist im Gebiet des Linyanti-Chobe und des Okavango Deltas ein etwa 100km breiter Grabenbruch im Entstehen. Schwache Krustenbewegungen sind mehrfach durch Erdbeben angezeigt worden; C.Reeves[4] kann zwei Hauptachsen seismischer Aktivität eingrenzen. Eine verläuft in NO-SW-Richtung entlang der SO-Begrenzung des Deltas und steht in Verbindung mit den zwei Hauptbruchstrukturen, der Thamalakane und der Kunyere Verwerfung. Die zweite verläuft parallel dazu 200km weiter östlich durch das Gebiet der Makgadikgadi Senke.

Es ist naheliegend, daß Krustenbewegungen verbunden mit Verkippungen im Gebiet des Deltas zur Verlagerung der Wasserfließwege führen können. Instabilität des Untergrundes wird daher ohne Zweifel der auslösende Faktor für manche hydrologische Veränderung im Delta sein.

---

1   vgl. Du Toit, A.L.: Report of the Kalahari Reconnaissance of 1925, Irrigation Department, Pretoria 1926; ders.: Crustal Mouvement as a Factor in the Geographical Evolution of South Africa, S.A. Geogr.J. 16, 1933; ders.: The Geology of South Africa, Oliver&Boyd, Edinburgh 1954

2   vgl. Reeves, C.V.: Evidence of Rifting in the Kalahari, Nature 237, 1972, p. 96-6

3   vgl. Kruck, W.: Hydrogeological Interpretations of Landsat Imagery in Arid Zones of South and West Africa, Satellite Hydrogeology, American Water Ressources Assoc., 1979 und Mallik, D.I. et al.: A Geological Interpretation of Landsat Imagery and Air Photography of Botswana, Overseas Geology and Mineral Ressources,No. 56, Inst. of Geol. Sciences, London 1981

4   vgl. Reeves, op. cit.

Wie der Okavango hat auch der Chobe seinen Ursprung im angolanischen Hochland. Utembo und Cuando vereinigen sich zum Kwando, der zuerst den Caprivi-Streifen durchquert und dann als Linyanti und später als Chobe die Grenze Botswanas zum Caprivi-Streifen (Namibia) bildet. Junge Tektonik im Bereich des Großgrabens hat den Verlauf des Flusses bestimmt. Aus nordwest-südöstlicher Fließrichtung wird beim Kontakt mit der nördlichen Grabenschulter der Fluß nach NO abgelenkt. Gehobene Grabenschollen bewirken eine Rückdämmung des Wassers, was zur Bildung der Linyanti Sümpfe und der Seenplatte, bekannt als Liambezi See, geführt hat. Vom Austritt des Flusses aus dem Seengebiet bis zu seinem Zusammenfluß mit dem Zambezi bei Kasane wird der Flußabschnitt Chobe genannt. Verglichen mit dem Okavango, ist der Chobe ein kleiner Fluß. Am Pegel Kasane wurde ein Jahresdurchschnitt von 1000×10^6 m³ Durchfluß ermittelt.

Am Vierländer-Eck Botswana, Namibia (Caprivi-Streifen), Zambia, Zimbabwe ist Botswana auf wenige Hundert Meter Anliegerstaat am Zambezi, dem großen Strom Zentralafrikas.

Das Becken der Zentral-Kalahari nimmt das Innere Botswanas ein. Ein fossiles, heute ausgetrocknetes Flußnetz ist zu erkennen, dessen Vorflut im Bereich der Makgadikgadi Depression gelegen hat. Vier größere Flußsysteme lassen sich unterscheiden: Okwa und Mmone, die das Gebiet des Ghanzi Rückens und den südlichen Beckenrand entwässerten; der Nata Fluß, der dem Beckentiefsten von NO her zustrebt; der Boteti, einer der Überläufe des Okavango Deltas[5].

Geländebefunde und Interpretation von Luft- und Satellitenbildern liefern ausreichenden Beweis dafür, daß anstelle der heutigen Salzpfannen in der Makgadikgadi Senke in den Pluvialen ein ausgedehnter See bestand. Mehrere Uferwälle und Strandlinien sind Anzeichen für unterschiedliche Wasserstände und unterschiedliche Erstreckung des Seengebiets. Sicherlich haben die heutigen Trockenflüsse der Kalahari in diesen See entwässert. Ob zeitweise auch ein größerer Zufluß aus dem Okavango System bestand, läßt sich jedoch nicht mit Gewißheit sagen. Unter zunehmend ariden Klimaverhältnissen trocknete das Flußsystem Schritt für Schritt aus. Trockentäler

---

[5] vgl. Cooke, H.J.: The Palaegeography of the Middle Kalahari of Northern Botswana and Adjacent Areas. Botswana Society, Proceedings of the Symposium on the Okavango Delta and its Future Utilization, Gaborone 1976, p. 21–28

blieben zurück und an Stelle der Endseen bildeten sich riesige Ein-
dampfungspfannen mit Salzakkumulation, wie wir sie heute in der Sua Salzpfanne vorfinden.

Nutzung der Oberflächen-Wasservorkommen.
Möglichkeiten und Grenzen

Betrachten wir zunächst die ephemeren Flüsse im Osten des Landes. Eine
Wasserversorgung, sei es für Haushalt, Industrie, Bergbau oder auch Landwirtschaft, ist nur dann sinnvoll, wenn sie den Bedarf lückenlos über das
gesamte Jahr decken kann. Bei der sporadischen Wasserführung dieser
Flüsse ist das jedoch nur möglich mittels Speicherung, um trockene, abfluß-
lose Perioden zu überbrücken. Hier begegnet man einer Reihe von Problemen. Die flache Topographie bietet nur wenige Stellen, die sich für den Bau
von Staudämmen eignen. Speicherbecken sind also von geringer Tiefe mit
gleichzeitig großer Wasseroberfläche. Dies führt im heißen und trockenen
Klima zu hohen Wasserverlusten durch Verdunstung. Dies wird verständlich,
betrachtet man die Verdunstungsraten von offenen Wasserflächen, die bei
1700 bis 1900mm pro Jahr liegen. Die höchsten Werte treten dabei in den
Monaten Oktober bis Januar auf. Am niedrigsten sind sie im Juni/Juli. Die
Sicherung einer Wasserversorgung durch Speicherung über längere Zeiträume trifft daher auf natürliche Grenzen. Ein zusätzliches Problem hinsichtlich der Sicherung der Versorgung entsteht aus der grundsätzlichen
Schwierigkeit, Niederschlag und damit Abfluß verläßlich vorhersagen zu
können. Es ist üblich, die Wahrscheinlichkeit des Versagens eines Staudam-
mes durch Trockenfallen anhand statistischer Mittel langjähriger Abfluß-
reihen zu bestimmen. Dieses Verfahren wird jedoch dann fraglich, wenn in
einer Reihe von Jahren Abflüsse unter dem Mittel erwartet werden können.
Erschwerend kommt dazu, daß die Dauer einer Dürreperiode nicht vorher-
bestimmbar ist.
In einer kürzlich fertiggestellten Studie [6] wird für Botswana ein Faktor von
1 zu 20 als realistisch angesehen, d.h. innerhalb von nur 20 Jahren kann
ein Speicher einmal trocken fallen. Es wird daraus klar, daß eine gesicherte
Versorgung nicht ausschließlich auf Oberflächenspeicherung gestützt werden
kann. Eine Kombination von Oberflächenwasser zusammen mit Grundwasser

---

[6]   VIAK-Consulting: Eastern Botswana Regional Water Study, Ministry of
      Mineral Resources & Water Affairs, Gaborone 1984

in einem Großverbundnetz wird deshalb für den Osten Botswanas als das
richtige System zur Sicherung der Wasserversorgung angesehen[7].

Die derzeitige Versorgung der Städte Gaborone, Francistown und Selebi-
Phikwe erfolgt ausschließlich aus Staudämmen. Ein kombiniertes System von
Flußwasser und Grundwasser beliefert Lobatse. Im ländlichen Bereich wird
aus einer Vielzahl kleiner Erddämme Wasser für Viehtränken und Bewässerung kleinster Anbauflächen entnommen. Diese Dämme fallen in der Regel
vor Beginn der Regenzeit trocken.

Die Optionen für eine Fassung zusätzlicher Wassermengen sind beschränkt.
Die Erhöhung bestehender Staudämme zur Vergrößerung des Speichervolu-
mens ist allein sinnvoll für den Shashe Damm, der Francistown und Selebi-
Phikwe versorgt, sowie für den Gaborone Damm. Eine Erhöhung des letzteren um 8m ist Ende 1985 fertiggestellt worden. Pläne für die Erhöhung des
Shashe Damms sind in Vorbereitung. Geeignete Stellen zum Bau von Dämmen
von der Größenordnung der beiden vorgenannten Stauwerke sind für die
Flüsse Tati, Motloutse, Metsemotlhaba und Kolobeng identifiziert worden. In
einer breit angelegten Kampagne für die Selbstversorgung des Landes mit
landwirtschaftlichen Produkten beabsichtigt die Regierung den Bau zusätzlicher Kleindämme im Oberlauf der Flußsysteme. Hier zeichnet sich jedoch
ein bislang nicht gelöster Interessenkonflikt ab, da die Errichtung derartiger Sperrwerke den Zufluß zu den weiter talwärts gelegenen Hauptstaudäm-
men spürbar vermindern würde.

Wasser vom Limpopo wird schon seit einigen Farmergenerationen für Bewässerungszwecke abgepumpt, und zwar auf der Seite Botswanas wie auf der
südafrikanischen Seite. Eine ganze Serie von Wehren staut hier einen Teil
des jährlichen Abflusses. Großstauwerke gibt es bisher nur am Mariko, dem
wasserreichen Oberlauf des Limpopo, der aus dem regenreichen Nordtrans-
vaal kommt. Kleinere Staudämme sind der Gaborone Damm am Notwani und
ein Damm in Bophuthatswana (Südafrika) an einem Nebenfluß des Notwani.
Bislang sind diese Bauwerke ohne Abstimmung der beiden Anrainerstaaten
erstellt worden. Steigender Bedarf hat aber in den letzten Jahren zu der
Erkenntnis geführt, daß die Nutzung des Limpopowassers einer gemeinsamen
Planung bedarf, um die Ressourcen optimal einsetzen zu können.

Beide Staaten haben bis zur endgültigen Klärung der Angelegenheit die
Bearbeitung von Anträgen von Farmern für den Bau weiterer Wehre stor-

---

[7]   VIAK-Consulting, op.cit.

niert. Sollten die Bestimmungen der Konvention von Helsinki zur Anwendung kommen, dann wäre der Botswana zustehende Anteil nur klein, weil das auf seinem Territorium liegende Einzugsgebiet klein ist. Die bereits weit fortgeschrittenen Verhandlungen deuten jedoch an, daß Südafrika bereit ist, Botswana einen beträchtlich höheren Anteil abzutreten.

Das Wasser des Limpopo ist für Botswana sowohl für Bewässerungszwecke als auch für die Wasserversorgung der Siedlungszentren im Ostteil des Landes von Bedeutung. Eine Einigung mit Südafrika und Bophuthatswana vorausgesetzt, ergeben sich folgende Möglichkeiten: a) Kauf eines Teils des im Eerstepoort Damm gestauten Wassers von Bophutatswana; daraus Versorgung des Gaborone-Lobatse Ballungsraumes ab Ende der 80er Jahre, b) Bau eines Limpopostaudammes bei Martinsdrift um die Mitte der 90er Jahre; daraus Entnahme für Bewässerungslandwirtschaft (Zitrusfarmen) und Zusatzversorgung für Großsiedlungen im zentralen Teil Ostbotswanas.

Das Okavango Delta, ein Wasserparadies inmitten der Kalaharisande, hat so manchen Ingenieur zu großartigen Plänen für seine Nutzung angeregt[8]. Schon vor 70 Jahren hatte man Visionen, das Wasser des Okavango zu den Bergwerken um Johannesburg zu leiten. Aus diesen hochfliegenden Plänen ist nichts geworden – zum Glück, muß man wohl sagen, sonst gäbe es heute dieses Naturwunder wohl nicht mehr. Botswana ist sich bewußt, welches Erbe es angetreten hat und ist fest in seiner Absicht, das Delta weitmöglichst vor Eingriffen zu schützen. Mit der Errichtung eines Büffelzaunes ist eine klare Trennung gezogen worden zwischen dem Inneren des Deltas, in dem keinerlei umweltverändernde Aktivitäten stattfinden dürfen, und der Deltaperipherie, wo landwirtschaftliche Nutzung in kontrolliertem Ausmaß betrieben werden darf.

Größtmögliche Selbstversorgung mit landwirtschaftlichen Produkten ist ein vorrangiges Ziel der Regierung. Dazu müssen Böden und Wasser für Bewässerungsprojekte gefunden werden. Im Randbereich des Deltas gibt es schätzungsweise 9000ha geeignete Böden. Zu einer ganzjährig gesicherten Wasserversorgung sind aber Baumaßnahmen erforderlich. Aus einer Reihe

---

[8]   vgl. Johnson, P. et al.: Okavango. Africa's Last Eden, Country Life Books, London 1978; SWECO-Consult: Study of the Use Extraction and Transfer of Okavango Water for Development of the Okavango Corridor, Final Report, Gaborone 1976; es gibt jedoch auch eine neuere südafrikanische Studie, die von Naturschützern mit Bedenken betrachtet wird, vgl. Africa Analysis, 12.6.1987 und Africa Confidential, Vol.28 No 13, 24.6.1987

von Optionen sind vier Projekte ausgewählt worden. Eine Maßnahme zielt auf die Räumung einer Papyrusblockierung im Oberlauf des Thaoge, um damit den Wasserfluß zu den Niederungen bei Nokaneng wieder in Gang zu bringen. Vorstudien sind zum Schluß gekommen, daß von diesem Eingriff kein Schaden am Fließsystem zu erwarten ist. Die anderen Projekte gruppieren sich um Maun. Ungefähr 6000ha Land möchte man hier unter Bewässerung nehmen. Zusätzlich soll mehr Wasser in den Boteti abfließen, damit bei jeder Flut ausreichend Wasser für die Viehherden entlang seiner Ufer zugänglich wird und regelmäßig das Speicherbecken bei Mopipi gefüllt werden kann, das die Diamantmine Orapa versorgt.

Im Einzelnen denkt man an eine Flußbetträumung im Unterlauf des Boro, Öffnung einer Verbindung zwischen Boro und Santatadibe und Stauung des Boteti nahe Maun und des Nxhabe nahe Toteng. Beide Stauwerke würden nur niedrige Bauwerke sein, da wegen der flachen Topographie allein im Flußbett Speicherraum zu finden ist.

Bevor eine Entscheidung zur Durchführung der Projekte gefällt wird, prüft eine Voruntersuchung Annahmen, die bei der Projektplanung eingesetzt wurden, auf ihre Richtigkeit und beleuchtet die möglichen Auswirkungen der Regulierungsmaßnahmen auf die Umwelt. Tiefgreifende Veränderungen der Umwelt werden als nicht akzeptabel angesehen. Das eine oder andere Teilprojekt mag sich demnach als nicht durchführbar herausstellen.

Eine besondere Art der Ackerlanderschließung verfolgt das sog. Molapo Entwicklungsprojekt, das aus bundesdeutschen Mitteln finanziert wird. Landwirtschaftliche Nutzflächen werden dabei im Flutungssaum des Boro und Thamalakane eingerichtet. Es werden ausgewählte Feldfrüchte angebaut, die ihren Feuchtigkeitsbedarf aus dem Wasserrückhalt in den Böden der Talniederung decken. Aussaat und Erntezeit sind bei dieser Anbaumethode von dem Eintreffen und Ablauf der jährlichen Flut bestimmt.

Die Diamantmine und Stadt Orapa liegen in der Kalahari rund 30km westlich der Endlagune des Boteti. Bei Einrichtung des Abbaues in den frühen 70er Jahren wurde bei Mopipi ein Speicherbecken gebaut, zu dem das Wasser aus der Boteti Endlagune mittels Pumpen gehoben wird. Eine 30km lange Rohrleitung führt das Wasser danach zur Mine und der Kleinstadt Orapa. Mit guter Wasserführung im Okavango während der 70er Jahre erreichte genügend Wasser das Gebiet von Mopipi. Mit Einsetzen der Dürreperiode und der dadurch verringerten Wasserführung des Okavango ist jedoch in den 80er Jahren mehrmals das Speicherbecken ausgetrocknet. Anfänglich nur zur Überbrückung kurzer Perioden ohne Boteti Wasser gedacht, sah man sich ab 1986 gezwungen, den Bedarf ganz aus Brunnenfeldern zu decken. Da es sich hierbei um fossile, also nicht regenerierbare Grundwasservorräte handelt, besteht ein starkes Interesse, durch die o.g. Regulierungsmaßnahmen im Delta und am Boteti die Wasserführung des Flusses so zu verbessern, daß auch bei niedrigen Fluten eine ausreichende Versorgung für Orapa garantiert ist. Ein kleiner Teil des Wasserbedarfs für Orapa wird auch dann von Grundwasser gedeckt werden müssen, und zwar die Versorgung mit Trinkwasser; denn hohe Salzgehalte machen die Wässer des Mopipi Speicherbeckens zumindest zeitweise ungenießbar.

Botswana kann zwar Einfluß nehmen auf die Konservierung und zukünftige Nutzung des Okavango Deltas, es kann jedoch nicht die Zuflüsse kontrollieren. Pläne Angolas hinsichtlich möglicher Einflußnahme auf die Wasserführung im Oberlauf sind bisher nicht bekannt geworden. Pläne Namibias zur Wasserentnahme vom Okavango liegen dagegen vor. Mittels eines Großverbundsystems, dem "Eastern National Water Carrier" (Nationaler Wasserträger Ost), soll im wasserarmen Osten des Landes Trink- und Irrigationswasser gesammelt und verteilt werden. Die Ressourcen des Systems kommen von Staudämmen, Brunnenfeldern und einer Direktentnahme vom Okavango in der Nähe von Rundu. Die südlichen Abschnitte der Großwasserversorgung sind im Bau. Die Anzapfung des Okavango, geplant für die Jahre 1998-2005, ist die letzte Bauphase. Laut Planung sollen jährlich zwischen 63×10^6 m³ und 95×10^6 m³ Okavangowasser dem Verbundnetz zugeführt werden. Verglichen mit der Gesamtwasserführung des Okavango ist dies sicher eine geringe Menge. Kritiker des Planes warnen jedoch, daß auch solch kleine Entnahmen möglicherweise zu Umweltveränderungen im Delta führen könnten. Botswana hofft, daß die gegenwärtigen Studien über das Delta zu einem ausreichenden Verständnis des Fließsystems führen werden, so daß vor Beginn der namibischen Aktivitäten die Auswirkungen der geplanten Abzapfung rechtzeitig abgeschätzt werden können.

Der Chobe und der Zambezi, zu dem Botswana über einen kurzen Grenzabschnitt Zugang hat, sind ohne Zweifel die größten und sichersten Wasserressourcen für das Land[9]. Unglücklicherweise liegen sie im äußersten NO-Teil des Landes, rund 600km von den Wassergroßverbrauchern entfernt. Ein

---

[9]   vgl. Aiken, B.: The Chobe, Sable Publishers, Sandton 1984

erschwerender Faktor für einen eventuellen Wassertransport nach Süden ist
ein Höhenunterschied von etwa 150m, der mittels Pumpen überwunden werden müßte. Trotzdem wird man wohl auf dieses teurere Wasser in wenigen
Jahrzehnten zurückgreifen müssen. Im Hinblick darauf ist es für Botswana
von eminenter Bedeutung, daß es als Anliegerland am Zambezi seitens der
SADCC Mitgliederstaaten anerkannt worden ist[10]. Es hat damit ein Mit-
spracherecht bei zukünftigen Verhandlungen über die Verteilung der Nutz-
rechte für den Zambezi erworben. In der Flußniederung des Chobe hofft
man bewässerungsfähige Böden in einer Größenordnung von 10000ha er-
schließen zu können. Dies könnte eine der wenigen großen, geschlossenen
landwirtschaftlichen Nutzflächen des Landes werden, wo Wasser für Irrigation ganzjährig zu relativ geringen Pumpkosten zur Verfügung stehen
würde.

Grundwasser

Rund 80% der Fläche Botswanas sind mit den Sanden der Kalahari bedeckt.
Für die Grundwasservorkommen hat diese Sandüberdeckung ganz wesentliche Bedeutung. Die z.T. recht mächtigen Sande unterbinden eine tiefe Infiltration des Regenwassers. Regenwasser versickert zwar sehr rasch in den
Sanden, bleibt aber im Porenraum nahe der Erdoberfläche sozusagen hängen. Kapillarer Aufstieg und Wasseraufnahme der Pflanzen führen das Wasser rasch wieder in die Atmosphäre zurück. Bodenfeuchtigkeits-Unter-
suchungen lassen darauf schließen, daß bei Sandmächtigkeiten über 6m
keine Grundwasser-Neubildung mehr stattfindet. Wo heftige Regengüsse zu
kurzfristigem Fließen in Trockenbetten führen, bilden sich jedoch in den
Sanden der Fluß- und Bachbetten kleine Grundwasserlinsen. Ähnliche, ge-

---

[10] Nach einem Zeitungsbericht vom August 1987 untersucht Südafrika die
Möglichkeit des Baus eines 1340km langen Aquädukts, um Wasser aus
dem Zambezi in die Industrie- und Farmgebiete des Transvaal zu leiten.
Der Kanal soll bei Katima Mulilo (Caprivi Streifen/ Namibia) Wasser aus
dem Zambezi in einer Größenordnung von 60% des Durchflusses bei
Niedrigstand des Flusses abziehen und es am Südostrand des
Okavango-Deltas entlang über Maun nach Süden leiten. Das Projekt, das
weitreichende negative politische, ökonomische und ökologische
Konsequenzen für die Anrainerstaaten des Zambezi hätte, beruht auf
einer Studie des Hamburger Geographen Dr. G. Borchert von 1986.
Botswana schließt die Realisierung des Projektes bislang aus, und von
Zambia, Zimbabwe und Mozambique wird es heftig kritisiert, vgl.
Panoscope, No.2 Aug. 1987, Panos Institut, London.

ringe Grundwasseransammlungen gibt es auch überall dort, wo die Sandüberdeckung dünn ist und Regenwasser in klüftigem Felsgestein so tief
absinken kann, daß es dem Zugriff der Verdunstung entzogen wird. Es sind
diese verstreuten Wasservorkommen, die der kundige Bushman aufsucht, um
nach dem für ihn lebenswichtigen Wasser zu graben. Die dichte Pflanzen-
decke auf dem Sandfeld der Kalahari gilt als ein Hinweis für die gute
Feuchtigkeitsspeicherung der Sande[11].

Unter diesen isolierten, flächenmäßig kleinen Grundwasserlinsen liegt in
Tiefen von 50-100m die Grenze zur permanent wassergesättigten Zone.

Die wichtigen grundwasserspeichernden Formationen sind Sandsteine und
Basalte der Karoo und prä-kambrische Quarzite, Schiefer und Dolomite. Über
die Basis dieser Grundwasserbecken, ihre flächenmäßige Ausbreitung und
ihr Grundwasserpotential ist nahezu nichts bekannt, da bisher nur wenige
Bohrungen in der Zentralkalahari abgeteuft worden sind und, mit wenigen
Ausnahmen, Teufen von 200m nicht überschritten wurden. Über Herkunft
und Qualität dieser Grundwässer läßt sich jedoch einiges sagen. Es handelt
sich um fossile Wässer aus den letzten Pluvialen mit unterschiedlichem Alter
zwischen 4000 und 10000 Jahren. Salinare Wasser sind häufig; sie erklären
sich aus der langen Kontaktzeit mit dem Speichergestein. Da bisher das
Datenmaterial nicht umfangreich genug ist, läßt sich das Vorkommen von
Wässern verschiedener chemischer Zusammensetzung, oft auf engem Raum,
bisher nicht eindeutig erklären. Schlußfolgerungen auf die regionale Grund-
wasserbewegung gründen sich mangels besserer Daten auf topographische
Unterlagen. Danach wird angenommen, daß das Grundwasser des zentralen
Kalaharibeckens generell dem Tiefgebiet der Makgadikgadi Senke zuströmt,
wobei diese flachen Verdunstungspfannen den Endpunkt und Überlauf des
Fließsystems markieren.

Was den SW-Teil der Kalahari anbelangt, so gibt es Hinweise dafür, daß der
regionale Grundwasserfluß hier nach West bis SW gerichtet ist, d.h. generell
in Richtung des Molopounterlaufs. Auch hier fehlen jedoch verläßliche Daten
[12].

---

[11] vgl. Jennings, C.M.H.: The Hydrogeology of Botswana; Mazor, E.: Rain
Recharge in the Kalahari; Mazor, E. et al.: Northern Kalahari Ground -
water; Foster, S.S.D. et al.: The Likelihood of Active Recharge in the
Botswana Kalahari; De Vries, J.J.: Holocene Depletion and Active
Recharge of the Kalahari Groundwaters (s. Lit.)

[12] Mazor, E. et al.: Chemical Composition of Groundwaters in the Vast
Kalahari Flatland, J.Hydrol., 48, 1980

Eine Sonderstellung kommt den Kalaharisanden zu, die unter dem Okavango
Delta und dem Linyanti-Chobe Flußsystem liegen. Die alljährliche Flutung
der Flußbetten, Lagunen und Sümpfe bringt eine regelmäßige Auffüllung der
Grundwasserreservoirs in den Sanden mit sich. Außerhalb der Flutungsge-
biete findet praktisch keine Grundwassererneuerung statt. Vom Deltabereich
und den Flußgebieten strömt das Grundwasser in die umliegenden Trocken-
gebiete, wobei entlang des Fließweges Salze gelöst werden und gleichzeitig
weitere Salzanreicherung durch Verdunstung von oberflächennahen Grund-
wässern stattfindet. Dieser Prozeß führt dazu, daß innerhalb weniger Kilometer vom Fluß- oder Deltaarm entfernt salziges Grundwasser gefunden
wird.

Ein rund 100km breiter Streifen entlang der Ostgrenze Botswanas ist ohne
Sandüberdeckung. Dies ist zugleich die Region mit den höchsten Niederschlägen. Hier werden Grundwasservorräte regeneriert, wenn ausreichend
Regen fällt. Über die Grundwassererneuerungs-Raten ist bislang nur wenig
bekannt. In grober Annäherung wird mit Raten zwischen 2 und 5% des
langjährig mittleren Niederschlages gerechnet. Wenn man aber bedenkt, wie
wesentlich für die Versickerung die zeitliche und räumliche Verteilung von
Regenfällen ist, muß bei der großen Variation der Niederschläge in Botswana
daran gezweifelt werden, daß Durchschnittswerte die tatsächlichen Prozesse
richtig erfassen. Hinzu kommt, daß diese Werte nicht für eine unterschiedliche Geologie und Topographie von Einzugsgebieten spezifisch sind.
Die grundwasserspeichernden Formationen in Ostbotswana sind im wesent-
lichen prä-kambrische Quarzite, Sandsteine, Schiefer und Dolomite, sowie
Granite und Gneise des kristallinen Grundgebirges. Hinzu kommen in den
Randgebieten zur Kalahari Karoo-Basalte und -Sandsteine. Mit Ausnahme der
Karoo-Sandsteine, die eine primäre Porosität besitzen, haben alle anderen
Gesteinsformationen nur eine sekundäre Porosität (Porenraum zwischen dem
Korngefüge), d.h., in ihnen ist das Grundwasser nur in Klüften und Bruch-
zonen des ansonsten nicht porösen Gesteins gespeichert. Unglücklicherweise
kommen die speicherungsgünstigen Karoo-Sandsteine nicht im Bereich der
hohen Niederschläge vor, so daß sie gewöhnlich fossiles, nicht regenerier-
bares Grundwasser enthalten.

In einer Auflistung der Gesteine nach dem Speicherungspotential rangieren Granite und Gneise, die flächenmäßig am weitesten in Ostbotswana verbreitet sind, am unteren Ende. Ressourcen im kristallinen Grundgebirge sind klein. Sie sind aber von ausschlaggebender Bedeutung für die ländliche Wasserversorgung, wo nur geringe Mengen benötigt werden. Das Grundwasserpotential der sedimentären Gesteine des Präkambriums ist deutlich besser. Allerdings sind die insgesamt zur Verfügung stehenden Vorkommen flächenmäßig begrenzt, da diese Formationen auf Erosionsreste und Synklinalstrukturen über dem kristallinen Grundgebirge beschränkt sind. Das gesamte Potential wurde bislang noch nicht ermittelt[13].

Die sog. Sandflüsse Ostbotswanas bedürfen gesonderter Erwähnung. Es handelt sich hierbei um Flußbetten mit mächtiger Sandfüllung, die hier auf dem kristallinen Grundgebirge ruht. Dazu gehören der Mahalapshwe, Shashe, sowie Abschnitte des Limpopo, Tati, Tutume und des Metsemothlaba. Das Porenvolumen der Sande ist mit 15 - 20% recht gut. Häufig sind die sandgefüllten Tröge jedoch von geringer Ausdehnung. Trotzdem sind diese Ressourcen lokal von großer Bedeutung, zumal der Wasserbedarf im ländlichen Bereich nicht sehr groß ist. Hinzu kommt, daß die Sandspeicher eine Wiederauffüllung bei jeder Wasserführung des Flusses erhalten. Die nachstehende Tabelle gibt einen Eindruck von den zu Verfügung stehenden Grundwassermengen entlang der drei wichtigsten Flußläufe[14]:

Fluß	Länge, sandgefüllt	Entnehmbare Menge aus Speichervolumen
	km	m^3 $x10^3$ pro km
Mahalapshwe	82	33
Motloutse	210	23
Unterer Shashe	77	32

Allgemein sind die Grundwässer in Ostbotswana von guter Qualität. Der niedrige Salzgehalt ist das Ergebnis häufiger Umwälzung der Wässer und Austausch mit frischem Regenwasser-Zufluß. Höhere Salzgehalte werden in Ver-

---

[13] Davies, J./Goldberg, G.: Groundwater Research in Botswana - Past, Present and Future, Proceedings Regional Workshop on Hydrogeology in Commonwealth Africa, Lobatse 1980
[14] Wikner, T.: Sandrivers of Botswana, SIDA, Gaborone 1980
      Nord, M.: Sandrivers of Botswana, II, SIDA, Gaborone 1985

bindung mit kohleführenden Karoo-Sandsteinen angetroffen[15].

Nutzung des Grundwassers.

Schwindendes Kapital, steigender Bedarf

Im Untergrund gespeichertes Wasser ist für Botswana immer von größter Bedeutung gewesen. In der Trockenzeit war das Wasser von Quellen und gegrabenen Brunnen oder Wasserlöchern die alleinige Sicherung des Überlebens. Die frühen Siedlungszentren im Osten wurden ausnahmslos dort gegründet, wo Grundwasser ganzjährig erreichbar war. Serowe und Shoshong bezogen Wasser von Quellen entlang der Basis des Kalahari Plateauabbruches. Molepolole, Mochudi, Ramotswa und Lobatse liegen an Flußstrecken, wo, bedingt durch günstige geologische Strukturen, der Grundwasserspiegel nahe der Oberfläche liegt.

Bereits 1929 brachten weiße Siedler Bohrmaschinen ins Land, so daß von da an auch tiefer liegende Grundwässer erreicht werden konnten.

Von lokalen Ausnahmen abgesehen, liegt der Grundwasserspiegel in Ostbotswana um etwa 10m unter der Erdoberfläche, oder auch tiefer. Die Möglichkeiten, im Festgestein per Hand Brunnen zu graben, sind begrenzt. Der Einsatz von Bohrmaschinen machte die Grundwassererschließung in größerem Stil möglich, und eine rege Bohrtätigkeit begann schon in den 30er Jahren. Heute sind im "National Borehole Archive" (Nationales Brunnendaten-Archiv) über 11000 Wasserbohrungen registriert. Die Mehrzahl davon sind im Ostteil des Landes abgeteuft worden, wo der größte Wasserbedarf besteht.

Je nach geologischer Formation werden durchschnittliche Bohrteufen von 60 bis 116m und bis zu drei Bohrungen benötigt, um eine Brunnenergiebigkeit von 1l/sec. zu erlangen[16]. Bedenkt man, daß 1987 die Kosten für Bohren und Ausbau bei Pula 80.-/m lagen, dann wird klar, daß die Erschließung von Grundwasser in Botswana eine kostspielige Angelegenheit ist. Dies gilt vor allem dann, wenn größere Brunnenergiebigkeiten, z.B. für dörfliche und städtische Wasserversorgung gesucht werden. Kritisch für den Erfolg ist in den klüftigen Grundwasserleitern die Aufspürung von Strukturen mit großer lateraler und vertikaler Ausdehnung, um optimale Speicherung und Drainagewirkung zu fassen. Modernste Methoden der Geophysik, Interpretation von Luftbild- und Satellitenbildmaterial, zusammen mit geologischer

---

[15] Farr, J.L. et al.: Evaluation of Underground Water Resources in Botswana, GS-10 Project Final Report, Lobatse 1981
[16] VIAK-Consulting, op.cit.

Feldaufnahme und Probebohren sind dazu im Einsatz. Besonders erschwerte Bedingungen für die Bohrpunktfestlegung sind in den Gebieten mit Kalahari Sandüberwehung gegeben, da hier die tieferliegenden wasserführenden Formationen mit ihren Strukturen verschleiert sind.

Mit Ausnahme der Gebiete des Nordens, die sich in unmittelbarer Nähe der permanent fließenden Gewässer befinden, ist für Botswana die Nutzung von Grundwasser im Prinzip günstiger als die Speicherung von Oberflächenwasser. Die Kapitalinvestition für die Einrichtung von Brunnenfeldern und Pumpanlagen ist wesentlich geringer als für den Bau von Stauwerken. Betrieb und Unterhalt der Anlagen ist ebenfalls kostengünstiger. Grundwasser braucht in der Regel keine Vorbehandlung, um Trinkwasserqualität zu erreichen. Es ist ganzjährig vorhanden, der Verdunstungsverlust von den unterirdischen Speichern ist relativ gering, und Grundwasser gibt es praktisch überall.
Eine Limitierung für die Grundwasserförderung ist durch die Forderung nach einer gesicherten Langzeitentnahme gegeben. Grundwassererneuerung ist auf einen schmalen Streifen im Osten und NO des Landes begrenzt. Selbst hier ist die Regeneration nicht kontinuierlich. In Trockenjahren findet sehr wenig oder keine Auffüllung statt, und eine Entnahme erfolgt dann von der Speicherung. Nachfolgende Naßjahre werden zur Regenerierung der Vorräte gebraucht. Die Bewirtschaftung der Grundwasserbecken verlangt systematische Beobachtung der Absenk- und Auffüllvorgänge und vorausschauende Planung.
Die Grundwasserspeicher sind oft nur von geringer Ausdehnung und daher schnell leergepumpt. Trockenfallende Bohrbrunnen sind keine seltene Erscheinung. Noch sind im allgemeinen die Ressourcen nicht überstrapaziert, aber lokal sinkende Grundwasserspiegel, versiegende Quellen und ausgetrocknete Flachbrunnen sind deutliche Anzeichen für die Belastung der Aquifere. Der steigende Wasserbedarf hat bereits Interessenkonflikte offengelegt, und Botswana wird in den kommenden Jahren mehr für eine wirksame Kontrolle der Wasserförderung tun müssen.
Etwas anders ist die Situation in Bezug auf die fossilen Wässer im Kalahari Becken. Die dort vorkommenden Grundwässer wurden größtenteils während der Pluvialen gebildet. Das heute geförderte Wasser wird unter dem gegenwärtigen Klima nicht ersetzt. Das Potential dieser Aquifere ist möglicherweise beträchtlich, doch lassen derzeitige, begrenzte Kenntnisse der Region keine verläßlichen Schätzungen zu. Zweifelsohne handelt es sich aber um

begrenzte Vorräte. Zudem sind häufig salinare Wässer angetroffen worden, und ihr Anteil am Gesamtreservoir ist bislang nicht erforscht.
Zugriff auf diese Vorräte durch die heutige Generation bedeutet weniger Entwicklungschancen für kommende Generationen.
Botswana hat sich in den 70er Jahren für die Nutzung dieser Ressourcen entschlossen, um die Diamantminen Orapa und Jwaneng in Betrieb nehmen zu können. Man argumentiert, daß für die Entwicklung des Landes und die Verbesserung der Lebensbedingungen seiner Einwohner die Einnahmen aus dem Bergbau unbedingt notwendig seien und somit der Zugriff auf das Wasser gerechtfertigt wäre. Der wirtschaftliche Aufschwung der letzten Jahre gibt der Regierung recht. Zukünftige Generationen werden zu beurteilen haben, ob der eingeschlagene Weg der richtige war.

Wasserversorgung – Verbraucherstruktur, Institutionen

Die Landwirtschaft steht mit 70% an der Spitze der nationalen Wasserverbraucher. Rund die Hälfte davon geht in die landwirtschaftliche Bewässerung und kommt fast ausschließlich von Oberflächenwasser. Die Rinderzucht verbraucht den verbleibenden Anteil, der allerdings zu einem überwiegenden Prozentsatz aus Bohrbrunnen gefördert wird. Die restlichen 30% des im Lande verbrauchten Wassers verteilen sich auf den Bergbau mit 13%, die städtische Wasserversorgung, welche die Industrie einschließt, mit 12% und die dörfliche Versorgung mit rund 5%.
Im Hinblick auf die Verteilung der Wasservorkommen im Lande ist es von Bedeutung, daß die Entnahme für landwirtschaftliche Zwecke und Viehzucht zwar groß ist, daß aber die Förderung sich auf eine Vielzahl von Punkten verteilt, mit im Einzelnen kleinen Entnahmen. Dagegen ist der Bedarf von insgesamt 30% für Städte, Dörfer und Bergbau punktförmig konzentriert. Gleichzeitig verlangt die Verbraucherstruktur der Zentren eine Wasserversorgung hoher Verläßlichkeit. Der kostenmäßige Aufwand für eine gesicherte Versorgung der Siedlungszentren ist daher zwangsläufig beträchtlich größer als für verstreut liegende Verbraucher[17].

Die Verantwortlichkeiten im Wassersektor sind folgendermaßen verteilt:
Dem "Ministry of Mineral Resources and Water Affairs" (Ministerium für

---

[17] NDP 6, Chapt.8, Government Printer, Gaborone 1986

Mineralstoffe und Wasserangelegenheiten) obliegt die Verwaltung aller Wasserangelegenheiten sowie die Formulierung entwicklungspolitischer Schritte
und richtungsweisender Maßnahmen. Alle einschneidenden und neuen Verordnungen, Richtlinien und Planungsschritte müssen dem Kabinett und
danach dem Parlament zur Ratifizierung vorgelegt werden. Dem Ministerium
sind das "Department of Geological Survey" (Amt für geologische Aufnahme)
und das "Department of Water Affairs" (Amt für Wasserangelegenheiten)
untergeordnet. Dem "Geological Survey" fällt die Erkundung aller Wasservorkommen zu, während "Water Affairs" für die Aufnahme und Erschließung
der Oberflächenwasservorkommen zuständig ist und zugleich die Verantwortung für die Wasserversorgung in ländlichen Gebieten trägt. Zusammen mit
dem "Geological Survey" überwacht "Water Affairs" alle Aktivitäten auf dem
Sektor der Grundwassererschließung und -nutzung. In dieser Funktion beraten die beiden Departments den "Water Apportionment Board" (Ausschuß
für Wasserzuteilung), dessen Verantwortungsbereich im folgenden Abschnitt
erklärt wird.

Die Wasserversorgung der 5 Städte - Francistown, Selebi-Phikwe, Gaborone,
Lobatse und Jwaneng - wird durch die "Water Utilities Corporation" (Kor-
poration für Wasserversorgung) gewährleistet, einem halbstaatlichen Unternehmen, das dem "Ministry of Mineral Resources and Water Affairs" untersteht.

Die städtischen Wasserversorgungen müssen sich finanziell selbst tragen.
Diese Politik verfolgt im wesentlichen drei Ziele: a) Wassertarife sollen die
tatsächlich entstehenden Wasserbeschaffungskosten reflektieren; b) Wassertarife sollen den Wasserverbrauch regulieren und die Notwendigkeit zur
Konservierung signalisieren; c) die Vergrößerung der städtischen Ballungsgebiete soll gebremst und ländliche Gebiete und Dörfer sollen attraktiver
für die Industrie gemacht werden, damit Beschäftigungsmöglichkeiten für
die wachsende Bevölkerung entstehen. Die Wassertarife werden individuell
für jede Stadt kalkuliert, so daß an Orten mit hohen Wasserbeschaffungskosten entsprechend hohe Tarife angesetzt werden.

Die Versorgung der Diamantenminen Jwaneng und Orapa mit Wasser war Teil
der Erschließungsarbeiten und wurde aus dem Investitionskapital finanziert.
Die Versorgung der Mine und der Stadt Orapa ist Aufgabe der Minengesell-
schaft. Gleiches galt auch für die ersten Jahre nach Inbetriebnahme der
Mine Jwaneng. Seit 1984 ist die Wasserversorgung für die Stadt Jwaneng in
die Hände der "Water Utilities Corporation" übergegangen, wobei die Minen-
gesellschaft weiterhin das Wasser aus dem zentralen Brunnenfeld anliefert.

Stadt und Bergwerk Selebi-Phikwe erhalten ihr Wasser vom Shashe Staudamm, der gleichzeitig Francistown beliefert. Das gesamte Versorgungsnetz
wird von "Water Utilities Corporation" betrieben.

Ländliche Wasserversorgungen werden subventioniert, da das Einwohnerein-
kommen und die geringe Siedlungsdichte kostendeckende Versorgungs-
systeme unmöglich machen. Um jedoch die Unterstützung seitens der Regierung nicht ins Unermeßliche wachsen zu lassen, sind die Wassertarife so
berechnet, daß zumindest die Ausgaben für Betrieb und Unterhalt aus den
Einnahmen gedeckt werden. Dabei wird nur der Wasserverbrauch für
Gebäude mit eigenem Anschluß in Rechnung gestellt. Schon unter dem NDP
4, d.h. in der zweiten Hälfte der 70er Jahre, waren Abgaben für kommunale
Zapfstellen aufgehoben worden, da die Kosten für den Einzug der Abgaben
und ihre Verwaltung die Einnahmen überstiegen. Zudem ist man der Meinung, daß ein mühevolles Wassertragen von der Zapfstelle zum Haus zur
Kontrolle des Wasserverbrauches ausreichend ist. Es ist interessant, daß
auch in ländlichen Gebieten die Zahl der Hausanschlüsse stetig zunimmt[18].

Gesetzgebung zur Nutzungskontrolle

In einem Land mit knappen Wasservorkommen sind gerechte Verteilung und
kontrollierte Nutzung des Wassers mit dem Ziel der Ressourcenkonser-
vierung im Interesse aller. Auf diesem Hintergrund wurde bereits unter der
Protektoratsverwaltung im Jahre 1956 der "Borehole Act" erlassen. Dieses
Gesetz verpflichtet jeden, der in Botswana eine Wasserbohrung abteuft,
technische Details über die Brunnenkonstruktion sowie Beobachtungen über
die durchteufte Formation und Wasserzutritte auf einem Formblatt einzutra-
gen. Dieser Bohrbericht ist zusammen mit Bohr- und Wasserproben dem
"Geological Survey Department" vorzulegen. Nach Analyse werden dort alle
Daten im Nationalen Brunnendaten-Archiv gespeichert. Mit dieser weitsichti-
gen Gesetzgebung hat sich Botswana frühzeitig ein billiges Verfahren zur
landesweiten Grundwassererkundung geschaffen.

Der "Borehole Act" sieht zwar Strafen für Nichtbefolgung des Gesetzes vor,
jedoch ist bisher keine Aufsichtsbehörde für die Überwachung der Bohr-
tätigkeiten eingerichtet worden. Umso bemerkenswerter ist die Tatsache,
daß schätzungsweise 80% aller erfolgreichen Wasserbohrungen registriert

---

[18]   vgl. NDP 6, ebd.

sind. Botswana ist das einzige Land im südlichen Afrika mit einem derartigen, erfolgreich implementierten System.

Dem "Borehole Act" folgte 1968 der "Water Act". Dieses Gesetz reguliert die Nutzung aller Wasservorkommen. Danach kann Wasser nicht als Eigentum erworben werden. Ein Anrecht auf Nutzung kann nach Antragstellung durch Gewährung eines Wasserrechtes erworben werden. Anträge für die Gewährung von Wasserrechten sind dem "Water Apportionment Board" vorzulegen. Dieser Ausschuß besteht aus Vertretern staatlicher Institutionen und Vertretern der Öffentlichkeit. Sie werden vom "Minister for Mineral Resources and Water Affairs" berufen. Nach Veröffentlichung der Anträge im Staatsanzeiger befindet der "Water Apportionment Board" über die Vergabe. Einsprüche werden gehört und die Angemessenheit des Antrags geprüft. Bei Vergabe des Wasserrechtes wird die zugestandene Wasserentnahme festgesetzt und Vorschriften bezüglich der Konstruktion von Dämmen und anderer Wasserhaltungsbauwerke erlassen. Wasserrechte können bei Änderung der Voraussetzungen für die Vergabe und bei Änderung der Nutzungsart zurückgezogen werden. Ebenso kann Reduzierung der Entnahme in Dürrezeiten angeordnet werden, wenn eine Erschöpfung der Vorkommen droht. Die Vergabe von Wasserrechten wird, wenn für notwendig erachtet, auch an eine nachweislich adäquate Entsorgung gebunden. Dies ist zumeist der Fall bei Wassernutzern, die umweltschädliche Abfallprodukte erzeugen. Die Überwachung der Wassernutzung obliegt dem "Department of Water Affairs".

In den frühen 80er Jahren wurde zunehmend deutlich, daß das Gesetz von 1968 nur unzureichend für die Belange einer raschen Technisierung in Botswana ausgelegt ist. 1983 wurde daher der Entwurf für ein verbessertes, modernisiertes Wassergesetz ausgearbeitet, dessen Verabschiedung durch das Parlament in naher Zukunft zu erwarten ist. Mit dem neuen Gesetz werden dem "Water Apportionment Board" mehr rechtliche Mittel in die Hand gegeben, um gegen Gesetzesübertreter vorzugehen. Gleichzeitig wird die Konservierung der Ressourcen sowie ihr Schutz gegen Verunreinigung stärker berücksichtigt. Der "Water Act" wird durch Richtlinien zum Wasserschutz sowie Richtwerte für Trink- und Brauchwasserqualität ergänzt werden.

Wasserwirtschaftliche Rahmenplanung

Botswanas Wasserversorgungspolitik verfolgt seit Jahren unverändert zwei Hauptziele: Zugang für jeden zu einer hygienischen, gesicherten und preiswerten Versorgung mit Wasser sowie die Verbesserung der Versorgung in ländlichen Gebieten. Damit soll einer drohenden Abwanderung der Bevölkerung in städtische Ballungsgebiete entgegengewirkt werden.

Die Erreichung dieser Ziele erfordert den Einsatz beträchtlicher Mittel, und entsprechende Maßnahmen werden sich über viele Jahre erstrecken. Die Wasserversorgung von Städten und Dörfern hat Priorität erhalten. Dieses Programm ist soweit fortgeschritten, daß derzeit nur noch 124 Kleindörfer ohne eine gesicherte, hygienische Versorgung sind. Ein schwer zu lösendes Problem stellt die Versorgung jener Bevölkerungsgruppe dar, die in weitverstreuten Kleinstsiedlungen, den Cattle Posts, im Busch lebt. Es handelt sich dabei um 45% der Gesamtbevölkerung. Eine Druckwasserversorgung mittels Rohrleitungen scheidet aus Kostengründen aus. Auch in naher Zukunft wird hier die Wasserbeschaffung auf privater Initiative weiterbestehen müssen. Das bedeutet weiterhin Entnahme aus handgegrabenen Flachbrunnen oder aus Bohrbrunnen. Verschiedene Regierungsprogramme arbeiten an der Einführung billiger Pumptechniken mit Solar- und Windenergie. Man glaubt, daß man damit den Kleinstsiedlungen zunächst am wirkungsvollsten bei der Wasserbeschaffung helfen kann[19].

Schwere Probleme zeigen sich für die zukünftige Versorgung der Ballungsräume im Osten des Landes. Aus einer 1984 fertiggestellten Studie [20] wird deutlich, daß große Anstrengungen nötig sein werden, um die Wasserversorgung für die drei großen Ballungszentren zu sichern; diese sind von Norden nach Süden: Francistown – Selebi-Phikwe; Serowe-Palapye-Mahalapye und Gaborone-Lobatse-Mochudi-Molepolole. Besonders kritisch ist die Lage für den Ballungsraum Gaborone-Lobatse, da hier bereits alle größeren Wasservorkommen erschlossen sind. Ein regionales Wasserverbundsystem ist daher in Planung, in welchem Oberflächenwasser und Grundwasservorkommen entlang eines Rohrleitungssystems zwischen Francistown im Norden und Lobatse im Süden gesammelt und dem jeweiligen Bedarf zugeführt werden sollen. Dieses Verbundnetz verspricht optimale Flexibilität bei Förderung und Verteilung des Wassers. Gleichzeitig kann ein unterschiedliches Angebot

---

[19]   vgl. NDP 6, ebd.
[20]   VIAK-Consulting, op.cit.

- bedingt durch variablen Niederschlag - bestmöglich genutzt werden. Es ist beabsichtigt, das Verbundnetz stufenweise über die nächsten 25 Jahre zu erstellen, wobei der Bedarf sowie klimatische Entwicklungen das Tempo angeben werden. Der Bedarf ist eng gekoppelt an die zukünftige wirtschaftliche Entwicklung, aus der auch das notwendige Kapital für die Finanzierung des Großprojektes erwirtschaftet werden muß. Die Kosten für das Gesamtsystem einschließlich der Aufwendungen für die Erschließung der Ressourcen ist auf Pula 1000 Mio. (1984) veranschlagt. Eine Kapitalinvestition in dieser Größe wäre bei hohem Wirtschaftswachstum notwendig. Bei mittlerem Wachstum und damit niedrigerem Bedarf würden die Aufwendungen bei etwa Pula 500 Mio. liegen. Zur Indikation der Höhe der Betriebskosten sei gesagt, daß die Überführung von einem Kubikmeter Wasser von Francistown nach Gaborone Pula 0.50 kosten würde.

Die Wasserressourcen-Studie von 1984 gibt eine Gegenüberstellung der in der Region zur Verfügung stehenden Vorräte und des projizierten Bedarfs. Bei weiterhin hohem Wirtschaftswachstum und hoher Bevölkerungszunahme würden die regionalen Vorräte im Einzugsbereich der Nord-Süd-Wasserachse den steigenden Bedarf nur bis zum Jahre 2010 decken können. Ein darüber hinaus gehender Bedarf verlangt nach Wasser aus anderen Gebieten. Dies bedeutet die Anzapfung des Chobe-Zambezi-Systems oder des Okavango mit Wassertransfer über 500km Entfernung zum Anschluß an das Verbundnetz im Osten des Landes.

Eine ausreichende und zugleich gesicherte Versorgung ist für die zukünftige Entwicklung Botswanas lebenswichtig. Die Ressourcen innerhalb der eigenen Landesgrenzen sind auf lange Sicht nicht hinreichend, und Botswanas Interesse an den großen Strömen im Norden ist daher zu verstehen. Da keiner dieser Flüsse seinen Ursprung im Lande hat, wird es für Botswana von großer Wichtigkeit sein, mit Angola, Namibia und Zambia zu einem günstigen Übereinkommen über die gemeinsame Nutzung des Okavango, Chobe und Zambezi zu gelangen. Erste Kontakte sind innerhalb des SADCC-Rahmens geknüpft worden. Eine konzertierte regionale Ressourcenplanung wird jedoch erst dann möglich werden, wenn politische Stabilität in der Region eingetreten ist. Die Anzeichen stehen z.Zt. dafür nicht sehr günstig.

*Überlegungen zur verbesserten Nutzung und Konservierung der
Wasservorkommen*

Seine Umwelt hat den Motswana dazu erzogen, sparsam mit Wasser umzugehen. Da, wo Wasser noch über größere Entfernungen zum Haus getragen
werden muß – vom Brunnen oder auch von der zentralen Zapfstelle –, liegt
der Pro-Kopf-Verbrauch zwischen 10 und 30l pro Tag. Wo jedoch zentrale
Wasserversorgung über Leitungsnetze und Hausanschlüsse zur Verfügung
steht, wird weniger kontrolliert verbraucht, und hier ist Raum für Konser-
vierungsmaßnahmen.

Verbesserte, wassersparende Toilettenspülungen, Wasserhähne mit Luft-
mischern und generell besser dichtende Installationen würden verbrauchs-
reduzierend wirken. Unglücklicherweise hat Botswana praktisch keinen Einfluß auf die Hersteller sanitärer Anlagen, da nahezu die gesamte sanitäre
Ausrüstung aus Südafrika importiert wird. Dort war die Notwendigkeit, wassersparende Installationen zu entwickeln, bislang nicht zwingend. Erst die
Dürrejahre 1983-85 haben in Südafrika die Aufmerksamkeit auf Wasserkon-
servierung gerichtet. Es bleibt abzuwarten, inwieweit diese Erkenntnis zu
Innovationen im Bereich der Sanitäranlagen führen wird.

Industrieanlagen und Bergbau sind vielfach Wassergroßverbraucher. Mit
unterschiedlich strukturierten Tarifsystemen, welche die Versorgungssituation in den einzelnen Ballungsräumen reflektieren, hat man in Botswana ein
System zur Regulierung des Wasserverbrauchs eingerichtet. Verbrauchs-
intensive Industrien werden auf diese Art in Gebiete mit günstigen Wasser-
verhältnissen gelenkt. Gleichzeitig wird bewirkt, daß wassersparende Her-
stellungsprozesse gewählt werden und, soweit wie möglich, Wasser nach
Aufbereitung wiederverwendet wird.

Zu diesem dirigierenden Vorgehen zwingen die begrenzten Wasserressourcen
des Landes. Es ergibt sich daraus, daß der industriellen Entwicklung Botswanas Grenzen gesetzt sind und das Land immer auf den Import bestimmter Güter angewiesen sein wird.

Steigende Kosten für die Beschaffung von Wasser haben in den letzten Jahren Überlegungen hinsichtlich der Aufbereitung von Abwässern eingeleitet.
Biologische Abwässerklärung bis zu einer Qualität, die sich für Bewässerung
eignet, ist durchaus wirtschaftlich und wird seit kurzem in Lobatse praktiziert. Allerdings ist Abwasseraufbereitung nur dort interessant, wo ein
kanalisiertes Abwässersystem vorhanden ist. Dies ist bisher nur in drei
Städten der Fall, nämlich Lobatse, Gaborone und Francistown. Die "Eastern

Botswana Regional Water Study" von 1984 schätzt, daß bei einem entsprechenden Bau von Kläranlagen im Jahr 2010 etwa 1000ha Land mit Klär-
wasser bewässert werden könnten.
Das Problem des sehr hohen Verdunstungsverlustes in Staudämmen ist oben
genannt worden. Überlegungen zur unterirdischen Speicherung sind in Botswana bisher lediglich in ganz allgemeiner Art angestellt worden. Unterirdische Speicherung oder künstliche Grundwassererneuerung, wäre von
Interesse für einige wenige Einzugsgebiete im Osten, wo Abflußspitzen gespeichert werden könnten. Ein Blick auf die geologischen Verhältnisse dieser Einzugsgebiete führt jedoch zu dem Schluß, daß unterirdische Speicher-
möglichkeiten mit dem benötigten Volumen fehlen. Formationen mit geigneter
Infiltrations- und Speichercharakteristik sind entweder nicht vorhanden
oder liegen nicht in der Nähe der günstigen Flußabschnitte für Dammbauten.
In kleinem Ausmaß läßt sich jedoch Infiltration entlang von Flußbetten
durch den Bau von Wehren verbessern und damit die Auffüllung bewirt-
schafteter Aquiferen positiv beeinflussen. Detaillierte Untersuchungen bezüglich der Effektivität und Wirtschaftlichkeit derartiger Methoden stehen
bisher noch aus.
Eine sehr naheliegende Methode zur Beschaffung von Wasser, das Auffangen
und Speichern von Regenwasser, wird nur in ungenügendem Maße praktiziert. Eine 1984 vom "Botswana Technology Centre" vorgelegte Studie [21]
kommt zu dem Schluß, daß hier ein großes, bislang kaum genutztes Potential
liegt. Bauvorschläge, zusammen mit Kostenkalkulationen, werden für die zwei
wichtigsten Techniken zum Auffangen von Regenwasser gegeben: der Abfluß
von Dachflächen und der Abfluß von künstlich abgedichteten Kleineinzugs-
gebieten am Boden. Das Regenwasser von Dächern wird dabei in Behältern
über dem Boden aufbewahrt, während der Abfluß von ebenerdigen Ablauf-
flächen unterirdischen Zisternen zugeleitet wird. Um einen Eindruck von
der Wassermenge zu vermitteln, die von einer Dachfläche von 48m² gewonnen werden kann, sei hier eine Berechnung aus der o.g. Studie aufgeführt.
Ein mittlerer jährlicher Niederschlag von 450mm bringt theoretisch 19000l.
Unter Berücksichtigung der sehr ungleichen Verteilung der Niederschläge
und der Kosten für große Zisternen, die nötig wären, um den gesamten
Regen zu speichern, wurde ein reduzierender Faktor eingeführt. Realistisch
können danach von der o.g. Dachfläche rund 14000l pro Jahr abgeleitet

---

[21] Gould, J.E.: Rainwater Catchment Possibilities for Botswana, Gaborone 1984

werden. Das entspricht rund 39l pro Tag. Der benötigte Speicherraum, um den Abfluβ kostengünstig zu bewirtschaften, beträgt 9600l.

Das Sammeln von Regenwasser in größerem Umfang wäre von besonderem Nutzen in abgelegenen Siedlungen ohne geregelte Wasserversorgung und dort, wo salinäre Wasser vorkommen. Die hohe Anfangsinvestition ist mehr als kompensiert dadurch, daβ eine zusätzliche Wasserquelle von guter Qualität gewonnen ist.

Die "Botswana Housing Corporation", eine halbstaatliche Organisation, die ausschließlich für den Bau von Unterkunft für Regierungsangestellte und Beamte zuständig ist, hat allein aufgrund hoher Baukosten Mitte der 70er Jahre die Aufstellung von Regenwasserzisternen bei Regierungshäusern eingestellt – eine bedauernswert kurzsichtige Entscheidung, wie die Erfahrung der letzten Dürrejahre gezeigt hat, als ein totales Verbot für Gartenbewässerung mit Leitungswasser erlassen werden muβte. Da die Zahlung des Wassergeldes dem Mieter obliegt, besteht natürlich seitens der "Botswana Housing Corporation" kein Interesse, dem Mieter Kosten sparen zu helfen. Daβ der Wert von Wasser nicht allein an den Wassergestehungskosten gemessen werden darf, besonders in einem ariden Klima, ist dabei völlig übersehen worden.

2.3 Schätze unter dem Sand.

Rohstoffe und ihre Ausbeutung

Peter Zeil

Nach den neuesten Prognosen wird Botswana Ende der 80er Jahre 2/3 seiner Exporteinnahmen aus dem Bergbau beziehen. Die exportierten Minerale sind nicht, wie bei vielen anderen afrikanischen Staaten, auf dem Weltmarkt nur mit geringem Gewinn verkäufliche Rohstoffe, sondern hauptsächlich Diamanten. Botswana hatte zudem das Glück, daß die ersten Diamantenvorkommen erst ein Jahr nach seiner Unabhängigkeit gefunden wurden und die Batswana somit die Ausbeutung ihrer Bodenschätze in eigener Verantwortung einleiten konnten. Die Entwicklung des Bergbaus verlief ungewöhnlich schnell mit anhaltend steigendem Trend und machte das am Tage seiner Unabhängigkeit zu den 25 ärmsten Staaten der Welt zählende Land in den vergangenen 20 Jahren zu einem der wirtschaftlich stabilsten Länder Afrikas. 1988 weist Botswana mit weniger als 5% die niedrigste Schuldenrate in Afrika auf, und vertrauliche Analysen des IMF beziffern die Devisenreserven mit 1800 Mio. Pula – ausreichend für Importe über einen Zeitraum von 36 Monaten.[1]

Ähnliche Erfolge sind mit der Entdeckung von Erdölvorkommen verbunden, aber in vielen Ländern dauert der Aufschwung nur kurz an. Zu ehrgeizige Projekte fressen oft den erwirtschafteten Gewinn schnell auf. Der Markt für die geförderten Rohstoffe und die bedächtige Politik der Regierung lassen jedoch für Botswana eine gesicherte Zukunft möglich erscheinen.

Bergbau in der Geschichte

Der Bergbau ist für die Bevölkerung des Landes keine neue Erfahrung. Spuren bergbaulicher Tätigkeit aus dem 7. bis 9. Jahrhundert n. Chr. sind in ganz Ostbotswana gefunden worden. Dabei wurde vor allem Eisenerz, gelegentlich auch Kupfer (bei Serowe um 650) abgebaut. Das bedeutsamste

---

[1]   African Business, Januar 1988

Bergbaugebiet waren die Toutswemogala und Tswapong Hügel nördlich und östlich der Ortschaft Palapye. Ausgedehnte Schlackenhalden aus dem 7. bis 8. Jahrhundert zeugen hier vom Aufschmelzen von Eisenerz, das nicht nur in der leicht erreichbaren oberflächennahen Verwitterungsschicht abgetragen wurde. Mineralisierte Schichten wurden auch schon durch vorgetriebene Stollen weiter in den Berg hinein verfolgt. Die Toutswe-Tradition lebte hauptsächlich von der Rinderhaltung, sodaß die gefertigten Eisengegenstände, soweit sie nicht dem eigenen Gebrauch dienten, ein willkommenes Tauschobjekt im regionalen sowie im später bis zur Küste des Indischen Ozeans ausgedehnten Handel darstellten.

Um 1000 entwickelte sich ein reger Minenbetrieb auf Kupfer und Gold im nordöstlichen Botswana, in dem Gebiet zwischen Dukwe und Tobane. 200 Überreste alter Kupfer- und Goldminen belegen dies. Kupfer wurde z.B. in der "Bushman Mine" bei Matsitama, westlich des Shashe-Flusses, abgebaut und zum lokalen Bedarf verarbeitet. Doch bedeutsamer für die weitere Geschichte des Gebietes wirkten sich die zahlreichen Funde von Goldvorkommen nördlich von Francistown, östlich des Shashe, und bis weit in das westliche Zimbabwe aus. Der daraufhin in Schwung kommende Goldhandel begründete den Aufstieg der mächtigen Zimbabwe Königreiche, deren Einfluß sich weit nach Westen bis zu den Makgadikgadi Pans in Botswana erstreckte. Angelockt durch das Gold kamen Händler aus der arabischen Handelsniederlassung in Sofala (südlich der heutigen Hafenstadt Beira in Mozambique) und brachten im Tausch Stoffe und Perlen aus China. An günstigen Stellen entlang der Handelswege ließen sich reiche Rinderfarmer nieder, um an dem Handel teilzuhaben und ihn auch bald zu kontrollieren. Die bedeutendste dieser Ansiedlungen war das um 1350 in der Nähe des heutigen Masvingo erbaute Great Zimbabwe, ein wirtschaftliches, kulturelles und religiöses Zentrum der damaligen Zeit mit bis zu 11000 Einwohnern.

Während der Difaqane geriet das westliche Zimbabwe-Plateau unter die Kontrolle der Ngoni und wurde 1838 von den Amandebele besetzt. Aus dieser Zeit und den folgenden 20 Jahren finden wir keine Hinweise auf weitere Goldförderung im Nordosten Botswanas, so daß man annehmen muß, daß die Bergwerke verlassen waren.

Im Jahr 1862 'entdeckten' die ersten Europäer die Goldvorkommen am Tati-Fluß in der Nähe von Shashe und begannen mit maschinell unterstütztem Abbau. Tati, die erste Goldgräberstadt im südlichen Afrika entsand. 1869 nahm die erste mit europäischen Methoden angelegte Goldmine, auf dem "Monarch Reef" bei Francistown, ihren Betrieb auf.

Angelockt durch den Goldrausch um Tati kamen weiße Siedler aus der Kap-Provinz Südafrikas, erwarben Schürfrechte und förderten Gold in zahlreichen kleinen Minenbetrieben.

Damit geriet das Gebiet, politisch und militärisch jetzt Grenzland zwischen den Amandebele und den Bangwato, in das Gerangel der Konzessionäre und kolonialer Interessen.

1870 vergab Lobengula, der König der Amandebele und Sohn Mzilikazis, eine Konzession zur Prospektion und Bewirtschaftung aller Mineralvorkommen in dem 5000km² großen Gebiet zwischen den Flüssen Shashe und Ramakgwebane an die "London & Limpopo Mining and Exploration Company", die sog. "Tati Concession". Nachdem die "London & Limpopo Company" aus finanziellen Gründen 1874 aufgab, wurde die Konzession durch eine Reihe kleinerer Gesellschaften 1880 wiedererworben ("Tati Concessions Ltd."). Diese waren die Vorläufer der englischen Firma "Tati Concession Mining & Exploration Company". Sie erwarb die zahlreichen Kleinkonzessionen, die König Khama von den Bangwato vergeben hatte, und ließ sich diese Rechte 1887 von Lobengula bestätigen. Die "Tati Company" behielt dann die Kontrolle über das Tati-Gebiet durch die ganze Kolonialzeit und noch einige Jahre darüber hinaus.

Neben erfolglosen Versuchen der Buren, Einfluß auf das Tati-Gebiet zu nehmen (1868), erhob die BSAC des Cecil Rhodes 1894, nach der Niederschlagung der Amandebele, Anspruch auf das Gebiet als 'Teil rhodesischen Territoriums'. Den Hintergrund für diesen Vorstoß bildet die Kolonisierung des Matabelelandes durch die BSAC auf der Grundlage der sog. "Rudd-Concession" von 1888, die auf einem gefälschten Vertragstext basierte und Rhodes nicht nur alle Schürf-, sondern auch alle Landrechte im Land der Amandebele gab. Der Vertrag wurde später von Lobengula zurückgewiesen, doch stellte die britische Regierung der BSAC aufgrund dieser Konzession 1889 die "royal charter" aus und machte die Gesellschaft damit zum effektiven Kolonisationsagenten für die britische Krone. Mit der Vergabe der "royal charter" wurde der BSAC im Übrigen auch erlaubt, in Bechuanaland zu operieren. Der Transfer Bechuanalands an die Gesellschaft war allerdings an die Zustimmung der Tswana-Herrscher geknüpft. Daß es dazu nicht kam, ist hinlänglich bekannt. Doch die BSAC erhielt von Khama zum Bau der Eisenbahn, die Rhodesien an die Kap-Provinz anbinden sollte, 1895 einen Landstreifen entlang des Limpopo (ab 1920 bekannt als "Tuliblock") sowie einige Teile "Kronland" von den Briten ("Lobatse" und "Gaborone Blocks").

Diese Gebiete, zusammen mit der "Tati Concession" und den "Ghanzi Farms" waren die Landesteile Botswanas, für die bei der Unabhängigkeit 1966 private Schürfrechte bestanden.[2] Die Rechte für Lobatse, Gaborone und Tuli Blocks kamen in den 50er Jahren unter die Kontrolle des südafrikanischen Konzerns Anglo American; ab 1969 prospektierte Anglo auch in der Tati-Konzession. Die Rechte im Ghanzi-Gebiet lagen bei den jeweiligen Farmeigentümern. Erst 1973/74 wurden alle privaten Bergbaurechte an die Regierung Botswanas abgetreten.

In dem Gebiet der Tati-Konzession wurden in den Jahren 1880-1905 zahlreiche kleine Goldminen angelegt. Sie bestanden meist aus einem 10-20m tiefen Schacht, von dem aus die goldhaltigen Quarzzonen entlang von horizontalen Stollen abgebaut wurden. Die Förderung erreichte zwischen 1933 und 1947 ihren Höhepunkt. Nach und nach wurden dann die kleinen Betriebe unrentabel, bis 1964 auch die größte und älteste Mine, die "Monarch Mine", ihre Produktion einstellte. Die Schätzungen über die Menge des bis dahin im Tati-Gebiet geförderten Goldes gehen weit auseinander. Für den Zeitraum zwischen 1898 und 1963 zitiert J.W. Baldock eine Zahl von 'über 200000oz' (1 ounce Troy = 31.10348gr). Molyneux schätzt dagegen in seiner ausführlichen Untersuchung über Goldvorkommen im Tati die Gesamtproduktion bis 1964, einschließlich der Förderung in historischer Zeit, d.h. vor 1862, auf 12-15t.[3] Letztere Zahl entspricht, zum Vergleich, der heutigen Jahresproduktion einer Mine mittlerer Größe im Südafrika.

Nach Schließung der "Monarch Mine" spielte Gold im Bergbau Botswanas keine Rolle mehr. Erst in der allerjüngsten Zeit haben die alten Goldminen wieder wirtschaftliches Interesse erfahren. Die alte Kupfermine bei Matsitama ("Bushman Mine") wurde nach 1920 aufgegeben, nachdem alle erreichbaren Vorkommen in den Jahren während des ersten Weltkrieges erschöpft worden waren. Die Eisenerzvorkommen, die in vorkolonialer Zeit abgebaut wurden, besitzen heute kein wirtschaftliches Potential mehr.

---

[2] Tatsächlich wurde die Eisenbahn dann gar nicht durch den "Tuliblock" gebaut, sondern weiter westlich, wofür die BSAC 1896 noch einmal ein Stück Land von Khama erhielt.

[3] Baldock, J.W.: Mineral Resources Report No. 4. Resources Inventory of Botswana: Metallic Minerals, Mineral Fuels and Diamonds; 1977, GS Lobatse. Molyneux, T.G.: Gold Section of SEDGE (Botswana Ltd.): Prospecting in Tati Concession; 1971, unpubl. report, GS Lobatse

Die moderne, systematische Suche nach Bodenschätzen begann in Botswana 1955 mit der Prospektion auf Diamanten durch De Beers (Anglo American) und 1959 auf Kupfer und Nickel durch die Bamangwato Concessions Ltd. (Tochtergesellschaft von Anglo American). Beide Unternehmungen führten zum Erfolg, der Entdeckung von Diamanten bei Orapa und von Kupfer/Nickel bei Selebi-Phikwe.

Botswanas Bergbau heute

Allein zwischen 1985 und 86 stieg der Gesamtwert der Produktion im Bergbau um 21%. Die daraus erzielten Exportgewinne kamen 1986 für 80% der Gesamtexporteinnahmen auf (Abb. 1). Der Anteil des Bergbaus am GDP betrug für den selben Zeitraum 47% und wird nach neuesten Voraussagen bis Ende 1988 auf über 50% ansteigen (Abb. 2) – wobei 2/3 der Staatseinnahmen aus der Förderung und dem Verkauf von Diamanten stammen.

Abb. 1: Gesamtexporteinnahmen 1980 – 1986

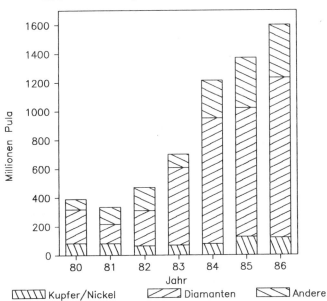

Quellen: NDP 6, 1985; Mining Annual Review, 1986,87,88; African Business, Jan. 1988

Abb. 2: Bruttosozialprodukt 1979 – 1988

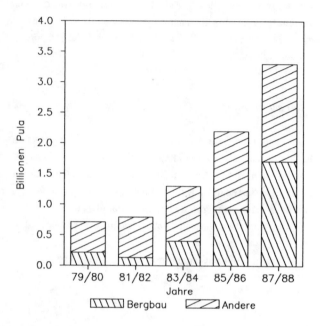

Quellen: Statistical Bulletin, Vol. 13/1, 1988; Mining Annual Review,
1988

Dem steht entgegen, daß nur 10% aller formalen Beschäftigungsverhältnisse auf den Bergbausektor entfallen. Der weitere Ausbau der Minen hat jedoch in den vergangenen Jahren zu einer merklichen Zunahme von Arbeitsplätzen in der Zubringerindustrie, wie Baugewerbe und Instalationsfirmen, geführt. Nach amtlichen Schätzungen kommen auf jeden festen Arbeitsplatz im Bergbau 4 Beschäftigte außerhalb des eigentlichen Minenbetriebes. Dies gilt allerdings nur für offene Bergbaustädte (siehe Abschnitt über Diamanten). Die Botswana Diamond Valuing Company beschäftigte 1984 zudem 331 Batswana, und in den Betrieben der Diamantenschleifer waren im selben Jahr weitere 120 Menschen angestellt.

Es ist die erklärte Politik der Regierung, die Abhängigkeit Botswanas von ausländischen Fachkräften im Bergbausektor abzubauen. Ein 1980 begonnenes umfangreiches Ausbildungsprogramm bewirkte, daß der Prozentsatz ausländischer Arbeitnehmer von 9.7% (1979) auf 7.5% (1985) sank[4].

Tabelle 1

Beschäftigung im Bergbau von Botswana

Stand: 1985

Betrieb	Rohstoff	Arbeitskräfte Einheimische	Ausländer
BCL	Kupfer/Nickel	4317	271
Debswana			
Orapa	Diamanten	2348	182
Jwaneng	Diamanten	1575	182
Morupule	Kohle	201	10
Diverse Klein- betriebe	Gold	37	5
Zubringer- industrie	–	271	6
Gesamt		8749	656

Quelle: Annual Report, Department of Mines, Gaborone (1985)

Diamanten

Ausgehend von den reichen Funden bei Kimberley in Südafrika (1871) begann De Beers Prospecting, das südafrikanische Diamantenmonopol, in den
50er Jahren in Botswana nach weiteren Vorkommen zu suchen.
Die Aufsuche von Kimberlitschloten, dem Muttergestein für Diamanten, wird
jedoch in Botswana durch eine bis zu 200m mächtige Sandbedeckung erschwert. Erst nach 12jähriger intensiver Prospektion und der Anwendung
von immer weiterentwickelten Explorationsmethoden gelang es den Geologen
von De Beers, bei Orapa den ersten wirtschaftlichen Kimberlit zu entdecken.
Um an diesem entlegenen Ort in der Kalahari eine Mine in Betrieb zu nehmen, mußten größere Anstrengungen unternommen werden: der Bau einer
240km langen Allwetterstraße von Francistown, die Bereitstellung von Wasser aus dem 250km entfernten Okavango Delta und die Errichtung einer
kleinen Stadt für die Beschäftigten des zukünftigen Bergwerkes. 1972 wurde

---

[4] NDP 1985–91, Gaborone, 1985

mit dem Abtragen der Sandschichten und dem Beginn des Tagebaues der
Betrieb in Orapa aufgenommen. Der Oberfläche nach ist der Schlot mit 106.6
ha der zweitgrößte seiner Art auf der Welt (nach dem Mwadui-Schlot in
Tanzania mit 146 ha). 5 Jahre später konnte in dem 30km südlich gelegenen
Lethlakane eine weitere Förderung begonnen werden. Noch weit bedeutender erwies sich der im Jahre 1973 gefundene Kimberlitschlot bei Jwaneng
westlich der Hauptstadt Gaborone. Die gute Qualität und die Quantität der
hier seit 1982 geförderten Diamanten bewogen Fachleute zu dem Urteil, daß
dies weltweit der wichtigste Fund seit der Entdeckung der Diamantenfelder
in Kimberley sei. Schon 1980 wurden aus den beiden Minen Orapa und
Lethlakane so viele Diamanten gefördert, daß Botswana zu dem Kreis der
größten Diamanten-Produzenten der Welt zählte. Seit der vollen Inbetriebnahme der Mine in Jwaneng (1982) liefert Botswana heute 14.5% der Weltproduktion.

Tabelle 2

Weltproduktion von natürlichen Rohdiamanten

	1984	1985	1986	1987
	in Millionen Karat			
Australien	5.7	7.1	29.2	30.0
Zaire	18.5	19.6	20.5	21.0
Botswana	12.9	12.6	13.0	13.0
U.S.S.R.	12.0	12.0	12.0	12.0
Südafrika	9.8	9.9	10.2	9.6
Welt gesamt	63.9	66.5	89.6	90.7

Quelle: Mining Annual Review (1988)

Der Betrieb der Minen liegt in den Händen von De Beers Botswana Mining
Company (Debswana), in der De Beers und die Regierung Botswanas jeweils
einen Anteil von 50% halten. Die Einnahmen über Förderzinsen und Steuern
geben dem Staat eine Gewinnbeteiligung, die bei den einzelnen Minen zwischen 55 und 70% liegen dürfte. 1987 gelang es Debswana, nicht nur seine
gesamte Produktion von 13.2 Millionen Karat zu verkaufen, sondern konnte
darüber hinaus seine in den Jahren 1982-1985 auf Grund geringer Nachfrage gelagerten Diamanten absetzen. In einem bisher einzigartigen Handelsabkommen erwarb De Beers den Diamantenvorrat für eine Mischung aus Bar-
zahlung (die Höhe des Betrages wurde nicht veröffentlicht) und Firmenbe-

teiligung. Zum ersten Mal in seiner Geschichte hat es somit der südafrikanische Diamantenkonzern einer Regierung erlaubt, einen direkten Anteil (2.6%) zu erwerben. Der getroffene Vertrag sichert Debswana zudem jeweils 2 Sitze sowohl im Aufsichtsrat von De Beers als auch in deren Diamond Trading Company in London zu, welche die weltweiten Diamantenproduktionen des Konzerns kontrolliert. Neben den kommerziellen Überlegungen war De Beers natürlich aus politischen Gründen sehr an der Durchführung dieser Transaktion interessiert. Da sich Südafrika einer zunehmenden weltweiten Abneigung ausgesetzt sah und vor allem in den USA verschärfte Sanktionen vorbereitet wurden, bestanden Befürchtungen, daß Debswana in Zukunft versuchen könnte, seine Produktion unabhängig von der durch De Beers kontrollierten Zentralen Verkaufsorganisation in London abzusetzen. Die Motivation des Konzerns wird umso mehr verständlich, wenn man bedenkt, daß Botswana 1987 mehr Diamanten förderte als De Beers in allen seinen Minen in Südafrika und Namibia zusammen.

Experten geben den Vorkommen, die in Botswana bereits abgebaut werden, eine Lebensdauer von 30 bis 40 Jahren, vorausgesetzt, daß auch das zur Bearbeitung des Gesteins notwendige Wasser weiter bereitgestellt werden kann. Neue wirtschaftliche Diamantenfunde sind bisher nicht gemacht worden, aber die unvermindert anhaltende Explorationstätigkeit von ausländischen Firmen läßt vermuten, daß es noch ausreichend ermutigende Indikationen gibt.

Es soll hier noch auf eine Folge des Diamantenbergbaus hingewiesen werden, die sich über das Areal der einzelnen Minen hinaus bemerkbar macht. Da Rohdiamanten auch an der Erdoberfläche gefunden werden können und sich schon kleine Mengen zum illegalen Verkauf eignen, wurden alle Minenbetriebe mit kompliziert angelegten Sicherheitszonen umgeben. Dies erscheint noch verständlich, wenn – wie in Jwaneng – der Tagebau und die Verarbeitungsanlagen von meterhohen Zäunen und Kontrollstellen eingeschlossen sind. In Orapa jedoch kann man auch die Ansiedlung selbst, mit Wohnhäusern, Schulen, Tankstelle und Läden, nur mit einer speziellen Erlaubnis erreichen. Die von Bürgern und Politikern geäußerten Bedenken gegen diese Abschirmung und den Anschein eines 'Staats im Staate' sind daher nicht von der Hand zu weisen.

Kupfer/ Nickel

Die zweite Stütze der Bergbauindustrie und der größte Arbeitgeber auf diesem Sektor ist die Kupfer-Nickel Mine in Selebi Phikwe. Die Geschichte ihrer Entdeckung geht ebenfalls zurück auf die 50er Jahre. 1959 gewährte die Führung der Bamangwato dem "Rhodesian Selection Trust", einem Unternehmen aus dem Kupfergürtel im heutigen Zambia, eine Konzession für die Erkundung von Bodenschätzen im gesamten Stammesgebiet. Für diese Aufgabe wurde die Firma "Bamangwato Concessions" gegründet. Erst nach 4jähriger Explorationstätigkeit wurden die Geologen bei Selebi fündig. Weitere 3 Jahre vergingen, bis die für den Betrieb einer Mine ausreichenden Mengen an Erz nachgewiesen wurden. Nach langen Verhandlungen konnte ein komplizierter Finanzierungsplan vorgelegt werden, der Kreditgeber aus mehreren Ländern zusammenführte. Für die Entwicklung der Mine mußte die notwendige Infrastruktur von Grund auf erstellt werden: eine Stichstraße von 60km, ein Eisenbahnanschluß, eine eigene Stadt und ein Staudamm mit einer Rohrleitung. 10 Jahre nachdem die Vorkommen gefunden wurden, begann die Grube in Selebi-Phikwe mit der Produktion. In den ersten 6 Jahren wurde bei Phikwe das Erz im Tagebau gefördert. Nachdem die leicht zugänglichen Zonen erschöpft waren, wird seit 1980 sowohl in Phikwe als auch in dem etwas südlich gelegenen Selebi untertage gefördert. Trotz der notwendigen größeren Aufwendungen wird in der Mine ein hoher Grad an Sicherheit aufrecht erhalten, der in den letzten Jahren auf regionaler Ebene mehrmals ausgezeichnet wurde – gerade im Vergleich zu den katastrophalen Zuständen in den Minen des benachbarten Südafrika ein gutes Beispiel. In den Hochöfen von Phikwe wird das geförderte Erz zu einem 82%igen Konzentrat an Kupfer und Nickel aufgeschmolzen und für den Transport in Blöcke gegossen.

Ein intensives Bohrprogramm bestätigte 1983 die Annahme der Minengeologen, daß die beiden heute abgebauten Vorkommen in größerer Tiefe miteinander verbunden sind. Dieses Explorationsprogramm wies eine bisher unbekannte Erzzone von 14km Länge nach[5]. Die zu Verfügung stehenden Reserven ermöglichen eine Lebensdauer des Bergwerks bis über das Jahr 2000 hinaus[6].

---

[5]   Gallon, M.L.: Structural Re-Interpretation of the Selebi-Phikwe Nickel-Copper Sulphide Deposits, in: Anhäusser, C.R./Maske, S.(Hrsg.): Mineral Deposits of Southern Africa, Johannesburg 1986
[6]   Gallon M.L., pers. Mittl., 1985

Trotz dieser ermutigenden Aussichten werden die Teilhaber an der BCL ihres Unternehmens nicht so recht froh. Denn die schlechten Weltmarktpreise
für Kupfer drücken die Gewinne. Die Tatsache, daß die Mine überhaupt noch
operiert, ist einerseits auf die vergleichsweise noch kostengünstige Produktion, andererseits auf die bisher immer wieder erreichte Einigung über die
Verteilung der Schulden zurückzuführen. Die dritte und wohl nicht letzte
solcher Verhandlungen wurde im Frühjahr 1986 zwischen den Hauptteil-
habern der BCL, nämlich Anglo American Corporation, Südafrika, und
American Metal Climax, USA, mit je 30% und der Regierung Botswanas mit
15%, abgeschlossen. Vor allem die Regierung ist um das Überleben der Mine
bemüht, da hier nicht nur 5000 Arbeitsplätze auf dem Spiel stehen, sondern
auch die für das Land so wichtigen Ausbildungsstätten für Techniker und
Handwerker. Abgesehen davon wird es nicht einfach sein, für die Stadt
Selebi-Phikwe mit heute ca. 20000 Einwohnern eine Zukunft mitten im Busch
ohne den Bergbau zu entwerfen.

Kohle

Große Gebiete Botswanas sind unterlegt mit Sedimentgesteinen der Karoo-
Formation. Wie auch in den Nachbarländern Zimbabwe und Südafrika enthalten bestimmte Schichten der Karoo Botswanas reiche Kohlelager. Die gesamten bisher bekannten Vorräte belaufen sich auf 17000 Mio. Tonnen. Seit
1973 fördert das zum Anglo American Konzern gehörende Bergwerk Morupule Colliery bei Palapye Kohle von mittlerer bis niedriger Qualität. Bei
geschätzten Reserven von 6500 Mio. Tonnen betrug die Jahresproduktion
von 1986 0.5 Mio.t (zum Vergleich wurden im selben Jahr im exportorientierten Südafrika 176 Mio.t abgebaut). Bis 1987 war der Hauptabnehmer die
Kupfer/Nickel Mine in Selebi-Phikwe, wobei pro Monat 15000t für den Betrieb der Hochöfen und 500t für andere Zwecke benötigt werden. Ebenfalls
in Selebi-Phikwe beschickt die Botswana Power Corporation (BPC) ihr 80 MW
Stromkraftwerk mit Kohle aus Morupule.
Zuvor also allein ein Zulieferer für den Bergbaubetrieb in Selebi-Phikwe,
wird Kohle seit 1987 zur nationalen Stromerzeugung genutzt. Das nur ein
paar Kilometer entfernt errichtete thermische Stromkraftwerk (90 MW) wird
über Förderbänder pro Stunde mit 450t pulverisierter Kohle direkt aus dem
Bergwerk versorgt. In der für 1989 vorgesehenen zweiten Ausbaustufe wird
das Kraftwerk den gesamten Energiebedarf Botswanas decken und Überschüsse in angrenzende Länder exportieren können.

Pläne für den Export nach Übersee müssen jedoch vorläufig ausgesetzt werden. Der Preis, den Botswana zur Zeit auf dem Weltmarkt erzielen könnte, steht in keinem Verhältnis zu den infrastrukturellen Maßnahmen, die zur Förderung und Behandlung der Kohle (Wasserversorgung) sowie erst recht zu deren Transport zu einem geeigneten Hafen getroffen werden müßten. Hier spielt auch die regionale politische Situation eine entscheidende Rolle, da auf Grund der eigenen Kohleexporte die Häfen Südafrikas nicht zur Verfügung stehen und die Bahnlinie über Zimbabwe zu dem Hafen von Beira in Mozambique durch die von Südafrika unterstützte Rebellenbewegung RNM immer wieder zerstört wird. Die Überlegungen, eine Eisenbahntrasse quer durch die Kalahari nach Walvis Bay in Namibia zu bauen, wurden bis zu einer technischen Studie vorangetrieben, doch wären für diesen Plan die immer noch ausstehende Unabhängigkeit des von Südafrika okkupierten Territoriums Südwestafrika und die Integrierung des Tiefseehafens von Walvis Bay, das seit der britischen Annexion 1878 eine südafrikanische Enklave ist, notwendige Voraussetzungen.

Unterdessen versucht man, die Nutzung von Kohle im Land selbst, vor allem auch im nicht-industriellen Bereich, zu fördern. Eine 1987 erstellte Studie zeigt[7], daß in den Städten Botswanas immer noch 56% der Haushalte Holz zum Kochen verwenden. In den nächsten Jahren sollen daher Kohleöfen für private Haushalte angeboten werden, ein Verteilernetz und Vorratsplätze für heimische Kohle angelegt und die Umstellung von Gas, Holz und Elektrizität auf Kohle als Energieträger in Regierungsinstitutionen vorangetrieben werden. Auf der Liste von Energieprojekten der SADCC steht seit kurzem die Errichtung eines Kohlelagers in Gaborone. Hier soll Kohle für die Versorgung der Bevölkerung und der Industrie gelagert und ein Beratungszentrum geschaffen werden. Für die wirtschaftliche Durchführung des Projektes gehen die Planer von einem Preis von 50 Pula pro Tonne aus, wobei 1987 für die Tonne Kohle ab Morupule 40 Pula, für importierte Kohle aus Südafrika dagegen 70 Pula gezahlt werden mußten.

Gold

Seit 1980 wird aus einigen der alten Bergbauhalden im Tati-Gebiet mit verfeinerten Methoden Gold gewonnen, doch bewegen sich die Mengen pro Jahr im Kilogrammbereich.

---

[7]   Rodeco Consulting, BRD: Coal Utilisation Study, Gaborone 1986

Ein neuerlicher Aufschwung wird allerdings von der Eröffnung der neuen Map Nora Mine südlich der Stadt Francistown erwartet. Die Firma Shashe Mines, ein Konsortium von Phelps Dodge (USA) und Falconbridge (Kanada), wurde 1987 mit der Regierung handelseinig. Mit dem Untertagebau soll 1989 begonnen und, bei vollem Betrieb, pro Jahr Gold im Wert von 8 Mio. Pula gefördert werden. Die Entwicklungskosten für das Bergwerk, das einmal 200 Menschen beschäftigen wird, sind mit 10-15 Mio. Pula angesetzt. Während der Voruntersuchungen wurde übrigens von Seiten des amerikanischen Unternehmens zum ersten Mal ein Motswana als verantwortlicher Minengeologe eingesetzt. Daß dies das erste Bergbauunternehmen ohne die Beteiligung einer der großen südafrikanischen Firmen sein wird, ist als ein weiteres Novum anzuführen.

Tabelle 3

Goldförderung 1983 - 1986

Jahr	Menge kg	Wert Pula * 1000
1983	13.36	163.6
1984	17.87	184.4
1985	12.70	220.0
1986	25.20	488.0

Quelle: Mining Annual Review (1986, 1987, 1988)

Soda

Die Sodagewinnung in der Sua Pan, der westlichsten Salzpfanne der Magkadigkadi Pans, ist bisher immer wieder verschoben worden.
Die Existenz von reichhaltiger Salzlauge war schon seit den 60er Jahren bekannt. Verschiedene Firmen (zuletzt BP Minerals International) und der Geologische Dienst von Botswana unternahmen die notwendigen exploratorischen Schritte, um die genaue Menge des zur Verfügung stehenden Salzes festzustellen. Die Lauge ist in Sand- und Tonschichten gespeichert und kann durch Bohrlöcher abgepumpt werden. Durch Austrocknen erhält man Soda - einen der wichtigsten Grundstoffe für die chemische Industrie -, natürliches Salz und Schwefel. Vorstudien haben ergeben, daß hier ca.

350000t Soda und 700000t Salz pro Jahr produziert werden können. Für die Rentabilität einer Anlage sind jedoch feste Absatzvereinbarungen notwendig.

Der größte Abnehmer in der Region ist der Chemiekonzern African Explosives & Chemicals Industries (AECI) in Südafrika, der den überwiegenden Teil seines jährlichen Bedarfs von 270000t Soda aus den USA bezieht. Die Regierung in Pretoria versuchte, die Realisierung eines Handelsabkommens mit Botswana 1987 von der Unterzeichnung eines Nicht-Angriffpaktes abhängig zu machen, der unterstellt, daß der ANC von Botswana aus operiert. Die Politiker in Gaborone haben jedoch immer betont, daß sie es keiner Guerillabewegung gestatten, ihr Land als Basis für bewaffnete Überfälle auf den Nachbarn zu benutzen, und wiesen das Ansinnen Südafrikas zurück[8]. Die Aussicht, daß die Versorgung mit Sodasalzen aus Amerika aussetzen könnte, falls der US Kongress weitergehende Sanktionen beschließt, bewog die Südafrikaner, von ihrem Junktim abzurücken. AECI erwarb die Rechte über die Konzession von BP und legte der Regierung Botswanas einen fertigen Plan für eine Produktionsanlage vor. Trotz der verschlechterten Beziehungen zwischen Botswana und Südafrika wurden die Verhandlungen weitergeführt. Für Botswana scheinen hierbei weniger die durch das Projekt noch verstärkte Abhänigkeit von Südafrika als die Diversifizierung seines Bergbausektors und die etwa 650 neuen Arbeitsplätze die entscheidende Rolle zu spielen. Im Februar 1988 war man endlich einer Lösung nahe gekommem, doch nun versuchte der amerikanische Sodalieferant, das Projekt mit allen Mitteln zu torpedieren[9]. In seiner Ausgabe vom 4. November desselben Jahres konnte das Mining Journal endlich von dem bevorstehenden Anlauf des Sua Pan Projektes berichten[10].

Platinum

Bedingt durch die politische Lage im südlichen Afrika rückte Platinum in den letzten Jahren in den Mittelpunkt weltweiten Interesses.

Im Südosten grenzt Botswana an den "Bushveld Komplex", ein Gebiet, in dem 75% der bekannten Weltreserven an Platinum liegen und aus dem drei südafrikanische Firmen 85% des heutigen weltweiten Platinumbedarfs fördern. Zweifel, ob Südafrika den Weltmarkt weiter versorgen kann, und die

---

[8]   Murray R.: Botswana; Mining Annual Review 1986, London
[9]   South, Februar 1988
[10] Mining Journal, 4 November 1988

Bestrebungen der südafrikanischen Bergbaufirmen, zukünftige Sanktionen zu unterlaufen, haben zu einer regen Explorationstätigkeit im Süden Botswanas geführt. 140km von Gaborone entfernt wurden bei den Molopo Farms Gesteine erbohrt, deren Gehalt an Platinum zwar nur 1/6 des in Südafrika abgebauten Erzes entspricht, jedoch zu der gleichen geologischen Abfolge gehört und in relativ geringer Tiefe ansteht. Fachleute vermuten, daß dies für südafrikanische Firmen schon Grund genug sein könnte, eine Abbaulizenz zu beantragen, da dies die Möglichkeit böte, in einer Aufbereitungsanlage vor Ort nicht nur das lokal, sondern auch das nur wenige Kilometer über der Grenze geförderte Erz zu verarbeiten und so Sanktionen zu unterlaufen[11].

Industrieminerale

Im Bereich der Industrieminerale kann Botswana weitgehend seinen Bedarf decken. Kalkstein, Schotter, Bausand und Tone zum Ziegelbrennen werden meist von Kleinbetrieben abgebaut. Darüberhinaus wurden Vorkommen von Gips und Ziersteinen lokalisiert. Der Bedarf an Zement wird allerdings zum überwiegenden Teil aus Importen gedeckt. Kleine Mengen an Portland Pozzolana Zement werden seit 1984 in einer Versuchsanlage der "Southern Rural Development Association" hergestellt, wobei ein Teil der Rohstoffe eingeführt werden muß. Eine 1983 veröffentlichte Studie des Geologischen Dienstes von Botswana konnte beachtliche Vorräte an Kalksteinen nachweisen. Die Gesteine ermöglichen zwar die Herstellung von Branntkalk, doch für eine Großproduktion von Zement sind sie nicht geeignet[12]. Die Realisierung eines kleinen Werkes wird auf Grund von neuerlichen Untersuchungen jedoch als positiv beurteilt. Die geographische Verteilung der Rohstoffvorkommen sowie der lokale Bedarf prädestinieren den Sektor Industrieminerale für die Anwendung von 'low-scale-mining' und die Verarbeitung in Kleinbetrieben. Doch ist dies auch immer eine politische Entscheidung, da sich solche Unternehmen nicht so sehr als Vorzeigeprojekte eignen.

---

[11] Mining Journal, 15 August 1986
[12] Gwosdz W., Modisi M.P.: The carbonate resources of Botswana. Min. Res. Rep. No.6, Geol. Survey Botswana, Lobatse, 1983

Rohstoffpotentiale

Fachleute sind heute davon überzeugt, daß Botswana über die bereits bekannten Vorkommen hinaus über ein großes Potential an noch unange-
tasteten Rohstoffen verfügt. Eine Bestandsaufnahme der mineralischen
Ressourcen wird jedoch im überwiegenden Teil des Landes durch die Sandbedeckung der Kalahari erschwert, die mehr als 100m mächtig ist. Alle bis
heute abgebauten Minerale – Kupfer/Nickel, Kohle und Diamanten – liegen
unter einer Deckschicht von weniger als 100m.

Erst nachdem Ende der 70er Jahre die Ergebnisse einer magnetischen Flugvermessung vorlagen, gewann die bis dahin noch strukturlose geologische
Karte an Kontur. Zum ersten Mal konnten nun Hinweise verfolgt werden, die
auf ähnlich mineralreiche geologische Formationen wie in den Nachbarländern (Südafrika, Namibia, Zimbabwe) hindeuten. In ausgewählten Gebieten
haben der Geologische Dienst und ausländische Wissenschaftler in den vergangenen Jahren detaillierte Erkundungen durchgeführt. Der Aufwand für
solche Programme ist groß. Für die Erkundungstiefen von mehr als 100m
müssen die neuesten Methoden und Geräte eingesetzt werden. Das Personal
an Wissenschftlern und Hilfskräften arbeitet für Wochen und Monate in entlegenen Gebieten unter extremen klimatischen Bedingungen; Anfahrtswege
von 2-3 Tagen sind keine Seltenheit. Zudem gibt es im Westen des Landes
nur wenige Ortschaften, in denen ausreichende Vorräte an Treibstoff und
Trinkwasser zur Verfügung stehen. Für Bergbaufirmen ergeben sich daher
bei der Exploration in diesen Gebieten beträchtliche finanzielle Risiken. Die
Regierung versucht ihrerseits, durch geeignete Maßnahmen den Anreiz für
die Industrie zu erhöhen, indem sie mit den beschränkten technischen, wissenschaftlichen und personellen Mitteln ihres Geologischen Dienstes grundlegende Information erarbeitet und zur Verfügung stellt. Zwischen 1980 und
1984 wurden für bilaterale Explorationprojekte 5 Mio. Pula ausgegeben. Die
Aufwendungen der Bergbaufirmen (hauptsächlich für Diamantenexploration)
sind jedoch wesentlich höher: mehr als 9 Mio. Pula pro Jahr und z.B. allein
im Jahr 1982 15 Mio. Pula[13].

Für sehr aufwendige Untersuchungen ersucht die Regierung im Rahmen der
technischen Zusammenarbeit um Unterstützung durch staatliche Institutionen
der westlichen Industrienationen. So wurde die magnetische Flugvermessung

---

[13] Clark G.C. in: The proceedings of a seminar on the mineral exploration
of the Kalahari, Bulletin 29, Geol. Survey Botswana, Lobatse, 1985

1976 mit Geldern der kanadischen Regierung finanziert, und die Befliegung der übrigen Landesteile konnte mit von der EG bereitgestellten Mitteln im Jahr 1986 ausgeführt werden. Diese Abhängigkeit von ausländischen Geldgebern bei der Bestandsaufnahme der einheimischen Rohstoffreserven wird sich wohl auch in dem kommenden Jahrzehnt nicht wesentlich ändern. Zusätzlich zu der anhaltend aktiven Prospektionstätigkeit auf bereits bekannte und teilweise abgebaute Minerale (vor allem Diamanten, Gold und Platinum) wird seit ein paar Jahren auch auf Kohlenwasserstoffe, d.h. Erdöl und Erdgas, exploriert. Auf Grund von gravimetrischen und aeromagnetischen Daten konnten zwei Sedimentbecken im Südwesten des Landes an der Grenze zu Namibia identifiziert werden. Da wiederum die finanziellen Risiken einer genauen Untersuchung in diesem entlegenen Gebiet für eine Ölfirma zu groß sind, erstellte der Geologische Dienst einen Plan für eine detaillierte geophysikalische Vermessung, die daraufhin von 1987 bis 1988 mit Hilfsmitteln der kanadischen Regierung und der EG ausgeführt wurde. Die ersten bekannt gewordenen Ergebnisse haben die bisher gehegten positiven Erwartungen nicht gedämpft, und mehrere Ölfirmen haben sogar ihr Interesse an einer Explorationslizenz angemeldet.

Als zutreffende Beschreibung der Situation bei der Aufsuche von Bodenschätzen in Botswana gilt auch noch heute (1988) eine Aussage in einem Artikel der Financial Times vom November 1983:

"Es ist Botswanas Traum, daß unter dem Sand alles zu finden ist. Die technischen Schwierigkeiten für die Prospektion sind außerordentlich groß... Die unzugängliche Kalahari ist wahrscheinlich das am schwierigsten auszubeutende Landgebiet auf der Erde... Die Planer in Gaborone sind vorsichtig in ihren Voraussagen... aber sie bleiben zuversichtlich."

Staatliche Institutionen

Dem Ministerium für Mineral Resources and Water Affairs unterstehen auf dem Rohstoffsektor zwei Institutionen: das Department of Geological Survey und das Department of Mines. Der seit 1947 bestehende Geologische Dienst Botswanas koordiniert die Explorationstätigkeiten auf Minerale und Grundwasser, sammelt geowissenschaftliche Informationen und macht die Ergebnisse in Form von Publikationen und Karten für jederman zugänglich. Im Auftrag des Ministeriums überwacht er die Einhaltung der Vorschriften bei der Exploration durch private Firmen, wie sie im "Mines and Minerals Act" gesetzlich festgelegt sind.

Dieses Gesetz schreibt drei Stufen vor: das 'reconnaissance permit' erlaubt die Untersuchung eines relativ großen Gebietes und die Auswahl eines Zielgebietes für detaillierte Prospektion. Die hierfür zu beantragende Lizenz ist auf ein Gebiet von maximal 1000 km² beschränkt. Der Antragsteller muß die Minerale, die er zu suchen gedenkt, genau aufführen, und nur für diese ist die Lizenz gültig. Wird ein wirtschaftliches Vorkommen entdeckt, kann eine 'mining lease' beantragt werden. Eine solche Erlaubnis zum Abbau von Bodenschätzen ist normalerweise bis zu 25 Jahre gültig. Die Regierung gewährt eine Lease jedoch nur, wenn sie mit den Plänen für die Bergwerksanlage, besonders in Bezug auf Arbeitsplätze, Unterbringung und Infrastruktur, einverstanden ist.

Bereits in der Vorbereitung einer Mining Lease schaltet sich das Department of Mines ein. Zuständig für die Überwachung von Sicherheitsvorkehrungen und die Einhaltung von Betriebsvorschriften, beteiligt sich die Abteilung auch aktiv an der Planung neuer Bergwerke. Neben der Beobachtung von operierenden Minen, zieht sie auch die im Bergbaubereich anfallenden Abgaben, Dividenden und Lizenzgebühren ein.

In beiden Institutionen zusammen arbeiten zur Zeit 88 Angestellte. Davon waren 1985 im Mines Department 5 und im Geologischen Dienst 17 Stellen von Ausländern besetzt. Bis zum Jahr 1991 sollen diese Positionen durch Batswana, die sich jetzt noch zur Ausbildung im Ausland aufhalten, ersetzt werden – ein weiteres Stück Selbständigkeit für Botswana.

Schlußbemerkung

Wie jedes Land, dessen Haupteinnahmen aus dem Export von mineralischen Rohstoffen entspringen, ist auch Botswana durch Preisschwankungen auf dem Weltmarkt betroffen. Dies gilt besonders für den Absatz von Kupfer und Nickel. Die Regierung versucht daher mit allen Mitteln, die Prospektion und Entwicklung eines breiteren Angebotes an Rohstoffen zu fördern. Investoren finden stabile wirtschaftliche und politische Verhältnisse, doch die Größe des Landes, seine dünne Besiedelung und der relativ niedrige Entwicklungsstand bewirken, daß für die Ausführung neuer Bergbauprojekte aufwendige infrastrukturelle Maßnahmen getroffen werden müssen. Der Staat übernimmt Verantwortung für die Planung und Bereitstellung der benötigten Infrastruktur, da zusätzliche Arbeitsplätze geschaffen werden müssen, gerade wenn man bedenkt, daß 1986 noch ca. 20000 Batswana als Wanderarbeiter in südafrikanischen Minen arbeiteten.

Noch sind nicht alle Schätze unter dem Sand der Kalahari bekannt. Doch über die günstigen internen Voraussetzungen hinaus werden in der zukünftigen Entwicklung des Rohstoffsektors Botswanas auch Faktoren außerhalb des Landes eine entscheidende Rolle spielen: die Unabhängigkeit Namibias und die politische Entwicklung in Südafrika.

KAPITEL 3   VOLKSWIRTSCHAFT IN ABHÄNGIGKEIT

3.1 Die Veränderung der Machtverhältnisse.
     Zur politischen Ökonomie Botswanas

Ranwedzi Nengwekulu
übersetzt von Rolf Hasse

Diese Analyse versucht, die allgemeine politische Landkarte Botswanas dar-
zustellen. Obwohl ihr Brennpunkt im nachkolonialen Milieu liegt, muß ein
kurzer Rückblick in die vorkoloniale und die koloniale Periode vorange-
schickt werden, da das nachkoloniale Milieu das Produkt dieser Geschichte
ist. Der Sinn dieser Darstellung ist nicht eine Bewertung der Politik Botswanas.
Aus analytischen Gründen wird das vorkoloniale Botswana dargestellt, als
sei es homogen gewesen, aber der Leser sollte nicht vergessen, daß das
vorkoloniale Botswana aus mehreren unabhängigen Staaten bestand.

Staat und Politik im vorkolonialen Botswana

Die politische Geschichte Botswanas kann in zwei Phasen unterteilt werden.
Die erste Phase ist die der gemeinschaftlichen Produktionsweise. Die zweite
Phase, die dem Zusammenbruch und dem Zerfall der Gemeinschaftsproduk-
tion folgte, war die der feudalen Produktionsweise.
Entscheidend für die Organisation der Gesellschaft im Botswana der Gemein-
schaftsproduktion war die Abwesenheit einer zentralisierten politischen
Organisation. Dies war insbesondere der Fall während der frühen Phase der
kommunalen Produktionsweise. Besonders wichtig ist die Tatsache, daß alle
politischen Unterschiede sich entlang einer Generationslinie und nicht einer
Klassenlinie abzeichneten, da Klassen und Klassenunterschiede nicht ex-
istierten. Den Staat, wie wir ihn heute verstehen, gab es nicht. Macht wurde durch die älteren Mitglieder der Gesellschaft in Form einer Ratsversammlung, bekannt als "Kgotla", ausgeübt. Die "Kgotla" stellte das legislative, judikative und exekutive Organ der Gesellschaft dar. Da Macht durch

die Versammlung der Alten und nicht durch eine soziale Klasse ausgeübt wurde, kam jede Generation zur Macht, sobald sie alt genug und im gesellschaftlichen Sinne erwachsen wurde. Das Verhältnis zwischen den Alten und den noch-nicht-Alten war deshalb ein Statusverhältnis, das nicht auf Klassenzugehörigkeit beruhte. Noch bedeutender ist, daß die Alten sich als eine soziale Gruppe nicht die Arbeitskraft der noch-nicht-Alten aneigneten. Die Mitgliedschaft in der "Kgotla" gab niemandem ein Privileg. Niemand hatte ausschließlichen Zugang zum gesellschaftlichen Mehrwert, sondern nur gesellschaftlichen Status.

Die Zielsetzung der Gesellschaft wurde deshalb demokratisch entschieden. Der Chief als der Kopf des Ältestenrates wurde demokratisch gewählt und abgesetzt. Seine Stellung war niemals vererblich.

Auf der ökonomischen Ebene war das kommunale Botswana charakterisiert durch kooperative und nicht-antagonistische Produktionsbeziehungen. Es gab keine gesellschaftliche Aneignung, durch welche sich einige Leute die Arbeitskraft anderer zu Nutze machten. Kurz, es gab keine Ausbeutung des Menschen durch andere. Die geringfügige gesellschaftliche Arbeitsteilung beruhte nicht auf Klassenstellung, sondern auf Geschlecht und Alter. Der Haushalt war die grundsätzliche Produktionseinheit und die Sippe die hauptsächliche Einheit der Gesellschaft.

Grund und Boden standen im Brennpunkt der Gesellschaft, weil sie die einzigen Quellen des Lebens und der Reproduktion der Gesellschaft waren. Dementsprechend komplex waren die den Boden betreffenden Bestimmungen. Diese betrafen die Zuteilung und die Nutzung des Bodens. Jedem Erwachsenen wurde Zugang zum Boden gewährt. Aber dieser garantierte Zugang war begleitet von sozialer Verantwortung, basierend auf adäquater Nutzung. Boden war niemals Privateigentum, er war Eigentum der Gemeinschaft als ganzer. Das kommunale Botswana war deshalb eine egalitäre Gesellschaft.

Doch Gesellschaften sind nicht statisch. Die kommunale Produktionsweise machte bald der feudalen Produktionsweise Platz. Der Feudalismus in Botswana hat sich aber niemals zu dem Stand des Feudalismus in Europa entwickelt, da geschichtliche Faktoren wie der britische Kolonialismus dazwischen traten. Wichtig ist auch, daß der Feudalismus in Botswana, wie es in anderen afrikanischen Gesellschaften der Fall war, in einer anderen sozialen Ausprägung existierte als der europäische Feudalismus. Dies ist natürlich nicht verwunderlich, da soziale Ausprägungen durchweg spezifisch historisch sind. Feudalismus sollte und wird daher definiert auf Grund der Produktionsverhältnisse, welche unter dem Feudalismus charakterisiert sind durch die Ausführung obligatorischer Dienstleistungen und die Ausbeutung der landwirtschaftlichen Produzenten durch Zwang.

Im vorkolonialen Botswana stellte sich der Feudalismus dar durch:

- das Aufkommen zentralisierter politischer Autorität, die zum Grundstein von Staat und Staatsmacht wurde;
- das Aufkommen vererbten Chieftums, das in der Unterordnung des gewählten Ältestenrates mündete;
- die zwangsweise Entrichtung von Tribut an den Chief;
- das Aufkommen von Klassen.

Das Aufkommen des Feudalismus veränderte die politische Ökonomie. Die Einführung der Erbfolge der Chiefs hatte eine erhebliche Machtkonzentration in ihren Händen zur Folge. Dies untergrub die Macht und Autorität der "Kgotla" beträchtlich und reduzierte sie in einigen Fällen zu reinen Beratungsgremien. Das heißt aber nicht, daß die "Kgotla" aufhörte, Zentrum der legislativen, judikativen, exekutiven, administrativen und religiösen Macht in der Gesellschaft zu sein. Der Chief war noch immer gezwungen, durch die "Kgotla" zu herrschen, eine Tatsache, die die Demokratie im feudalen Botswana erhielt. Despotismus und Diktatur waren deshalb eher die Ausnahme als die Regel. Die Stellung des Chiefs hing also nicht nur vom System der Erbfolge ab, sondern allgemeine Unterstützung durch die "Kgotla" war für das Überleben seiner Herrschaft sehr wichtig. In der Tat sind Fälle in der politischen Geschichte Botswanas bekannt, in denen Chiefs abgesetzt wurden, weil sie die Unterstützung der "Kgotla" verloren hatten.

Tshekedi formulierte das Verhältnis zwischen Chief und "Kgotla" gegenüber dem Hohen Kommissar 1934 folgendermaßen:

"Der Chief diskutiert einen Fall mit den Unterführern der Bezirke, aber erreicht nichts Endgültiges, bis der Fall vor die Kgotla gebracht wird und hier frei und öffentlich diskutiert wird. Der Chief kann sich nicht selbst legitimieren. — Er hat den Fall vor das Volk zu bringen. Keine Entscheidung kann rechtskräftig werden, bevor sie nicht öffentlich in der Kgotla diskutiert ist."[1]

Auf dem wirtschaftlichen Sektor führte das Aufkommen des Feudalismus zur Aneignung des Mehrwertes durch den Chief, durch Tributabgaben der verschiedensten Form wie Löwenfelle, herumirrende Rinder, Land-Kultivierung,

---

[1]   Schapera, I.: Chiefs and Public Opinion, in: Cohen, D.L./Parson, J. (Hrsg.): Politics and Society in Botswana, Univ. of Botswana, Gaborone 1976, p.350

Unkrautentfernung und Erntehilfe auf königlichem Land. Die Masse der
Produktion wurde jedoch konsumiert und ging nicht in Tausch oder Rück-
lage. Grund und Boden waren noch immer Gemeinschaftseigentum, aber der
Chief besaß nun das Monopol der Zu- und Verteilung. Es war weitgehend
dieses Monopol der Zu- und Verteilung von Boden, wodurch der Chief die
Ergebenheit seiner Untertanen erlangte. Denjenigen, die keine Untertanen-
treue zu ihm bekundeten oder die der Illoyalität verdächtig waren, wurde
normalerweise entweder der Zugang zum Boden oder der Zugriff auf Land
zu Produktionszwecken verweigert. Doch die Entwicklung des Feudalismus
wurde aufgehalten, als Großbritannien Botswana 1885 kolonisierte.

Die koloniale politische Ökonomie

Die britische Kolonisation hatte nicht nur den Verlust der politischen Autonomie des Feudalstaates zur Folge, sondern auch seine systematische graduelle Zerstörung und Verformung zum Zwecke der Förderung kolonialer
Interessen. Die Kolonisation bedeutete nicht nur die Einführung des Kolo-
nialstaates und seines Apparates, sondern auch die politische Kastration
und Unterwerfung der einheimischen Herrschaftsgewalt. Doch diese Unterwerfung und Entmündigung des eigenständigen Staates und seiner herrschenden Klasse kam in verschiedenen Stadien. Die erste Phase umfaßte die
Periode von 1885 - 1934. Dies war die Periode, die normalerweise die der
"parallelen Herrschaft" genannt wird. Einige Leute nennen sie die Periode
der "indirekten Herrschaft". Sie wird auch "parallele Herrschaft" genannt,
weil den Chiefs in ihren jeweiligen Gebieten, in denen sie ursprünglich absolut autonom waren, ein bißchen lokale Autonomie gewährt wurde. Doch der
Begriff der Parallele ist irreführend, weil im Grunde Großbritannien die
letzte Autorität im Sinne des "Foreign Jurisdiction Act" (Gesetz über die
Ausübung auswärtiger Gerichtsbarkeit) von 1890 hatte. Die Ära der sog.
"parallelen Herrschaft" wurde abgelöst durch die "direkte Herrschaft", eingeführt 1934 im Sinne der Proklamationen Nr. 74 und 75. Diese Proklamationen legalisierten die systematische und fundamentale Änderung der einheimischen sozialen und politischen Institutionen. So wurden zum Beispiel die
Macht und die Autorität der Chiefs, die gesetzgeberische Autorität der
"Kgotla" usw. reduziert.

Die Konsequenz dieser Reformen war die Bürokratisierung des Chieftums; indem den Chiefs verboten wurde, Steuern und andere Abgaben von ihren Untertanen zu erheben, wurden sie in Besoldung genommen. Die Proklamationen waren deshalb Werkzeuge, mit denen Herrschaft und Funktion des kolonialen Staates vereinheitlicht wurden. Dementsprechend erfaßte die koloniale Administration direkt alle Aspekte des sozioökonoischen und politischen Lebens im Hoheitsgebiet. In diesem Prozeß schaffte sie die Bedingungen für ihr eigenes Überleben und das des britischen Kolonialismus im allgemeinen. In der Praxis wurde der koloniale Staat durch den Hohen Kommissar für die "High Commission Territories" und auf lokaler Ebene durch den "Resident Commissioner" für das Protektorat Bechuanaland personifiziert. Obwohl Botswana als Protektorat geführt wurde, war es in Wirklichkeit eine Kolonie wie andere ehemalige britische Kolonien. Unter der Betonung des Begriffs "Protektorat" nahm die koloniale Bevormundung und die Schwächung Botswanas ihren Lauf. Der koloniale Staat war nicht nur Instrument der politischen Dominanz und der Untergrabung einheimischer politischer Institutionen, er war auch ein Instrument, mit dem die Unterentwicklung Botswanas betrieben wurde. Dies geschah durch Einführung solcher Maßnahmen wie der Hüttensteuer, der Qualitätssteuer für Rinder etc. Die verschiedenen Formen der Besteuerung führten zu einer Beschleunigung der Entwicklung der Wanderarbeit von Batswana in die Minen und auf die Farmen Südafrikas. Aber genau so, wie die Besteuerung die Strukturen für die Unterentwicklung der Ökonomie im kolonialen Staat schuf, schuf sie auch die Bedingungen für das Entstehen neuer sozialer Klassen und die Stärkung der alten.

Dementsprechend war die Politik im Protektorat Bechuanaland die Politik der Ausprägung des britischen kolonialen Staates, die Verstümmelung der einheimischen politischen Institutionen und ihrer herrschenden Schichten, die Ausbeutung der einheimischen Bevölkerung sowie die Beschleunigung des Prozesses der Klassenbildung und der wirtschaftlichen Stagnation.

Ebenso wichtig ist, daß die Politik unter dem Kolonialismus, besonders die hohe Kolonialpolitik das geschützte Monopol der Kolonialbeamten und der weißen Siedler blieb. Der einheimischen Bevölkerung wurde durch harmlose und nutzlose Institutionen wie das entmachtete Chieftum und das "Native Advisory Council" (eingerichtet 1920) nurmehr ein Phantom politischer Partizipation "gewährt". Beide Institutionen dienten als Transmissionsriemen für den kolonialen Staat. Im Staatsgebiet war keine Form der politischen und sozialen Rassenmischung erlaubt.

Die koloniale Administration beabsichtigte, zwei getrennte politische Systeme zu erhalten, eines für die weißen Siedler, das andere für die Einheimischen. Demzufolge war die Einführung des "Native Advisory Council" begleitet von der Einführung des "European Advisory Council", ebenfalls 1920. Diese Praxis wurde 1961 wiederholt, als das "Legislative Council" eingeführt wurde, das ein Monopol der weißen Siedler wurde, während den Einheimischen ein "African Advisory Council" zugestanden wurde. Ziel des kolonialen Staates war es, die politischen Bestrebungen der weißen Siedler zu fördern. Somit war das "Legislative Council" das einzige Entscheidungen fällende Gremium, während das "African Advisory Council", wie der Name schon ausdrückt, nur ein uneffektives Beratungsgremium war.

Hieraus folgt, daß die Artikulation der kolonialen Politik nun nicht mehr ausschließlich das Monopol des kolonialen Staates war, sondern auf lokaler Ebene auch das Monopol der weißen Siedler. Es war dieses Phänomen, das die auffallendsten Gesichtszüge der Kolonialpolitik prägte.

Das "Legislative Council" schloß jedoch später Afrikaner ein, weitgehend als Folge des Drucks und der Agitation durch die nationalistische Bewegung, die in den frühen 60er Jahren entstand.

Nationalistische Politik und der Kampf um die Unabhängigkeit

Nationalistische Politik trat in Botswana erst in den frühen 60er Jahren mit der Bildung der "Bechuanaland Protectorate Federal Party" auf. Dies war fast 70 Jahre, nachdem Botswana von den Briten kolonisiert worden war. Der BPFP folgten die BPP, BDP, BIP und später, 1965, die BNF.

Doch obwohl die nationalistische Bewegung sich erst in den 60er Jahren artikulierte, ist es eine Tatsache, daß eine Form von proto-nationalistischer Politik schon in den frühen 20er Jahren aufgekommen war. Doch dies war eine sprachlose Form, die niemals zu organisatorischen Strukturen fand.

Das zentrale Merkmal der nationalistischen Politik in Botswana war ihre Ausrichtung auf Unabhängigkeit und Selbstbestimmung. Dementsprechend gab es sehr wenige ideologische Differenzen zwischen den verschiedenen nationalistischen Parteien und nur geringfügige Unterschiede in der Betonung.

Aber nationalistische Politik war auch die Politik des aufkommenden Kleinbürgertums als Klasse. Sie war deshalb besonders auf das Vorantreiben und
die Durchsetzung kleinbürgerlicher Interessen gerichtet, obgleich nationalistisch betont und dargestellt als nationale, klassenlose Politik.
Ein anderer, bedeutsamer Aspekt nationalistischer Politik in Botswana war
die Abwesenheit von ethnischem und stammesbezogenem Denken und seiner
politischen Artikulation. Politische Bündnisse und ihre Ausrichtung wurden
daher auf der Basis von Klassenfraktionen, Interessen und Persönlichkeiten
gestaltet. Besonders wichtig war das Fehlen eines bewaffneten Kampfes
gegen die britische Kolonialmacht. Die Unabhängigkeit wurde in Botswana
weitgehend durch friedliche Agitation der nationalistischen Kräfte erreicht[2].
Dies gelang deshalb, weil das britische Interesse an Botswana zunehmend
schwand. Denn zu dieser Zeit wurde angenommen, daß Botswana keine wesentlichen Bodenschätze besäße und zunehmend zu einer unnötigen Belastung für Großbritannien würde.

Die nach-koloniale politische Ökonomie und unabhängige Politik

Botswana wurde die Unabhängigkeit 1966 gewährt. Die Partei, die den Sattel
der Macht erbte, war die BDP. Deren Führer, der 1980 verstorbene Sir Seretse Khama, wurde der erste Premierminister und später Präsident und
Staatsoberhaupt. Für die nach-koloniale Politik war das Aufkommen des
modernen Kleinbürgertums als regierende Klasse zentral, genauer, es wurde
die Klasse, die mit der Führung des Staates und seines Apparates beauftragt wurde[3]. Die BPP war die offizielle Opposition, bis sie 1970 von der
BNF abgelöst wurde. Ein charakteristisches Kennzeichen ist die fast totale
parlamentarische- und Wählerdominanz der BDP. Dies wird klar durch die
öffentliche Unterstützung und die Anzahl der Parlamentssitze demonstriert,
die sie seit der Unabhängigkeit gewonnen hat. Ihr Anteil an den Wähler-
stimmen betrug 68.3% im Jahre 1969, 76.6% 1974, 75.3% im Jahre 1979 und
etwa 68% 1984. Übersetzt in Parlamentssitze bedeutet dies, daß sie 1969 24

---

[2] Für eine detaillierte Diskussion über die nationalistische Bewegung vgl.
     Nengwekulu, R.: Some Findings on the Origins of Political Parties in
     Botswana, in: Pula, Vol. 1979
[3] Für eine detaillierte Diskussion über das Hervortreten des modernen
     Kleinbürgertums als Klasse vgl. Nengwekulu, R.: Class, State, Politics
     and Elections in Post Colonial Botswana, in: Univ. of Botswana Elections
     Study Group, Report of the 1984 elections in Botswana, UB 1986

108

Sitze, 1974 27 Sitze, bei den Wahlen 1979 29 Sitze und 1984 27 Sitze von insgesamt 34 Sitzen erringen konnte. Während dieser ganzen Periode gewann die vereinte Opposition nicht mehr als 8 Sitze im Parlament. Obwohl Botswana eine Mehrparteien-Demokratie ist, sind die Oppositionsparteien politisch zu schwach, um eine entwicklungsfähige Opposition zur BDP zu bilden. Ideologisch ist das nach-koloniale Botswana eine liberale Demokratie, in der periodisch seit der Unabhängigkeit alle 5 Jahre Wahlen abgehalten wurden. Der Staat Botswana ist also eine Insel der Demokratie im südlichen Afrika.

In Botswana gilt das Mehrheitswahlrecht. Der Gewinner bekommt alle Stimmen eines Wahlkreises, oder einen Parlamentssitz pro Wahlkreis sowie eine Stimme pro Wähler. Einige Beobachter haben den politischen und Wahlerfolg der BDP diesem System des "der Gewinner nimmt alle Stimmen" zugeschrieben, das, anders als das Verhältniswahlrecht, der Opposition weniger Chancen läßt. Dies ist natürlich ein genereller Gesichtspunkt, der auch für andere Demokratien gilt und hier nicht diskutiert werden kann.

Es scheint jedoch, daß der Erfolg der BDP besser aus dem Kontext ihrer organisatorischen und finanziellen Struktur, ihrer Aktivitäten, ihres sozialen Hintergrundes und dem Effekt, sich dem Sieger anzuschließen, heraus zu verstehen ist. Gesellschaftlich ist die Partei zusammengesetzt aus einer Koalition sozialer Klassen, die den Bogen vom traditionellen Kleinbürgertum zur Klasse des modernen Kleinbürgertums spannt. Die Tatsache, daß die Partei bei den meisten Chiefs und Headmen beliebt ist, garantiert die massive Unterstützung der Bauern. Vielleicht noch wichtiger ist, daß die Partei Amtsinhaber war, als das Land ein unvergleichliches wirtschaftliches Wachstum als Folge der Entdeckung von Diamanten erlebte. Dies hat es der Regierung ermöglicht, einen eindrucksvollen Ausbau der Infrastruktur zu betreiben, und hat dazu geführt, daß eine relative Verbesserung der Lebensqualität auch der ärmsten Mitglieder der Gesellschaft zu verzeichnen ist.

Doch die Umverteilung des Wohlstandes wurde unterlassen. Das Ergebnis ist, daß eine kleine Minderheit sich des größten Stückes des nationalen 'Kuchens' erfreut. Dies dürfte wohl die Folge der kapitalistischen Ideologie der Regierung sein.

Die nachkolonialen Institutionen

Bei der Unabhängigkeit übernahm Botswana das politische und institutio-
nelle Westminster Modell des britischen Parlamentarismus. Botswanas parla-
mentarisches System hat eine parlamentarische Exekutive bzw. ein Kabinett,
das dem Parlament, der Nationalversammlung, verantwortlich ist. Nach der
Verfassung sind die Minister zwingend Mitglieder des Parlaments. Die
Staatsbediensteten dürfen nicht Mitglieder einer politischen Partei sein.
Es gibt jedoch in Botswana einige Modifikationen des Westminster Modells.
Die drei bedeutsamsten Abänderungen sind das Ein-Kammer-Parlament, ein
Präsident, der gleichzeitig der Exekutive vorsteht, und eine beratende Versammlung der Chiefs. Das Parlament ist die oberste gesetzgebende Autorität.
Seine Handlungsweise liegt außerhalb der Kontrolle durch die Gerichte, ein
typisches Kennzeichen des Westminster Parlamentarismus. Die Nationalversammlung besteht aus 34 öffentlich gewählten Mitgliedern, 4 speziell gewählten Mitgliedern, einem nicht-stimmberechtigten obersten Staatsanwalt,
dem Sprecher des Hauses und dem Präsidenten.
Speziell gewählte Mitglieder sind solche, die durch öffentlich gewählte Mitglieder des Hauses gewählt werden. In der Theorie werden die speziell
gewählten Mitglieder auf der Grundlage ihres Sachverständnisses, mit dem
sie ihrem Land dienen können, und nicht aufgrund ihrer politischen Überzeugung gewählt. Das bedeutet, daß jeder, sogar Mitglieder der Oppositionsparteien, speziell gewähltes Mitglied werden kann. In der Praxis sind
jedoch seit der Unabhängigkeit alle speziell gewählten Mitglieder von der
herrschenden BDP gekommen, wohl wegen der überwältigenden Mehrheit
dieser Partei in der Nationalversammlung. Dem Status nach sind die speziell
gewählten Mitglieder des Parlaments den öffentlich gewählten gleichgestellt.
Um in die Nationalversammlung gewählt zu werden, muß man Botswana
Staatsbürger und mindestens 21 Jahre alt sein, in einem Wahlregister geführt werden und gewandt im Umgang mit der englischen Sprache sein. Die
Mitglieder der Nationalversammlung werden für eine Periode von 5 Jahren
gewählt. Der Präsident ist sowohl Regierungschef als auch Staatsoberhaupt.
Als Staatsoberhaupt ist er nach der Verfassung verpflichtet, über den par-
teipolitischen Interessen zu handeln. Er wird von der Nationalversammlung
auf 5 Jahre gewählt, nachdem sie sich als Vertreter der Wählerschaft konstituiert hat. Als Oberhaupt der Regierung handelt er als Parteipolitiker. Er
wird unterstützt von den Ministern seines Kabinetts.

Die Judikative ist unabhängig und besteht aus einem Berufungsgericht, dem Obersten Gerichtshof, den Magistratsgerichten, den Gerichten der Distrikt-vorsteher und den "Customary Courts". Letztere sind die traditionellen Gerichte der "Kgotla", die nach überliefertem Gewohnheitsrecht richten.

Das "House of Chiefs" besteht aus den 8 führenden Chiefs, 4 gewählten Mitgliedern und 3 besonders gewählten Mitgliedern. Das Haus ist ein Bera-tungsgremium ohne legislative Macht. Seine Hauptfunktion ist die Beratung der Nationalversammlung in allen Fragen der überlieferten Sitten, Traditio-nen, Bräuche und des Gewohnheitsrechtes. Deshalb müssen alle Gesetzesvor-lagen aus diesem Bereich dem "House of Chiefs" vorgelegt werden, bevor sie Gesetz werden. Historisch gesehen, ist das "House of Chiefs" ein Pro-dukt des Kampfes vor der Unabhängigkeit zwischen der Klasse des traditio-nellen Kleinbürgertums und der Klasse des modernen Kleinbürgertums, der im Ergebnis zur Niederlage der Klasse des traditionellen Kleinbürgertums führte. In gewisser Hinsicht ist das "House of Chiefs" die Manifestation die-ser Niederlage, denn es hat wenig, wenn überhaupt, politischen Einfluß. Historisch hat es keine Wurzeln, da es in der vor-kolonialen Zeit kein sol-ches Gremium gab; aber es bestand während der Kolonialzeit unter dem Namen "African Advisory Council".

Doch trotz der konstitutionellen Machtlosigkeit waren die Chiefs de facto erfolgreich, dem Haus eine gewisse politische Stimme zu geben[4].

Auf lokaler Ebene stellen sich die politischen Institutionen als Distrikts-bzw. Stadtratsversammlungen sowie unterhalb dieser als Stammesversamm-lungen dar. Es gibt 9 ländliche Distriktversammlungen und 5 Stadtratsver-sammlungen. Wie die Mitglieder der Nationalversammlung werden die Mitglie-der der einzelnen Ratsversammlungen alle 5 Jahre gewählt. Sie bestehen aus gewählten und nominierten Mitgliedern sowie aus dem Stadtdirektor und seinem Stellvertreter. Die gesetzlich vorgeschriebenen Funktionen der Rats-versammlungen schließen u.a. den Steuereinzug für die Regierung, die Er-teilung von Geschäftslizenzen sowie die Vorhaltung der Einrichtungen der Grundschule und der jeweiligen Infrastruktur ein. Außerdem wird erwartet, daß sie zulässige Funktionen ausüben, die nicht zwingend gesetzlich vorge-schrieben, aber wünschenswert sind. Doch die meisten Councils waren, überwiegend aus Mangel an menschlichen und finanziellen Ressourcen, bis-

---

4   vgl. Proctor, J.H.: The House of Chiefs and Political Development of Botswana, in: Journal of Modern African Studies Nr.6 (1) 1966, p.59 f.

her nicht fähig, den ihnen gesetzlich gegebenen Spielraum der wünschenswerten Funktionen auszufüllen. Sie haben sich daher mit der Durchführung gesetzlich vorgeschriebener Aufgaben zufrieden gegeben. Unterhalb der Distrikt- und Stadträte besteht ein System der Stammesautoritäten. Dies ist die kleinste Einheit im Regierungssystem Botswanas, d.h. die örtliche Regierung auf unterster Ebene. Das System der Stammesautoritäten basiert auf den traditionellen Institutionen des Chiefs und der "Kgotla". Das Zentrum der politischen Schwerkraft ist der Chief, der alle Diskussionen leitet. Seine Führungsrolle ist i.A. vererblich; unter bestimmten Umständen kann diese Position auch durch Wahlen vergeben werden. Dies geschieht dann nach dem "Chieftainship Act" von 1965.

Die durch die Chiefs ausgeübte Stammesautorität beinhaltet politische, gesellschaftliche und juristische Funktionen, obwohl die Chiefs sich nicht zu einer politischen Partei bekennen dürfen.

Die politische Kontrolle in den Distrikt- und Stadträten ist in den Händen der regierenden BDP. Dies ist einer der Gründe, weshalb die BDP seit der Unabhängigkeit massive Unterstützung auf lokaler Ebene bei Wahlen gewonnen hat.

Die Macht des Staates und seiner Institutionen ist fest unter der Kontrolle der BDP. Ob das Pendel einmal zum Vorteil der Oppositionsparteien ausschlägt, ist unmöglich vorherzusagen. Doch aufgrund der Arbeit der herrschenden BDP und der beiden Oppositionsparteien in der Vergangenheit ist es sehr wahrscheinlich, daß die herrschende Partei ihre Hochburgen auch bei den Wahlen 1989 halten wird.

Die obigen Ausführungen haben gezeigt, daß Botswana eine liberale Demokratie ist, in der die herrschende BDP die dominante, bisher nicht herausgeforderte, handelnde Partei ist, obwohl periodisch alle 5 Jahre Wahlen abgehalten werden. Dies ist wohl eine beachtliche Leistung, wenn man bedenkt, daß in den meisten afrikanischen Staaten nicht regelmäßig Wahlen abgehalten werden. Ob diese Situation unverändert bleiben wird, war nicht Thema dieses Artikels. Aber es gibt keine Anzeichen dafür, daß die gegenwärtige Situation nicht andauern würde.

3.2 Botswana - Probleme einer Bergbauökonomie. Drei Thesen

Hartmut Elsenhans

Botswana ist nicht typisch für die Dritte Welt: Botswana ist eine Bergbau-ökonomie, verdient gut an reichen Diamantenvorkommen, ist sehr dünn besiedelt, hat große Probleme beim Aufbau seiner Infrastruktur und liegt im unmittelbaren Einfluß eines bevölkerungsreichen, wirtschaftlich fortge-schrittenen und durch besondere politische Strukturen gekennzeichneten Landes, der Republik Südafrika.

Mit Mauretanien, Namibia und West-Sahara ist Botswana eines der dünn be-siedelten Bergbauländer mit geringem Regenfall und deshalb geringen land-wirtschaftlichen Entwicklungsmöglichkeiten, deren Rohstoff allerdings im Vergleich zu den arabischen erdölexportierenden Ländern nicht so große Erlöse abwirft, als daß allein der Export dieser Rohstoffe einen auch nur zeitlich begrenzten Wohlstand garantieren könnte. Genauso reichen die Er-löse nicht aus, um inländische Investitionen zur Differenzierung der Wirt-schaft zu tätigen oder um Finanzanlagen im Ausland zu kaufen, mit deren erwarteten Dividenden und Zinsen, wie im Fall Kuwaits oder der Golfemirate, nach Erschöpfung der Rohstofflager das heute erreichte Volkseinkommen gehalten werden könnte. Botswana steht deshalb vor der Frage, wie die derzeitigen hohen Erlöse aus dem Export mineralischer Rohstoffe zur Diver-sifizierung der Wirtschaft in einer übergreifenden Strategie der Mobilisie-rung aller Ressourcen eingesetzt werden könnten. Die Aussichten auf Er-folg sind trotz der beachtlichen Ergebnisse der bisherigen Entwicklungs-anstrengungen sehr zurückhaltend zu beurteilen, und zwar aus drei Grün-den: den mit der Kombination von geringer Bevölkerungsdichte und geringer Bevölkerung verbundenen Entwicklungshemmnissen, den Auswirkungen eines hoch rentablen Rohstoffsektors auf die übrige Wirtschaft und den politischen Kräfteverhältnissen und regionalen Verflechtungen.

Eine geringe Bevölkerungsdichte behindert auf doppelte Weise wirtschaftliche Entwicklung: einerseits sind die Kosten der Erstellung der Infrastruktur hoch, andererseits sind die Absatzmärkte klein. Wirtschaftliche Entwicklung wird durch den Einsatz nichtmenschlicher Energien in Verbindung mit
mechanischen Vorrichtungen erzielt, die repetitive Arbeitsschritte ohne die
direkte Tätigkeit des Menschen erlauben. Das Resultat sind gleichartige,
einfache Produkte in großen Serien. Dies erfordert Arbeitsteilung und große
Zahlen kostengünstig erreichbarer Konsumenten. Selbst im Vergleich zu den
Bevölkerungszahlen Europas während der industriellen Revolution sind
nahezu alle afrikanischen Länder klein. Schon nach der Zahl der Konsumenten sind ihre Märkte für den Aufbau miteinander verflochtener Industrie-
zweige zu eng. Bei einer im Wachstumsprozeß zunehmenden Ungleichheit der
Verteilung konzentriert sich zudem die zusätzliche Nachfrage auf eine kleine städtische Oberschicht mit stark diversifiziertem Konsum. Dies erschwert
die Industrialisierung für den Binnenmarkt, sowohl von der Seite der Se-
riengrößen als auch von der Seite der Qualitätsanforderungen an die Produkte. Angesichts der geringen Zahl der Erwerbstätigen im Dienstleistungssektor und in der verarbeitenden Industrie gilt dies auch dann für Botswana, wenn hier die Verelendung der Landbevölkerung noch nicht eingesetzt hat. Zudem sind die Transportkosten hoch. Nicht nur die Kosten der
Errichtung, sondern auch die laufenden Kosten der Infrastruktur hängen
nur wenig von der Zahl der Benutzer, sondern vor allem von den Entfer-
nungskilometern ab. Auch dünn besiedelte Regionen in industriell fortge-
schrittenen Ländern haben Standortnachteile. Die Diversifizierung der Wirtschaft eines dünn besiedelten Landes mit geringer Zahl der Konsumenten
und geringer Kaufkraft hängt von äußeren Märkten ab. Für die kleinen
Länder der Dritten Welt gibt es keine Möglichkeit zu autozentrierter Entwicklung außerhalb regionaler Zusammenschlüsse.

Bergbauländer mit schlechten natürlichen Bedingungen für die landwirtschaftliche Produktion haben Wettbewerbsnachteile bei der industriellen
Produktion. Eine gute Ausstattung mit mineralischen Rohstoffen hat zur
Folge, daß ein Land sich in die internationale Arbeitsteilung als Rohstoffexporteur eingliedert. Häufig wird dies als Entwicklungshemmnis kritisiert
mit dem Argument, die Rohstoffpreise seien zu niedrig und die rohstoff-
exportierenden Länder würden ausgebeutet. Tatsächlich werden die Preise
für international gehandelte Rohstoffe angesichts des meist hohen Anteils
der Industrieländer an der Weltproduktion durch die Förderkosten der Mi-

neralien in den westlichen Industrieländern bestimmt. Sinkende terms-of-trade zwischen Rohstoffen und Industrieprodukten treffen auch die Rohstoffproduzenten in den Industrieländern, führen dort zu Produktionseinschränkung und erlauben den Entwicklungsländern, die im allgemeinen niedrigere Förderkosten haben, weiterhin gewinnbringend zu verkaufen. Eher ließe sich argumentieren, daß zu gute Rohstoffpreise wirtschaftliche Diversifizierung behindern.

Die Konkurrenzfähigkeit von Entwicklungsländern im Bergbau ist Folge der Erschöpfung der kostengünstigen Lager in industrienahen Standorten in den Industrieländern, weil hier zunächst die reichen und verkehrsgünstigen Lager abgebaut werden. Aufgrund der deshalb niedrigeren Förderkosten in neu erschlossenen Lagern der Dritten Welt erzielen diese eine Differentialrente in Höhe der Differenz zwischen ihren eigenen Förderkosten und den Weltmarktpreisen. Ein Teil dieser Differentialrente wird benötigt, um die höheren Transportkosten auszugleichen. Außerdem werden niedrigere Förderkosten nur dann erzielt, wenn modernste Technologie eingesetzt wird. Anders als in der verarbeitenden Industrie sind beim Bergbau arbeitsintensive Technologien auch beim Einsatz sehr billiger Arbeitskräfte nicht mehr konkurrenzfähig. Die Bergbauproduktion führt deshalb über die Investitionsentscheidungen der Unternehmen – ob in ausländischem oder ob in staatlichem Besitz – zum Aufbau einer für den Export ausgerichteten Infrastruktur und zum Import technologisch sehr komplizierter Güter. Heute werden Erze häufig mit Stichbahnen, Förderbändern und anderen spezialisierten Verkehrssystemen transportiert. Es entsteht anders als im 19. Jahrhundert kein Eisenbahnnetz, das auch für den Transport anderer Güter benutzt werden kann. Bei der Förderung von Mineralien werden Schwermaschinen eingesetzt, die kaum für andere Produktionszweige verwendet werden können. So gehen vom Bergbau in Entwicklungsländern wegen des inzwischen erreichten Grads der Spezifizität von Infrastruktur und Ausrüstungen besonders wenige Impulse auf die Errichtung einer lokalen Investitionsgüterindustrie oder die Beschäftigung lokaler Unternehmen in der Reparatur der Ausrüstungen und in anderen mit der Produktion von Mineralien verknüpften Aktivitäten aus.

Die verbreitete Vorstellung, dies könne durch eine Weiterverarbeitung der Rohstoffe erreicht werden, ist falsch. Noch mehr als die Förderung ist die Weiterverarbeitung von Rohstoffen durch hohe Spezifizität der Aus-

rüstungsgüter und hohe Kapitalintensität der Verfahren gekennzeichnet.
Noch weniger als bei der Förderung ist die Vermaschung bei der Weiterverarbeitung zu erreichen.

Der wesentliche Beitrag des Bergbaus für ein Entwicklungsland liegt deshalb in der Aneignung von Differentialrenten durch die staatliche Besteuerung. Der Anstieg der Einnahmen des Fiskus von Botswana von 30.7%
(1972) auf 68.4% (1985) des Bruttosozialprodukts zeigt, daß die hier tätigen
ausländischen Unternehmen bereit waren, eine solche Besteuerung hinzu-
nehmen. Solche Einnahmen können selbstverständlich dazu benutzt werden,
die industrielle Diversifizierung zu begünstigen, insbesondere durch Ausbildungsmaßnahmen. Länder, die, wie Algerien, explizit dieses Ziel mit umfang-
reicheren Mitteln verfolgten als in Botswana zur Verfügung stehen, haben
aber lernen müssen, daß der nachhaltigste Beitrag zur beruflichen Bildung
durch die Beschäftigung von Arbeitern auf technologisch qualifizierenden
Arbeitsplätzen und nicht über die berufliche Bildung erfolgt, so wichtig
diese auch sein mag. Hier zeigen die Haushaltsausgaben von Botswana, daß
zwar die Ausgaben für Erziehung gestiegen sind, allerdings eher aufgrund
des Ausbaus des Systems der allgemeinen Schulbildung, nicht so sehr bei
der beruflichen Ausbildung. Ein Durchbruch in Richtung auf Ausbildung
eines lokalen Facharbeiterstamms ist nicht in Sicht.

Zwar kann eine Rohstoffrente dazu benutzt werden, lokale Arbeitskräfte
durch Ausbildungsmaßnahmen für die Aufnahme neuer Produktionen zu qualifizieren. Rohstoffreiche Länder stoßen dabei jedoch auf folgendes Problem:
wegen ihres Ressourcenreichtums erreichen sie ein Handelsbilanzgleich-
gewicht bei einem Wechselkurs, der im Verhältnis zum Niveau der Produktivität in anderen Produktionsbereichen außerhalb der Primärgüterproduktion
zu hoch ist. Die Erlöse in der Rohstoffproduktion erscheinen so hoch, daß
es als unsinnig erachtet wird, andere Produktionszweige, insbesondere die
heimische Technologieproduktion oder die Erzeugung von Nahrungsmitteln
auszuweiten. Die Rente erweckt den Eindruck, man könne alles kaufen. Die
Notwendigkeit der Aufnahme der Produktion von Gütern, bei denen technische Fertigkeiten gelernt werden, wird vernachlässigt. Die Gefahr der De-
Industrialisierung durch gute Rohstoffpreise (weil industrielle Produktion
aufgrund hoher Profitraten und hoher Arbeitseinkommen in der Rohstoffproduktion unrentabel erscheint) bedroht alle rohstoffproduzierenden Länder. Hohe Renteneinnahmen erschweren die industrielle Diversifizierung

besonders in bevölkerungsarmen Ökonomien wie Botswana, weil hier die Industrialisierung nur über den internationalen Preis lokaler Arbeitskräfte
und nicht durch Abschirmung des Binnenmarktes gefödert werden kann.
Insbesondere verleitet die Verfügung über Rohstoffrenten zur Vernachlässigung der einheimischen Lohngüterproduktion. Hier ist die schwerwiegendste
Folge des relativen Reichtums von Botswana zu sehen. Allein zwischen 1974
und 1985 haben sich die Getreideimporte versechsfacht. Werden die Lohngü-
ter überwiegend lokal produziert, dann ist das betreffende Land bei der
Festsetzung des internationalen Werts seiner Arbeitskraft (Lohnsatz in nationaler Währung mal Wechselkurs) relativ frei. Im Fall des Rückgangs der
internationalen Nachfrage für seine Exporte kann ein solches Land durch
Abwertung der Währung bei neuen Exportprodukten konkurrenzfähig werden. Sobald jedoch die Nachfrage nach Lohngütern durch Importe befriedigt
werden muß, kann eine Abwertung nur zur Folge haben, daß in einer weiteren Runde die Löhne wieder steigen. Die Rohstoffrente verführt Länder der
Dritten Welt zu einer solchen Vernachlässigung der eigenen wirtschaftlichen
Basis mit der Folge des Verlusts von Handlungsfreiheit. Botswana ist dieser
Gefahr offenbar nicht entgangen.
Sicher kann Botswana keine wirtschaftliche Diversifizierung aufgrund des
eigenen sehr beschränkten Binnenmarktes anstreben. Eine Orientierung am
Export verarbeiteter Produkte für den Weltmarkt ist im Falle Botswanas
schon deshalb wenig realistisch, weil ohne Zugang zu den Weltmeeren sowohl die Vorprodukte als auch die Erzeugnisse verteuert werden. Industrialisierung auf der Grundlage äußerer Märkte muß im Fall Botswanas Industrialisierung im Rahmen einer regionalen Gemeinschaft bedeuten.

Botswana ist Mitglied von zwei wirtschaftlichen Zusammenschlüssen, der
SADCC und der südafrikanischen Zollunion. Die Republik Südafrika ist ein
Markt mit einem Bruttosozialprodukt von knapp 68 Mrd. US$, der gut fünf-
mal so groß wie der potentielle Markt aller SADCC-Länder ist. Eine verstärkte Einbindung Botswanas in die SADCC ist deshalb nur dann möglich,
wenn gegenüber den spontanen Tendenzen des Markts politisch gewollte
und geplante stärkere Verflechtungen in den SADCC-Ländern treten.
Dagegen sprechen eine Reihe von Gründen. Am offensichtlichsten ist zunächst die Infrastruktur. Botswana hat keine Verkehrsanbindung mit den
SADCC-Ländern, die seinen Verbindungen mit der Republik Südafrika vergleichbar wäre. Schon ins nächstliegende Zimbabwe sind die Transportkosten höher als in den Apartheidsstaat. Die unterentwickelten Wirtschaften

der SADCC haben noch keine Komplementaritäten entwickeln können. Andere SADCC-Länder können die Industrieimporte aus der Republik Südafrika nicht ersetzen. Die notwendige Planung neuer industrieller Kapazitäten und ihre Verteilung auf verschiedene Länder der Gemeinschaft stecken noch in den ersten Anfängen. Wegen der Unterschiede der Entwicklungsdoktrinen zwischen den SADCC-Ländern ist eine gemeinsame regionale Industrialisierungsstrategie mit klaren Prioritäten nicht in Sicht. Hinzu kommen die bekannten Probleme innerhalb von regionalen Zusammenschlüssen, in denen nicht private Unternehmen, sondern Staatsklassen Investitionen durchführen und dabei möglichst hohe Wachstumseffekte für ihre eigenen Staaten erzielen möchten.

Die Diversifizierung der Wirtschaft Botswanas läßt sich also nur in Zusammenarbeit mit der Republik Südafrika erreichen. Solange dort allerdings die weiße Minderheit die schwarze Mehrheit weiterhin von der politischen Verantwortung ausschließt, muß diese Zusammenarbeit begrenzt bleiben. Politischer Solidarität mit der schwarzen Mehrheit und mit den übrigen Frontstaaten kann sich Botswana nur mit dem Argument der Bedrohung durch den Apartheidsstaat entziehen. Nur wenn Südafrika Botswana schwere militärische und ökonomische Nachteile androht, kann die Regierung Botswanas den Kurs enger Kooperation mit der Republik gegenüber den übrigen Frontstaaten durchsetzen. Botswanas notwendige wirtschaftliche Kooperation mit Südafrika impliziert die politische und militärische Abhängigkeit von Südafrika. Botswanas politischer Status ist dann trotz vieler Unterschiede nicht allzu verschieden von dem der südafrikanischen "Homelands". Unterschiede gibt es allerdings: Botswana kontrolliert reiche Rohstofflager und kann Differentialrenten besteuern. Mit seinen Deviseneinnahmen und den daraus resultierenden Staatseinnahmen kann Botswana entwicklungspolitische Maßnahmen größeren Umfangs ohne Zuweisungen aus dem Budget der Republik Südafrika finanzieren. Die Möglichkeit zu einer auf den Binnenmarkt oder auf neue regionale Kooperationsbeziehungen gestützten Industrialisierung besteht aber nicht.

Ein wirtschaftlicher Bruch mit Südafrika wäre mit unannehmbar hohen Kosten verbunden. Ähnlich wie die "Homelands" muß sich Botswana dem Druck der Republik fügen, auch wenn es als selbständiger und international anerkannter Staat gegen die Destabilisierungspolitik des Apartheidregimes internationale Organisationen anrufen kann.

3.3 Botswana – Afrikanisches Wirtschaftswunder oder abhängiges Quasi-Homeland Südafrikas?

Bernhard Weimer

Vorbemerkungen

In seinem Beitrag zu dem vorliegenden Band (oben Kapitel 3.2) postuliert Hartmut Elsenhans – mit dem kontrastierenden Hinweis auf die arabischen erdölexportierenden Länder – daß kleine und bevölkerungsarme Bergbauökonomien vom Typ Botswana grundsätzlich keinerlei Möglichkeiten für eine autozentrierte, sprich industrielle Entwicklung außerhalb regionaler Zusammenschlüsse hätten. Überdies bestünde bei Ökonomien dieses Typs die Gefahr der De-Industrialisierung durch gute Rohstoffpreise bzw. eine Rohstoffrente, was, auch im Falle der Diamantenexporte Botswanas, zur Vernachlässigung der einheimischen Lohngüterproduktion führte und woraus sich eine "Vernachlässigung der eigenen wirtschaftlichen Basis mit der Folge des Verlusts von Handlungsfreiheit" ergäbe. Aus beiden Momenten erwüchsen Botswana gewissermaßen strukturelle Zwänge zur fortgesetzten Mitgliedschaft in der Southern African Customs Union (SACU) mit der Folge der politischen und militärischen Abhängigkeit Botswanas von Südafrika. Mithin sei Botswana kein eigentlicher Frontstaat, sondern sein politischer Status sei "in mancher Hinsicht nicht allzu verschieden von dem der südafrikanischen Homelands", die sich ebenfalls "dem Druck der Republik" (Südafrika) zu fügen hätten.

An dieser prononcierten These – Botswana sei ein Quasi-Homeland Südafrikas – überrascht zunächst, erstens, deren Alter von mittlerweile mindestens 15 Jahren.[1] Kann sie heute noch, nach mehr als 20 Jahren seit der politischen Unabhängigkeitserklärung der Republik Botswana im Jahr 1966 die gleiche Plausibilität beanspruchen wie in der Frühzeit der Unabhängigkeit? Zweitens irritiert die in der These enthaltene, inzwischen grundsätzlich

---

[1] Schon 1972 wurde sie vertreten; vgl. Hill, Ch.: Independent Botswana: Myth or Reality?, in: The Round Table, No.245, Jan.1972, p.55–62.

hinterfragte Verkürzung von "autozentrierter Entwicklung" auf "Industrialisierung". Drittens überrascht an Elsenhans' These die Einschätzung der
Zollunion als einer für Botswana in entwicklungs- bzw. industrialisierungs-
politischer Hinsicht förderlichen Form der regionalen Kooperation, die überdies primär Botswana, nicht so sehr aber Südafrika nütze. Und viertens
schließlich fällt die, sagen wir, etwas unbefangene Vermengung von ökonomischen, politischen und militärischen Sachverhalten auf. Während das hohe
Maß an außen- und sicherheitspolitischer Flexibilität und Handlungsfreiheit,
das Botswana gerade Südafrika gegenüber aufweist – mit Vorbildcharakter
für andere, in der Elsenhans'schen Diktion "echte" Frontstaaten – in der
Studie von Peter Meyns[2] skizziert wird, soll im vorliegenden Aufsatz die
Frage der wirtschaftlichen Abhängigkeit Botswanas von Südafrika im Kontext der allgemeineren Untersuchung der Wirtschaftsentwicklung dieses
Frontstaats in den letzten 10 Jahren diskutiert werden.

Dabei erweist es sich methodisch als sinnvoll, der Untersuchung zwei Anti-
thesen zur Position Elsenhans' voranzustellen. Die erste Antithese lautet:

Die Mitgliedschaft Botswanas in der Zollunion behindert Botswanas Entwicklungsmöglichkeiten eher als daß es sie fördert. Aus entwicklungs-
und industrialisierungspolitischen Gesichtspunkten wäre deswegen –
unter bestimmten Prämissen – ein Austritt Botswanas aus der SACU
geboten und nützlich[3] . Wie zu zeigen sein wird, hatte sich auch das
Ausscheiden Botswanas aus der Rand Monetary Area (RMA) in politischer und ökonomischer Hinsicht bezahlt gemacht. Aus Gründen der
politischen Strategie ist aber aus der Sicht Gaborones ein Fortbestehen
seiner Mitgliedschaft in der SACU deswegen geboten, weil sich Botswana
– bei wachsender politisch-ökonomischer Bedeutung der Zollunion für
Südafrika – nicht nur kurzfristige budget- und handelspolitische
Vorteile verschaffen kann, sondern weil es auch Südafrikas zunehmende
Abhängigkeit von der SACU politisch instrumentalisieren und in ein
höheres Maß an "bargaining power" gegenüber Pretoria umwandeln
kann.

Die zweite Antithese, in der ebenfalls eine Analogie zu den erdölexportierenden Golfstaaten impliziert ist, lautet:

---

[2] Vgl. Meyns, P.: Das südliche Afrika nach Nkomati. Die Regionalpolitik
     von Botswana, Mozambique und Zimbabwe, Hamburg 1987; vgl auch
     ders., Kapitel 7.1 unten im vorliegenden Band.
[3] Vgl. Weimer, B.: Die Zollunion im südlichen Afrika – ein Stabilitätsfaktor
     in einer instabilen Region?, in: Afrika Spectrum, Vol.19, No.1,1984,p.5-23.

Makroökonomisch gesehen, handelt es sich bei Botswana tatsächlich um ein afrikanisches Wirtschaftswunderland, dessen reales Wirtschaftswachstum im Schnitt der letzten zehn Jahre 12% pro Jahr betrug (Südafrika: 2.3%). Botswana ist damit, trotz Kleinheit und geringer Bevölkerungszahl, der Primus in der Klasse der Frontstaaten bzw. SADCC-Länder (Angola, Botswana, Lesotho, Malawi, Mozambique, Tanzania, Swaziland, Zambia und Zimbabwe):

"Of the nine member States, Botswana recorded the highest rate of economic growth in 1987. Gross domestic product (GDP) increased by 14.7% in 1986/7, up from 14% in 1985/6. With a population growth rate of 3.3% per annum, Botswana's GDP per capita grew by 11.5% in 1986/7, a record growth by any standards. It is projected that in 1987/8 GDP will grow by 8.7% in real terms, reaching Pula 3.3 billion, or a per capita GDP of Pula 2.800, equivalent to US $ 1.500 at the current exchange rate. This would be one of the highest GDP per capita in Africa".[4]

Unter Verweis auf diese beeindruckende ökonomische "performance" wird denn auch zu Recht gefragt, warum überhaupt Botswana noch zur Gruppe der 36 am wenigsten entwickelten Länder (LDCs) gerechnet wird und wodurch die weltweit mit am höchsten liegende Pro-Kopf-Entwicklungshilfe von ca. 200 US $ (1986) an dieses Land zu rechtfertigen sei[5].

Im folgenden sollen zunächst einige makroökonomische Indikatoren diskutiert werden, die weitere Auskunft über die Entwicklung Botswanas zum tatsächlichen oder vermeintlichen "Wirtschaftswunderland" Afrikas geben können. Dabei wird auch geprüft, ob und inwieweit die Wirtschaftsprozesse, die durch diese Indikatoren angezeigt werden, eine größere oder geringere Abhängigkeit von der regionalen Vormacht Südafrikas impliziert haben und ob und inwieweit es zu einer Entwicklung im Sinne von Industrialisierung gekommen ist. Im daran anschließenden Hauptteil wird in einem weiter gesteckten sozio-ökonomischen Rahmen gefragt, wie sich "Wachstum" zu "Entwicklung" verhielt und welche sozio-ökonomischen Folgen das rapide Wirtschaftswachstum hatte. Dabei wird als Prämisse bzw. Überprüfungskriterium die These von Neva Seidman-Magketla berücksichtigt, die im Jahr 1982 schrieb, Botswana sei "an almost classical case of growth without development".[6] Im abschließenden Teil der Untersuchung soll der Versuch einer

---

4 SADCC, Draft Annual Progress Report, o.O. (Gaborone), o.J. (1988), p.4.
5 Vgl. Chrobot,S.: Unterentwicklung im Wirtschaftswunder − benötigt Botswana Entwicklungshilfe?, Hamburg 1988 (DGFB-Diskussionspapier No.2).
6 Vgl. Seidman-Magketla, N.: Finance and Development: the Case of Botswana,in: Journal of Modern African Studies, Vol.20, No.1(1982),p.79−86.

Gesamtbewertung unternommen werden, bei der auf die eingangs aufgewor-
fenen Fragestellungen zurückgegriffen wird.

Im Sinne einer letzten Vorbemerkung bleibt noch zu unterstreichen, daß
der vorliegende Aufsatz nicht über die in der Überschrift zum Ausdruck
gekommene Fragestellung hinausgeht, mithin also nicht versucht, einen um-
fassenden Blick auf die Geschichte der Politischen Ökonomie Botswanas seit
dem Jahr der Unabhängigkeit (1966) zu werfen. Der Leser sei daher an die
inzwischen recht umfangreiche Literatur verwiesen.[7]

Gesamtwirtschaftliche Entwicklung

Wachstum, Außenwirtschaft und Abhängigkeit von Südafrika

Die in den vergangenen Jahren vorgelegten makroökonomischen Daten kön-
nen auf den ersten Blick als Bestätigung für die These vom afrikanischen
Wirtschaftswunder angesehen werden. Auch die Inaugenscheinnahme der
Wachstumszentren vor Ort, d.h. der Städte und Bergbauenklaven ergibt das
Bild einer vom Expansionsdrang ergriffenen Wirtschaft.

Das Bruttosozialprodukt (BSP) wuchs, wie ausgeführt, im Schnitt der letzten
10 Jahre um real rund 12% pro Jahr. Das BSP Südafrikas wuchs dagegen
zwischen 1982 und 1987 real lediglich um knapp 1% pro Jahr. Bei einer
Wachstumsrate der Bevölkerung Botswanas von 3.4% pro Jahr bietet das
hohe Wirtschaftswachstum der Regierung also beträchtlichen sozial- und
wirtschaftspolitischen Handlungsspielraum, wohingegen in Südafrika – mit
einem Bevölkerungswachstum von 2.4% pro Jahr der wirtschaftliche
"Kuchen" bei wachsender Bevölkerung schrumpft. Das für 1987/88 für Botswana prognostizierte Sozialprodukt pro Kopf liegt mit 1500 US $ höher als
jenes für Südafrika. Dadurch wird Botswana in die Weltbank-Kategorie eines
"nicht-erdölexportierenden Entwicklungslandes mit mittlerem Einkommen"

---

[7] Vgl. Colclough, Ch./McCarthy, S.: The Political Economy of Botswana. A
     Study of Growth and Distribution, New York 1980; Harvey, Ch. (Hrsg.):
     Papers on the Economy of Botswana, London/Nairobi/Ibadan 1981;
     Parson, J.: Botswana. Liberal Democracy and the Labor Reserve in
     Southern Africa, Boulder/London 1984; Weimer, B.: Unterentwicklung
     und Abhängigkeit in Botswana. Untersuchung einiger politisch-
     ökonomischer Determinanten, Hamburg 1981

eingeordnet; sein Pro-Kopf-BSP ist aber immer noch höher als die entsprechenden Werte bei ölexportierenden afrikanischen Entwicklungsländern mit
mittlerem Einkommen wie bspw. Nigeria oder Kamerun.[8]
Die Zusammensetzung des BSP geht aus der Tabelle 1 (Anhang) hervor.
Bemerkenswert erscheinen drei Tendenzen:

- die absolute und relative Bedeutung des Bergbaus hat dramatisch zugenommen;
- die absolute und relative Bedeutung der Landwirtschaft hat ebenso
  dramatisch abgenommen;
- nach den Sektoren Bergbau und Handel hat der staatliche Sektor das
  relativ stärkste Gewicht, das, bezogen auf das Wachstum des Handels,
  an Bedeutung noch zunimmt.

Angesichts der absoluten und relativen Dominanz des Bergbausektors kann
Botswana in der Tat als Bergbauökonomie bezeichnet werden. In struktureller Hinsicht ähnelt es damit seinem Nachbarn Südafrika, dessen Bergbausektor mit demjenigen Botswanas eng verflochten ist.

Botswanas Diamantenbergbau - und auf diesem Sektor sollen die folgenden
Ausführungen beschränkt bleiben[9] - an den Standorten Orapa und Lethlakane (im Central District) sowie in Jwaneng im Southern District wird von
Debswana betrieben, einem joint venture Unternehmen, an dem die Regie-
rung in Gaborone und die zur Anglo-American Corporation of South Africa
(AAC) gehörende De Beers-Konzern sich das Aktienkapital im Verhältnis
50:50 teilen. Das gleiche gilt für die Debswana Tochter "Botswana Diamond
Valuing Company" mit Sitz in Gaborone. Mit der im südafrikanischen Kimberley ansässigen "De Beers Consolidated Mines Limited" hat die Regierung
Botswanas einen in der Diamantenproduktion und -vermarktung weltweit als
Monopolist auftretenden Partner, der über seine Vermarktungsorganisation,
die in London ansässige "Central Selling Organization" (CSO), zwischen 80
und 90% des Weltmarkts für Rohdiamanten kontrolliert.
Umgekehrt verfügt De Beers in der Regierung Botswanas über einen nicht
weniger bedeutenden Geschäftspartner insofern, als Botswana nach der

---

8   The World Bank, Financing Adjustment with Growth in Sub-Saharan
     Africa 1986-1990, Washington 1986, p.63ff.
9   Zum Kupfer-Nickel-Bergbau in Selebi-Phikwe und zum Kohle-Bergbau in
     Morupule vgl. die in Anm. 7 gegebene weiterführende Literatur sowie
     Kapitel 2.3 im vorliegenden Band.

Sowjetunion weltweit der zweitgrößte Diamantenproduzent ist. Der Output Debswanas belief sich im Jahr 1986 auf 55% der Produktion des De-Beers-Konzerns. Allein auf Jwanang entfiel eine Produktion von 7 628 560 Karat, auf Orapa 4 816 806 Karat und auf Lethlakane 645 041 Karat.[10]

Die in Form der Debswana bestehende "Diamantenallianz" zwischen dem weltweit führenden Diamantenkonzern und dem größten Produzenten der westlichen Welt wurde im Jahr 1987 noch aktenrechtlich verstärkt. De Beers erweiterte sein Aktienkapital um 5.27% bzw. emittierte Aktien (Nennwert: 20 Mio. Rand) zu einem Preis von 770 Mio. Rand, die voll und ganz an Debswana gingen. Das joint-venture-Unternehmen bezahlte den Aktienerwerb mit einem – geheimgehaltenen – Barbetrag sowie mit einem, in den Rezessions-jahren 1982 bis 1985 "auf Halde" produzierten Vorrat an Rohdiamanten.[11] Mit dieser Transaktion hält nunmehr die Regierung Botswanas nicht nur einen Aktienanteil an De Beers von 2.6%, sondern kann über die Entsendung von zwei Aufsichtsratsmitgliedern einen gewissen Einfluß auf die Geschäfts-politik von De Beers ausüben. De Beers dagegen hat mit seiner aktienrecht-lich verstärkten "Botswana-Option" zumindest theoretisch die Möglichkeit, im Falle einer Verschärfung der Sanktionen gegen Südafrika von einem alternativen, politisch weniger anfälligen Geschäftsstandort aus zu operie-ren. De Beers nahm damit im Jahre 1987 für den Diamantensektor das vor-weg, was die Anglo-American Corporation auf dem Goldsektor mit dem Ver-such einer Übernahme des britischen Konzerns "Consolidated Gold Fields" ein Jahr später zu bewerkstelligen beabsichtigte.[12]

Trug der Bergbausektor im Jahr 1987/88 schon mehr als die Hälfte zum BSP Botswanas bei, so dominierte er die Exporte ganz und gar. Wie aus Tabelle 2 (Anhang) hervorgeht, setzte und setzt sich der Gesamtexportwert in den vergangenen Jahren zu 80% aus bergbaulichen Rohstoffen, nämlich den Dia-manten und Kupfer-Nickel-Matte zusammen. Auch dieser Wert unterstreicht Botswanas Charakter als Bergbauökonomie, den es mit seinem Nachbarn Süd-afrika teilt. Bei letzterem entfielen im Jahr 1986 ca. 70% des Exportwerts auf die mineralischen Rohstoffe Gold, Kohle und Platin.

---

[10] Vgl. Africa Research Bulletin, Economic, Financial and Technical Series, 1987, p.8682, zit. nach: DGFB-Rundbrief, No. 3, Februar 1988, p.28.
[11] Vgl. Financial Times, 3.7.1987 sowie Africa Analysis, 10.7.1987, zit. nach: ebd.
[12] Vgl. Financial Times, 22.9.1988, p.20.

Die steigenden Diamantenexporte ermöglichten – trotz ebenfalls steigendem Importbedarf, insbesondere bei Maschinen und Ausrüstung sowie Fahrzeugen und Transportausrüstung – ab 1983 eine positive Handelsbilanz bzw. ab 1985 eine positive Leistungsbilanz. Wie die in der Tabelle 3 (Anhang) abgebildete Zahlungsbilanz zeigt, konnte durch die positive Entwicklung der Leistungsbilanz die Zahlungsbilanz konsolidiert werden, die seit 1981 jährlich wachsende Überschüsse aufweist. Die wachsenden Zahlungsbilanzüberschüsse waren Grundlage von ebenfalls wachsenden Devisenreserven (Bareinlagen und Guthaben bei Auslandsbanken, internationale Anleihen und IWF-Sonderziehungsrechte) der Zentralbank. Sie durchstießen im Juni 1985 die Milliarden-Pula-Marke, ein Jahr später die Zwei-Milliarden-Pula Marke um dann zum Ende Dezember 1987 auf 3.1516 Milliarden Pula zu klettern.[13] Damit hatten die Devisenreserven zum Ende des Jahres 1986 eine Höhe erreicht, die dem Impotbedarf von 20 Monaten entsprach – eine Einmaligkeit unter den Volkswirtschaften Afrikas.

Es erübrigt sich fast, festzustellen, daß die vom Diamantenboom verursachten wachsenden Zahlungsbilanzüberschüsse und Devisenreserven ebenfalls ansteigende Haushaltsüberschüsse und wachsende Entwicklungsbudgets ermöglichten. Die Staatseinnahmen wurden stärker als in früheren Jahren aus direkten Steuern sowie aus Dividenden- und Royalties-Einnahmen von den Bergbauunternehmen gespeist. Andererseits praktizierte die Regierung ein konservativ-vorsichtiges Ausgabengebaren. Mit einem ausgeglichenen Haushalt und einem finanziell abgesicherten Entwicklungsbudget leistete sich Botswana somit einen Luxus, von dem andere Entwicklungsländer, aber auch Industrieländer wie die Bundesrepublik nur träumen können.

In diesem Zusammenhang ist es wichtig darauf hinzuweisen, daß Regierung und Zentralbank die Finanzierung von Entwicklungsprojekten vorwiegend über bilaterale Auslandshilfe – meist in Form von Zuschüssen – bevorzugten, um weitere Devisenreserven zu akkumulieren – für die Nach-Diamantenzeit, wie es hieß.[14] Trotz dieser Präferenz stieg die Neuverschuldung nicht in dramatische Größenordnungen an. Die gesamten Auslandsverbindlichkeiten

---

[13] Vgl. Republic of Botswana, CSO, Statistical Bulletin, Vol.13, No.1 (1988), p. 36. Der Kurs des Pula betrug im Juni 1985 1.15 Rand (0.57 US $; 1.73 DM) und kletterte über 1.20 Rand (0.54 US-Dollar; 1.06 DM) im Dez. 1986 auf 1.23 Rand (0.64 US-Dollar; 1.01 DM) im Dez. 1987; ebd., p.43.

[14] Vgl. Botswana Survey, in: African Business, Sept. 1988, p.53f; die Hilfe von bilateralen Gebern belief sich im Jahre 1986 auf 120 Mio. US $ mit einem Verhältnis von Zuschüssen zu Krediten von 1:0.38, vgl. Chrobot, Unterentwicklung im Wirtschaftswunder.

beliefen sich Ende 1986 auf bescheidene 358 Mio. US $ bei einem Tilgungs-
bedarf von 58 Mio. für 1987. Die Schuldendienstquote von 4.5% (1986) dürfte
nicht nur für Afrika als rekordverdächtig einzuschätzen sein.[15]

Ausgeglichener Haushalt und wachsende eigene Steuerbasis trugen überdies
dazu bei, daß Botswana eine einstmals bestehende Abhängigkeit von den
Zuweisungen aus dem gemeinsamen Einnahmepool der Zollunion deutlich reduzieren konnte: Machte dieser Posten an den Staatseinnahmen im Haushaltsjahr 1979/80 noch über 35% aus, so verringerte sich dieser Anteil in
den Jahren 1985/86 und 1986/87 auf jeweils unter 15%.[16] Diese Entwicklung
ist für die Regierung mehr als erfreulich: dadurch wird ihr zum einen ein
größerer außenwirtschafts- und außenpolitischer Handlungsspielraum gegenüber Pretoria eingeräumt, und zum anderen verringert sich die Wahrscheinlichkeit unvorhergesehener Entwicklungen, die im Zusammenhang mit
den Einnahmen aus dem SACU-Pool stehen können. Wie gezeigt worden ist,
ist die SACU-"revenue-sharing formula" so konstruiert, daß sich störende
makroökonomische Entwicklungen in Südafrika (Inflation, Rezession, Sanktionen usw.) formelbedingt vervielfältigen und damit die Berechenbarkeit der
Einnahmeanteile für die BLS-Staaten aus der Zollunion erheblich beeinträchtigen können.[17] Durch die Reduzierung der Budget-Abhängigkeit von der
SACU hat also Botswana - ceteris paribus - ein höheres Maß an Berechenbarkeit bzw. Planbarkeit seiner Staatstätigkeit gewonnen, was angesichts
der - auch sanktionsbedingten - Wirtschaftskrise in Südafrika von nicht
geringem Vorteil ist.

Im Zusammenhang mit der stärker "autozentrierten" Budget-Entwicklung ist
in Erinnerung zu rufen, daß es Botswana - trotz pessimistischer Prognosen
- bereits sieben Jahre nach seiner Entlassung in die politische Unabhängigkeit geschafft hatte, budgetmäßig von der früheren Kolonialmacht Großbritannien unabhängig zu werden.[18] Mit der ab 1985 zu verzeichnenden
stärkeren Unabhängigkeit von der Zollunion und damit von Pretoria's Wirt-

[15] Vgl. Botswana Survey, p.36 sowie World Bank, Adjustment with Growth, p.55f.
[16] Vgl. Statistical Bulletin, p.12 (Tabelle 9).
[17] Vgl. Granberg, P.: Botswana's Customs Revenue. A Formal Analysis of the Revenue Generating Formula, Fantoft (Norwegen) 1985
[18] Vgl. Hermans, Qu.: Towards Budgetary Independence. A Review of Botswana's Financial History, 1900 bis 1973, in: Botswana Notes and Records, Vol.6, 1974, p.89-116.

schafts- und Finanzpolitik setzt Botswana seinen Weg in Richtung stärker
selbstbestimmte Entwicklung fort und kann alleine deswegen schon nicht
mit den aus finanzwissenschaftlicher Sicht als bankrott zu bezeichnenden
Homelands Südafrikas verglichen werden, für deren Budgets immer noch im
großen und ganzen Pretoria aufkommen muß.[19] Auch unterscheidet sich Botswana diesbezüglich deutlich von den anderen ehemaligen "High Commission
Territories" Lesotho und Swaziland, deren Staatshaushalte im Jahr 1987 zu
70% (Lesotho) und 60% (Swaziland) auf die Einnahmen aus der Zollunion
angewiesen waren.

Zum Aspekt der reduzierten Abhängigkeit Botswanas von der SACU bleibt
überdies anzumerken, daß umgekehrt das Angewiesensein Südafrikas auf die
Zollunion zugenommen hat. Der Multiplikator für die Exporte von Produkten
der südafrikanischen verarbeitenden Industrie in die Zollunion lag für den
Zeitraum 1970 bis 1979 bei geschätzten 3.4; d.h., daß der Export von Waren
etwa nach Botswana im Wert von einer Million Rand einen Zuwachs des BSP
in Südafrika von 3.4 Millionen Rand induzierte.[20] Angesichts des —
apartheid-bedingt — beschränkten südafrikanischen Binnenmarkts einerseits
und der mangelnden internationalen Wettbewerbsfähigkeit der verarbeitenden Industrie Südafrikas andererseits, kommt daher dem Regionalmarkt, also
auch der SACU eine besondere Bedeutung zu, die noch durch die sank-
tionsbedingte internationale Isolierung Südafrikas verstärkt wird. Gerade
für den Bereich der Zollunion ließe sich nachweisen, daß sich die Abhängigkeit Botswanas von Südafrika — auch als Resultat der Mitgliedschaft dieses
Frontstaats in der SADCC — verringert, umgekehrt sich die Abhängigkeit
der RSA von Botswana erhöht hat. Die als Nettobilanz begreifbare "asymetrische Interdependenz" hätte sich also zugunsten Botswanas verändert,
auch wenn die Asymetrien nicht vollständig beseitigt sind.[21]
Auf einige wenige andere wirtschaftliche Aggregate soll nur kursorisch eingegangen werden. Zunächst ist auf die vergleichsweise niedrige Inflationsrate zu verweisen, die für 1987 bei 10% lag, bei fallender Tendenz.[22] Noch

---

[19] Vgl. Halbach, A.: Südafrika und seine Homelands. Strukturen und Probleme der "getrennten Entwicklung", München/Köln/London 1988, p.106f.
[20] Vgl. Weimer, Zollunion, p.9.
[21] Konzeptionelle Überlegungen hierzu finden sich bei Weimer, B.: Die Southern African Development Coordination Conference (SADCC). Eine Bestandsaufnahme. Vortrag gehalten bei der Tagung der Hanns-Seidl-Stif-
tung: Die SACDD-Staaten — Möglichkeiten und Grenzen regionaler Kooperation, 14.-16.12.1987, unveröffentl. Manuskript, Ebenhausen 1988.
[22] Vgl. Statistical Bulletin, p.13f.

in den frühen 80er Jahren bewegte sie sich auf dem Niveau der südafrikanischen Inflationsrate, nämlich um 15%, das für Südafrika immer noch zu
vermelden ist. Die Differenz zwischen den beiden Inflationsraten ist in
erster Linie auf eine vernünftige Geld- und Währungspolitik der Zentralbank Botswanas zurückzuführen. Die Geldmenge wurde trotz real stark
wachsender Wirtschaft nur in "gebremster" Weise ausgedehnt, und es wurde auf billige Importe, insbesondere bei Produkten der verarbeitenden Industrie geachtet. Dabei kam Botswana die Stärke der Pula-Währung auf den
internationalen Märkten, besonders aber gegenüber den Währungen der
Nachbarländer Südafrika und Zimbabwe zu Hilfe,[23] ebenso wie der im Jahre
1985 beginnende dramatische Verfall des Rand gegenüber dem US $, der die
südafrikanischen Exporte wesentlich verbilligte. Das stärkere Angewiesensein der südafrikanischen Industrie auf den regionalen Exportmarkt mitein-
kalkulierend, nutzte Botswana die Gunst der Stunde, die Importe aus Südafrika deutlich zu erhöhen, ohne die dortige Inflationsrate mitzuimportieren
und ohne die Festigkeit des Wechselkurses des Pula gegenüber dem Rand
zu untergraben. Wie die Tabelle 4 (Anhang) zeigt, verringerte sich trotz
der Steigerung der Importe aus Südafrika die Abhängigkeit von diesem
Lieferland: lag noch im Jahre 1980 und 1981 der Anteil der Importe aus dem
Gebiet der Zollunion (also faktisch aus Südafrika) an den Gesamtimporten
bei jeweils 87%, so verringerte sich dieser Wert auf rund 75% in den Jahren 1985 und 1986.

Wenn das im Jahr 1976 durch die Schaffung eines eigenen Währungssystems
erfolgte Ausscheiden Botswanas aus der von Südafrika dominierten "Rand
Monetary Area" (RMA) zunächst in erster Linie als politischer und nicht als
ökonomischer Gewinn gewertet wurde,[24] so haben die Entwicklungen der
letzten 10 Jahre bewiesen, daß dieser Schritt auch eine gute ökonomische
Investition war. Ihr Gewinn bestand in einer erfolgreichen Politik der Infla-
tionsdämpfung, in stabilen, realistischen Wechselkursen sowie in der Abwesenheit eines "Parallelmarkts" bzw. einer für afrikanische Verhältnisse ins
Auge springenden de-facto-Abwesenheit von Devisenkontrollen. Auch hierin
unterscheidet sich Botswana deutlich von den Homelands Südafrikas sowie
von Swaziland und Lesotho, die noch immer der Rand Zone angehören. Die

---

[23]   Zur Kursentwicklung vgl. Anm. 13.
[24]   Vgl. Hudson, D.: The Establishment of Botswana's Central Bank and the
       Introduction of a New Currency, in: Botswana Notes and Records, Vol.
       10 (1979), p.113-133.

beiden letztgenannten, vom währungspolitischen Erfolg Botswanas inspiriert, versuchen inzwischen selbst eine Abkoppelung von der RMA.[25]

Bergbauboom ohne Industrialisierung?

Es mag aus den vorangegangenen Ausführungen der Schluß gezogen werden, daß die makroökonomischen Erfolge – die im afrikanischen Kontext tatsächlich beeindruckend sind – letztendlich auf den Diamantenboom zurückzuführen sind, daß also, was Kriterien wie Binnenmarktentwicklung, sektorale Vernetzung, Steigerung der Lohngüterproduktion usw. anbelangt, Botswanas wirtschaftliche Blüte eher eine Scheinblüte sei. Elsenhans' These besagt ja gerade, daß eine gesicherte Rohstoffrente die Binnenmarktentwicklung und Lohngüterproduktion beeinträchtige, wenn nicht gar verhindere.

Diese Auffassung verkennt indessen im Falle Botswanas die Tatsache, daß im vergangenen Jahrzehnt im Schatten des Bergbaubooms durchaus industrialisiert wurde im Sinne einer stärkeren Entfaltung des binnenökonomischen Potentials. Auch wenn die relative Bedeutung der miteinander in Teilbereichen zusammenhängenden Sektoren: verarbeitende Industrie, Transport und Verkehr, Handel, Wasser- und Energiewirtschaft laut Tabelle 1 abgenommen hat, so darf doch nicht vergessen werden, daß der Output dieser Sektoren in den letzten zehn Jahren – in absoluten Größen – gewachsen ist (vgl. Tab. 1). Eine Schätzung des Binnenmarktpotentials Botswanas für Erzeugnisse der verarbeitenden Industrie aus dem Jahre 1980 zeigt, daß die Nachfrage ein Volumen von etwas mehr als einer halben Milliarde Rand hatte.[26] Immerhin wurden 22% des Angebots aus eigener Produktion bereitgestellt. In der Branche Nahrungs- und Genußmittel und Getränke lag der Anteil der eigenen Produktion am Gesamtangebot bei über 56%, in der Branche nicht-metallische Rohstoffe (Zement, Lehm etc.) bei ca. 31% und bei der Textil- und Ledererzeugung bei knapp 30%. Jeweils rund ein Drittel des Angebots der Branchen Nahrungs- und Genußmittel inkl. Getränke und Textil- und Ledererzeugung gingen in den Export. Diese Momentaufnahme aus dem Jah-

[25] Vgl. Gargano, M. D.: Withdrawal form the Rand Monetary Area: Swaziland Prospects, in: Africa Insight, Vol. 10, No. 2 (1986), p.79-82.
[26] Vgl. Granberg, P.: An Attempt to Estimate the Botswana 1980 – Market for Manufactured Products, Fantoft (Norwegen) 1984.

130

re 1980 legt den Schluß nahe, daß – unter Berücksichtigung der expandie-
renden Wirtschaft und Bevölkerung – sich das Binnenmarktpotential für
Produkte der verarbeitenden Industrie sowie die eigene Produktion solcher
Produkte und auch der Export bei den dafür geeigneten Branchen weiter
gesteigert hat.

Untersucht man als weiteren Indikator für die Binnenmarktentwicklung den
Anteil des BSP (in konstanten Preisen), der auf die Wertschöpfung entfiel,
so zeigt sich für den Zeitraum 1973/74 bis 1981/82, daß sich dieses Aggre-
gat für den Sektor "manufacturing" seinem Wert nach verdoppelte und
damit eine Größenordnung annahm, der der Wertschöpfung im Boomsektor
Bergbau entsprach, wenngleich von einem deutlich niedrigeren Niveau als
jenem im Bergbausektor ausgehend. Dagegen stieg der Anteil der Wertschöpfung am BSP für die Sektoren Handel (inkl. Tourismus), Wasser- und
Elektrizitätswirtschaft, Banken und Versicherungen weit weniger dramatisch
und war für die Landwirtschaft sogar rückläufig.[27] Auch der zwischen
1975/76 und 1984/85 auf das fast Fünffache angestiegene Wert des Brutto-
anlagevermögens und eine Investitionsquote von 30% (1984/85; zum Vergleich Südafrika: 17%) weisen darauf hin, daß es Botswana gelungen ist,
eine bescheidene, selbstverständlich im Schatten des Bergbaus stehende
verarbeitende Industrie aufzubauen, sein Transportsystem auszubauen und
eine weitgehend von außen unabhängige Wasser- und Elektrizitätswirtschaft
einzurichten.[28]

Die verarbeitende Industrie wird auf absehbare Zeit in weiten Bereichen
rohstoff- und importabhängig bleiben, was aber nicht notwendigerweise
heißen muß, daß sie ineffizient und auf Exportmärkten nicht konkurrenzfähig wäre. Wie das Beispiel der Textilindustrie Botswanas zeigt, war diese
– dank billiger Einfuhren von Halbfabrikaten aus Südafrika, relativ geringem Anteil an "local content" bzw. Wertschöpfung und einem niedrigen
Lohn- und Lohnnebenkostenniveau – im Export derart erfolgreich, daß der

---

[27] Vgl. Country Profile Botswana 1985, Gaborone 1986 (CSO), p.26.
[28] Vgl. Republic of Botswana, CSO, National Accounts of Botswana 1984/85,
Gaborone 1985, p.32. Durch die Inbetriebnahme eines mit einheimischer
Kohle gefeuerten Kraftwerks bei Serowe konnte der Stromimport aus
Südafrika von einem historischen Spitzenbedarf von 26.23 Mio. KWH
(oder 38% des Gesamtbedarfs) im Januar 1986 auf 4.7 Mio. KWH (oder 6%
des Gesamtbedarfs) im Juni 1987 gesenkt werden. Diese Reduzierung
stellt ein weiteres treffendes Beispiel für eine erfolgreiche Abkoppelung
von der RSA dar. Vgl. Statistical Bulletin, p.30.

Hauptabnehmer, Zimbabwe, das bestehende präferentielle Handelsabkommen mit Botswana ("Open General Import Licence System"–OGIL) zunächst einseitig kündigte, um seine eigene Textilindustrie zu schützen. Erst die Einrichtung einer "Task Force" und die Neuverhandlung des Handelsabkommens verhinderte einen Handelskrieg zwischen den beiden SADCC–Mitgliedern.[29]

Ermuntert durch den Erfolg seiner Textilindustrie sowie angesichts des stagnierenden bzw. rezessiven landwirtschaftlichen Sektors einerseits und dem Überschreiten des maximalen Expansionspunkts des Bergbausektors andererseits, versucht Botswana derzeit, eine Strategie der gezielten industriellen Entwicklung und Diversifizierung zu entwickeln – unter der nach wie vor für eigenständige Industrialisierungsbemühungen ungünstig bleibenden Rahmenbedingung einer fortgesetzten Mitgliedschaft in der Zollunion. Bestandteil dieser Industrialisierungsstrategie ist eine stärkere sektorale Vernetzung. So wird beispielsweise einheimische Kohle nicht nur zur Stromerzeugung verwendet, sondern auch zunehmend als Ersatz für Feuerholz zum Heizen und Kochen, was wiederum den Aufbau eines Verteilungsnetzes impliziert. Ein vom Botswana Technology Center entwickelter, auf die Verwendung der einheimischen Kohle zugeschnittener Ofen zum Heizen und Kochen soll vollständig von einer Gießerei in Palapye hergestellt werden. Seiner Verbreitung werden gute Chancen eingeräumt.[30] Weitere Industrialisierungsimpulse werden in den Branchen Nahrungsmittelverarbeitung, Kosmetik, Tourismus, Druck und Papier, sowie Glas und Keramik erwartet – mit nicht unrealistischen Exportaussichten. Wie sonst wäre bei dem beschränkten Binnenmarkt das Interesse multinationaler Investoren am Standort Botswana und an diesen Branchen zu erklären?

Die hier skizzierten makroökonomischen Entwicklungstendenzen können nach Meinung des Verfassers durchaus als Belege dafür gewertet werden, daß Botswana in wachstums- und außenwirtschaftlicher Hinsicht ein äußerst erfolgreicher Sonderfall unter den afrikanischen Ökonomien darstellt. Der Kurvenverlauf wichtiger ökonomischer Indikatoren war oftmals wesentlich günstiger als etwa beim ökonomisch ungleich potenteren und wesentlich weiter diversifizierten Nachbarn Südafrika, wo im Gegensatz zu Botswana in

[29] Vgl. The Gazette (Gaborone), 13.1.1988, zit. nach: DGFB–Rundbrief, No.3, Feb. 1988, p.29.
[30] Vgl. Botswana Survey, p.39.

den vergangenen acht Jahren faktisch de-industrialisiert wurde.[31] Ist dieser Befund gleichbedeutend mit der These vom "Wachstum ohne
Entwicklung"?

Wachstum ohne Entwicklung?

Diese These wird nicht nur von marxistischen Autoren wie der eingangs
zitierten, an der University of Zambia lehrenden Ökonomin Neva Seidman-
Magketla vertreten, sondern auch von "bürgerlichen" Ökonomen wie dem
Wirtschaftsprofessor an der California State University in Sacramento,
Robert L. Curry, Jr.[32] Sein amerikanischer Kollege, der Politologieprofessor
Jack Parson, postuliert, über die These vom "Wachstum-ohne-Entwicklung"
hinausgehend, erstens, daß die über den Boom des Bergbausektors möglich
gewordene partielle Abkoppelung von Südafrika durch eine stärkere Ankop-
pelung an den Weltmarkt zunichte gemacht wurde, die strukturelle Abhängigkeit also lediglich "diversifiziert" worden sei. Zweitens betont er, daß
Botswanas Charakter als Arbeitskräftereservat Südafrikas erhalten geblieben
sei.[33] Unter Berücksichtigung insbesondere der letzten These wird daher
der Schwerpunkt der folgenden Ausführungen auf die Bereiche Beschäfti-
gung/Arbeitskräfteallokation und ländliche Entwicklung gelegt. Dabei soll
das entscheidende Kriterium für "Entwicklung" im produktiven und effizienten Einsatz der zur Verfügung stehenden "human resources" (im Sinne kör-
perlicher und geistiger Arbeitskraft eines Volkes) zum Zwecke der aus-
balancierten Umwandlung der anderen zur Verfügung stehenden Ressourcen
(Boden, Bodenschätze, Wasser etc.) in gesellschaftliche und individuelle
Wohlfahrt – durchaus auch etwa im Sinne der Vollbeschäftigung – gesehen
werden. Überdies erscheint es als sinnvoll, zwischen formellem und informellem Sektor zu unterscheiden.

---

[31]   Vgl. Whiteside, A.: Industrialisation in Southern Africa: Policies and
       Results, o.O. (Durban) 1987 (Univ. Natal, Econ. Research Unit, hektogr.).
[32]   Vgl. Curry Jr., R.L.: Mineral-Based Growth and Development-Generated
       Socio-Economic Problems in Botswana: Rural Inequality, Water Scarcity,
       Food Insecurity and Foreign Dependence Challenge New Governing
       Class, in: American Journal of Economics and Sociology, Vol.44, No.3
       (1985), p.319-336.
[33]   Vgl. Parson, J.: Botswana in der Peripherie Südafrikas: Die Grenzen
       kapitalistischer Transformation eines Arbeitskräftereservats, in:
       Altheimer, G./Hopf, V.-D./Weimer, B.(Hrsg.): Botswana – Ein Lesebuch,
       Münster, i.E.

Arbeitslosigkeit im formellen Sektor

In der bislang umfassendsten Untersuchung zur Beschäftigungsproblematik Botswanas wurden vor 10 Jahren folgende Feststellungen getroffen:[34]
- Von einem damaligen Arbeitskräftepotential von 373 000 Menschen waren nur 66 000 oder 17.7% im formellen Sektor Botswanas und 12.2% als Wanderarbeiter vor allem in Südafrika beschäftigt; 70% des Arbeits- kräftepotentials (261 000 Menschen) fanden im informellen Sektor mehr oder weniger ein Auskommen bei schätzungsweise 166 000 Nachfragern nach Lohnarbeit im formellen Sektor;
- um die Lücke von 166 000 Arbeitssuchenden zu schließen, hätte damals Botswana für die folgenden zehn Jahre jährlich 16 000 bis 17 000 neue Arbeitsplätze benötigt. "Diese Zahl erhöht sich um mehr als das doppel- te, wenn man das natürliche Bevölkerungswachstum (12 000 bis 13 000 Arbeiter pro Jahr), die zunehmend weniger in Südafrika Arbeit finden- den Wanderarbeiter (4 000 bis 5 000 pro Jahr) und diejenigen Arbeits- suchenden (ca. 1 000 pro Jahr) hinzurechnet, die aufgrund der Land- reform TGLP aus Botswanas Weidewirtschaft 'rausfallen'".[35]

Ein Blick auf die Beschäftigungsstatistik heute zeigt, daß es im September 1986 insgesamt 130 100 Beschäftigte im formellen Sektor gab – die Wander- arbeiter in Südafrika nicht mitgerechnet. Davon waren 71 600 im Privatsek- tor, 7 600 bei halbstaatlichen Unternehmen und 50 700 direkt beim Staat beschäftigt.[36] In den Jahren zwischen 1976 und 1986 wurden also nicht jeweils die als Minimum erforderlichen 16 000 bis 17 000 Arbeitsplätze jähr- lich neu geschaffen, sondern lediglich etwa die Hälfte, nämlich 8 000. Be- zieht man gar das natürliche Bevölkerungswachstum und die anderen im vorangegangenen Zitat genannten Faktoren in die Kalkulation mit ein, dann hat Botswana in den vergangenen zehn Jahren gerade ein Viertel der er- forderlichen Arbeitsplätze geschaffen. Dabei war der Sektor "verarbeitende Industrie" der dynamischste mit einem Beschäftigungswachstum von 14.2% im Jahresschnitt.[37] Auch dieser Punkt belegt den oben skizzierten, beschei-

---

34 Vgl. Lipton, M.: Employment and Labour Use in Botswana, Gaborone 1978, 2 Bde; vgl. auch Weimer, Unterentwicklung und Abhängigkeit, p. 40ff.
35 ders., op.cit, p.40
36 Statistical Bulletin, p.17.
37 Vgl. Republic of Botswana, NDP 6, 1985-1991, Gaborone 1985, p. 32ff.

denen Industrialisierungserfolg. Insgesamt gesehen kann man aber sagen, daß trotz äußerst günstiger makroökonomischer Voraussetzungen und trotz der besonderen Betonung des Aspekts "Employment Creation" in den Nationalen Entwicklungsplänen V (1979-1985) und VI (1985-1991) die Beschäftigungspolitik der Regierung die gesteckten Ziele nicht erreicht hat und damit so gut wie gescheitert ist.

Diese Bewertung wiegt um so schwerer, wenn man zwei weitere Faktoren berücksichtigt. Erstens ist die Hälfte der Bevölkerung Botswanas jünger als 19 Jahre,[38] d.h., daß eine junge Generation von zusätzlichen Job-Suchern auf den Arbeitsmarkt drängt. Zweitens ist aufgrund umfangreicher staatlicher Investitionen im Bildungsbereich die Zahl der Schulbesucher/-abgänger stark ansteigend. Die Zahl der Sekundarschüler hat sich zwischen 1976 und 1985 um das Zweieinhalbfache erhöht; bei der Universität liegt der Multiplikator sogar bei über drei.[39] Das bedeutet, daß einerseits nicht nur immer jüngere, sondern gleichzeitig auch zunehmend besser formal gebildete Menschen als Nachfrager auf dem Arbeitsmarkt auftreten, während andererseits die Regierung an der beschäftigungspolitischen "Front" wenn überhaupt dann nur sehr geringe Erfolge aufweisen kann – trotz günstiger materieller Voraussetzungen. In dieser Diskrepanz dürfte der größte sozial- und damit auch innenpolitische Sprengsatz liegen, mit dem das Land in den kommenden Jahren rechnen muß. Auch aus dem formellen Sektor können sich also gesellschaftlich destabilisierende Wirkungen ergeben, nicht nur aus dem in der Krise befindlichen ländlichen Bereich (s. unten).

Von einem im formellen Sektor erzeugten Wachstum, von dem eine Sättigung des Arbeitsmarktes hätte ausgehen können, kann also nicht die Rede sein. Entwicklung im Sinne der Vollbeschäftigung hat also nicht stattgefunden, zumindest nicht im formellen Sektor.

Hat der Bergbauboom wenigstens die Zahl der Wanderarbeiter nach Südafrika verringern und die Rückkehrer in die heimische Wirtschaft integrieren können?
Tabelle 2 in Kapitel 3.4 des vorliegenden Bandes zeigt, daß der Wirtschaftsboom der 80er Jahre keinerlei dämpfende Wirkung auf den Export von Wan-

---

[38] Vgl. Statistical Bulletin, p.2.
[39] Vgl. Country Profile Botswana, p. 77ff.

derarbeitern nach Südafrika hatte. Im Gegenteil – trotz hoher Wachstumsraten der Wirtschaft und der Beschäftigung in den Nicht-Bergbausektoren
(außer Landwirtschaft) war das wachsende Arbeitskräftepotential ab 1985
wieder verstärkt auf den Arbeitsmarkt Südafrikas angewiesen. Dabei ist in
Rechnung zu stellen, daß die Zahl der Minenarbeiter nur etwa die Hälfte
aller in Südafrika beschäftigten Batswana repräsentiert. Hinzuzurechnen
sind die in der Landwirtschaft beschäftigten (Saison)arbeiter, die Hausan-
gestellten ("domestic servants") sowie die oftmals mit akademischem Abschluß versehenen "professionals", die den Verlockungen der hohen Gehälter in den Homelands, insbesondere in Bophuthatswana oftmals nur schwer
widerstehen können.

Kann mit dem Tatbestand der Arbeitskräftemigration nach Südafrika die
Parson'sche These von Botswana als Arbeitskräftereservoir Südafrikas belegt werden? Insoweit der formelle Sektor Botswanas nicht in der Lage ist,
die Arbeitsuchenden zu beschäftigen, fungiert die Wanderarbeit nach Südafrika gewissermaßen als Überdruckventil. Dabei ist in Rechnung zu stellen,
daß Südafrika selbst, insbesondere unter den Schwarzen eine wachsende
Zahl von Arbeitslosen zu verzeichnen hat. Schätzungen zufolge herrscht in
Südafrika eine Arbeitslosenquote bzw. Unterbeschäftigungsqote von bis zu
30% bei wachsender Tendenz.[40] Dies bedeutet, daß Südafrika theoretisch
nicht auf die Wanderarbeiter aus Botswana angewiesen ist. Insofern spräche
dieses Argument gegen die Plausibilität der These von Parson, in der ja
unterstellt wird, daß die spezifische Art der Kapitalakkumulation in Südafrika auf die Zufuhr billiger Arbeitskraft aus den umliegenden Peripherien
in struktureller Weise angewiesen ist. Andererseits läßt sich aber zeigen,
daß insbesondere südafrikanische Bergbauunternehmen eine Präferenz für
Wanderarbeiter aus den umliegenden Ländern, darunter auch Botswana,
haben. Nicht nur ist deren gewerkschaftlicher Organisationsgrad im Vergleich zu den weitgehend in der National Union of Mineworkers (NUM) zu-
sammengefaßten südafrikanischen Minenarbeiter geringer. Auch der Speziali-
sierungsgrad der Wanderarbeiter aus den umliegenden Ländern ist in der
Regel höher, so daß sie schwer durch einheimische, d.h. südafrikanische

---

[40]   Berg, S. van der: Long-Term Economic Trends and Development Pro-
       spects in South Africa. (Konferenzpapier, Inst. f. Afrikan. u. Intern.
       Studien, Human Sciences Research Council, München, 15.-17. Mai 1987,
       hektogr.).

Arbeiter substituierbar sind.[41] Die Zahl von 20 000 Wanderarbeitern aus
Botswana in Südafrika zeigt aber auch, daß trotz Zunahme der absoluten
Zahl der Beschäftigten im formellen Sektor Botswanas man sich immer weiter
vom Ziel der Vollbeschäftigung entfernte. Sie unterstreicht damit nur die
vorangegangene Analyse und das Diktum vom weitgehenden Scheitern der
Beschäftigungspolitik der Regierung in Gaborone. Für den formellen Sektor
wäre daher in Abwandlung der These von Seidman-Magketla die These vom
"Wachstum ohne Beschäftigung" angebracht.

Informeller Sektor und ländliche Entwicklung

Kann gleiches auch vom informellen Sektor behauptet werden? Und wie
hängen ländliche Entwicklung, informeller Sektor und Arbeitslosigkeit im
formellen Sektor zusammen?

Der informelle Sektor stellt gewissermaßen ein eigenständiges Produktions-
und Verteilungssystem derjenigen Bevölkerungsteile dar, die an der formalen, statistisch erfaßten Ökonomie, Bildung, Beschäftigung usw. nicht oder
nur in geringem Maße partizipieren. Demnach ist er am ehesten als Grenzbereich zu begreifen, dem eine Vermittlungsfunktion zwischen dem formellen
Sektor und dem dort erzeugten materiellen Reichtum einerseits und der
ländlichen und städtischen Armut andererseits zukommt. Insofern bildet er
die "Schnittmenge" zwischen "ökonomischem Sein" und "Nichtsein", zwischen
Besitz, Reichtum und Macht einerseits und Armut, Hunger und Arbeitslosigkeit andererseits, auch zwischen Legalität und Illegalität. Der informelle
Sektor unterliegt aber gleichzeitig auch jener Dynamik, die sich aus veränderten Bedingungen der internen wie externen Arbeitskräftemigration ergibt. Insofern berühren sich im informellen Sektor auch Stadt und Land,
Stadt/Dorf und Slum, Lohnarbeit und Subsistenzproduktion. Obwohl seiner
Natur nach ein Grenzbereich, umfaßt er dennoch den größeren Teil des
heutigen Arbeitskräftepotentials Botswanas. Dies weist darauf hin, daß dem
informellen Sektor eine statistisch nur schwer erfaßbare, aber entschei-

---

[41] Vgl. Weimer, B.: Auswirkungen von Wirtschaftssanktionen gegen Südafri-
      ka auf die Southern African Development Coordination Conference
      (SADCC), in: Maull,H.(Hrsg.): Südafrika: Krise ohne Ausweg?, Leverk.,i.E.

dende Funktion innerhalb der Überlebensstrategie der Bevölkerungsmehrheit
zukommt.

Historisch betrachtet, tauchte der informelle Sektor in dem Moment auf, in
dem die einstmals relativ homogenen Gesellschaften in Afrika durch Kolonialismus, modernisierende Entwicklung im Sinne von Industrialisierung und
die Herausbildung moderner Nationalstaaten stärker ökonomisch und soziologisch differenziert und segmentiert wurden, wobei die Grundlage von Produktion und Reproduktion der afrikanischen Gesellschaften, die Landwirtschaft, nach und nach zerstört wurde.[42] Soziologisch gesehen, gehören zum
informellen Sektor jene Haushalte, deren Mitglieder weder feste bzw. gesicherte Lohneinkommen noch gesicherte Einkommen aus der bäuerlichen
Produktion erzielen. Wie in einschlägigen Untersuchungen, etwa auch im
Rahmen des unten zitierten "Rural Income Distribution Survey" (RIDS) gezeigt werden konnte, bestehen mehrere, unterschiedliche Einkommensquel-
len, von denen das Überleben des Haushalts und seiner Mitglieder abhängt.
Man könnte geradezu den informellen Sektor als jenen gesellschaftlichen
Bereich definieren, in dem die Haushalte von mindestens fünf verschiedenen
Einkommensquellen gleichzeitig abhängen (vgl. unten). In Anbetracht der
Krise des Systems der Arbeitskräftemigration, auf die an anderer Stelle
eingegangen wird, ist jedoch auch zu konstatieren, daß zum informellen
Sektor zunehmend jene Haushalte zu rechnen sind, deren Mitglieder einst
gleichzeitig – und vermittelt über die interne und externe Wanderarbeit –
in zwei Produktionsbereiche eingebunden waren bzw. sind: in die kapitalistische Produktion in Bergbau und Industrie (in Botswana und außerhalb),
von wo der Haushalt Lohneinkommen bezieht, und in die kleinbäuerliche
Subsistenzproduktion, wo der Haushalt seine Ernährungs- und Reproduktionsbasis hat.[43] Zur Bezeichnung dieser "Schnittmenge" hat Parson den
sehr treffenden englischsprachigen Begriff des "Peasantariat" geprägt, eine
Zusammensetzung aus "Peasantry" und "Proletariat".[44] Einer der Schlüssel
zum Verständnis des Systems der Wanderarbeit und dessen Krise sowie des
informellen Sektors ist somit die Krise der kleinbäuerlichen Landwirtschaft.
Deswegen wird im folgenden im Niedergang der Subsistenzproduktion einer
der wichtigsten Faktoren für die zunehmende Bedeutung des informellen

[42] Vgl. Palmer, R./Parsons, N. (Hrsg.): The Roots of Rural Poverty in
      Central and Southern Africa, London/Ibadan/Nairobi/Lusaka 1977.
[43] Vgl. dazu Weimer, Unterentwicklung und Abhängigkeit, p. 39.
[44] Parson, Grenzen kapitalistischer Transformation, op. cit.

Sektors gesehen. Als weitere Faktoren müssen "spill-over"-Effekte aus dem formellen Sektor bzw. "trickle-down"-Effekte aus den Wachstumssektoren berücksichtigt werden. Im vorliegenden Zusammenhang werden allerdings lediglich die Krise der Landwirtschaft und die damit verbundene ländliche Unterentwicklung näher beleuchtet.

Ein Blick auf die Entstehung des BSP (Tabelle 1) zeigt, daß der Beitrag der Landwirtschaft zum BSP im vergangenen Jahrzehnt laufend zurückging. Landwirtschaft im Kontext Botswanas heißt in erster Linie Viehwirtschaft, obwohl hier in Erinnerung zu rufen ist, daß Botswana vor allem durch die Produktivität seiner Kornkammer, dem Barolong-Gebiet im Südosten des Landes, zu Beginn dieses Jahrhunderts Selbstversorger mit Getreide (insbesondere Mais) war. Erst durch die Expansion insbesondere des burischen Siedlerkolonialismus, die Industrialisierung in Südafrika, die ökonomische Integration Botswanas in den Wirtschaftsraum Südafrikas, entscheidend aber durch die Mitgliedschaft in der SACU (ab 1910) wurde Botswana zum Netto-Importeur von Mais.[45] Die Batswana bzw. die Barolong ereilte damit ein ähnliches Schicksal, wie es vorher anderen afrikanischen Gesellschaften, etwa den Basotho oder den Batlhaping beschieden war.[46]

Die Viehwirtschaft Botswanas – dominiert von einigen großen und politisch einflußreichen "Rinderbaronen" und über die Rindfleischpräferenz der Lomé-Verträge an den Hochpreismarkt der EG angebunden – durchlief in den vergangenen beiden Jahrzehnten einen Transformationsprozeß mit folgenden Ergebnissen:

- Höhere Konzentration des Viehbesitzes;
- stärkere Kommerzialisierung und staatliche Subventionierung der Rindfleischindustrie;
- ökologische Gefährdung der Weidegebiete mit der Folge einer größeren Anfälligkeit gegenüber Dürren;

---

[45] Vgl. Landell-Mills, P.M.: The 1969 Southern African Customs Union Agreement, in: J. of Modern African Studies, Vol.9,No.2(1971),p. 263-281.
[46] Vgl. Shillington, K.: The Impact of the Diamond Discoveries on the Kimberly Hinterland: Class Formation, Colonialism and Resistance Among the Tlhaping of Griqualand-West in the 1870s, in: Marks, S./Rathbone, R. (Hrsg.): Industrialisation and Social Change in South Africa. African Class Formation, Culture and Consciousness, 1870-1930, London/New York 1982, p.99-118; Kimble, J.: Labour Migration in Basutoland, 1870-1885, in: ebd., p.119-141.

- "Freisetzung" einer zunehmend größeren Zahl von Kleinbauern aus ihrem angestammten Bereich, der Landwirtschaft.

Dieser in Afrika insgesamt nicht untypische Prozeß der "Destabilisierung der ländlichen Produktions- und Distributionssysteme" (Gudrun Lachenmann) durch eine Politik der Agrarmodernisierung ist für Botswanas Weidewirtschaft ausführlich analysiert und dokumentiert worden.[47]

Als Folge eines Ineinandergreifens von ökonomischer Verarmung, Überweidung, gestiegener Dürreanfälligkeit gingen jedoch nicht nur Zahl und Output der kleinbäuerlichen Produzenten zurück, sondern auch ihre Vermögen und Einkommen. In seiner Analyse der Einkommensverteilung, die sich auf Ergebnisse des "Rural Income Distribution Survey" aus dem Jahr 1974/75 sowie daran anschließende Untersuchungen bezieht, kommt Gruber zu folgenden Ergebnissen:[48]

- Einkommen wie Rinderbestand sind extrem ungleich verteilt. 45% der ländlichen Haushalte verfügen überhaupt nicht über Rinder;
- bei 45% der ländlichen Haushalte lag das jährliche Pro-Kopf-Einkommen unter dem Existenzminimum;
- während das einkommensschwächste Zehntel der ländlichen Haushalte nur über 1.5% des gesamten Einkommens verfügte, sicherte sich das reichste Zehntel fast 40%; innerhalb des reichsten Zehntels gibt es eine Gruppe von Spitzenverdienern (1% aller Haushalte), die 10.2% des Einkommens erzielt. Das mittlere Jahreseinkommen dieser Gruppe ist fast 70mal so hoch wie das mittlere Jahreseinkommen der ärmsten Haushalte;
- die reichsten 10% der Haushalte beziehen ihr hohes Einkommen aus der Viehwirtschaft und aus festen Geldeinkommen (Gehälter); die ärmsten

[47] Vgl. dazu exemplarisch die im deutschen Sprachbereich umfangreichste Arbeit von Gruber, L.: Landwirtschaftliche Kooperation zwischen Europäischer Gemeinschaft und Afrika im Rahmen der Lomé-Abkommen. Fallstudien zum Zucker- und Rindfleischhandel, Hamburg 1987, p.195-348; vgl. auch Morrison, S.: Dilemmas of Sustaining Parastatal Success: The Botswana Meat Commission, in: IDS Bulletin, Vol.17, No.1(1986), p.30-38; Veenendal, E.M./Opschoor, J.B.: Botswana's Beef Exports to the EEC: Economic Development at the Expense of a Deteriorating Environment, Amsterdam 1986; Weimer, B.: Rich Farmers - Poor Environment. Economy and Ecology of Beef Production in Botswana and West Germany, Vilsheim 1987 (DGFB-Diskussionspapier, No.1).
[48] Vgl. Gruber, L.: Einkommens- und Rinderverteilung in Botswana: die Ergebnisse des "Rural Income Distribution Survey" (RIDS), Hamburg 1988 (DGFB-Diskussionspapier, No.2).

10% sind auf eine Vielzahl von Einnahmequellen angewiesen (Ackerbau, Viehzucht, Lohnarbeit, Naturalentlohnung, Jagen, Sammeln, Bierbrauen, Überweisungen an den Haushalt durch Wanderarbeiter).

- nur 5% der ländlichen Haushalte mit Viehbesitz (Minimum: 50 Rinder) verfügen über die Hälfte der nationalen Herde;
- es besteht eine enge Korrelation zwischen Viehbesitz und Einkommen derart, daß die Erhöhung des Rinderbestands eine überproportionale Steigerung des Gesamteinkommens für den ländlichen Haushalt ermöglicht; der Multiplikator liegt bei 0.22.

In seiner Untersuchung zieht Gruber die auch von anderen Autoren gestützte Schlußfolgerung, daß "auch wenn der RIDS und damit das Jahr 1975 die einzige statistisch abgesicherte Quelle ist, die fundierte Aussagen über die Einkommensverteilung zuläßt", man davon ausgehen muß, "daß sich die ungleiche Verteilung seit diesem Zeitpunkt zu Ungunsten der armen ländlichen Bevölkerungsgruppe weiter verstärkt hat".[49]

Blieb in den 60er und 70er Jahren insbesondere den ärmeren Bevölkerungsteilen noch die Möglichkeit, durch verstärkte Entsendung von Teilen der Gesamtarbeitskraft der Familie in den südafrikanischen Bergbau die Einkommen zu sichern bzw. über den durch die Lohneinkünfte ermöglichten Kauf von Rindern die Einkommenssituation mittel- bis langfristig zu verbessern, so fällt diese Möglichkeit heute zunehmend fort: Wie gezeigt, stagniert der Arbeitskräfteexport in den südafrikanischen Bergbau - in den frühen 70er Jahren war die Zahl der Wanderarbeiter in Südafrika doppelt so hoch wie zehn Jahre später - und die Schaffung von Arbeitsplätzen im formellen Sektor Botswanas ließ zu wünschen übrig. Andererseits sorgten die Konzentration des Viehbesitzes ebenso wie die EG-Rindfleischpräferenz für eine erhebliche Verteuerung des Preises für Rinder und Rindfleisch, wodurch der Erwerb von Rindern und Viehbesitz für den "kleinen Mann" zu einem immer weniger erreichbar werdenden "Luxus" wurde. Sofern er über Rinder verfügte, wurde er überdies von der Quotierungspolitik der Botswana Meat Commission (BMC) benachteiligt, ganz abgesehen davon, daß er keinerlei Möglichkeiten hatte, risikostreuende Methoden für Wahrung und Mehrung seines Viehbesitzes einzusetzen bzw. produktivitätssteigernde Produktionsverfahren (Zucht etc.) zu nutzen. Stattdessen wurde der arme ländliche

---

Haushalt Botswanas aus der Rinderwirtschaft in die Schafs-, Ziegen- und Eselswirtschaft gedrängt.[50]

Die wichtigsten Gründe für das Anschwellen des "informellen Sektors" sind also die Stagnation der Wanderarbeit, die unzureichende Schaffung von Arbeitsplätzen im formellen Sektor, die sich verschlechternde Einkommensverteilung, die einseitig auf die Weidewirtschaft ausgerichtete und ökologische Schäden verursachende Agrarpolitik sowie das Fehlen bzw. Scheitern von Alternativen im Agrarsektor.[51] Diese Gründe weisen aber auch in die Richtung des tendenziellen Zusammenbruchs des Systems der (internen und externen) Arbeitskräftemigration. In dem Maße nämlich, in dem die ländlichen Haushalte zum Nettoempfänger von Nahrungsmittelhilfe (z.B. im Rahmen von "food for work" Projekten), zum Empfänger von Einkommenstransfers und staatlichen Wohlfahrtsprogrammen werden, geht die Fähigkeit der kleinbäuerlichen Landwirtschaft ("peasantry") verloren, die Reproduktion der im formellen Sektor beschäftigten Wanderarbeiter ("proletariat") zu sichern. Überdies gerät die ländliche Reproduktionsbasis der Wanderarbeit just zu jenem Zeitpunkt in die Krise, zu dem ein fortschreitender Mangel an Beschäftigungsmöglichkeiten im formellen Sektor (in Botswana und Südafrika) zu verzeichnen ist. Den (männlichen) Wanderarbeitern wird damit zunehmend die Möglichkeit genommen, als gutes Geld verdienende Ehemänner, Söhne usw. die zuhause gebliebene und stärker den je auf Transfers angewiesene Familie mitzuernähren. Ein Mann – egal ob Ehemann, Verlobter oder Kindsvater – ohne Job und Geld ist auch im ländlichen Botswana eine Belastung für den Haushalt, gerade angesichts der Krisensituation, in der sich dieser Haushalt im ländlichen Bereich ohnehin schon befindet.

Die Folge dieser sowohl auf der Seite des formellen Sektors als auch der ländlichen Subsistenzproduktion stattfindenden, sich wechselseitig verstärkenden krisenhaften Prozesse, ist eine deutlich zu beobachtende Desintegration der ländlichen Haushalte und Familien, das verstärkte Vorkommen

---

[50] Vgl. Gruber: Landwirtschaftliche Kooperation, p.246-267.
[51] Vgl. dazu insbesondere die Untersuchungen des "Arable Lands Development Programme" (ALDEP) durch Gruber, op.cit, p.307-315 sowie durch Ehlers, K./Rücker, Th.: Die Berücksichtigung von Ressourcenschutzaspekten in staatlichen Programmen für die Landwirtschaft in Botswana, o.O. (Berlin), o.J. (1988), unveröffentl. Diplomarbeit (TU, Institut für Landschaftsökonomie), inbes. p.125-133.

sogenannter "female-headed households" (in den die Frauen keinerlei ökonomische Motivation haben, zu heiraten) sowie das stärkere Drängen auch von Frauen in die Städte, Industrien und Bergbauzentren. Die Krise des Systems der Wanderarbeit wird damit zur entscheidenden Antriebskraft für die rasche Verstädterung Botswanas, die mit einer Entleerung der ländlichen Räume und dem Abzug der "human resources" aus der landwirtschaftlichen Produktion Hand in Hand geht. Schon zu Beginn der 80er Jahre betrug die jährliche Durchschnittsrate des Bevölkerungswachstums in Botswanas "urban areas" 18% mit einem Spitzenwert für Gaborone von 24%.[52] In ihrer Analyse des Zusammenhangs von Urbanisierung, instabilen ländlichen Produktions- und Verteilungssystemen und der Krise der Wanderarbeit kommen Ray Bush, Lionel Cliffe und Valery Janson zu folgendem Ergebnis:

"The rapid growth in unemployment has brought about male marginalisation on an unprecedented scale so that the significant gap in future may be between those in employment and the unemployed, a split in the class which until now has variously been referred to as a 'rural proletariat', 'peasantariat' or simply as 'worker peasants'.
The widespread urbanisation of whole populations is accompanied by disintegration of family structures, to the extent that the social reproduction of patterns of migrant labour could be considered in danger. If women will no longer stay in rural areas where subsubsistence conditions prevail, who will keep even the skeleton of agriculture together, especially when the older generation of grandmothers at present taking care of the next generation is dead and buried? The split between renewal and maintenance functions is now so complete that interdependence no longer exists and,...'not all households necessarily secure subsistence. As a result, higher mortality rates, lower life expectancy and greater malnutrition is evidenced'."[53]

Daß im ländlichen Botswana noch keine sozio-ökonomische Situation eingetreten ist, wie sie etwa für die südafrikanischen Homelands – dem Fokus der hier zitierten Untersuchung – zutrifft, liegt sicherlich auch an den hohen Wachstumsraten der Wirtschaft und ihren "trickle down"-Effekten, ebenso wie an der im Vergleich zu den Homelands ausgezeichneten Legitimationsbasis der Regierung in Gaborone. Dennoch ist angesichts der skizzierten sozio-ökonomischen Gegensätze und Entwicklungstendenzen auch im Falle Botswanas die Frage nach der Legitimation der Staatsklasse und ihrer

---

[52] Vgl. Weimer, B.: Botswana, in: Nohlen, D./Nuscheler, F.(Hrsg.): Handbuch der Dritten Welt, Bd. 5, p. 316.
[53] Bush, R. et al.: The Crisis in the Reproduction of Migrant Labour, in: Lawrence, P.(Hrsg.): World Recession and the Food Prices in Africa, London 1986, p.299.

Wachstums- bzw. Entwicklungspolitik zu stellen. Dies macht die Berücksichtigung politischer Sachverhalte im Kontext einer Klassenanalyse erforderlich.

Wachstum, Entwicklung und Staatsklasse

In seinen Untersuchungen zur Politischen Ökonomie Botswanas im allgemeinen und zur "herrschenden Klasse" im besonderen kommt der Soziologe an der Universität von Botswana, Patrick Molutsi, zu dem Ergebnis, daß

"... as far as maintaining a low level of class conflict, the production of ... minerals and subsequent accrual of revenue to both the private and public sectors has particular importance. The government has been able to undertake petty welfare programs in the areas of education (education is free from primary school to university), health and agriculture. The dominant bureaucratic class has also been able to meet many of the demands of politically potent cattle and business elites, thus rendering them relatively lethargic as far as challenging the prevailing structure...".[54]

Zurückkommend zur These vom "Wachstum ohne Entwicklung" ist also nach dieser Äußerung festzustellen, daß, erstens, das rapide Wachstum durchaus die Durchführung eniger "petty welfare programmes in education, health and agriculture" ermöglichte. In diesem Kontext sind auch die Maßnahmen zu nennen, die zum Ausbau der Infrastruktur, insbesondere im Verkehrsbereich (Straßen, Eisenbahn, Flugplätze) ergriffen wurden und die in den vergangenen Jahren eine hohe Priorität in den jeweiligen Entwicklungsbudgets erhielten. Zweitens wird an diesem Zitat deutlich, daß das Wachstum im Bergbausektor die materielle Entwicklung einiger sozio-ökonomischer Gruppen ermöglichte, die zwar zur "Staatsklassenallianz" gerechnet werden müssen, die aber den politischen und ökonomischen Entscheidungsprozeß nicht mehr oder nur mehr in untergeordneter Weise bestimmen. Wie die Untersuchungen Molutsis zeigen, gehören zu letzterer Kategorie insbesondere die "Rinderbarone", die allerdings, genauso wie die ins Parlament gewählten Parteipolitiker, ihre Macht zunehmend an die Bürokratie abgeben müssen.[55] Obwohl die bürokratische Elite und einflußreiche Gruppen daraus,

---

54 Molutsi, P.P.: The Ruling Class and Democracy, Paper presented at the Symposium on Democracy in Botswana, 1.–5. Aug. 1988 (hektogr.), p.24f.
55 ebd.; vgl. auch ders.: Botswana's Councillors and Members of Parliament: Who and What do they Represent? Paper presented at the Symposium on Democracy in Botswana, 1.–5. Aug. 1988 (hektogr.).

etwa die der Staatssekretäre, kaum wirtschaftliche Interessen im Bereich
Viehwirtschaft erkennen lassen und Investitionen in diesem Sektor ablehnen
– ihre Interessen richten sich vor allem auf den Sekundär– und Tertiär–
sektor[56] –, verantworten sie nach wie vor eine Subventionspolitik der
Landwirtschaft, die den einheimischen (Groß)farmern zugute kommt und die
aus der Staatskasse und damit letztendlich auch aus den Gewinnen des
Bergbaus finanziert wird.[57] Drittens – und hier werden lediglich Ergebnisse
der vorangegangenen Analyse wiederholt – hat eine bescheidene, wenn auch
insgesamt unzureichende Industrialisierung und Diversifizierung, sowie
Schaffung von Arbeitsplätzen im formellen Sektor stattgefunden. Und
schließlich, muß viertens, hinzugefügt werden, daß Botswana auch aufgrund
seines finanziellen Manövrierspielraums und der "welfare programmes" den
für die südafrikanischen Homelands zu konstatierenden völligen Zusammen–
bruch des Systems der Wanderarbeit verhindern konnte.

Doch ist die Auflistung dieser "Leistungen" gleichbedeutend mit der Fest–
stellung, das Wirtschaftswachstum Botswanas wäre gleichbedeutend mit wirt–
schaftlicher und sozialer Entwicklung gewesen?

Diese Frage kann nur im Kontext der von Botswana selbst formulierten Ent–
wicklungsziele beantwortet werden.
Berücksichtigt man die von der seit dem Jahr der Unabhängigkeit herr–
schenden Regierungspartei Botswana Democratic Party (BDP) formulierte
dualistische Entwicklungsstrategie, dann muß man der Regierung zumindest
Teilerfolge bei der Realisierung der Oberziele zugestehen. Die Oberziele
"rapid economic growth", "social justice", "economic independence" und
"sustained development" sollten dadurch erreicht werden, daß die Einnah–
men aus der kapitalintensiven, exportorientierten Bergbauindustrie in ar–
beitsintensive Aktivitäten im ländlichen Bereich und in verbesserte techni–
sche und soziale Infrastruktur umgelenkt würden.[58] Wie ausgeführt, wurden
in der Tat Erträge, die im Bergbausektor entstanden sind, in den ländli–
chen Bereich "zurückgepflügt", ganz abgesehen davon, daß die Verkehrs–

---

[56] Nach Molutsi's Untersuchungen besitzen 70% der Gruppe der
Staatssekretäre keine Rinder. Vgl. Molutsi, Ruling Class, p.22.
[57] Zwischen 1984 und 1987 wurden die Schulden von Farmern bei der Na–
tional Development Bank in Höhe von 26 Mio. Pula abgeschrieben; vgl.
ebd.; zur Subventionspolitik der Viehwirtschaft vgl. Veenendal/
Opschoor, Beef Exports, p.10f.
[58] Vgl. Weimer, Abhängigkeit und Unterentwicklung, p.10.

und Telekommunikationsinfrastruktur, die soziale Infrastruktur (Krankenhäuser, Schulen etc.), die Wasser- und Energieversorgung usw. (auch im
ländlichen Raum) in bedeutender Weise ausgebaut worden sind.

Der hier postulierte Prozeß des Wachstums mit Entwicklung im Sinne von:
Infrastrukturausbau und Entwicklung ("für einige") ist jedoch von einem
gegenläufigen Prozeß des Wachstums ohne Entwicklung ("für viele") überla-
gert worden. Das Globalziel "social justice" der Entwicklungsplanung ist
keinesfalls erreicht worden; im Gegenteil, die Schere zwischen Arm und
Reich, Besitzlosen und Vermögenden hat sich vergrößert. Mithin kann man
die These vom "Wachstum ohne Entwicklung" bzw. vom "Wachstum ohne
Beschäftigung" dann als plausibel werten, wenn man darunter das Ergebnis
von gegenläufigen Prozessen, mithin einen "Netto-Effekt" versteht.

Was die genannten vier Globalziele der Wirtschafts- und Sozialpolitik der
Regierung der vergangenen 20 Jahre anbelangt, so bleibt nach den bisherigen Ausführungen festzustellen, daß die beiden Ziele "rasches Wirtschaftswachstum" und "stärkere ökonomische Unabhängigkeit" (von Südafrika) erreicht worden sind. Dafür gibt es eine Reihe von Erklärungen. Die vielleicht
wichtigste - und einfachste - kann in den glücklichen Umständen der Entdeckung und günstigen Vermarktung der Diamantenvorkommen gesehen werden. Auf diesen Sachverhalt hat in einer vielbeachteten Rede vor der Botswana Society im März 1988 der Gouverneur der Zentralbank, Quill Hermans, hingewiesen, indem er sagte, daß ohne die Diamanten und ihre "Spin-
offs" für den Rest der Wirtschaft die Wachstumsraten negativ gewesen wären. Mit dem Satz "we did not do it ourselves" kommentierte er die Frage
nach dem Wirtschaftswunder Botswanas.[59] Ein zweiter Grund für den hohen Grad der Zielerreichung bei den beiden genannten Oberzielen liegt
sicherlich in der effizienten Durchführung und Kontrolle der Wirtschaftspolitik durch Regierung und Bürokratie. Die Wirtschaftspolitik weist einerseits stark planwirtschaftliche Züge auf und unterstreicht die zentrale Bedeutung halbstaatlicher Unternehmen wie der BMC oder der Botswana
Development Corporation (BDC),[60] setzt aber andererseits auf kapitalistische
Entwicklung und hält sich an das keynsianische Paradigma, nach dem in
Boomjahren eine konservative Haushalts- und Konjunkturpolitik empfehlens-

---

[59] Zit. nach: Botswana Survey, p.36.
[60] Zur BMC als "Staat im Staat" vgl. Morrison, Parastatal Success.

wert ist. Was das planwirtschaftliche Element in der Wirtschaftspolitik anbelangt, so verkündete ein stellvertretender Minister anläßlich des Demokratie-Symposiums im August 1988 nicht ohne Stolz: "We run a planned economy. We cannot allow the politicians to disrupt the plan".[61] Und als dritter Grund wäre, insbesondere was die größere Unabhängigkeit von Südafrika anbelangt, die ökonomische Krise in Südafrika selbst zu nennen. Diese, verbunden mit der zunehmenden internationalen wirtschaftlichen und politischen Isolierung des Apartheidsstaats zeigt in aller Deutlichkeit auf, daß Südafrika mit dem in den frühen 60er Jahren gestarteten Versuch gescheitert ist, ein Schwellenland oder "Newly Industrializing Country" (NIC) zu werden. Stattdessen zeigt sich immer deutlicher der Charakter des Apartheidsstaats als halbindustrialisiertes Entwicklungsland, genauer, als halbindustrialisierte Bergbauökonomie, die stärker auf ihre Peripherien angewiesen ist als bisher wahr- und angenommen. Wie oben skizziert, hat sich die einstmals extrem zugunsten Südafrikas ausgeprägte asymetrische Interdependenz in den regionalen Wirtschaftsbeziehungen in der Zwischenzeit stärker zugunsten Botswanas, aber auch anderer SADCC-Länder (Zimbabwe) verringert, was deren Manövrierspielraum und "bargaining power" erhöht hat.[62]

Dagegen sind die Ziele "social justice" und "sustained development" nicht erreicht worden. Über die bisher analysierten Gegebenheiten hinausgehend hängt dies nach Auffassung des Verfassers vor allem damit zusammen, daß die Wirtschafts-, Entwicklungs- und Sozialpolitik in erster Linie als ein "von oben nach unten" von der Bürokratie geplanter und durchgeführter Prozeß verstanden und betrieben wird. Trotz des politischen Gesamtrahmens einer "liberalen Mehrparteiendemokratie" fanden in der Vergangenheit kaum politische Auseinandersetzungen um wirtschafts- und verteilungspolitische Alternativprogramme statt. Auch blieb - trotz anderslautender Feststellungen - eine Dezentralisierung des Entscheidungsprozesses weitgehend aus. Somit unterblieb eine stärkere Partizipation der "betroffenen" Bevölkerung bei der Vorbereitung und Durchführung von Entscheidungen, bei Entwicklungsprojekten und -programmen sowie bei der Verteilung von Kosten und Nutzen derartiger Maßnahmen. In stärkerem Maße als die einheimische Be-

---

[61] Zit. nach: Weimer, B.: Symposium on Democracy in Botswana. Konferenzbericht, in: DGFB-Rundbrief No.4, Dez. 1988.
[62] Vgl. Weimer, SADCC; ders., Auswirkungen von Sanktionen, sowie die dort angegebene weiterführende Literatur.

völkerung waren an diesem Prozeß oftmals ausländische Experten in den Entscheidungszentralen der Bürokratie beteiligt, ohne daß das "lokale" politische System auf zentraler, regionaler und örtlicher Ebene ausreichend Möglichkeiten gehabt hätte, diskutierend und gestaltend auf den Planungs- und Entwicklungsprozeß einzuwirken und von ihm dadurch zu profitieren. Wie auf dem Demokratie-Symposium im August 1988 versichert wurde, stellt diese Verfahrensweise selbst die Abgeordneten der Regierungspartei vor Legitimationsprobleme bei ihrer Wählerschaft.[63] Trotz der in Botswana bestehenden "Theorie und Praxis" der Mehrparteien-Demokratie stellt sich auch dort das – aus anderen, politisch stark zentralisierten afrikanischen Staaten eher bekannte – Phänomen ein, daß Entwicklungsprogramme und Projekte insbesondere von der ländlichen Bevölkerung eher erduldet als aktiv mitgetragen werden. Die konstatierte Destabilisierung des ländlichen Produktions- und Reproduktionsbereichs ebenso wie die zunehmend politisch bewußtere Wahrnehmung der einkommensmäßigen und sozialen Ungerechtigkeit verstärken noch diese Haltung.

Das Nichterreichen der beiden Zielsetzungen "social justice" und "sustained development" ist somit in erster Linie nicht als Scheitern einer makroökonomischen Verteilungspolitik zu interpretieren, sondern verweist auf eine ungenügende Offenheit des Planungsprozesses, auf mangelnde Partizipation und auf eine Kommunikationsstörung zwischen Regierungen und Regierten. Sektoral gesehen, betrifft die Kommunikationsstörung diejenigen Bereiche, in denen einerseits die überwiegende Mehrzahl der Batswana wohnt, lebt und arbeitet, und jenen, wo andererseits die Gewinne des Bergbauwachstums erzielt, verwaltet und verteilt werden. In Analogie zu anderen Formen der Kommunikationsstörung im südlichen Afrika ist auch in Botswana ein echter Dialog, nicht nur die Konsultation gefordert.[64]

---

[63] Vgl. Weimer, Konferenzbericht.

[64] Zu Kommunikationsstörung und Dialog vgl. Weimer, B.: Der Konflikt im südlichen Afrika – eine Kommunikationsstörung?, in: Senghaas, D. (Hrsg.): Regionalkonflikte in der Dritten Welt, Baden-Baden i.E. Zur Frage der Konsultation vgl. Liphuko, L.S.: Does the Civil Service Really Consult? The Cases of the Tribal Grazing Land Policy, National Conservation Strategy and the Self Help Housing Agency. Paper presented at the Symposium on Democracy in Botswana, 1.–5. Aug. 1988.

Zusammenfassende Schlußbemerkung

Botswana befindet sich in der für Afrika einmaligen Situation einer Paradoxie, in der zwar einerseits die materiellen und formalen Voraussetzungen (rasantes Wirtschaftswachstum, finanzieller Reichtum, liberale Mehrparteiendemokratie) für Entwicklung und Wohlstand einer kleinen Bevölkerung gegeben wären, in der sich aber andererseits – trotz einiger entwicklungspolitischer Teilerfolge – die Lebensbedingungen der Bevölkerungsmehrheit in den vergangenen Jahren verschlechtert haben. Dies ist ablesbar an einer ungenügenden Beschäftigungskapazität des formellen Sektors, einem Anwachsen des informellen Sektors, an der sozio-ökonomischen und ökologischen Destabilisierung der ländlichen Produktions- und Verteilungssysteme sowie an einer vom potentiellen Gleichgewicht sich stärker entfernenden Einkommensverteilung. Bis auf den letzten Punkt – der angeblich gestiegenen Abhängigkeit Botswanas von Südafrika – stimmt der Verfasser daher der Beurteilung des sozio-ökonomischen Entwicklungsprozesses zu, die der US-amerikanische Wirtschaftsprofessor Robert L. Curry, Jr. getroffen hat:

> "Botswana's record of economic growth and political stability stands in sharp contrast to the economic stagnation and political turmoil endemic to Africa. Its progress was based on its fortuitous endowment of mineral wealth, and sound macroeconomic management. In effect, diamond, copper, nickel and coal mining has transformed Botswana from a least-developed, rural, agriculture-based economy into one of Africa's fastest growing, non-fuel mineral exporting countries. The Government has forged fiscal linkages between the companies operating in the mining sector and its public revenue collections. However, no such strong linkages have been established to the agricultural sector – particulary, to remote, rural, traditional farming areas where most of the country's people live. The growth strategy has produced underdevelopment and economic stagnation in rural agriculture, as well as increasing economic dependency on the Republic of South Africa."[65]

Die von Curry vertretene These von der gestiegenen Abhängigkeit Botswanas von Südafrika vermag der Verfasser indes nicht zu teilen. Im Verlauf dieser Ausführungen sind Belege erbracht worden, die die gegenteilige Annahme einer Reduzierung der Abhängigkeit untermauern. Die Beteiligung der Debswana an der südafrikanischen Muttergesellschaft De Beers ebenso wie die 1988 zustandegekommene Kooperation zwischen dem südafrikanischen Chemieunternehmen AECI und der Regierung Botswanas zur Ausbeutung der Soda-Salz Vorkommen in der Sua Pan und zum Export der entsprechenden

---

[65] Curry Jr.: Socio-Economic Problems in Botswana, p.319.

Rohstoffe (für die Glasproduktion) nach Südafrika[66] können eher als weitere
Schritte in Richtung stärkere Interdependenz denn als weitere Erhöhung
der (einseitigen) Abhängigkeit Botswanas von Südafrika interpretiert werden. Die Logik des Sua Pan-Abkommens sieht Botswanas Vize-Präsident und
Minister für Finanzen und Entwicklungsplanung, Peter Mmusi, folgendermaßen:

"The project would help to reverse the dependence of Botswana on
South Africa. 'South Africa will now become dependent on Botswana
for something it needs very badly'".[67]

Gerade in diesem Zusammenhang muß auch ausdrücklich unterstrichen werden, daß es Botswana gelang, das von Südafrika angestrebte Junktim zwischen einer Beteiligung am Sua-Pan Projekt und der Unterzeichnung eines
dem Nkomati-Akkord zwischen Südafrika und Mozambiques vom März 1984
analogen Sicherheitsabkommens ("Notwane Akkord") zu durchbrechen bzw.
zu verhindern.[68]

Betrachtet man den mangelnden Entwicklungserfolg Botswanas als eine Kommunikationsstörung zwischen Bergbausektor und Landwirtschaft; zwischen
Wachstum und Entwicklung; zwischen Bürokratie und "betroffener" Bevölkerung; zwischen Arm und Reich sowie zwischen "traditionellem" und "modernem" System, dann kann die Zukunftsaufgabe des Landes nur in der
Wiederherstellung der Kommunikation, auch im Sinne einer Deblockierung
des materiellen Ressourcen-Flusses und einer stärkeren Partizipation aller
Batswana heißen. Die Realisierung dieser Aufgabe dürfte in dem Maße erschwert werden, in dem die akkumulierten Devisenvorräte zur Neige
gehen,[69] keine neuen, der Entdeckung der Diamantenvorkommen vergleich-
baren "Glücksfälle" ins Haus stehen, und die Chancen nicht genutzt werden,
die die bestehende Form der Demokratie zum inhaltlich-politischen Diskurs
und zur demokratischen Veränderung und Erneuerung der seit 20 Jahren
bestehenden Form der politischen Herrschaft bietet.

---

[66] Vgl. Africa Analysis (London), 2.9.1988, p.8.
[67] ebd., 14.10.1988, p.5
[68] Zit. nach: "Sanctions and Soda", in: The Southern African Economist,
      Aug./Sept. 1988, p.14.
[69] Der Zentralbankgouverneur rechnet bereits für das Jahr 1991 mit
      Handels- und Zahlungsbilanzdefiziten. Vgl. "Two Cheers for Mister
      Mmusi", in: The Southern African Economist, Juni/Juli 1988, p.15.

150

Tabelle 1

Bruttosozialprodukt (Mio. Pula und %) zu konstanten Preisen 1979/80

	1979/80		1983/84		1986/87[a]	
	Mio. P	%	Mio. P	%	Mio. P	%
Landwirtschaft	83.3	11.7	50.9	4.5	48.8	3.1
Bergbau	210.7	29.7	533.9	47.6	815.7	51.5
Verarbeitendes Gewerbe	29.2	4.1	44.0	3.9	48.5	3.1
Wasser und Elektrizität	15.0	2.1	19.5	1.7	33.1	2.1
Bauwirtschaft	36.4	5.1	38.7	3.5	45.4	2.9
Handel	157.0	27.1	182.2	16.3	232.8	14.7
Verkehr	13.6	1.9	23.1	2.1	35.9	2.3
Banken und Versicher.	57.6	8.1	65.2	5.8	104.5	6.6
Regierung	100.6	14.2	150.5	13.4	201.2	12.7
Haushalte, Soziales	20.9	2.9	34.9	3.1	49.1	3.1
Korrekturposten	- 14.8	-	- 22.4	-	- 31.1	-
	709.5	100	1120.5	100	1583.9	100

[a] vorläufige Schätzung

Quelle: Berechnet nach Republic of Botswana, Statistical Bulletin, Vol.13, No.1, März 1988 (CSO)

Tabelle 2

Außenhandel in Mio. Pula und % (f.o.b.)

	1980		1982		1984		1986	
	Mio. P	%	Mio. P	%	Mio. P	%	Mio. P	%
Exporte (f.o.b.) davon:	391.5	100	467.4	100	857.1	100	1613.8	100
Diamanten	237.8	60.7	243.2	52.0	616.0	71.9	1196.7	74.2
Kupfer/Nickel Matte	91.0	23.2	64.5	5.2	68.2	8.0	121.1	7.5
Fleisch, Tiere	28.4	7.3	79.7	17.1	62.5	7.3	120.5	7.5
Felle und Häute	3.0	0.8	7.1	1.5	11.2	1.3	9.1	0.6
Textilien	19.7	4.0	27.4	5.9	40.4	4.7	38.3	2.4
andere	25.6	6.5	45.6	9.8	58.8	6.9	113.2	7.0

Quelle: Berechnet nach Statistical Bulletin, op. cit., p. 8

Tabelle 3   Zahlungsbilanz 1978-1986 (Mio. Pula)

	1978	1979	1980	1981	1982	1983	1984	1985	1986	1987 *
1 VISIBLE TRADE										
Imports, c.i.f. (reported)	-292.5	-425.2	-537.3	-662.6	-706.3	-804.2	-895.4	-1095.0	-1331.0	-1642.0
Exports, f.o.b. (reported)	183.5	356.6	391.2	334.0	470.7	695.7	856.9	1385.6	1613.0	2656.0
Adjustments to imports (net)	53.3	64.9	69.0	87.8	109.1	129.3	137.9	156.0	188.0	216.0
Adjustments to exports (net)	1.5	3.8	.8	1.8	3.9	6.7	23.0	1.2	1.0	.0
ADJUSTED BALANCE OF TRADE	-54.2	.1	-45.1	-239.0	-122.6	27.5	122.4	445.4	469.0	1230.0
2 INVISIBLE TRADE										
Freight and insurance on international shipments	-.8	-8.5	2.2	-6.6	-2.9	-9.3	-18.4	-25.4	-32.2	-41.0
Other transportation	-20.5	-25.2	-40.9	-40.5	-40.2	-56.1	-55.4	-60.1	-49.3	-52.0
Foreign travel	1.5	2.3	3.9	4.3	4.7	22.5	19.4	12.2	38.1	40.0
Investment earnings	6.4	17.4	26.4	34.3	34.7	39.3	66.1	112.6	155.0	200.0
Investment payments	-30.3	-52.1	-98.6	-35.0	-41.4	-142.5	-247.1	-399.7	-462.2	-583.0
Government n.e.s. (net)	-3.6	-2.6	1.2	2.8	5.5	27.4	8.4	27.3	35.5	34.0
Migrant workers remittances (net)	15.7	15.2	16.4	18.3	18.5	5.5	32.5	8.9	12.9	15.0
Other exports of services	2.2	1.6	4.2	6.1	1.7	5.5	14.1	35.5	50.7	8.0
Imports of services	-21.4	-23.7	-30.2	-32.2	-39.1	-55.0	-60.0	-49.1	-50.7	-56.0
TOTAL INVISIBLES	-50.8	-75.6	-115.4	-48.5	-58.5	-162.7	-240.8	-364.4	-354.5	-435.0
TOTAL GOODS AND SERVICES	-105.0	-75.5	-160.5	-287.5	-181.1	-135.2	-118.4	81.0	114.5	795.0
3 TRANSFER PAYMENTS										
Private receipts	12.2	12.7	14.6	18.3	22.8	27.5	25.8	28.1	39.8	46.0
Private payments	-6.9	-10.9	-15.6	-19.7	-23.0	-27.9	-35.3	-34.1	-44.7	-49.0
Govt loans converted into grants	.2	29.2	2.3	.0	.0	.0	.0	.0	.0	.0
Govt - other transfers (net)	61.7	74.0	97.9	117.7	120.1	137.7	141.5	176.4	215.1	270.0
TOTAL TRANSFERS	67.2	105.0	99.2	116.3	119.9	137.3	132.0	170.4	210.2	267.0
BALANCE ON CURRENT ACCOUNT	-37.8	29.5	-61.3	-171.2	-61.2	2.1	13.6	251.4	324.7	1062.0
4 CAPITAL ACCOUNT										
Private long term capital	44.5	88.9	97.2	93.8	63.9	58.3	129.3	199.8	187.2	-127.0
Private short term capital	26.2	-6.1	4.0	-5.1	13.1	23.6	13.3	-.3	47.7	27.0
Government capital	-1.0	-10.5	-14.8	1.2	41.1	19.6	22.8	-13.5	17.0	-2.0
Banking sector	.8	-2.0	4.3	1.4	-15.3	3.8	-21.4	52.6	-45.0	120.0
BALANCE ON CAPITAL ACCOUNT	70.5	70.3	90.7	91.3	103.0	105.3	144.0	238.6	206.9	18.0
NET ERRORS AND OMISSIONS	.1	-6.4	12.8	19.1	24.4	30.7	7.5	11.1	34.0	-102.0
OVERALL BALANCE	32.8	93.4	42.2	-60.8	66.5	138.1	165.1	501.1	565.6	978.0
5 CHANGE IN EXTERNAL RESERVES										
(- increase)	-42.2	-85.0	-45.4	-32.9	-85.9	-148.1	-279.5	-93.7	-556.0	-927.4
adjustments for exchange changes	9.2	-9.2	-26.4	27.9	29.4	10.0	112.4	-407.3	-9.9	-11.6

* preliminary

Quelle: Statistical Bulletin, op. cit., p. 11

Tabelle 4

Außenhandel – Handelspartner

```
IMPORTS (duty inclusive, c.i.f. value)   P '000
====================================================
```

Year and quarter	Common Customs Area (1)	Other Africa	Europe United Kingdom	Other	U.S.A	All other countries	TOTAL IMPORTS
1980	467,845	36,158	7,319	5,837	16,310	4,339	537,808
1981	581,552	42,062	7,517	11,403	14,842	6,799	664,175
1982	608,666	44,738	15,996	12,270	11,546	10,437	703,652
1983	669,864	59,262	10,145	41,921	8,533	16,122	805,847
1984	699,864	78,396	27,708	58,670	16,581	13,954	895,174
1985	813,951	81,688	53,101	81,905	30,619	33,323	1,094,588
1986	1,021,984	101,485	32,851	82,183	37,744	55,882	1,332,070

```
EXPORTS (f.o.b. value)   P '000
=================================
```

Year and quarter	Common Customs Area (1)	Other Africa	Europe United Kingdom	Other	U.S.A	All other countries	TOTAL EXPORTS
1980	25,969	33,036	8,264	240,153	82,026	2,043	391,492
1981	55,087	35,052	22,155	138,310	80,662	1,115	331,381
1982	52,936	61,677	53,876	139,587	55,759	3,580	467,413
1983	57,736	64,155	30,670	489,147	51,813	3,017	696,538
1984	75,668	34,051	17,836	648,585	69,927	10,620	856,687
1985	77,536	54,634	53,209	1,118,972	73,141	5,642	1,383,134
1986	91,117	97,103	59,667	1,354,315	3,688	8,681	1,614,577

(1) Die Common Customs Area umfaßt Botswana, Lesotho, Südafrika und Swaziland.

Quelle: Statistical Bulletin, op. cit., p. 9 und 10

3.4 Gefahren durch den großen Nachbarn.

Die Frage südafrikanischer Wirtschaftssanktionen

Yaliso Mngaza

Rolf Hasse

Drohungen der Botha-Regierung gegen die Nachbarn der RSA, Wirtschaftssanktionen gegen Südafrika mit solchen gegen die Nachbarländer zu vergel-
ten, sind wiederholt öffentlich geäußert worden. In Anbetracht dieser Gefahr sollen im Nachfolgenden die Wahrscheinlichkeit und die möglichen Auswirkungen für Botswana untersucht werden. Dies setzt eine knappe Darstellung der beiden Volkswirtschaften, also der Botswanas und der der RSA
voraus. Diese Darstellung muß in diesem Rahmen notgedrungen lückenhaft
bleiben und sich überwiegend auf die Bereiche konzentrieren, in denen
Verwundbarkeit auszumachen ist.

Daten und Zahlen zur Wirtschaft Botswanas

Das Bruttosozialprodukt Botswanas stieg von 360.3 Mio. Pula im Jahre 1977/
78 auf 1583.9 Mio. Pula 1986/87 (vgl. Kapitel 3, Tab.1). Dieser enorme Zuwachs – fast das Viereinhalbfache in nur neun Jahren – ist in erster Linie
auf die Ausbeutung der Diamantenvorkommen zurückzuführen. Die durchschnittliche Zuwachsrate in konstanten Preisen zwischen 1973/74 und 1981/
82 war 9.4%, doch auch bei Abzug des Sektors Bergbau blieb für diesen
Zeitraum noch immer eine mittlere Zuwachsrate von 5%. Im Jahre 1973/74
betrug der Anteil des Bergbaus am Bruttosozialprodukt 13.6%, 1979/80 schon
29.7%, 1983/84 47.6% und 1986/87 51.5%.
Botswanas Zahlungsbilanz zeigte 1982 einen Überschuß von 66.5 Mio. Pula
und 1983 bereits einen von 565.6 Mio. Pula (vgl. Kapitel 3, Tab.3). Der Zah-
lungsbilanz-Überschuß wurde durch einen erheblichen Anstieg der Exporte
erreicht. Die Einnahmen aus dem Export waren 1983 bedeutend höher als
1982. Ein Boom an der Londoner Diamantenbörse führte zu einem steigenden
Verkauf von Diamanten. Die Handelsbilanz zog nach und erreichte erstmals
1985 einen Überschuß.

Die offizielle Inflationsrate (alle Güter) erreichte Anfang 1980 13% und bewegte sich Ende 1985 um 10%. Bei bestimmten Gütern, in erster Linie gehobenen Konsumgütern, ist allerdings eine erheblich steigende Inflation zu verzeichnen. Hier wirkt sich die Abhängigkeit von der RSA dahingehend aus, daß die erheblichen Preissteigerungen in Südafrika importiert werden. Geschickte Maßnahmen der Gegensteuerung, z.b. durch das Niedrighalten entscheidender Güter, führt insgesamt zu einer Inflation, die - verglichen mit anderen Entwicklungsländern - noch immer günstig abschneidet.

Im Dezember 1974 machte die Regierung in Gaborone bekannt, daß sie ihre eigene Währung in Umlauf bringen würde, und eine Zentralbank wurde gegründet. Bis dahin galt in Botswana der südafrikanische Rand wie in den beiden übrigen Ländern der Zollunion, Lesotho und Swaziland. Die neue Währung, der Pula, wurde am 23. Aug. 1976 in Umlauf gesetzt und unterteilt sich in 100 Thebe. Sie wurde eine der wenigen konvertierbaren Währungen in Afrika (1988 Parität 0.98 DM für einen Pula) und war zwischen 1986 und 1988 etwa 20% höher bewertet als der südafrikanische Rand. Der Kurs des Pula unterliegt innerhalb fester Grenzen einem Floating gegenüber einem Korb von Währungen, in dem allerdings der Rand mit etwa 70% zu Buche schlägt. Hierin zeigt sich bereits eine große Abhängigkeit von der RSA; der Pula mußte denn auch im Gefolge des Zusammenbruchs des Rand zweimal abgewertet werden.

Botswanas Einnahmen aus der Zollunion mit Südafrika haben sich von 1979 bis 1985 mehr als verdoppelt (Tabelle 1). Sie betrugen 1985 im Verhältnis zu Botswanas gesamten Staatseinnahmen ca. 30%. Botswanas Exporte haben sich zwischen 1983 und 1985 ebenfalls mehr als verdoppelt (Tabelle 5). Alles in allem zeigen diese Daten ein positives Bild, das noch ergänzt wird durch eine vorsichtige Wirtschafts- und Finanzpolitik, die in Ländern der Dritten Welt ihres Gleichen sucht.

Doch wäre Botswana kein Entwicklungsland mit einer für diese typischen Ökonomie, gäbe es nicht erhebliche Verwundbarkeiten. Im September 1986 kam eine Arbeitnehmererhebung zu dem Ergebnis, daß 129600 Arbeitnehmer im formellen Wirtschaftssektor tätig waren. Nach dieser Erhebung fiel jeder lizensierte Betrieb in den formellen Sektor. Innerhalb des formellen Sektors war der Staat mit 39.13% aller Arbeitnehmer der größte Arbeitgeber, gefolgt von Handel und Gaststätten mit 16.05% und der Bauwirtschaft mit 10.57%

(Tabelle 3). Der Labour Force Survey aus dem Jahre 1984/85 (CSO) über die arbeitsfähige Bevölkerung kam zu noch ungünstigeren Zahlen. Er beruht auf einer Profilgruppe von 48510 Einwohnern. Danach waren nur 87000 Arbeitnehmer im formellen Sektor beschäftigt. Hier wird allerdings der formelle Sektor etwas enger definiert, so daß fliegende Händler, Kleingewerbetreibende und Taxiunternehmer mit weniger als fünf Mitarbeitern, auch wenn sie lizenziert sind, dem informellen Sektor zugeschlagen werden. Die Schwierigkeit, eine allgemein gültige Trennungslinie zwischen formellem und informellem Sektor zu ziehen, ist bekannt. Nach dieser Studie zählte die arbeitsfähige Bevölkerung Botswanas 367000 bzw. 37% der Bevölkerung. Davon waren im Erhebungszeitraum 93000 arbeitslos, was einer Rate von 25.3% entsprach. Diese verteilte sich auf 19.3% männliche und 30.6% weibliche Arbeitslose. Zusätzlich waren 24500 Personen sichtbar unterbeschäftigt, d.h. nach der Definition der Studie arbeiteten sie weniger als 35 Stunden pro Woche und standen für mehr Arbeit zur Verfügung. Diese Gruppe steht für weitere 6.7% der arbeitsfähigen Bevölkerung.

Botswanas Wanderarbeiter in Südafrika haben nach einer Untersuchung 1981 je drei Bürger in Botswana unterstützt. Bei 17534 Minenarbeitern bedeutet dies, daß ca. 60000 weitere Menschen von ihnen abhängig waren.

Tabelle 1

Botswanas Einnahmen aus der Zollunion mit Südafrika (in Verrechnungseinheiten[x])

Jahr	Anteil Botswanas am Zollaufkommen	Davon direkt eingezogene Zölle
1979	75 301 000	7 947 394
1980	97 111 000	11 143 399
1981	108 200 000	11 296 428
1982	117 856 750	16 927 132
1983	150 305 000	17 762 223
1984	175 479 000	14 933 953
1985	175 957 000	17 853 313

[x] Die Verrechnungseinheit entspricht etwa dem Wert des Pula.

Quelle: External Trade Statistics 1984/85, Dept. of Customs and Excise (Publ. by CSO)

Tabelle 2

Arbeiter in südafrikanischen Minen und nach Botswana überwiesene
Löhne

Jahr	Anzahl der Arbeiter	Betrag in Rand
1979	20 307	13 453 000
1980	20 441	19 139 000
1981	17 534	20 301 000
1982	18 436	20 470 000
1983	18 691	24 015 000
1984	18 898	23 639 000
1985	20 128	21 885 000
1986	20 994	21 443 000

Quelle: Statistical Bulletin June 1987, Vol.12 No.2, Tab.13B (CSO)

Tabelle 3

Geschätzte Anzahl der im formellen Sektor Beschäftigten nach
Tätigkeitsbereich September 1986

Aktivität	Anzahl	%
Landwirtschaft	4900	3.78
Bergbau	7600	5.86
Verarbeitende Industrie	11700	9.03
Energieversorgung	2000	1.55
Bauwirtschaft	13700	10.57
Handel,Hotel,Gastst.	20800	16.05
Transport u. Nachr.	5100	3.93
Finanzwesen	7400	5.70
Soziale Dienste	4000	3.01
Schulwesen	1700	1.30
Staatl. Bedienstete[x]	50700	39.13
Gesamt	129600	100.00

[x] Die Zahl schließt ca. 11100 Angestellte im Erziehungsbereich ein.

Quelle: Statistical Bulletin June 1987, Vol.12 No.2 (CSO)

Tabelle 4

Botswanas Importe nach Ursprungsländern (in 000 Verrechnungseinheiten)

Importe aus	1983	%	1984	%	1985	%
Common Customs Area	680 125	83.11	793 357	78.05	951 581	74.48
Zimbabwe	56 923	6.96	87 219	8.58	91 889	7.18
Frankreich	15 373	1.88	9 804	0.96	8 937	0.70
Großbritannien	10 284	1.25	31 656	3.12	61 187	4.81
U.S.A.	8 678	1.06	19 159	1.89	35 604	2.79
Bundesrepublik	6 680	0.82	29 599	2.90	45 440	3.55
Andere Länder	40 212	4.92	45 618	4.50	83 045	6.49
Gesamt	818 275	100.0	1 016 412	100.0	1 277 683	100.0

Quelle: External Trade Statistics 1983/84 und 1984/85, Dept. of Customs
and Excise (Publ. by CSO)

Tabelle 5

Botswanas Exporte nach Zielländern (in 000 Verrechnungseinheiten)

Export nach	1983	%	1984	%	1985	%
Schweiz +)	471 058	66.57	697 153	71.97	1 238 472	75.92
U.S.A.	52 666	7.44	79 061	8.16	83 182	5.10
Common Customs Area	58 586	8.28	85 277	8.81	91 144	5.59
Großbritannien	30 995	4.38	20 033	2.07	62 217	3.81
Zimbabwe	51 995	7.35	36 069	3.72	48 249	2.96
Bundesrepublik	10 623	1.50	21 882	2.26	27 694	1.70
Andere Länder	31 738	4.48	29 152	3.00	80 306	4.92
Gesamt	707 661	100.0	968 627	100.0	1 631 264	100.0

+) Der Export von Diamanten an die Börse in London geht aus steuer-
lichen Gründen über die Schweiz.

Quelle: wie Tabelle 4

Die Überweisungen der Wanderarbeiter betrugen 1986 ca. 21.5 Mio. V.E. Gegenüber einem Exporterlös von 1.6 Milliarden kann hier das Devisenproblem
vernachlässigt werden. Was aber entscheidend zu Buche schlägt, ist die
Zahl der Arbeitskräfte und die von diesen Abhängigen.

Im Rahmen der Abhängigkeit der Wirtschaft Botswanas von der Wirtschaft Südafrikas ist jedoch die signifikanteste Zahl die Importziffer von 951.5 Mio. V.E. (1985) aus dem Gebiet der Zollunion (Tabelle 4). Diese Zahl steht für 74.48% aller Importe. Obwohl diese Abhängigkeit sinkende Tendenz hat, darf nicht außer Acht gelassen werden, daß auch der größte Teil aller anderen Importe durch die Häfen der RSA nach Botswana gelangt. Vom Anteil am gemeinsamen Zolltopf zieht Botswana selber nur ca. 10% ein (Tabelle 1), was bedeutet, daß nur 10% aller Importe nicht durch die RSA kommen. Anders sieht es bei den Exporten aus; hier liegt die Zollunion als Zielgebiet mit 5.59% aller Exporte 1985 an zweiter Stelle mit sinkender Tendenz (Tabelle 5). Sieht man einmal von den Diamanten ab, die per Flugzeug das Land verlassen, so sind fast alle übrigen Exportgüter, ausgenommen diejenigen nach Zimbabwe und der kleine Teil der Güter in andere afrikanische Staaten, ebenfalls von der Infrastruktur der RSA abhängig. Diamanten und die Exporte nach Zimbabwe stehen wertmäßig zwar für ca. 80% aller Exporte, doch werden die übrigen 20%, hier vor allem Textilien und Rindfleisch, ebenfalls über Südafrika abgewickelt (Tabelle 5). Damit hat Südafrika eine gewaltige Macht über die Wirtschaft Botswanas.

Die südafrikanische Wirtschaft

Bis nach dem zweiten Weltkrieg hatte Südafrikas Wirtschaft alle Merkmale einer Dritte-Welt-Ökonomie – so eine etwa von B. Magubane und A. und N. Seidman vertretene These –, mit einem kleinen Industrie- und einem großen Bergbau- und Landwirtschaftssektor. Wie die genannten Autoren aufzeigen, war der Industriesektor ursprünglich nur Zulieferer für den Bergbau. Sein Auf- und Ausbau kann aber auch als ein Versuch des aufkommenden burischen Bürgertums gewertet werden, einen Anteil an der von britischem Kapital dominierten Wirtschaft zu gewinnen. Die Entwicklung des industriellen Sektors erfolgte weitgehend unter staatsinterventionistischen Prämissen: halbstaatliche Firmen wurden gegründet und eine staatlich gelenkte Politik entwickelt, deren Ziel es war, Importe zu beschränken und die Produktion von Importsubstituten zu ermutigen.

"Die Entwicklung des sekundären Produktionsbereiches, eingeleitet während des ersten Weltkrieges, hatte sich bis zum zweiten Weltkrieg erheblich beschleunigt. Die unsichere Situation in Europa machte Südafrika zu einem attraktiven Gebiet für ausländische Investitionen auf dem Kapital- und Produktionssektor. Die Entwicklung einer industriellen Infrastruktur, verhältnismäßig niedrige Steuern und Abgaben, die

Verfügbarkeit eines großen und billigen Arbeitskräfte-Reservoirs und
ein Binnenmarkt für Textilien, groß genug für eine wirtschaftliche
Inlandsproduktion zusammen, zogen das Kapital, die Technologie und
die Management-Ressourcen großer Firmen aus Großbritannien, Frankreich und Italien an."[1]

Den westeuropäischen Multis folgten später die amerikanischen, deren Investitionen im Industriessektor in den 60er und 70er Jahren erheblich zu-
nahmen. So weist etwa Magubane darauf hin, daß 60% aller in Südafrika
hergestellten Automobile von den drei US Firmen General Motors, Ford und
Chrysler hergestellt wurden.[2] Die Regierung drängte darauf, bei der In-
dustrieproduktion - wo möglich - eigene Rohstoffe und Halbfabrikate zu
verwenden. Dementsprechend wurden nur Komponenten importiert, die aus
technischen Gründen nicht am Ort hergestellt werden konnten. A.und N.
Seidman zeigen, daß US Automobilfirmen ihre lokale Produktion im Einklang
mit den "local content"-Erfordernissen (d.h., daß mehr als die Hälfte der
Einzelteile eines Fahrzeuges, am Gewicht gemessen, lokal hergestellt sein
müssen) weiter ausdehnten.[3] Außerdem begannen sie, Fahrzeuge, die in
Südafrika hergestellt waren, in andere Länder, insbesondere in der Region,
zu exportieren.

Die Investitionen der europäischen und amerikanischen multinationalen Konzerne und Banken basierten auf ihrem Interesse am niedrigen Lohnniveau
und haben im Verein mit der Politik der Regierung, die meisten strategischen Güter intern herzustellen, Südafrika zum größten Produzenten auf
dem Kontinent gemacht.

Doch trotz der Entwicklung einer enormen Industriebasis zeigt die Republik
in ihren Handelsbeziehungen mit den Industrienationen des Westens weiterhin die Charakteristika eines Dritte-Welt-Landes, allerdings mit einer auf
die südafrikanische Peripherie bezogenen Exportorientierung der verarbeitenden Industrie, für deren Inputs (Kapital, Technologie, Know-how) wiederum Importe von den Metropolen benötigt werden. Für diese Art der Verflechtung in die Weltwirtschaft wurde speziell mit dem Bezug auf Südafrika
der Begriff vom "imperialistischen Subsystem" (Biermann) oder vom "out-
post of monopoly capital" (Seidman) verwendet. Darunter ist des weiteren
zu verstehen, daß die RSA in keinem nennenswerten Umfang Industriepro-

---

[1] Seidman, A. und N.: US Multi-Nationals in Southern Africa, Dar Es
     Salaam 1977
[2] Magubane, B.M.: The Political Economy of Race and Class in South
     Africa, in: Monthly Review Press, New York and London 1979
[3] Seidman, A. und N., op. cit., p. 159

dukte in die Metropolen exportiert, zum anderen aber seine Hauptexportgü-
ter in die Industrienationen weiterhin Rohstoffe wie Kohle, Erze, Chrom,
Vanadium, Platin, Diamanten und natürlich Gold sind. Neben Rohstoffen exportiert Südafrika noch Agrarprodukte wie Zitrusfrüchte, sowohl frisch als
auch als Konserven, sowie Fischprodukte. Südafrikas Agrarprodukte haben
einen größeren Anteil am europäischen Markt als z.B. die Australiens. Dies
hat seinen Grund in der Verfügbarkeit billiger Arbeitskräfte in der RSA.
Auf dem Gebiet strategischer Rohstoffe dagegen ist Südafrika entweder der
größte oder der einzige Lieferant.

So kann zusammenfassend gesagt werden, daß innerhalb der südafrikanischen Wirtschaft nur die Bergbau-Multis und die Großfarmen direkten Zugang zum europäischen und US Markt haben. Der ursprüngliche Abnehmer
für die Produkte der entwickelten Industrie war der Binnenmarkt. Doch
wegen der niedrigen Löhne und des deshalb extrem niedrigen Lebensstandards der Massen der schwarzen Bevölkerung war seine Aufnahmefähig-
keit begrenzt. So ermöglichten niedrige Löhne zwar große Profite, aber der
aus ihnen resultierende Lebensstandard verhinderte gleichzeitig eine Erweiterung des Binnenmarktes. Das hatte zur Folge, daß die Länder des südlichen Afrika, und hier besonders die BLS-Länder, zum erweiterten Binnenmarkt für die südafrikanische Industrie wurden.

In den 60er und 70er Jahren versuchte Südafrika durch eine verstärkte,
vor allem über den Staatssektor laufende und durch die Einnahmen aus dem
Rohstoffexport finanzierte – auch exportorientierte – Industrialisierung den
Anschluß an die Schwellenländer bzw. "Newly Industrializing Countries" zu
gewinnen. Damalige Prognosen waren so optimistisch, daß sogar vom Überho-
len der wirtschaftlichen Leistungskraft Großbritanniens durch die RSA die
Rede war. Indes muß der Versuch Südafrikas, ein NIC zu werden, als total
gescheitert beurteilt werden. Die Krise der vergangenen Jahre legte in aller
Schonungslosigkeit den Charakter der südafrikanischen Volkswirtschaft als
"halbindustrialisiertes Entwicklungsland" bzw. als "halbindustrialisierter
Rohstoffexporteur" bloß. Die Entwicklung des Welthandels sowie der geringere Bedarf der Industrienationen an südafrikanischen Rohstoffen sind externe Ursachen. Doch die Krise ist zugleich eine strukturelle und liegt zum
großen Teil in der Geschichte der südafrikanischen Industrialisierung selbst
begründet. Dazu führt Karl v. Holdt aus:

> "In den 70er Jahren näherte sich der Konsumentenmarkt mehr und
> mehr der Sättigung. Neue Strategien wurden notwendig, um die Kon-
> sumgüterindustrie vor der Stagnation zu bewahren. Im Jahre 1972

berichtete die Reynders Kommission, die Strategien für das Wachstum der Industrie untersuchte, daß die Importsubstitution nicht länger Möglichkeiten des Wachstums bietet."[4]

Zu dieser Zeit bestand bereits der wesentlichste Teil der südafrikanischen Importe aus Investitionsgütern. Dies führte bei stagnierendem Export und sinkenden Weltrohstoffpreisen zu einem steigenden Zahlungsbilanz-Defizit. Da Südafrika keine exportorientierte Industrie aufbauen konnte, hängt seine Wirtschaft deshalb weiterhin von drei Faktoren ab:

a. vom Weltmarkt für Rohstoffe und Halbfertigwaren sowie zu einem kleineren Teil vom Export landwirtschaftlicher Produkte;

b. vom internationalen Goldmarkt (wertmäßig etwa 50% aller Exporte);

c. vom Import von Investitionsgütern, die für das Wirtschaftswachstum notwendig sind.

Doch der Import von Kapitalgütern steigert das Zahlungsbilanz-Defizit, was stets die Gefahr einer Rezession beinhaltet. Gleichzeitig lebt Südafrika mit einer steigenden Inflation, die zum einen durch Schein-Booms, basierend auf Krediten, zum anderen durch erhöhte Staatsausgaben bedingt ist. Zwischen Mitte 1984 und Mitte 1985 stieg die Inflation von 12% auf 16%[5] . Dazu äußerte sich der Wirtschaftsfachmann der Standard Bank, A. Hammersma:

"Die Inflation muß bekämpft werden; auf lange Sicht wird die Wirtschaft gesünder, wenn die Ausgaben unter Kontrolle bleiben. Wenn wir uns jedoch dafür entschließen, mit der Inflation zu leben, werden wir zu einer Bananenrepublik absinken."[6]

Im August 1987 errechnete der Wirtschaftsfachmann der "United Building Society" einen durchschnittlichen Inflationswert von 18.6% für 1986, machte aber klar, daß die Inflation auf dem Lebensmittelsektor bedeutend höher war, und errechnete für 1988 einen durchschnittlichen Inflationswert im Bereich Lebensmittel von 25% und einen mittleren Inflationswert (alle Güter) von 19%.

Anfang 1985 fiel der Wert des Rand ins Bodenlose und erreichte bei seiner Talfahrt im Juli den Gegenwert von 0.38 US$. Damit hatte die Währung fast 2/3 ihres Außenwertes von 1982/83 verloren. An seinem Tiefpunkt Ende 1985 war der Rand mit unter 0.30 US$ eindeutig unterbewertet, und es zeigte sich, daß es gefährlich ist, die Wirtschaft losgelöst von den gesellschafts-

---

[4]   Holdt, K. v.: The Economy : Achilles Heel of the New Deal, in: South African Review (3), Johannesburg 1986, p. 305

[5]   ders., op. cit., p. 309

[6]   Financial Mail 9. Nov. 1984, zit. nach v. Holdt, op. cit., p. 310

politischen Rahmenbedingungen zu betrachten. Dazu bemerkt David Rees:

"Nach den aufeinanderfolgenden Schocks 1985 hätte es eines Draufgängers bedurft, eine entscheidende Verbesserung der Wechselkurse vorauszusagen. Es gibt keinen wirklichen Grund, dies zu tun. Es ist wichtig, zu betonen, daß der einzige Einfluß, der zum Verfall der Wechselkurse geführt hat, die negative politische Atmosphäre ist."[7]

Die lebhaften Börsenaktivitäten 1987 täuschten einen Aufschwung vor, in Wirklichkeit handelte es sich jedoch um den Transfer in Sachwerten, den Aufkauf von Firmen etc. Das alarmierendste Anzeichen für die Wirtschaft der RSA war der Rückgang der Investitionen im Produktionsbereich um 60% seit 1980. Diese fielen von 4334 Mio. Rand 1980 auf 1776 Mio. Rand 1986. Dazu schreibt der Ökonom A. Jammine:

"Wir müssen irgendwie neue Mechanismen finden, um unsere Überschüsse in die Investitionen neuer Industrieexpansion und -modernisierung zu lenken. Dies muß durch eine neue Konzentration auf die Produktion geschehen und nicht dadurch, daß wir sinnlosen Papierprofiten nachjagen... Entweder wir bekennen uns dazu, hohe Technologie zu entwickeln und unsere industrielle Basis zu verbreitern, uns der chronischen Arbeitslosigkeit zu stellen oder wir werden in wenigen Jahren im wirtschaftlichen Chaos landen."[8]

Im August 1987 wurden die Wirtschaftsprognosen nach unten hin korrigiert. Im zweiten Quartal war die Wachstumsrate, ausgenommen die der Landwirtschaft, auf 0.2% gegenüber 2.5% im ersten Quartal gefallen.

Die Strukturkrise hat, wie dargelegt, historische Wurzeln und muß im Zusammenhang mit der Politik der Apartheid gesehen werden. Dies kommt z.B. auch in der Nennung der wünschenswerten Ziele durch P.H. Spies zum Ausdruck:

"Jedes wünschenswerte Wachstums-Szenarium setzt einen größeren beruflichen, technischen und unternehmerischen Beitrag der gesamten nicht-weißen Gesellschaft voraus. Wir könnten unsere ökonomische Machtbasis durch die Vernachlässigung der hauptsächlichen Antriebskraft der wirtschaftlichen Entwicklung in allen modernen Gesellschaften, nämlich die menschlichen Ressourcen, verlieren."[9]

Die Verflechtung von politischer Situation und Ökonomie zeigte sich deutlich im Regierungshaushalt für das Finanzjahr 1986/87. In seiner Haushaltsrede beschwor Finanzminister Barend du Plessis das Wachstum, das Ansteigen

---

[7]   Rees, D.: Rates of (Ex) Change, in: Leadership, Vol.5 Nr.1, 1986, p.31f.
[8]   The Star, Johannesburg, 11.08.87 ("Studies warn of economic disaster in SA")
[9]   The Star, Johannesburg, 22.6.1987 ("Major Rethink of Economic Options needed")

der Beschäftigung und die Verringerung der Inflation. So zeigt die Neuverschuldung von 16.2%, wenn eingehalten, unterhalb der Inflationsrate eine
beträchtliche Selbstdisziplin. Doch bei genauer Betrachtung der Einzelhaus-
halte werden die Absichtserklärungen zu Lippenbekenntnissen. Die Verteidi-
gungsausgaben stiegen um 30% und die für die Polizei gar um 43%. Diese
beiden Titel allein stehen für 19% des Gesamthaushaltes und werden wenig
zur Erreichung der angestrebten Ziele beitragen. Den größten Anstieg eines
Einzelhaushaltes verzeichnet das Außenministerium mit 60%[10]. Hierin sind
die Kosten für den Unterhalt der "homelands" enthalten. Fast alle diese
"selbstständigen Staaten" sind bankrott, und die Finanzzuwendungen Pretorias werden selten in wachstums- oder beschäftigungsintensive Projekte
investiert. Soweit sie nicht im Korruptionssumpf versinken, werden sie in
Prestigeprojekten wie dem Bau gigantischer Sportstadien oder neuer Haupt-
städte angelegt. Die Bauindustrie der RSA ist jedoch verhältnismäßig ratio-
nalisiert und eher kapital- als arbeitsintensiv.

Es ist in der Vergangenheit des Öfteren über die Kosten der Apartheid diskutiert worden. Dieses System hat eine gewaltige Infrastruktur bereitzustellen und muß einen Verwaltungsaufwand betreiben, der seines Gleichen
sucht. Allein 31.4% des Regierungshaushaltes wurden 1986 für Gehälter der
staatlichen Bediensteten ausgegeben. Alle Untersuchungen kommen mehr
oder weniger zu dem selben Schluß, daß die Apartheid in zunehmendem
Maße unfinanzierbar wird.

Alles in allem können die Zukunftsaussichten für die südafrikanische Wirtschaft nicht optimistisch beurteilt werden. Der dafür wesentlichste Indikator
ist der Rückzug vor allem US-amerikanischer multinationaler Konzerne. Firmen wie Kodak, ITT, General Motors und Ford sowie die Banken Barclays
und City Bank, um nur einige zu nennen, zogen sich zurück. Dies geschah
oft gleichzeitig mit dem auf sie ausgeübten Druck der Anti-Apartheid Lobby
ihrer Mutterländer, und die offiziellen Gründe waren oft genug Anklagen
gegen das Regime in Pretoria. Bei genauer Betrachtung war es jedoch die
sinkende Ertragslage, die sie zu diesen Entscheidungen veranlaßte.

Kapital reagiert sensibel. Es benötigt nicht nur billige Arbeitskräfte, sondern auch politische Rahmenbedingungen, die ein günstiges 'Investititions-
klima' schaffen. Die gegenwärtigen Machthaber der Nationalen Partei sind
nicht mehr in der Lage, geeignete Rahmenbedingungen zu garantieren. Es
zeichnet sich ab, daß die Diskrepanz zwischen militarisierter Politik und

---

[10]   Weekly Mail, Johannesburg, 11.6.1987 ("Between Promises and Reality")

den Interessen des Kapitals eher größer wird. Die Gruppe von Commonwealth Politikern (Eminent Persons Group), die 1986 Südafrika besuchte,
stellt in ihrem Abschlußbericht fest:

"Wir hatten den klaren Eindruck, daß die Geschäftswelt auf der
Suche nach friedlichen Reformen entlang einer mittleren politischen
Linie war, aber auch bis zu einem gewissen Grade den Kontakt zu
den Ansichten der Schwarzen vermissen ließ. Wir drückten die Meinung aus, daß sie einen größeren Druck auf die Regierung ausüben
könnte und sollte."[11]

Der mögliche Einfluß von südafrikanischen Vergeltungs-
sanktionen auf Botswana

Die Drohung von Wirtschaftssanktionen gegen die Republik Südafrika hat
immer existiert. Wie gezeigt, war es diese Drohung, welche die Regierung
dazu veranlaßte, den industriellen Sektor und besonders die Waffen-
industrie schnell zu entwickeln, um sich vor eventuellen Sanktionen zu
schützen.

Der Kampf gegen die Apartheid erreichte einen vorläufigen Höhepunkt 1984
mit der Einführung des Drei-Kammer-Parlaments und des Staatsnotstandes
1985. Dies intensivierte die internationalen Kampagnen für Wirtschaftssanktionen gegen die Republik Südafrika. Der Druck kam vom Commonwealth,
westeuropäischen Oppositionsparteien, dem US-amerikanischen Kongreß
(1986) sowie durch die öffentliche Meinung im Westen und wurde kräftig
unterstützt von den unabhängigen Staaten des südlichen Afrika. In seinen
Bemühungen, den Argumenten für Wirtschaftssanktionen zu begegnen, wurde
Südafrika unterstützt von den konservativen Parteien in Großbritannien und
der Bundesrepublik sowie der Reagan Administration in den Vereinigten
Staaten. Ihr gemeinsames Argument: Wirtschaftssanktionen gegen die Republik werden die Schwarzen Südafrikas treffen und außerdem nicht nur Südafrika als den höchst entwickelten Staat der Region belasten, sondern indirekt alle Staaten des südlichen Afrika.

Auf dem Höhepunkt der Diskussion drohte Südafrika 1985 mit Vergeltung
gegen seine Nachbarländer, sollten Wirtschaftssanktionen verhängt werden.
Die Drohung zielte in erster Linie auf die Repatriierung der Wanderarbeiter,
die in Südafrikas Minen und auf den Farmen tätig sind. Für Botswana wür-

---

[11]   The Commonwealth Group of Eminent Persons: Mission to South Africa,
       The Commonwealth Report, Middlesex England 1986, p.97

de eine solche Maßnahme nicht nur den Verlust der Geldüberweisungen der Wanderarbeiter bedeuten, sondern auch ein unmittelbares Ansteigen seiner Arbeitslosenzahl. Allein diese Maßnahme hätte sofortige sozio-ökonomische Folgen, da Botswanas Wirtschaft diese Arbeitskräfte nicht eingliedern kann. Weiterhin müßte Botswana, sollte Südafrika seine Drohungen der Vergeltung in die Praxis umsetzen, alternative Handelswege finden. Das würde kurzfristig teuer, langfristig aber, wie J. Hanlon[12] sowie P. Johnson und D. Martin[13] darlegen, billiger. Neben der Schwierigkeit, neue Handelswege zu finden, würde Botswana seine Zolleinnahmen aus dem Topf der Zollunion verlieren. Südafrikas Vergeltung gegen das im hohen Maße abhängige Botswana könnte in verschiedener Form, wie Verlangsamung der Nahrungsmittellieferungen oder gar Einstellung der Rohölversorgung, das Land lähmen. Südafrikanische Vergeltungsmaßnahmen würden also in Botswana beträchtlichen Schaden anrichten.

Aber die Drohung der südafrikanischen Regierung, Sanktionsvergeltung zu üben, läuft den Interessen innerhalb der Republik entgegen. So hat Südafrika wesentliche Vorteile aus dem Abhängigkeitsverhältnis, das zwischen seiner eigenen und der Wirtschaft der Länder des südlichen Afrika besteht. Diese Vorteile sind im Falle der BLS-Länder, verglichen mit den anderen Staaten der Region, noch gravierender. Botswana ist innerhalb der Zollunion der größte Kunde für südafrikanische landwirtschaftliche Erzeugnisse, Industrieprodukte und Maschinenersatzteile. Natürlich beschäftigt der Export nach Botswana keinen sehr wesentlichen Teil der Wirtschaft Südafrikas, aber Botswana ist auch ein Einkaufsland für andere unabhängige Staaten des südlichen Afrika geworden. Dies zeigt sich an der großen Zahl von Bürgern aus Zimbabwe und Zambia, die nach Botswana zum Einkaufen kommen. Bevorzugte Waren sind gehobene Konsumgüter wie Kraftfahrzeuge, Unterhaltungselektronik und Uhren.

Bedenkt man dies im Gesamtzusammenhang der südafrikanischen Wirtschaftssituation, ist es eher unwahrscheinlich, daß bei gleichzeitig stagnierendem bis rückläufigem Binnenmarkt, einem geringen Exportmarkt für südafrikanische Industrie- und Agrarprodukte und noch geschwächt durch Wirtschaftssanktionen die RSA ihre Drohungen gegen die Nachbarländer in der Weise in die Tat umsetzt, daß sie sich sicherer Märkte beraubt. Die Regie-

[12] Hanlon, J.: Apartheid's Second Front - South Africa's War against its Neighbours, Middlesex England, 1986, p.77 ff.
[13] Johnson, P./Martin, A.D.: Destructive Engagement. South Africa at War, Harare 1986

rung würde sich einer erheblichen Opposition aus den Reihen der Industrie und des Handels gegenüber sehen, da deren Umsätze durch die engen Beziehungen mit Botswana gefährdet würden. Das zeigte sich im November 1985, als bekannt wurde, daß die Regierung Kontingentierungspläne zur wirtschaftlichen Vergeltung gegen die Nachbarstaaten erarbeitete, die im Grundsatz die Repatriierung von Wanderarbeitern vorsah. Dies löste eine starke Opposition der multinationalen Minenunternehmen aus, und die Regierung sah sich veranlaßt, die Pläne (zumindest zeitweise) auszusetzen. Die Opposition der Minengesellschaften wirft ein Licht auf den Wert, den diese Arbeitskräfte für den Bergbau haben. Es handelt sich nicht nur um billige Arbeitskräfte, die hohe Profite erwirtschaften, sondern auch darum, daß sie Facharbeiter sind, deren Erfahrung mit der Repatriierung verloren gehen würde. Neue Arbeitskräfte auszubilden, würde teuer und zunächst in verringerter Produktivität und niedrigeren Gewinnen sichtbar werden. Darüber hinaus hilft die Existenz der Wanderarbeiter dem Management, die Arbeiterschaft zu spalten; sie sind somit eine Kraft gegen die unabhängigen Gewerkschaften.

Im Falle Botswanas wird die Durchsetzung einer Politik der Vergeltung besonders schwierig wegen der großen Kapitalverflechtungen südafrikanischer Unternehmen mit der Wirtschaft Botswanas. So hängt der Bergbau als der führende Sektor der Wirtschaft Botswanas sowohl in Technologie als auch im Management voll von dem südafrikanischen Multi Anglo American Corporation ab. Es wird geschätzt, daß gegenwärtig 30% der Weltproduktion an Diamanten in Botswana geschürft werden. Es ist daher höchst unwahrscheinlich, daß Anglo American es zuließe, die Kontrolle über 30% der Weltdiamantenproduktion an einen Konkurrenten zu verlieren, nur um sich der Vergeltungspolitik der Regierung zu unterwerfen. Doch südafrikanisches Kapital ist nicht nur im Bergbau engagiert, sondern auch im Groß- und Einzelhandel, der südafrikanische Produkte absetzt. Darüber hinaus werden fast 100% aller im Lande verkauften Kraftfahrzeuge sowie deren Ersatzteile in der RSA hergestellt. Daraus läßt sich schließen, daß die Durchsetzung von Vergeltungssanktionen in einem Maßstab, der Botswanas Wirtschaft lähmen würde, sehr erhebliche Folgen für Südafrikas eigene Ökonomie hätte.

Die Bedeutung, die Botswana als Markt für Südafrikas Industrie hat, wird deutlich in der Tatsache, daß zwar die Repatriierung von Wanderarbeitern und die Schließung der Transportwege und Häfen für die Produkte Botswanas angedroht wurden, es aber keine Drohung gibt, den Export südafrikanischer Produkte in die Länder des südlichen Afrika zu unterbinden.

Zusammenfassend läßt sich daher folgern, daß Botswana wegen seiner strategischen Position für die Ökonomie Südafrikas kaum Vergeltungssanktionen als Folge internationaler Sanktionen gegen die RSA selbst ausgesetzt sein wird, die seine Wirtschaft unterbrechen. Indessen ist es wahrscheinlich, daß es sich einer Periode des wirtschaftlichen und politisch-militärischen Drucks gegenüber sehen wird, der in Form von verlangsamtem Warenfluß und periodischen Überfällen der südafrikanischen Armee seinen Ausdruck findet und einen Versuch der südafrikanischen Regierung darstellt, gegenüber seiner weißen Wählerschaft zu zeigen, wer die führende Regionalmacht ist.

Positive Auswirkungen von Sanktionen gegen Botswana

Während bis jetzt die negativen Auswirkungen von Wirtschaftssanktionen dargestellt wurden, muß hier auch etwas über die durchaus möglichen positiven Aspekte gesagt werden. Diese basieren auf der Tatsache, daß Botswana eine gute Reputation als Demokratie besitzt. Es hat ein gutes Zeugnis in der Beachtung der Menschenrechte, die einmalig auf dem Kontinent ist. Botswana unterhält eine freie Marktwirtschaft mit günstigen Bedingungen für Fremdinvestitionen. Es hat eine weitgehend konvertierbare Währung, erlaubt den Rücktransfer von Profiten und betreibt einen sehr liberalen Devisenhandel. Als Mitglied der Zollunion hat es Zugang zu deren Markt einschließlich der RSA selbst. Genausogut kann es seine Waren in andere afrikanische Länder und den Rest der Welt exportieren. Es ist deshalb keinesfalls unwahrscheinlich, daß Botswana Produzenten aus Südafrika anzieht, die aufgrund von Wirtschaftssanktionen Schwierigkeiten haben, sich Zugang zu ausländischen Märkten zu erhalten. Nach einer Meldung der "Botswana Gazette" haben drei Textilfirmen, die in Südafrika tätig waren, ihre Produktion in Swazilands Hauptstadt Mbabane verlegt, und das Land erwartet noch mehrere Firmen, die im Rahmen der Kapitalflucht ihre Produktion nach Swaziland verlagern[14]. Das gleiche Beispiel könnte sich in Botswana wiederholen. Südafrikanische Firmen könnten die dann in Botswana produzierten Produkte in die RSA liefern und sich ausländische Märkte erhalten, wobei sie sich die Vorteile der Zollunion zu Nutze machen.

---

[14] Botswana Gazette, Gaborone, 12.11.86

Schlußfolgerung

Es scheint, daß südafrikanische Vergeltungssanktionen gegen Botswana aus wohlverstandenem Eigeninteresse in der angedrohten Form kaum zur Ausführung kommen und damit Botswanas Wirtschaft keiner wesentlichen Zerreißprobe ausgesetzt wird. Eine Vernichtung der Ökonomie Botswanas, die zweifellos in der Macht Südafrikas liegt, würde die eigene Wirtschaft zusätzlich zu ihrer Strukturkrise eines lukrativen Marktes berauben. Südafrikas Investoren in Botswana, in erster Linie die Bergbauunternehmen und die Handelshäuser, würden jede Aktion, die ihre sicheren Märkte und Investitionen gefährden, bekämpfen. Darüber hinaus könnte Botswana einen Vorteil aus internationalen Sanktionen gegen die RSA ziehen, indem es zusätzliches Kapital anlockt, Produktionen von Südafrika nach Botswana zu verlagern. Diese Möglichkeit entspräche den Erfahrungen aus den Ereignissen in Zimbabwe nach der Unabhängigkeit, wo einige Produzenten, verunsichert durch die politischen Verhältnisse, das Land verließen und sich im Nordosten Botswanas niedergelassen haben. Doch diese Überlegungen basieren auf einer Analyse der Interessenlage und setzen logisches, auf dieser basierendes Handeln voraus. Es bleibt allerdings der Faktor der Unberechenbarkeit Pretorias, oder wie R. Weisfelder es ausdrückt:

"Wie könnten Südafrikas Interessen durch die Unterbrechung der normalen Beziehungen mit Botswana in Form von kleineren militärischen Interventionen gesichert werden? Es scheint im Gegenteil, Südafrikas drohende interne Probleme und sein ausgedehntes militärisches Engagement in anderen Gegenden würden Pretoria einen guten Grund geben, eingefahrene und berechenbare Übereinkünfte mit dem friedlichen, demokratischen und weitgehend verteidigungsunfähigen Botswana zu erhalten. Eine solche Analyse übersieht den Umfang, in welchem das Botha-Regime seiner eigenen Rhetorik glaubt, daß ein 'totaler Angriff', inszeniert in Moskau, einer gleichermaßen allumfassenden "totalen Strategie" bedarf."[15]

Statistische Quellen
Labour Force Survey 1984/85, CSO, Ministry of Finance and Development Planning, Gaborone
Migration in Botswana, Pattern Causes and Consequences, Final Report Vol. 1-3, CSO, Gaborone
Statistical Bulletin June 1987, Vol. 12, CSO, Gaborone
Country Profile 1985, CSO, Gaborone
Barclays: Economic Survey and Businessman's Guide 1985
National Development Plan 6, 1985-91, Gaborone 1985
External Trade Statistics 1983/84, Department of Customs and Excise, Gaborone 1985

---

[15] Weisfelder, R.: Prospects for the Future, in: Picard, A.L.(Hrsg.): The Evolution of Modern Botswana, London 1985, p.284

KAPITEL 4   TSWANA KULTUR

4.1 Die traditionelle gesellschaftliche Ordnung:
   Kgosi, Kgotla, Ngaka

   Sophisto Nthobatsang

   übersetzt von   Elisabeth Zeil-Fahlbusch

Die Struktur der Gesellschaft

Die vorkoloniale Tswana-Gesellschaft war eine kohärente Gesellschaft. Ihre sozio-ökonomischen, politischen und kulturellen Einrichtungen waren untrennbar verschränkt. Das zeigt sich daran, daß die Institution des "Bogosi" (Chieftum) der zentrifugale Bezugspunkt für das tägliche Leben der gesamten Tswana-Gemeinschaft war.

Im Unterschied zu heute existierte vor der Unabhängigkeit jede Gruppe als eigenständige politische Gemeinschaft. Jeder Stamm hatte sein eigenes Oberhaupt und schuldete keinem anderen Loyalität.

Grundsätzlich jedoch gleichen sich alle Tswana-Stämme, die das heutige Botswana bewohnen, in Sprache, Kultur, sozio-ökonomischer und politischer Organisation. Diese sind: die Bangwato, Bakwena, Batawana, Bangwaketse, Bakgatla, Balete und die Barolong, wobei die letzte Gruppe u.a. die Bahurutshe und Batlokwa umgreift (vgl. oben 1.2).

Es ist auch wichtig, zu bemerken, daß die Tswana-Stämme immer Seite an Seite mit anderen, nicht-tswanasprachigen Gruppen gelebt haben, wie den Bakalanga im Norden und NO, den Babirwa und Batswapong in Ost-Zentral-Botswana, den Bayei und Hambukushu im äußeren NW und den Bakgalagadi-Gruppen im südzentralen und südwestlichen Teil Botswanas. In den westlichen und zentralen Gebieten Botswanas leben außerdem die San, oder Basarwa, die ethnisch ein eigenes Volk sind.

Das folgende Schaubild zeigt die gesellschaftlich-politische Hierarchie der Tswana-Gesellschaft:

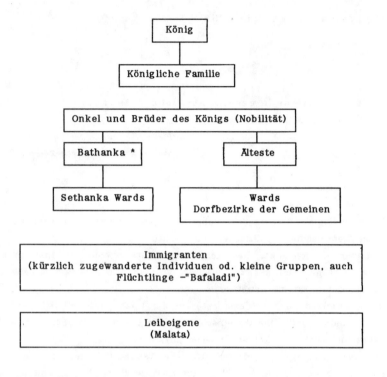

* Sub-chiefs, d.h. Oberhäupter vor langer Zeit integrierter Gruppen

Funktionen des Königs (Kgosi)

Durch die Institution der "Kgotla" (königlicher Hof oder Ratsversammlung) übte der König die höchste Autorität innerhalb der Tswana–Gesellschaft aus. Er war der Führer seines Volkes in vieler Hinsicht.

Der König als exekutives Organ der Regierung

Der König war das Oberhaupt des regierenden Rates, der die gesamten Staatsgeschäfte führte. Der Rat bestand aus dem König, seinen Brüdern und Onkeln, geachteten Ältesten und einigen Oberhäuptern sowohl bürgerlicher wie auch Sethanka–Wards. Der Rat war für Staatssicherheit und Verteidigung, Hungersnöte und Entwicklungsangelegenheiten zuständig. In ihm waren alle sozialen Ränge außer den Leibeigenen repräsentiert; diese waren zumeist Basarwa and Bakgalagadi. Jedes Mitglied des Rates hatte das Recht, seine Meinung zu äußern, eingeschlossen das Recht, den König zu beraten und anzufechten. Durch diese Stellung neutralisierte der Rat die absolute Autorität des Königs; deshalb war der König nie ein totalitärer Herrscher. In regelmäßigen Zeiträumen beraumte der König eine große Versammlung aller Ältesten der Nation an ("pitso"). In dieser Versammlung hielt der König eine Ansprache, um sodann Kommentare, Zusätze und Gegenreden seitens jedes Einzelnen der Versammelten zu hören. Bei Gelegenheit der "pitso" genannten Versammlung wie bei jeder anderen Zusammenkunft in der "Kgotla" hatte jedermann das Recht der Meinungsäußerung, sofern er über den Status des Ältesten und geistige Gesundheit verfügte. Das Gewohnheitsrecht schützte die Ratsmitglieder und gewährte allen gleiche Rechte, solange sie als Individuen des Gesetz respektierten. Redefreiheit, direkte und indirekte Demokratie haben also immer die Tswana–Gemeinschaften charakterisiert. Das Konzept der Beratung war der Grundstein freundlicher Beziehungen zwischen den Herrschern und den Beherrschten.

Sobald ein König sich autokratisch gebärdete, wurde seine Autorität immer durch den Regierungsrat und die Öffentlichkeit bei den "pitso"-Versammlungen angefochten. In Fällen, wo er sich über die Interessen und die Macht seines Volkes hinwegsetzte, wurde er gestürzt. Der König war letztlich ein Hüter der Interessen seines Volkes, denn seine Macht lag in seinem Volk. Grundlegende politische Entscheidungen konnten nicht durchgesetzt werden, bevor der Regierungsrat und das Volk sie für gut geheißen hatten.

Der König als Haupt der Legislative

Der Regierungsrat war durch Gewohnheitsrecht ermächtigt, Gesetze zu erlassen oder Novellierungen vorzuschlagen, und diente damit als gesetzgebende Körperschaft. Seit undenklichen Zeiten bis heute wurden die ungeschriebenen Gesetze, die das Leben der Batswana bestimmen, durch diesen Rat vorgelegt. Er besaß die Macht, jedes existierende Gesetz zu ergänzen oder zu verändern, um es den Erfordernissen der Zeit anzupassen. Z.B. wurden alle Gesetze, die Verheiratung, Erben von Eigentum, Ehescheidung, Viehdiebstahl etc. betreffen, von diesem Rat – unter Konsultation der Öffentlichkeit – festgelegt.

Der König als oberster Richter

Die "Kgotla" war die permanente Zentrale des Königs. Sie diente als Forum
für die Exekutive, die Gesetzgebung und die Rechtsprechung. Als oberster
Richter erfüllte der König viele Pflichten der Gesetzesdurchführung. Er leitete die Gerichtsverhandlungen in Fällen bürgerlichen Rechts, wenn diese
von seinen Onkeln oder Brüdern nicht entschieden werden konnten. Er
schlichtete Streitigkeiten zwischen Clans oder Familien. Er führte den Vorsitz bei allen Kriminalfällen wie Ehescheidung, Mord oder Viehdiebstahl.
Ebenso wurden Berufungsfälle der Dorfdistrikte ("wards"), von Vassallen-
Gruppen und abgelegenen Dörfern durch den König entschieden. Der König
hatte also die oberste Aufsicht über Rechtsanwendung und Gesetzesdurchführung. Wenn er ein Gerichtsurteil fällte, konnten allerdings seine Brüder,
Onkel oder andere Älteste sich für den Schuldigen einsetzen, so daß auch
hier das Urteil des Königs immer auf der Meinung der gesamten "Kgotla",
d.h. auf der allgemeinen Ansicht aller in der "Kgotla" Anwesenden basierte.

Der König als Oberhaupt in religiösen und kulturellen
Angelegenheiten

Vor dem Einbruch des Christentums glaubten die Tswana-Gemeinschaften an
die Macht der Ahnen ("badimo") und verehrten sie. Über den "Badimo" anerkannten die Batswana die Existenz eines übernatürlichen Seins oder
Schöpfers des Universums und des Menschen, "Modimo" – Gott. "Modimo"
galt als Höchstes Wesen, das über den "Badimo" stand. Der König diente als
Verbindungsglied zwischen den Lebenden und den Toten. Er war ein Bot-
schafter der lebenden Menschen wie auch umgekehrt derjenige, der den
Willen der Ahnen den lebenden Menschen übermittelte. Wenn Hungersnot
oder andere Naturkatastrophen über die Batswana hereinbrachen, schrieben
sie diese der Unzufriedenheit der Ahnen zu. Gute Regenfälle und reiche
Ernten schrieben sie der Zufriedenheit der Ahnen zu. Um ihre Ahnengeister
zu beschwichtigen, hielten die Batswana spezielle rituelle Veranstaltungen
ab, bei denen sie eine Ziege oder ein Rind schlachteten, das gewöhnlich von
bestimmter Farbe sein mußte, vorzugsweise schwarz oder weiß. Der König
stand auch den Zeremonien zur Herbeiführung von Regen vor wie er auch
alle anderen kulturellen Riten leitete, die später erörtert werden sollen.

Die Institution der "Kgotla"

Die "Kgotla" war immer die bei weitem wichtigste Einrichtung der Batswana und wird diese Stellung auch in Zukunft behalten. Sie besaß viele Funktionen. Jeder Stadtbezirk hatte seine eigene "Kgotla". Die hierarchische Ordnung der "Dikgotla" variierte von Stamm zu Stamm. Bei den Bangwato sah diese Ordnung folgendermaßen aus:

Kgotla des Königs
|
Sethanka Kgotla
|
Commoner Ward Kgotla

Familienstreitigkeiten und auf den Bezirk begrenzte Entwicklungsvorhaben wurden in der "Kgotla" des jeweiligen bürgerlichen Distrikts behandelt. Sofern ein Konflikt auf dieser Ebene unlösbar war, wurde er an die "Kgotla" eines "Sethanka"-Bezirks überwiesen und, falls nötig, schließlich bis vor die "Kgotla" des Königs gebracht.

Die Haupt-"Kgotla" (i.e. des Königs) war der Ort der staatlichen Exekutive, Legislative, Judikative und allgemeinen zeremoniellen Veranstaltungen. Alle nationalen Veranstaltungen fanden dort statt, einschließlich der Zeremonie des Herbeiführens von Regen und später, unter christlichem Einfluß, der Gebete um Regen. Abgesandte, Boten und Delegierte benachbarter Gruppen wurden in der Haupt-"Kgotla" empfangen. Alle Protokoll-Angelegenheiten fanden also in der königlichen "Kgotla" statt. Traditionell brannte in jeder größeren "Kgotla" ein permanentes Feuer, das die kontinuierliche Existenz der Gemeinschaft symbolisierte. Daneben diente dieses Feuer in früheren Zeiten praktischen Zwecken. So hielt es wilde Tiere ab, und Gesandte, die den König sprechen wollten, wie auch die ständigen Bediensteten der "Kgotla", die Besucher empfingen und Gesuche entgegen nahmen, konnten sich daran aufwärmen.

Das Konzept der Tswana von Demokratie beruhte im wesentlichen auf der Institution der "Kgotla".

Wenn es Krieg gab, bliesen die Männer, welche sich ständig in der "Kgotla" aufhielten, gewöhnlich Bathor und einige Angehörige der königlichen Familie, das Kriegshorn, um alle Männer in der Haupt-"Kgotla" für den Kampf zu versammeln.

Die Residenz der königlichen Familie lag nahe der Haupt-"Kgotla", ebenso auch öffentliche Einrichtungen wie die Kornspeicher. Der königliche Vieh-Kral befand sich ebenfalls dort; hier wurden beschlagnahmte und gestohlene Rinder und Rinder, die als Bußgeld bezahlt worden waren etc. sowie Kleinvieh (Ziegen) gehalten. So kamen die Bauern im allgemeinen zur "Kgotla", wenn sie verlorengegangenes, beschlagnahmtes oder gestohlenes Vieh suchten.

Religiöse und kulturelle Praktiken der Tswana

Die Batswana hatten immer ein holistisches Konzept von Krankheit und Gesundheit. Sie gingen davon aus, daß jede menschliche Krankheit sowohl sozio-kulturelle als auch organische Gründe hat, also nicht nur durch letztere verursacht ist, wie es die westliche Medizin annimmt. Es ist deshalb wichtig, den Begriff und vor allem die Praxis von "Boloi" zu untersuchen.[1]

"Boloi" und "Baloi"

In einem sehr starken Maße ist "Boloi" mehr eine Praxis als nur ein Glaube, wie es einige Wissenschaftler sehen. Es ist eine Praxis in dem Sinne, daß "Baloi" sich materieller Dinge bedienen, um etwas Gutes zu zerstören. Die Motive dieser Praxis sind Eifersucht oder Neid, Selbstsucht und Arroganz. Sie enthält also nichts Konstruktives oder Progressives. Wie alle Praktiken, variiert "Boloi" von Situation zu Situation und ist gewöhnlich zugeschnitten auf die Bedingungen des besonderen Falles.

Es ist schwierig, hier das ganze Arsenal, das von den "Baloi" benutzt wird, im einzelnen aufzulisten. Die häufigsten Gegenstände und Substanzen sind Wurzeln, Stengel, Zweige und Blätter von Pflanzen, tierisches Fett und Blut,

---

[1] "Boloi": Kunst, Phänomen, Praxis der Magie; "Baloi" ("Moloi" im Singular): Leute, die Magie einsetzen, über magische Künste verfügen. Die anthropologische Literatur unterscheidet i.A. zwischen "weißer" und "schwarzer" Magie. Weiße Magie erfüllt schützende und produktive Funktionen in der Gesellschaft, während schwarze Magie als destruktive Kraft fungiert. Bei "Boloi" handelt es sich um schwarze Magie, wobei im vorliegenden Artikel ihre Agenten als übelgesinnte Personen beschrieben werden, die willentlich magische Mittel zur Schädigung anderer einsetzen. Zur Funktion von weißer und schwarzer Magie sowie zur Unterscheidung von "witchcraft" and "sorcery" vgl. Staugard, F.: Traditional Healers, Gaborone 1985, p. 93 ff.

auch von Schlangen, sowie Knochen, einschließlich Teile menschlicher Ske-
lette, - um das Wichtigste zu nennen. Die Frage, wie "Baloi" die genannten
Gegenstände und Substanzen als tödliche Waffen einsetzen, ist schwer zu
beantworten, aber etwas Grundsätzliches kann hierzu gesagt werden. Man
muß aus der Tswana-Kultur kommen, um der Komplexität folgen zu können,
die in der Erklärung liegt. Man muß frei sein von Vorurteil und Neigung.
Man muß drittens akzeptieren, daß wissenschaftliches Denken nicht als Maßstab hergenommen werden kann, um die Praxis von "Boloi" zu analysieren
oder zu verifizieren. Und man muß viertens von der Voraussetzung ausgehen, daß, ganz wie die Elemente des Periodensystems in der Chemie bestimmte Eigenschaften besitzen, dies auch z.B. für Wurzeln, Stengel, Zweige
und Blätter von Pflanzen gilt. Die "Baloi" scheinen die Eigenschaften und
Charakteristiken der verschiedenen Pflanzenteile gründlich untersucht zu
haben. Sie benutzen übrigens auch bestimmte Gesteine.

Von folgenden Handlungsweisen wird gemeinhin angenommen, daß "Baloi"
dahinterstehen[2]:
a. Vergiften von Essen ("Sejeso") mit verschiedenen Intentionen; es soll
töten, Körper oder Geist schwächen etc.. Das am häufigsten im Zusammenhang mit Nahrungsmitteln verwendete Mittel ist "Moratiso" ("Love Portion").
Es ist eine Kräutermischung (ein "Charme"[3]), die von Liebenden, gewöhnlich
den Frauen, benutzt wird, um die Liebe des Partners für sie zu stärken
und zu steigern. Im allgemeinen wird der betroffene Mann 'verrückt' und
wird alles tun, um die Frau zu heiraten oder ihr zu gefallen, ohne Rücksicht auf den eventuellen Rat oder Druck anderer Leute. Er wird die Frau
fürchten und sie ehrfürchtig verehren.
Zweitens kann "Sejeso" angewendet werden, um einen Mann dazu zu bringen, für eine andere Person zu arbeiten. Er wird dies auf seine eigenen

---

[2] Um größtmögliche Authentizität des Textes zu wahren, wird darauf
     verzichtet, die nachfolgend aufgeführten Handlungsweisen, die mit
     schwarzer Magie zu tun haben, zusammenzufassen. Der fremde Leser
     mag zwischen den verschiedenen magischen Handlungsweisen und
     Effekten nicht immer differenzieren können. Doch hat jede der
     aufgeführten einen eigenen Namen in Setswana. Es muß daher
     angenommen werden, daß sie im Bewußtsein der Batswana differenziert
     sind.
[3] "Charm" (i. Original): Fetisch, Zauber etc. läßt sich hier mit "magisches
     Mittel" oder "magische Kraft" umschreiben und wird im ff. so übersetzt.
     Es kann im Prinzip alles sein, sofern es nur den gewünschten Effekt
     erzielt.

Kosten tun und alles, was er dabei verdient, der Person geben, die ihn 'verhext' hat. Dies wird "Go-itebaganya" genannt.

Drittens dienen angeblich einige Mischungen von "Sejeso" dazu, jemanden dazu zu bringen, sich selbst zu blamieren oder zu einer nutzlosen Person in der Gesellschaft zu machen. Dies wird "Go-tsherearya" genannt.

b. Eine weitere sehr häufige Handlungsweise ist es, den Sand von jemandes Fußabdruck, seines Urins oder seiner Fäkalien aufzunehmen. Sobald "Baloi" im Besitz dessen sind, können sie angeblich bestimmte Mittel mit der Absicht hinzufügen, die betreffende Person zu 'behexen'. In der Folge wird das Opfer sterben, krank oder verrückt oder in dieser oder jener Weise verletzt werden. Dies wird "Go tsaya mothala", bzw. "Go tsaya mothapo", bzw. "Go tsaya boloko" genannt.

c. Eine andere häufige Handlungsweise ist es, magische Mittel gegen jemandes Vieh-Kral oder Felder anzuwenden, so daß sein Vieh entweder verloren geht oder stirbt oder seine Felder weniger Ernte erbringen. Sobald das Opfer dadurch arm wird, ist die Absicht erreicht. Dies wird "A dimolekane" genannt. Hier soll also jemand verhindert werden, Fortschritte in seinem Leben zu erreichen.

d. Andere Kräuter oder magische Mittel sollen angeblich die Kraft besitzen, Liebesbeziehungen oder Ehen zu zerbrechen. Sie werden auf Decken, das Bett oder die Matte des Paares aufgetragen oder dem Essen des Paares zugefügt oder gegen die Kleidung des Opfers geblasen oder, mit Wasser vermischt, auf diese geschmiert. Dies wird "Go thadisa" genannt.

e. Wieder andere magische Mittel sollen die Macht haben, überhaupt Konflikte zwischen Menschen zu schüren. Die Opfer sind im allgemeinen Familien, Paare und Geschwister; wenn sie z.B. gegen Eheleute angewendet werden, werden diese sich häufig streiten und niemals mehr freundschaftlich miteinander umgehen. Brüder und Schwestern werden sich dauernd zanken, sobald sie einmal auf diese Weise 'behext' worden sind. Diese Art von "Charme" beschleunigt also Konflikte, Spannungen und Disharmonie. Das Mittel heißt "Kgothang" und wird aus der Rinde eines Baumes, dessen Zweige sich im Wind aneinander reiben, oder aus einigen Wurzeln hergestellt, die mit Insekten, Grashüpfern etc. vermengt werden.

f. Andere Mittel sollen den Effekt haben, es jemandem schwer oder gar unmöglich zu machen, in seinem Leben voranzukommen. Das kann Mißlingen bedeuten, eine Arbeit zu finden oder einen Platz an der Schule zu bekommen; es kann auch bedeuten, von Verletzungen oder Schicksalsschlägen heimgesucht zu werden. Das ist eine "abstrakte" Wirkung von "Boloi", denn obwohl das Opfer es niemals leicht hat, wird es nie genau sagen können, was der eigentliche Grund ist. Das wird "Go Rarega" genannt.

g. Andere magische Mittel sollen die Wirkung besitzen, daß jemand dauernd Schicksalsschläge und Unglück erfährt. Er wird keinen Wettbewerb in seinem Leben gewinnen. Seine Pläne und Absichten werden immer erfolglos bleiben, wie sehr er sich auch bemüht. Das wird "Sehitshwana" genannt.

h. Von anderen "Charms" wird gesagt, daß sie die Macht besitzen, jemandes Knochen zu brechen oder zu dislozieren, besonders am Bein oder an den Füßen. Um das zu bewirken, wird das Mittel auf die Erde geschmiert, so daß das Opfer darauf tritt. Wenn es dies tut, wird sein Bein oder Fuß brechen. Das wird "Go gatiso" genannt.

i. Es gibt noch andere Formen von "Boloi", die z.B. darin bestehen, einen Gegenstand oder ein Kleidungsstück des Opfers zu stehlen oder zu verstecken, mit der Absicht, ein magisches Mittel darauf anzuwenden, das Schaden, Krankheit oder ein Unglück für das Opfer bewirkt. Wenn die Gegenstände während einer Krankheit gestohlen werden, wird das Opfer nur schwer wieder gesund werden. Das wird "Go hithela" genannt.

"Go hithela" kann gegen eine Frau eingesetzt werden, indem ihr Menstruationsblut mit einem Mittel vermischt und dann vergraben wird. Dies kann mit der Absicht geschehen, ihr ein Leiden an ihren Reproduktionsorganen zuzufügen oder sie unfähig zu machen, zu empfangen. Wenn "Go hithela" gegen eine schwangere Frau angewendet wird, wird sie eine schwere Geburt haben. Wenn eine Frau nicht normal gebären kann, wird gesagt, daß sie auf diese Weise 'behext' worden ist. Dies heißt "Go tshwarelelwa".

"Boloi" kann sich also in vielen Formen ausdrücken, je nach dem welche Bestandteile oder Dinge benutzt werden.

Fast alle magischen Mittel bestehen aus Mischungen. In einigen Fällen kann natürlich auch nur eine einzige Pflanze, ein Insekt oder ein Stein oder ein bestimmtes Fett zur Anwendung kommen. Magische Mittel, die zum 'Behexen' dienen, sollen angeblich sehr stark sein; daher wird nur eine kleine Menge für ihre Anwendung gebraucht.

Einer, der "Boloi" praktiziert, muß 'hartherzig' sein und Eigenschaften wie Eifersucht, Eigennutz, Haß, Arroganz und Grausamkeit besitzen. Er muß fähig sein, ein Geheimnis zu wahren. Denn die Praxis der "Baloi" gründet auf Vertraulichkeit; so werden "Baloi", seien sie Mitglieder oder Lehrer, in keinem Falle ihre Techniken, Substanzen und Verstecke irgend jemandem preisgeben, der nicht zu ihnen gehört. Sollten sie in Folge der Abstoßung von seiten ihrer Opfer krank oder verletzt werden, werden sie auch das niemandem zeigen.

Jemand der "Boloi" praktiziert, muß ausdauernd und geduldig wie ein Geier sein. Es wird gemeinhin angenommen, daß "Baloi" niemals aufgeben, bevor sie ihr Opfer geschlagen haben, und daß sie miteinander kooperieren. Wenn das Opfer über genügend abstoßende Kräfte oder über stärkere Mittel als die der "Baloi" verfügt, werden diese mit anderen "Baloi" in anderen Stadtbezirken, Dörfern oder Clans zusammenarbeiten und gemeinsam nach Mitteln suchen, um jenes Opfer zu Fall zu bringen. Das war die Ansicht aller "Dingaka" (traditionelle Heiler), die ich befragt habe.

Wenn "Baloi" ihr Opfer überwältigt haben und es stirbt, werden sie sich immer unter die Trauergemeinde mischen. Sie übernehmen manchmal sogar die Führung bei den Vorbereitungen und die Kosten für die Beerdigung. "Baloi" werden im allgemeinen nicht über "Boloi" reden und noch weniger sich dazu äußern, ob sie überhaupt daran glauben oder nicht. Sie werden also vorgeben, nichts darüber zu wissen.

Den "Baloi" wird zugeschrieben, daß sie gern durch "Wahrsager" ("diviner" i.Orig.) herausfinden, wer zu ihrer 'Schule' gehört. Sie wenden sich an ihnen gegenüber positiv eingestellte "Dingaka", um etwas über die Stärke und Verteidigungskraft der Person zu erfahren, die sie als Objekt gewählt haben. Sollten sie durch Weissagung erkennen, daß ihr Objekt mit starken Abstoßungs- oder Verteidigungsmitteln ausgerüstet ist, werden sie zunächst nach Wegen suchen, es zu schwächen, bevor sie ihre eigenen Mittel anwenden.

Es gibt viele Strategien, um ein starkes Objekt zu schwächen.

"Baloi" werden beginnen, mit solch einer Person Umgang bis zur Intimität zu pflegen. Dabei werden sie eine Menge über deren Schwächen und Stärken lernen. Es mag ihnen sogar gelingen, die Quelle ihrer Stärke zu erfahren, z.B. wer ihr "Ngaka" (Heiler) ist. In diesem Fall werden sie unter dem Vorwand von Krankheit oder Hilfsbedürftigkeit den entsprechenden "Ngaka" aufsuchen; wenn es diesem bei der 'Weissagung' mißglückt, das wahre Motiv zu erkennen, werden sie seine Mittel nehmen und sich selbst mit ihnen stärken, um sodann ihr Objekt anzugreifen.

Eine andere Art und Weise, sich mit einem Zielobjekt vertraut zu machen, ist es, eine attraktive Dame zur Verführung einzusetzen. Sobald die entsprechende Person ein Opfer der Falle geworden ist, wird die Dame heimlich

Sperma, Urin oder etwas anderes von der Person entwenden oder einige ihrer magischen Mittel stehlen. Mit diesen werden "Baloi" ihre eigenen offensiven Kräfte verstärken, um ihr Objekt angreifen zu können.

Sollten sich alle anderen Methoden der Schwächung eines Opfers als unwirksam erweisen, werden sie auf den Gebrauch von "Ditotwane" zurückgreifen, d.h. ein Tier, an dem ein Mittel angewendet worden ist, um es zu einem "Boten" zu machen ("Serongwane"). Es sind Katzen, Hunde oder wilde Vögel, zumeist Fledermäuse, kleine Vögel und Eulen. Es wird gesagt, daß sie des Nachts, wenn das Objekt schläft, oder sogar am hellichten Tag geschickt werden, um das Objekt zu besuchen oder seinen Körper zu berühren, und so die schwächenden "charms" übertragen.

Schließlich können auch menschliche "Boten" ("Dirongwane") geschickt werden, um schwächende und offensive Mittel auf Haus, Felder, Vieh-Kral oder sogar den Körper der Zielperson zu übertragen. Jene mögen den 'Botendienst' unwissentlich, in "hypnotisiertem" ("hypnotised" i.Orig.) Zustand oder bewußt ausführen.

Die Absicht, die Quellen der Stärke, über die die Zielperson verfügt, zu schwächen, resultiert aus der Tatsache, daß bekanntlich "Baloi"-Angriffe 'reflektieren' oder auf diese zurückgeworfen werden. Wenn die offensiven "charms" abprallen, weil sie von den defensiven Kräften überwältigt werden, treffen sie das Medium, d.h. den 'Boten' ("Serongwane"), der sie übertrug, oder - falls stark genug - sogar die Quelle selbst. Sollte die zurückgeworfene Kraft tatsächlich Krankheit für den Überträger oder seine Quelle bewirken, weiß man, daß solch eine Krankheit unheilbar ist, welche Mittel dagegen auch benutzt werden. Diese Art von Krankheit wird "Diphera di thoka Baalafi" genannt. Jeder Heiler, der die betreffende Person zu heilen versucht, riskiert, 'verunreinigt' zu werden. Wenn er sich die Krankheit zuzieht, wird der "Moloi"-Patient gesund werden und er selbst sterben. Um die Krankheit heilen zu können, müssen deshalb genau die "charms" benutzt werden, die die offensiven "Moloi"-Kräfte abgelenkt haben. Das aber bedeutet, um sie zu bekommen, muß die Zielperson erreicht werden, die im allgemeinen nicht kooperieren wird.

Wegen dieses Zusammenhangs werden die 'Boten' ("Dirongwane") sorgfältig ausgewählt. Es heißt, daß "Baloi" gerne anderer Leute Kinder oder ungewollte Familienmitglieder dafür gebrauchen, so daß, wenn die magischen Kräfte zurückschlagen, sie nicht viel verlieren.

Abgesehen von Krankheiten oder Schmerzen, die sie durch 'Reflexion' ("back-firing" i.Orig.) bekommen, nimmt man an, daß "Baloi" für mystische

Zufälle wie Ausbruch von Feuer, Blitzschlag und Windzerstörung, genannt
"Dithwagadima", anfällig werden. Von einigen "Dingaka" wird behauptet, daß
sie "Baloi"-Opfern helfen können, solcher Art von Zufälle gegen verantwortliche "Baloi" zu bereiten und zu lenken.

Heilpraktiken

Die Heilpraktiken, die im folgenden erörtert werden sollen, findet man
nicht nur unter den Tswana-sprachigen Gruppen und den nicht-Tswanasprachigen Gemeinschaften Botswanas, sondern auch unter anderen Völkern
des südlichen Afrika. Diese Heilpraktiken beinhalten den Gebrauch von magischen Mitteln im abstrakten und im konkreten Sinne. Ihre Natur ist daher
vielfältig. Sie können abwehrend, schützend oder heilend sein.

Prävention von Krankheiten

Zum Schutz vor Krankheiten werden an mehreren Stellen des Körpers kleine
Schnitte angebracht, in die eine Medizin gerieben wird. Die Schnitte, die
mit einer Rasierklinge ausgeführt werden, heißen "Dithabo", und die Medizin, die für diesen Zweck benutzt wird, heißt "Dipheko". Die Operation soll,
ähnlich wie eine Impfung, den Körper mit Abwehr- und Widerstandskräften
gegen Angriffe von "Baloi" ausstatten. Sie verfolgt also eine ähnliche Absicht wie die moderne präventive Medizin. Die Schnitte werden an allen Ge-
lenken, auf der Stirn, am Hinterkopf, auf der Mitte des Kopfes, auf der
Brust, unter dem Herzen und an anderen Teilen des Körpers angebracht.
Die Medizin besteht aus einer Mischung verschiedener Kräutersubstanzen
mit Fetten. Abgesehen davon, die entsprechende Person gegen alle durch
"Baloi" hervorgerufenen Krankheiten zu schützen, soll die Operation sie
auch weniger anfällig für Unfälle aller Art machen.

Heilen aus der Entfernung ("remote healing")

Heilen von Knochenfrakturen ("Thobega")
Hierbei wird ein Patient mit einem Knochenbruch dadurch geheilt, daß ein
Mittel in den Abdruck seines Fusses bzw. den Abdruck eines anderen be-
troffenen Körperteils gestreut wird. Die entsprechenden Knochen beginnen

wieder zusammenzuwachsen, egal wie weit weg sich der Patient vom Ort der Maßnahme befindet.

Einige traditionelle Heiler nehmen eine andere Variante von "Thobega" vor; hier wird die "Thobega"-Medizin an dem jeweils gegenseitigen Teil des verletzten Körperteils angewendet, also z.B. in den Fußabdruck des linken Fusses gestreut, wenn ein Knochenbruch am rechten Bein vorliegt. Die verwendete Medizin besteht im allgemeinen aus einem Pulver aus verbrannten oder gerösteten Wurzeln, ähnlich wie Holzkohle, das in Form eines Kreuzmusters auf den Boden aufgetragen wird.

Die wichtigste Regel dabei ist, daß der Patient und die, die den Akt ausführen, von der Stelle weggehen müssen, ohne nach den Seiten oder zurück zu schauen, bis sie an ihrem jeweiligen Ausgangspunkt wieder angekommen sind.

Wenn "Thobega" an einem Tier angewendet wird und dieses später getötet wird, wächst genau an der Stelle, wo es den Knochenbruch erlitten hat, ein Büschel meist schwarzen Haares in einem Kreuzmuster. Das heißt, das Haar nimmt das Muster der verstreuten Substanz ("Thobega") an.

Das Geheimnis von "Thobega" liegt darin, daß, obgleich die Medizin niemals mit dem Körper in Berührung kommt, die verletzten Knochen unzweifelhaft vollkommen richtig ausheilen. Nach einem Unfall mit Knochenverletzungen ziehen die meisten Batswana es vor, durch "Thobega" geheilt zu werden.

Heilen von Schlangenbissen

Wenn ein Mensch von einer Schlange gebissen wurde, wird jemand zu einem Heiler geschickt, der, wie weit vom Ort des Geschehens auch immer, dann diesem eine Medizin zu trinken gibt. Der Medizin ist etwas Erde von einer Wegkreuzung hinzugefügt. Sobald der Bote die Medizin trinkt, muß er erbrechen, und zu gleicher Zeit erbricht derjenige, der von der Schlange gebissen wurde. Damit entledigt er sich des Giftes und er kann später kommen, um sich die Schlangenzähne entfernen zu lassen.

Wenn jedoch der Bote sich nach der Einnahme der gegebenen Medizin nicht übergibt, bedeutet dies, daß der Patient, also derjenige, der gebissen wurde, bereits tot ist.

Nur wenige Heiler verfügen über die eben genannte Kunst, und es scheint, daß dies immer so war.

"Go-upa"

Auch dies ist eine Form der Einwirkung oder Kontrolle aus der Entfernung. Sie wird zumeist gegen tierische Schädlinge auf den Feldern, die das Getreide befallen, aber auch gegen andere Tiere, z.B. Schakale und Füchse, die Ziegen oder Hühner reißen, eingesetzt. "Go-upa" wird von einigen Tswana-Gruppen auch zum Schutz der Feldfrüchte vor Rindern, Eseln, Pferden, Kleinvieh und wilden Tieren angewendet.

Es ist wichtig, zu bemerken, daß "Go-upa" eine allgemein gebräuchliche Technik zur Kontrolle von Umweltbedingungen darstellte. Sie war jedoch nie sehr weit verbreitet; heute finden wir sie nur noch selten oder gar nicht mehr, vor allem deshalb, weil die Fertigkeit mit den Leuten ausgestorben ist, die sie kannten.

Etwas ähnliches wie "Go-upa" wird bzw. wurde von Rinderzüchtern speziell gegen Raubtiere wie wilde Hunde, Schakale und Hyänen verwendet. Wenn Raubtiere Vieh gerissen hatten, wurde ein Heiler zu der Stelle der Beute gerufen. Dieser verteilte seine Medizin mit Hilfe seiner Peitsche (aus dem haarigen Ende eines Gnu-Schweifs gefertigt) auf dem Kadaver, im allgemeinen auf den Innereien ("Motswang"). Dieses Ritual ist bekannt als "Gothapisa Motswang". Seine Wirkung bestand darin, daß die Tiere, die das Haustier gerissen hatten, erblindeten. So konnten sie von den Eigentümern verfolgt und getötet werden.

Auf diese Weise vermochten die Batswana ihr Vieh vor Räubern zu schützen und weiter in das Landesinnere vorzudringen.

Schutz vor Schlangen

Von einigen Kräutern ist bekannt, daß sie Schlangen überwältigen können. Wenn eine Mischung aus diesen ganz um einen Hof oder Vieh-Kral gestreut wird, werden Schlangen niemals die Linie kreuzen. Versucht eine Schlange trotzdem den Kreis zu durchbrechen, etwa weil sie sich zufällig innerhalb des Hofes befindet und durch Hunger hervorgetrieben wird, stirbt sie auf der Stelle.

Schutz von Eigentum gegen Diebe

Die Kunst von "Go-upa" wurde oft auch zur Abschreckung von Dieben eingesetzt. Die Mittel wurden auf einem bebauten Feld, sei es eingezäunt oder nicht, verstreut. Die Diebe, meist Viehhüter auf der Suche nach etwas Eßbarem, wurden daraufhin an jedem Zugang von einer Schlange aufgehalten, solange bis der Eigentümer des Feldes kam und sie 'erlöste', d.h. ihnen befahl, zu verschwinden. Wenn es in einigen Fällen Dieben dennoch gelang, das Feld zu betreten und zu stehlen, war es ihnen hinterher unmöglich, das Feld zu verlassen, auch wenn dieses keinerlei festen Zaun hatte. Der Dieb verharrte einfach bewegungsunfähig auf der Stelle. Das wird "Go tshwarwa Ke Merireto" oder "Metheo" genannt.

Ein anderes verbreitetes Mittel gegen Diebe heißt "Setopamono". An Haus, Feld oder sonstigem Eigentum angewendet, hat es den Effekt, daß der Daumen an der Hand, die einen Gegenstand entwendet, beginnt wehzutun, dann anschwillt und schmerzhaft aufbricht. Wenn die Wunde unbehandelt bleibt, kann es zum Tod des Schuldigen kommen. Zur Behandlung wird dasselbe Mittel benutzt, und der Betroffene wird dadurch recht schnell gesunden. Die Behandlung wird "Go Dirolola" ("to reverse the action" i.Orig.) genannt.

Die Gefahr bei "Setopamono" ist jedoch, daß es jeden trifft, sogar die, die es eigentlich schützen soll. Wenn also ein Kind oder irgendein Familienmitglied ohne die Zustimmung eines der Eltern etwas von einer Stelle wegnimmt, wo "Setopamono" angewendet wurde, wird es dieselben obengenannten Symptome erleiden und möglicherweise sterben, wenn es nicht "Setopamono" als Lösung zum Waschen der Hände bekommt. Das heißt, wenn irgendwo "Setopamono" als Schutz angewendet worden ist, müssen die, die mit den betreffenden Dingen umgehen, es wiederholt als Waschmittel benützen.

Doch ist dies sehr selten, da die Fertigkeit, "Setopamono" herzustellen, immer auf wenige Personen, speziell die traditionellen Heiler beschränkt war.

Diesem Muster des Gebrauchs traditioneller Medizin folgt auch die Abwehr von oder Stärkung ("fortification") gegen "Baloi". Es ist allgemein bekannt, daß einige "Charms", benutzt um ein Haus zu "befestigen", die Kraft besitzen, "Baloi" vom Betreten des Hofes zu bannen. Sollte ein "Moloi" sich gewaltsam Zutritt verschaffen, wird er für die ganze Nacht bewegungsunfähig sein und nicht weggehen können, außer wenn ein Mitglied des Hofes zu ihm spricht oder ihm befiehlt, den Ort zu verlassen. Man nennt dies: "O a tshwarwa" – "er ist gefangen genommen".

Im folgenden sollen zwei Phänomene angeführt werden, die nur sehr schwer zu erklären sind. Doch glauben die Batswana im allgemeinen, daß es sie gibt.

"Kgaba" und "Bohitha"

"Kgaba"

Es ist eine Tatsache, daß Batswana und alle Völkerschaften im südlichen Afrika glauben, daß ihre Toten in Gestalt der "Badimo" weiterleben. "Badimo", die Ahnen, sind verantwortlich für Glück und Unglück, das ihre Nachkommen befallen mag. Sie werfen bekanntlich einen Zauber des Glücks über ihre Nachkommen und werden deshalb geliebt, geachtet und verehrt. Ihre Beziehung zu den Lebenden ist rein spiritueller Art. Durch sie senden die Nachkommen ihre Gebete zu Gott ("Modimo"), dem Höchsten Sein oder Schöpfer.

Wenn jedoch ein Mensch sich unsozial verhält, z.B. nichts von seinen Brüdern, Schwestern oder anderen engeren Verwandten wissen will oder sie betrügt, kann dies den Ärger seiner Ahnen hervorrufen bis zu dem Punkt einer Häufung von Mißgeschicken wie etwa Unfälle, Tod der eigenen Kinder, keine Arbeit zu finden oder andere unangenehme Dinge. Bestrafung durch die "Badimo" kann auch in der dauernden, unheilbaren Krankheit eines Kindes oder eines anderen Familienmitglieds resultieren. Das ist im besonderen der Fall bei einem Kind, sei es Sohn oder Tochter, das nach dem Willen der Ahnen die Praxis der traditionellen Heilkunst ("Bongaka") erben soll. Seine Krankheit wird solange fortbestehen, bis es ernsthaft die Berufung des traditionellen Heilers aufnimmt.

Wenn einer der Ahnen unzufrieden mit einem seiner Nachkommen ist, kann jene Unzufriedenheit einen Zustand in diesem hervorrufen, der "Kgaba" genannt wird. "Kgaba" bedeutet nicht notwendigerweise physische Krankheit oder eine Reihe von Mißgeschicken, sondern eine Art mystischer Blockierung, in die sich das Opfer verstrickt. Sie kann sich auf vielerlei Weise manifestieren, etwa daß der Betreffende nicht auf Behandlung anspricht, wenn er krank ist, sein Vieh auf eigenartige Weise verschwindet und er es nicht wiederfindet, seine Ernten ausbleiben, er keinerlei Fortschritt in seinem Leben erzielt oder immer wieder Unfälle hat und sich Verletzungen zuzieht. Wenn dieser Zustand, "Kgaba", nicht frühzeitig diagnostiziert wird, kann er sehr schwerwiegend werden, ja sogar zum 'Koma' des Patienten führen. Eine besondere Wirkungsweise von "Kgaba" besteht darin, daß es die davon betroffene, kranke Person 'immun' gegen Medikamente macht. Außer wenn "Kgaba" erkannt und ernstgenommen wird, wird der Patient auf kein Medikament ansprechen, so effektiv und angemessen es im allgemeinen auch sein mag.

Sobald "Kgaba" diagnostiziert ist, wird ein "Kgaba"-beseitigendes Ritual abgehalten, zu dem alle Verwandten eingeladen sind. Im Fall, daß der gekränkte Ahne ein Mann ist, wird dieses Ritual genau bei Sonnenaufgang, im Fall einer Frau bei Sonnenuntergang ausgeführt. Wenn es richtig vollzogen wird, wird der Kranke ohne weitere Medikamente gesund oder seine Unfälle hören auf. Während des "Kgaba"-beseitigenden Rituals werden die betreffenden Ahnen namentlich angerufen: "wenn du, soundso, Tante, Onkel, Vater etc. dieses kranken Kindes verantwortlich bist für seine Krankheit, laß'es bitte, bitte genesen..."- "A thokwa di robale". Nach diesem Anruf bekommt das Opfer ein Medikament, das mit etwas Asche von der Feuerstelle vermischt ist.

"Kgaba" kann auch von einem noch lebenden älteren Verwandten ausgehen, aus Mißfallen an dem Sohn, Enkel etc. Doch wird "Kgaba" nicht willentlich hervorgerufen, sondern geschieht einfach, sobald der betreffende Verwandte unglücklich über das Kind ist, auch z.B. sich danach sehnt, es zu sehen. Ebenso kann "Kgaba" auch ein Kind befallen, weil ein älterer Verwandter eine Abneigung gegen dessen Eltern hat. Sobald das erkannt ist, wird ebenfalls ein "Kgaba"-beseitigendes Ritual abgehalten, um die Dinge wieder zu normalisieren.

Neben der rituellen Beseitigung gibt es auch die Möglichkeit, es zu 'zerstreuen', indem man dem gekränkten Verwandten einfach etwas kauft oder ihm etwas anbietet, das er gern hat. Diese Befriedung stellt die normalen Verhältnisse wieder her.

Die Bedeutung von "Kgaba" liegt nicht darin, krank zu machen oder Schicksalsschläge herbeizuführen, sondern in der spirituellen Bindung, die es zwischen den Lebenden und den Toten, den Jungen und den Alten und zwischen entfernten Familienmitgliedern stiftet, so daß sich jeder mit seinen Verwandten verbunden fühlt. Auf diese Weise werden Respekt, Achtung und Gehorsam zwischen den Lebenden und den Toten und zwischen den Jungen und den Alten gesichert.

Daran zeigt sich, daß Gesundheit und Heilung einen kulturellen Aspekt besitzen, der typisch für die Batswana und Basotho ist.

"Bohitha"

"Bohitha" scheint ebenso wie "Kgaba" ein typisches Phänomen der Heil-
schemata der Batswana und anderer Völker des südlichen Afrika zu sein. Es
ist genauso 'abstrakt' und 'mystisch' wie "Kgaba". Wenn jemand krank ist
und auf keinerlei Behandlung anspricht, kann die Diagnose offenbaren, daß
"Bohitha" der Grund ist. Übersetzt meint "Bohitha": "etwas, das verborgen
wird". Es kann deshalb eine Person aus vielfältigen Gründen befallen.
Wenn z.B. eine Frau eine Schwangerschaft abbricht und ihren Verwandten
nichts davon erzählt, kann sie von einer Form von Unglück betroffen werden, das "Bohitha" genannt wird. Dasselbe gilt für eine Fehlgeburt.
Von "Bohitha" wird gesagt, daß es die entsprechende Person in vielfältiger
Weise behindert, besonders was ihren Wohlstand betrifft; es kann aber auch
dahingehend wirken, daß das Opfer nicht auf Heilbehandlung anspricht und
anfällig für Unfälle und Mißgeschicke wird.
Wenn "Bohitha" erkannt ist, erhält die betroffene Person ein Mittel, um sich
damit zu waschen, oder es wird ein Ritual vollzogen, bei dem sie sich, nur
mit einer Decke bekleidet, über heiße Holzkohle beugen muß, der ein Medikament zugefügt worden ist. Der entweichende Rauch vertreibt all das Unglück, das die Person befallen hat. Normalerweise muß sich jedes Mitglied
der engeren Familie diesem Ritual unterziehen. Anders als bei dem "Kgaba"-
beseitigenden Ritual werden Verwandte hier nicht geladen und informiert.

*Die Bedeutung der Magie ("Boloi") und ihrer Gegenkraft, der
traditionellen Heilkunst ("Bongaka ya Setswana")*

Wie bedeutungsvoll diese Praktiken im Leben des normalen Motswana sind,
ist genau so schwierig nachzuzeichnen wie der Versuch, ihren Inhalt zu
erklären. Doch der vorliegende Artikel bemüht sich darum, dies zu tun, und
geht von der Voraussetzung aus, daß "Boloi" und "Bongaka" wesentliche
Elemente der Tswana-Religion darstellen.
"Boloi" hat an sich bereits den Effekt, eine kontinuierliche Bindung zwischen den Lebenden und den Toten zu stiften. Dies geschieht auf vielerlei
Weise, wie an jedem beliebigen Ritual zu beobachten, durch das eine Person
von den zerstörerischen magischen Kräften befreit wird. Gewöhnlich ruft
der traditionelle Heiler mehrmals die Vorfahren des Patienten wie auch seine
eigenen Ahnen an, damit sie ihm Macht und Weisheit geben, den Patienten

von den Belastungen durch Krankheit oder den magischen Wirkungen selbst zu erlösen. Durch diesen Akt werden die Noch-Lebenden und die Verstorbenen einander spirituell zugeordnet.

Aber es ist wiederum wichtig zu betonen, daß die Ahnen ("Badimo") nicht deshalb um Macht angerufen werden, weil sie diese selbst besitzten, sondern als Vermittler der Botschaften und Gebete um Hilfe an Gott, den Schöpfer ("Modimo"). So ist jeder Motswana, ob Christ oder nicht, bewußt oder unbewußt religiös.

Von außerordentlicher Wichtigkeit sind die sittliche Verwerflichkeit und die Untreue, die der schwarzen Magie ("Boloi") anhaften. Das heißt, daß jeder als teuflisch verdammt wird, der sich ruchlosen Taten hingibt, im besonderen solchen, die darauf abzielen, einen anderen Menschen physisch oder sonstwie zu schädigen, und daß ihm die Eigenschaften eines "Moloi" zugeschrieben werden. Er ist somit nicht von der Gemeinschaft akzeptiert.

Daher sichern die Angst vor und der Haß auf "Baloi" in der Tswana-Gesellschaft ständig die friedliche Koexistenz innerhalb der Familie, des Clan, des Ward und schließlich innerhalb der gesamten Gemeinschaft. So werden auf direkte oder indirekte Weise die Prinzipien von "Kagisano", gegenseitiger Achtung, aufrechterhalten und damit die Stabilität eines sozialen Systems gesichert, das an seiner Basis den traditionellen Zusammenhalt bewahrt, als "Boloi" und "Bongaka" noch immer eine große Rolle in den unteren sozialen Schichten der Gesellschaft spielen. Das ist im besonderen wahr für die ländliche Bevölkerung und die Masse des Proletariats in den städtischen und halb-städtischen Gebieten.

Traditionelle Führer haben seit undenklichen Zeiten die Dienste der "Dingaka" eingesetzt. Dies trifft im besonderen für Kriegszeiten und den Aufbruch von Altersklassen-Regimentern ("Mephato") zu. Die "Dingaka" hatten Mittel, die sie an den Initiierten anwendeten, um sie vor Krankheiten, Unfällen und Gefahren zu schützen oder diese zu verhindern. Die Herrscher ("Dikgosi") berieten sich mit den "Dingaka" auch in politischen und militärischen Angelegenheiten.

Doch die Rolle des "Ngaka", des traditionellen Heilers, auch in der modernen Gesellschaft darf nicht übersehen werden. Er ist der, der Krankheiten heilt und die Gemeinschaft vor "Boloi" schützt. Er ist noch immer der, der die Verbindung zwischen den Lebenden und den Toten hält und bewahrt und künftig und fortwährend die spirituelle und moralische Reinheit der Gemeinschaft sichert.

Der "Ngaka" spielt in allen Aspekten des Lebens eine Rolle. Er ist von höchster Bedeutung auf der sozio-ökonomischen, politischen und kulturellen Ebene. Wenn z.B. ein Bauer einen Vieh-Kral, ein Feld oder einen Brunnen anlegen oder ein neuvermähltes Paar sich ein Haus bauen will, wird der Heiler um Rat gefragt. Er wird eine schützende Medizin um die entsprechende Stelle anbringen, um sie unangreifbar für "Baloi" zu machen. Es bleibt eine Tatsache, daß auch gesundheitliche Probleme, die durch Behandlung in der modernen Klinik nicht zufriedenstellend zu lösen sind, oftmals vor den traditionellen Heiler gebracht werden. Denn wie im vorliegenden Artikel gezeigt, gibt es Krankheiten, die positiv und umgehend auf traditionelle Therapieformen ansprechen.

Der traditionelle Heiler ist der entscheidende Agent in der Verhinderung, Aufspürung und Behandlung von schwarzer Magie. Dabei ist es tatsächlich so, daß die traditionellen Heiler viel mehr Zeit damit zubringen, "Boloi" vorzubeugen als ihre Wirkungen zu behandeln. Nach all dem, was oben gesagt wurde, definiert der traditionelle Heiler Krankheit nicht allein nach objektiven Zeichen und Symptomen, sondern auch sozialpsychologisch nach Gegebensein oder Fehlen von Harmonie in zwischenmenschlichen Beziehungen. Er ist außerdem eine Hilfe, wenn jemand keine Arbeitsstelle findet, wenn jemandes Ernte ausbleibt, wenn jemand von seiner Frau verlassen wird, wenn jemand in der Schule versagt und ähnliches mehr.

Die traditionellen Heiler sind insbesondere von Nutzen in verschiedenen Gebieten, die außerhalb der Domäne wissenschaftlicher medizinischer Praxis liegen. Dies macht sie zu Bewahrern der Tradition, denn durch die Orakelknochen ("divining bones" i.Orig.) und andere Hilfsmittel werden sie von einem traditionellen Bezugssystem geleitet, um die Erfahrungen und Probleme ihrer Klienten zu interpretieren.

Es ist in der Tat zu beobachten, daß in Botswana heute das traditionelle Heilsystem und die wissenschaftliche Medizin als parallele Institutionen nebeneinander bestehen. Sie operieren unter fundamental verschiedenen Annahmen und antworten auf unterschiedliche Bedürfnisse der Bevölkerung. So gesehen, spielt der traditionelle Heiler eine komplementäre Rolle.

Es ist überflüssig zu erwähnen, daß der traditionelle Heiler im heutigen Botswana als vermittelnder Faktor zwischen dem Alten und dem Neuen dient.

4.2 Mündliche Literatur – am Beispiel eines Liebesliedes

Leloba Molema

übersetzt von Elisabeth Zeil–Fahlbusch

"Selo tshumu o tshela ka go lomega
A o tshela ka madi bo o seboba ?
Kgarebe ga o nthate o a ntshola,
O mpolaya ka moruti wa thotse.
Se nkapaape marago mma ke ale,
Mma ke ale o tle o se rotole.
Re babedi ga rena mookomedi,
Re okometswe ke mojako wa ntlo.
Sa bobedi, pinagare ga e bone.
Sa boraro, ngwanyana re mmelege.
O tla re tswinye–tswinye o tla lapa.
Dinoka di bua shukuru–shukuru,
Letlhaka le kua, "Monate o kwano!"
Galammakapa ga re a rakana!"[1]

"You, with the contrasting colours[2]
who lives by being stingable,
Do you live by blood because you are a fly ?[3]
Girl[4] you do not love me but are mocking me,
You are killing me with the shadow of the pip.[5]
Do not touch my buttocks let me make the bed,
Let me make the bed and then you may bare[6] it.
We two are alone, we have no onlooker,
We are being looked on only by the door of the hut.
Secondly, the central beam[7] does not see.
Thirdly, we have carried a child on our backs.
You will say "tswinye–tswinye"[8] until you are tired,
Your hips will say "shukuru–shukuru"[9],
The reed[10] will cry, "Sweetness is here!"
Ah! How wonderful that we have met!"

---

[1] Dieses Lied wurde im Juni 1968 durch Batho Molema von Radio Botswana in Ditshegwane, südöstlich von Letlhakeng im Kweneng Distrikt, aufgenommen. Der mittlerweile verstorbene Künstler ist Rre RraMohibidu; er war zur Zeit der Aufzeichnung 60 Jahre alt. Die Lieder, die 1968 – 1969 in ganz Botswana gesammelt wurden, sind bei Radio Botswana nach den Ortschaften, wo sie vorgetragen wurden, aufgeführt.

[2] "Tshumu" bezieht sich auf die kontrastreiche farbliche Zeichnung in Tiergesichtern.

[3] "Seboba" ist eine blutsaugende Fliege von ungefähr der Größe einer Biene.

[4] "Kgarebe" bezeichnet ein bestimmtes Stadium in der Entwicklung der Frau, nämlich die Zeit zwischen Initation und Heirat. Im vorliegenden

Du mit den kontrastierenden Farben, die du lebst
als etwas, das gestochen werden kann,
Lebst Du von Blut, weil Du eine Fliege bist?
Mädchen, du liebst mich nicht, sondern verspottest mich.
Du bringst mich um mit des Kernes Schatten.
Berühre mein Gesäß nicht, laß'mich das Bett machen,
Laß'mich das Bett machen, und dann magst du es aufdecken.
Wir beide sind allein, wir haben keine Zuschauer,
Nur die Tür der Hütte schaut uns zu.
Zweitens, der Mittelpfosten kann nicht sehen.
Drittens, wir haben ein Kind auf unserem Rücken getragen.
Du wirst sagen "tswinye–tswinye" bis du müde bist,
Deine Hüften werden sagen "shukuru–shukuru",
Das Schilf wird ausrufen: "Süße ist da!"
Ah! Wie wundervoll, daß wir zusammen sind! [x]

Die Metaphorik des Liedes

Das Lied ist deutlich erotisch. Um jedoch seinen erotischen Gehalt zu be-
messen, muß man die Metaphorik des Liedes im Einzelnen betrachten.
'Kontrastierende Farbe' ('tshumu', Zeile 1) referiert nicht nur auf die Form
der Vulva, sondern auch auf den farblichen Kontrast zwischen Schamhaar
und Schenkeln. 'seboba', 'madi' und 'lomega' – also fly = Fliege, blood =
Blut und being stingable = etwas, das gestochen werden kann,[xx] – bilden

---

Lied scheint "kgarebe" nurmehr anzudeuten, daß die Frau sich
physisch in der Blüte ihrer Jahre befindet.

[5] "Thotse" ist im besonderen die Bezeichnung von Melonen- und Kürbis-
kernen.

[6] "Rotola" bedeutet, durch Hebung der Augenbrauen die Augen zu
vergrößern.

[7] "Pinagare" ist ein anderer Name für Dreh- und Angelpunkt ("pivot").
Es ist der zentrale Pfosten, der das Hüttendach trägt und dessen
unteres Ende in den Fußboden des Hauses eingelassen ist.

[8] Von "tswinya" (stechen, "to prick"), das seinerseits von dem Ideophon
"tswi" abstammt

[9] Von "shuka", was "to swing" (schwingen, auch stoßen) oder "to mix up
untidily" (durcheinanderbringen) bedeutet; "shuka" kommt selbst
wiederum von dem Ideophon "shuku".

[10] "Letlhaka" wird für Reet-Dächer verwendet.

[x] Um Authentizität zu wahren, wird in der deutschen Übersetzung des
Artikels die Referenz auf die englische Übersetzung des Setswana –
Originals durch die Verfasserin beibehalten.

[xx] Von der Verfasserin passivisch gefaßt, scheint hier jedoch nach Meinung der Übersetzerin eine Zweideutigkeit zu liegen. Es könnte auch
aktivisch – "stechen" – interpretiert werden, was naheliegender wäre.

eine Einheit: sie bezieht sich einerseits auf die Menstruation und andererseits auf den sexuellen Akt.

"Pip" (Zeile 4), wörtlich Melonen- oder Kürbiskern, bezieht sich auf die Klitoris und ihre Umgebung, wobei die Relation wiederum auf Ähnlichkeit in der Form beruht. Auf einer anderen Ebene ist es bedeutsam, daß es sich um den Kern von Melonen oder Kürbissen handelt, und nicht z.b. um einen Pfirsichkern. Denn erstens ist die Art und Weise, wie diese Pflanzen sich auf dem Boden ausbreiten, geeignet, die Verzweigungen der Großfamilie und des Clan zu symbolisieren. Zweitens reflektiert sich in der Menge von Kernen, die solche Pflanzen enthalten, das Interesse der traditionellen Tswana-Gesellschaft an einer großen Kinderzahl. Dieses Interesse rechtfertigt sich aus drei Gründen:

- aus einer religiösen Perspektive, insofern als, wenn diese vielen Kinder alt werden und sterben, sie zu Ahnen werden. Und je mehr Ahnen jemand im Jenseits hat um seinen Fall vor dem Allmächtigen zu vertreten, desto besser. Umgekehrt ist die Unsterblichkeit der Ahnen umso eher gewährleistet, je mehr lebende Nachkommen sie haben, die ihnen Opfer bringen, sie besänftigen und sie von Generation zu Generation um Rat fragen.
- aus der sozialen Perspektive, insofern als die existierende Reziprozität zwischen den Ahnen und den Lebenden letztendlich Moralität und Brauch konstiutiert. Der Ahnen zu gedenken, heißt Wohlstand und kommunale Harmonie zu sichern. Umgekehrt, die Ahnen zu vergessen, bedeutet, ihr Mißfallen und ihre Rache in Gestalt von Naturkatastrophen, Seuchen, Krieg und sozialer Disintegration heraufzubeschwören.
- im profanen, ökonomischen Zusammenhang, insofern als, so viele Kinder zu haben wie Kerne in Melonen und Kürbissen sind, die nötigen Arbeitskräfte für die Subsistenz-Landwirtschaft bereit stellt. Doch da Frauen, wenn sie Kinder gebären, mehr dem einzelnen Pfirsich als der Melone oder dem Kürbis gleichen, werden sie möglichst polygam verheiratet, damit religiöse, soziale und wirtschaftliche Bedürfnisse erfüllt sind.

In zumindest einer Zeremonie kommt der Melonenkern wiederum vor, nämlich bei der Hochzeit; hier nehmen die älteren männlichen Mitglieder der Familie des Bräutigams den Huf einer geschlachteten Kuh, stecken einen Stock hindurch und singen, während sie ihn hochhalten: "a thotse e ate " ("may the pip increase" - möge sich der Kern mehren).

Daß mit 'pip' (Kern) tatsächlich die Klitoris gemeint ist, können wir durch eine alltägliche Setswana Redeweise belegen. Sie lautet: "motsemoshate o itswe ka boiwetse jwa thotse" - eine Hauptstadt läßt sich an den venerischen Krankheiten erkennen ('Krankheiten der Klitoris'). Mit anderen Worten, 'pip' (Kern) ist hier der generische Name für den Venus[11] - Bereich des Körpers. Leichtfertiges sexuelles Vergnügen, so die Volksweisheit, führt zu venerischen Krankheiten.

"Rotola" ('to bare' - aufdecken, Zeile 6) heißt wörtlich: "die Augen durch Hochziehen der Augenbrauen vergrößern". Auf einer anderen Ebene referiert das Wort auf die Vulva. In Setswana wird die Augenhöhlung manchmal "nnyo ya leitlho" ('Vulva des Auges')[12] genannt. Die beiden Organe - Auge und Vulva - gleichen einander in Gestalt und Empfindlichkeit.

"Mojako", "ntlo", "pinagare", "letlhaka" (also door = Tür, hut = Hütte, central beam = Mittelpfosten, reed = langes Gras, Reet, Schilf) gehören zusammen und sind auf der wörtlichen Ebene Elemente in der Setswana Architektur.[xxx]
Im übertragenen Sinne stehen 'Hütte' und 'Tür' für Vagina und Gebärmutter. 'Hütte', 'Haus' ist auch ein gebräuchliches Symbol für 'Familie'. Man hört z.B. häufig folgende Redeweisen: "Leute, die zum Haus des So-und-So gehören", oder im Falle polygamer Haushalte, "Frauen und Kinder, die zum senior - oder zum junior - Haus gehören".
Kommen wir auf Melonen und Kürbisse zurück, dann können wir also sagen, daß die Kerne dieser Pflanzen im selben Verhältnis zu ihrem Gehäuse stehen wie die Familie zur Hütte oder wie Kinder zum Mutterleib.

---

[11]   Römische Göttin der Liebe
[12]   Vgl. mit dem norddeutschen Seemannslied über eine Frau, die nach einer langen Zeit der Trennung von ihrem zurückgekehrten Liebhaber auf ihre drei 'Augen' geküßt wird - hier, hier und da.

[xxx]   Ein traditionelles ·Tswana Haus ist ein Rundbau mit oft nur einer Öffnung (der Tür), dessen Strohdach außerhalb der Mauern auf Pfosten aufliegt, wobei die Dachkonstruktion innen durch einen Mittelpfosten abgestützt sein kann.

Der 'Mittelpfosten' ('pinagare', central beam, Zeile 9), der das Dach des Hauses stützt, bezieht sich auf den eregierten Penis. Die Tatsache, daß er sich innerhalb des Hauses befindet, bedeutet, daß er im Koitus ist. 'Dach' weiterhin ist mit 'Obdach' und 'Geborgenheit' konnotiert, wie z.B. in der Redewendung 'ein Dach über dem Kopf haben'.

Aus diesem Bild können wir ableiten, daß die traditionelle Tswana-Gesellschaft patriarchalisch strukturiert ist; denn zu was könnte ein Haus ohne Dach dienen? Und weitergedacht, war wäre eine Familie ohne männliches Oberhaupt? Der Phallus, so scheint das Lied zu besagen, ist der zentrale Angelpunkt.

"Pinagare" hat übrigens noch eine andere Bedeutung, nämlich "a song within" (Lied im Inneren), was bei dem vorliegenden Geschäft nicht zu fern liegt.

Obgleich von bescheideneren Proportioenen, steht "letlhaka" (Gras, Schilf) ebenfalls für den eregierten Penis. Die Assoziation von Reet mit Wasser und dichter Vegetation macht es darüber hinaus zu einem starken Symbol von Fruchtbarkeit. Das Reet spielt beispielsweise eine prominente Rolle im Schöpfungsmythos der Basotho, die glauben, daß Ntsoanatsatsi (wörtlich 'Sonnenhügel') der Wohnsitz Gottes und Ursprungsort aller Basotho ist. Der Hügel ist von einem dichten Riedbett umgeben, in dessen Mitte eine mächtige Quelle sprudelt. Hier gehen viele Sonnen auf, eine nach der anderen und eine so strahlend wie die andere. An das Riedbett grenzt ein Lustgarten mit schattigen, fruchtbeladenen Bäumen, zwischen denen prächtige Blumen aller Arten und Farben wachsen.

Verschiedene kulturelle Praktiken verbinden die Basotho mit Ntsoanatsatsi: Wenn ein Kind geboren wird, bleibt die Mutter in einer reet-gedeckten Hütte, oder Schilfrohr wird in das Dach gesteckt, als Zeichen, daß das Kind seinen letzten Ursprung im Riedbett von Ntsoanatsatsi hat. Wenn ein Mädchen geboren wird, gießt der Vater Wasser auf das Kind, zu Ehren der großen, sprudelnden Quelle bei Ntsoanatsati. Überhaupt, wenn Kinder wissen wollen, wo sie herkommen, wird ihnen erzählt, daß sie aus einem tiefen Loch im Fluß kommen, genau das Loch, aus dem die Quelle sprudelt und die Sonnen aufgehen.

Wenn ein Mensch stirbt, wird er in eine fötale Stellung gebracht; Samen, einschließlich Melonen- und Kürbiskerne, sowie Schilfrohr werden dem Leichnam als Wegzehrung und Wegweisung für seine Reise nach und Wiedergeburt zu Ntsoanatsatsi beigegeben. Er wird mit dem Gesicht nach Osten

begraben, damit die aufgehende Sonne seine Stirn berührt – ein Zeichen
dafür, daß er nach Ntsoanatsatsi zurückgekehrt ist, von woher er gekommen
ist.[13]

Wir sehen also, daß in diesem Mythos das Ried direkt mit Sonne und Wasser
assoziiert ist – beides unerläßliche Voraussetzungen von Fruchtbarkeit.
Darüber hinaus gehört das Ried in einen Symbolkomplex, der mit dem
größeren menschlichen Zyklus von Geburt, Tod und Unsterblichkeit zu tun
hat.

"Re", "bua", "kua" (say = sagen, speak = sprechen, cry out = ausrufen,
Zeile 11–13) sind Personifikationen der Hüften und Genitalorgane, die in der
Ekstase eine Transformation zu unabhängiger Aktion und Sprache erfahren.
"Lapa" (become tired = müde werden) deutet Ruhe und Sättigung an (Zeile
11).

Die Struktur des Liedes als poetischer Kunstgriff

Das Lied reflektiert die einzelnen Stadien des Liebesaktes; es ist diese Pro-
gression, die seine allgemeine Struktur abgibt.
Erstens, der eröffnende Satz stellt ein Etwas vor, das kontrastierende Far-
ben besitzt, gestochen wird und sich von Blut ernährt. Natürlich ist die
Vulva gemeint, aber die verhüllte, um nicht zu sagen, verklausulierte Spra-
che hält sich an die Natur erster Annäherung bei solchen Dingen.
Zweitens, eine kühnere Passage spricht von "Liebe" und spielt auf Necken,
Flirten und Streicheln des Gesäßes an, während das Bett gemacht wird.
Drittens, die Aufmerksamkeit wird auf die Tatsache gelenkt, daß das Paar
allein ist und daher viel Zeit hat, um zur Sache zu kommen.
Außerdem bedarf es keiner jugendlichen Ängste, da das Paar bereits ein
Kind hat. Im Ganzen läßt die Reihenfolge der Aussagen in Zeile 7 – 10 mehr
oder weniger geduldige Überredung erahnen.
Viertens, der Text wird explizit und spricht von brennenden und zucken-
den Hüften und durcheinander geworfenen Decken.
Fünftens, der Orgasmus ist erreicht in dem Ausruf "Süße ist da" – 'da' in

---

[13]   Mofolo, Th.: Moeti oa Bochabela, Morija, Sesuto Book Dept. 1907/1973, p.
        20 ff.; Ellenberger, D.F.: History of the Basotho, Ancient and Modern,
        New York, Negro University Press, 1912/1969, p. 261 f.

dem doppelten Sinne von Zeit (Ankunft) und Ort (wo wir sind, wo wir zusammen sind).

Und sechstens gibt das Lied eine Andeutung von post-orgasmischer Befrie-
digung, enthalten in dem Wort "lapa" (müde werden, Zeile 11).

Zu beachten ist jedoch, daß das Paar erst ganz am Ende des Liedes wirklich zur sexuellen Umarmung kommt; das heißt, alles was vorher geschah,
war weitgehend Phantasie, Lust-bekommen sozusagen, oder "Vorspiel". Die
letzte Zeile des Liedes signalisiert daher den Beginn eines zweiten Zyklus,
der diesmal nicht in Gedanken, sondern tatsächlich stattfindet. So wird die
allgemeine Struktur also zweimal vorgetragen: direkt und implizit. Ironi-
scherweise besteht die direkte Aussage aus Phantasie, und die indirekte
Aussage aus Handlung.

Ein untergeordnetes strukturelles Schema ist durch den Gebrauch von
Ideophonen[14] gegeben. Ideophone sind ein dramatisches Stilmittel, das nach
D.T. Cole[15] mit der Onomatopöie (schallnachahmende Wortbildung) europäischer Sprachen vergleichbar ist, allerdings mit einem wichtigen Unterschied. Ideophone beschreiben Klang, Farbe, Geruch, Verhalten, Erscheinung, Zustand, Handlung, Intensität, während die Onomatopöie nur eine
Klangnachahmung ist. Ideophone sind daher "lebendige, sprechende Bilder
oder Repräsentationen von visuellen, auditiven und anderen sinnlichen oder
mentalen Erfahrungen". Als höchst ausdrucksvolle Äußerungen sind sie im-
pulsiv, emotional gefärbt und begleitet von entsprechenden Grimassen und
Gesten. Sie zielen auf maximale emotionale Beteiligung des Zuhörers.[16]

Die beiden Ideophone, die uns hier interessieren, beschreiben Handlung,
Verhalten und Zustand. Sie sind zudem emphatisch wiederholt. Die Hüften,
so das Lied, gehen "swing-swing" und "prick-prick"; und - die Decken
werden ein "muddle-muddle" sein, so die Nebenbedeutung von "shuku".
Ich bezeichne diese Ideophone als kleineres Schema, weil es ein Echo der
Gesamtstruktur ist bzw. durch den Nachvollzug der Bewegungen des Koitus
zu ihr beiträgt. Darüber hinaus bringen sie eine andere Dimension hinein,
was sie, obwohl sie untergeordnete Elemente sind, im Kontext des Liedes als

---

[14] s. Fußnoten 8 und 9
[15] Cole, D.T.: An Introduction to Tswana Grammar, Cape Town, Longman
      1955/1975, p. 370
[16] ders., op. cit.

ganzem sehr wirkungsvoll macht. Als gesprochene Bilder nämlich beziehen sie die dramatische Fähigkeit des Vortragenden mit ein und laden zur unmittelbaren Reaktion des Publikums ein.

Es ist noch eine weitere Bemerkung zum Kunstgriff der Wiederholung in diesem Lied zu machen.

Die Form von Wiederholung, die wir in den Ideophonen gesehen haben, ist überhaupt ein allgemeines Charakteristikum von Setswana Verben. In Zeile 5 des Liedes haben wir ein Beispiel eines gewöhnlichen Verbs, das in dieser Weise verdoppelt ist: "Se nkapaape"[17] (do not touch-touch me – berühre-berühre mich nicht). Der Effekt ist Betonung, wie gesagt; es gibt die Handlung des Berührens wieder.

Eine kunstvollere Form von Wiederholung findet sich in Zeile 1 und 2 :

"You ... who <u>live</u> by being stingable,
Do you <u>live</u> by blood because you are a fly?"

und in Zeile 5 und 6:

"Do not touch my buttocks <u>let me make the bed,</u>
<u>Let me make the bed</u> and then you may bare it."

und in Zeile 7 und 8 :

"We two are alone we have no <u>onlooker,</u>
we are being <u>looked on</u> only by the door of the hut."

Diese Art der Wiederholung kommt besonders in Lobeshymnen vor, wo sie neben ihrer emphatischen Funktion wesentlich zum Zeilen-Rhythmus beiträgt. Sogar in der obigen unvollkommenen Übersetzung ins Englische ist unschwer spürbar, wie diese Verdoppelung auch den übersetzten Zeilen einen gewissen Rhythmus aufdrängt.

Eine noch subtilere Art der Wiederholung gibt Zeile 7:

"We two are alone, we have no onlooker."

---

[17] von "apa-apa"

Hier wird die Wiederholung in zwei Schritten erreicht: nicht durch Verdoppelung desselben Wortes, sondern durch die Ansicht des Paares aus zwei verschiedenen, entgegengesetzten Blickwinkeln. Das Paar ist also in zwei Perspektiven gesehen: im Inneren des Hauses, am Bett, wo es sich einander hingeben wird ("We two are alone ..."), und vom Türeingang her, von wo ein Eindringling verstohlen zuschauen und es stören könnte ("... we have no onlooker").

In Zusammenfassung unserer Analyse des vorliegenden Liedes können wir sagen, daß alle diskutierten Merkmale, d.h. seine Metaphorik (durch die wir zum Thema kamen), seine Stuktur und sein poetischer Kunstgriff der Wiederholung, so wie sie hier benutzt werden, miteinander in Beziehung stehen und zur Gesamtwirkung des Liedes zusammenstimmen.

Eine wichtige Frage: Ist dieses Lied pornographisch?

Ich meine, daß es das nicht ist, zumindest nicht insoweit, als sein Kitzel in ehrlicher und künstlerischer Weise erreicht wird. Außerdem ist zweifelhaft, daß Rre RraMohibidu viel Geld damit verdiente, geschweige denn ein ganzes Gewerbe darauf aufbaute, mit geeignet hergerichteten Gehilfinnen, illustrierten Anzeigen zur Verkaufswerbung und einem Detailsektor in Form privater Zuschauerräume und zahlender Kunden.

Ein anderer Grund, weshalb ich das Lied nicht als pornographisch betrachte, ist, daß es nicht aus seinem sozialen Kontext herausgerissen ist. Im Gegenteil, seine Metaphorik reflektiert mit großer Genauigkeit einige der zentralen Anliegen traditioneller Setswana Kultur. Ja noch mehr, es steht zu ihnen. Schließlich müssen die Menschen, um Ahnen oder um Arbeitskräfte in der Subsistenz-Landwirtschaft zu werden, allererst gezeugt werden. Ihre Zeugung und das Vergnügen dabei schließen einander in keiner Weise aus. Zweitens, als jemand, der nicht lesen und schreiben konnte, komponierte und trat Rre RraMohibidu in der Tradition mündlicher Literatur auf. Das heißt, obgleich er der alleinige, individuelle Schöpfer seines Textes gewesen sein mag, entstand sehr bald eine Situation, in der er sein Lied vortrug und in Reaktion auf Kommentare, Fragen, Gelächter, Einwürfe etc. seiner Zuhörer unter dem Vortrag Neues dazuerfand – und in diesem Falle war er nicht länger ein individueller Komponist, sondern sprach für die Gruppe,

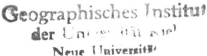

indem er ihre Erfahrung in das Lied aufnahm und dieses deren Ansicht der
Dinge reflektierte: wenn man so will, Kritik und Vermerk der Korrektur an
Ort und Stelle.

Drittens, Teile des Textes von Rre RraMohibidu decken sich mit denen anderer Lieder und Gedichte anderer Autoren. Speech Madimabe z.B. spricht
von "monate yo o koo ke yo o kwano" (the sweetness on your side is also
on my side), und er gebraucht ebenfalls das Ideophon "shukuru-
shukuru".[18]

Das ist kein Plagiat; denn es liegt in der Natur mündlicher Kompositionen,
für ihren jeweiligen Zweck freizügig aus verschiedenen Quellen zu borgen.
Vor allem entlehnen sie aus dem zugänglichen gemeinschaftlichen Schatz der
Vergangenheit und Gegenwart.

Dies sind einige der Faktoren, die dazu beitragen, das Lied in seinem sozialen Kontext zu verankern, und die seine unbeschämte Atmosphäre gemein-
samer Erfahrung erklären.

Was die Pornographie angeht, ist vielleicht der einzige soziale Kontext, der
sie trägt, unser modernes Leben. Pornographie läßt sich als dessen Wider-
schein sehen: sie ist eine glatte Ware, massenproduziert von anonymen Kon-
sortien für anonyme Konsumenten, die die freien Märkte der Großstädte der
Welt bevölkern. Trotz ihres glänzenden Finish ist Pornographie etwas zum
Wegwerfen wie Kleenex. Sie ist genormt und ausgerichtet auf geistlosen
Verbrauch. Sie ist daher wesentlich narkotisierend und eskapistisch statt
bedeutungsvoll und lebensbejahend. Sie ist, wie so vieles andere – unsere
Trinkgewohnheiten z.B. oder unser Hang zu Statussymbolen – ein Symptom
kultureller Enteignung, Entwurzelung und Isolation, nicht nur von anderen
Menschen, sondern auch von uns selbst.

---

[18] aufgelistet bei Radio Botswana unter Molepolole

4.3. Der Status der Frau.

Kulturelle und rechtliche Aspekte

Athaliah Molokomme

übersetzt von Rolf Hasse

Eine Diskussion über die rechtlichen und kulturellen Barrieren, die Frauen in Botswana von der Teilnahme an der Entwicklung des Landes und anderen Aktivitäten abhalten, schließt notwendigerweise eine Untersuchung über ihren Status und ihre Rolle ein. Letzteres ist ein zu umfassendes Thema, um es hier behandeln zu können. Doch zwei Punkte sollen genannt werden. Erstens haben die Individuen, die sich unter der generellen Gruppe Frauen zusammenfinden, verschiedene Charakteristika wie ihre Klassen- und Stammeszugehörigkeit, Stand der Ausbildung, materielle Lebensbedingungen und nicht zuletzt die Art ihrer Sozialisation. Folglich muß jede Analyse ihres Status und ihrer Rolle dies in Rechnung stellen. Zweitens wäre es falsch anzunehmen, es gebe eine gradlinige Unterscheidung zwischen dem rechtlichen und dem kulturellen Aspekt oder zwischen Gesetz und Kultur. Es ist genereller Konsens, daß Gesetze nicht aus sich selbst heraus existieren, sie werden von Menschen, die Entscheidungen fällen, gemacht und geändert. Deshalb sind Gesetze Spiegelung und Ausdruck kultureller Werte und Einstellungen, häufig derjenigen von Individuen, die beauftragt sind, Entscheidungen zu fällen. Die Gefahr, Gesetze losgelöst von anderen Faktoren zu behandeln, wird noch offensichtlicher, wenn wir die Normen betrachten, die den Status der Frau beeinträchtigen.

Kulturelle Einstellungen und Normen

Jede Kultur repräsentiert gewisse Vorstellungen über die Stellung der Frau, und obwohl einige dieser Vorstellungen weltweit sind, begreifen die verschiedenen Kulturen die Rolle ihrer Frauen unterschiedlich. Ihre Einstellung leitet sich meistens von der Bewertung der biologischen Struktur der Frau ab und einige dieser Bewertungen finden ihren Niederschlag in den Gesetzbüchern. Am häufigsten ist es diese Einstellung, die Frauen davon abhält, entmutigt oder es zumindest schwierig für sie macht, an der Entwicklung teilzunehmen.

Die geschlechtsspezifische gesellschaftliche Arbeitsteilung

Es wird gesagt, daß gewisse Aufgaben traditionellerweise die der Frauen sind, während andere das Monopol der Männer darstellen. Letztere führen physisch fordernde Aufgaben aus, während erstere häusliche und augenscheinlich leichtere Pflichten erfüllen. Teilnahme am öffentlichen Leben und Führungsrollen sind generell eine Domäne der Männer. Traditionelle Weisheit ist es, daß die intellektuellen Fähigkeiten von Frauen minderwertiger sind als die der Männer, weil jene mehr von Gefühlen als von rationalen Gründen beeinflußt seien. Es ist zum Teil das Ergebnis dieser Einstellung, die Frauen oft entmutigt, gewisse Kurse technischer Art an der Schule zu belegen. Außerdem scheuen sie vor Führungspositionen zurück, weil es als unschicklich und unweiblich gilt, nach Macht zu streben.

Religiöser Glaube und Normen

Die zentrale Bedeutung und der Einfluß von Religion auf das Leben einiger Menschen braucht hier nicht herausgehoben zu werden. Aber es ist wichtig, zu beachten, welche Rolle die verschiedenen Religionen bei der Definition des Status und der Rolle von Frauen gespielt haben. Es ist traurig genug, daß die Grundideen der meisten Religionen dem Status der Frau mehr geschadet als gut getan haben, dies besonders auch deshalb, weil sie meist als allerletzte oder gottgegebene Wahrheiten ausgegeben werden. Das höchste Wesen in den meisten Religionen ist männlich. Im Christentum ist Gott Vater und Sohn; im islamischen Glauben ist Mohammed der Prophet Allahs. Viele Religionen betrachten Frauen aus verschiedenen Gründen als geistig unrein. Dies ist vermutlich einer der Gründe, weshalb ihnen die höchsten Ränge in den meisten Kirchen weiterhin versperrt sind. Sogar in den Naturreligionen, wo wir gelegentlich von hohen Priesterinnen und Göttinnen erfahren, sind die wichtigsten oder geheiligten Aufgaben den Männern vorbehalten.

"Die rituelle Unreinheit, die mit der Menstruation verbunden ist, hat Frauen früher davon ausgeschlossen, bei Opferhandlungen und anderen aktiven Phasen des traditonellen Ahnenkultes eine führende Rolle zu spielen"[1].

Zweifelsohne wirft die obige Geisteshaltung einige Fragen darüber auf, welche Rolle religiös eingestellte Frauen in den Entwicklungsaktivitäten ihres Landes spielen können, wenn man die Starrheit und den potentiellen Fanatismus, welcher die meisten Religionen charakterisiert, in Rechnung stellt. Es ist z.B. vorgeschlagen worden, daß die führenden Weltreligionen positiv handeln sollten, indem sie ihre Texte überarbeiten und zeigen, daß in Gottes Augen alle Menschen, unabhängig von ihrem Geschlecht, gleich sind und daß Frauen ebensogut wie Männer in der Suche nach Wahrheit eine Rolle gespielt haben.[2] Es ist klar, daß religiöse Mythen wie die Erschaffung Evas aus einer Rippe Adams der Entwicklung im Wege stehen können, indem sie Frauen in einer traditionellen Orientierung verharren lassen, die wenig, wenn überhaupt, Relevanz für dieses Jahrhundert und seine Probleme besitzt.

Rechtliche Aspekte

Wir haben schon bemerkt, daß Recht und Kultur dermaßen verflochten sein können, daß es kurzsichtig wäre, sie in der Betrachtung zu trennen. Eine andere Dimension dieser Beobachtung ist, daß selbst da, wo die Aktivitäten von Frauen nicht direkt durch geschriebene Gesetze beschränkt sind, oft kulturelle Voreingenommenheiten und Einstellungen bleiben, die in der Praxis das Denken der Entscheidungsträger beeinflussen. Oft schlägt eine Auslassung im Gesetz zu Ungunsten von Frauen aus.
Anschließend folgt eine Erörterung einiger einschlägiger Gesetze Botswanas.

a. Botswanas Verfassung
Das wichtigste Dokument in unserem Rechtssystem, die Verfassung, gewährt jedem Menschen in Botswana unabhängig von seiner Rasse, Herkunft, politischen Meinung, Hautfarbe, Glaubensbekenntnis oder Geschlecht gewisse Rechte und Freiheiten. Sie macht allerdings eine wichtige Auslassung, wo

---

[1] Schapera, I.: A Handbook of Tswana Law and Customs, Cornwall[2] 1955, p.28

[2] vgl. z.B. Zollingo/Smock (Hrsg.): Women's Roles and Status in Eight Countries, London 1978

sie Diskriminierung durch Gesetz oder durch einen öffentlichen Amtsträger verbietet und nicht ausdrücklich Bezug auf das Geschlecht als einen der Gründe nimmt.

Heißt das in der Praxis, daß Diskriminierung aufgrund des Geschlechtes nach der Verfassung rechtmäßig ist? Es trifft wohl zu, die Frage zu bejahen, besonders im Hinblick auf den Einschluß von Geschlecht im vorhergehenden Abschnitt über Rechte und Freiheiten. Man mag richtigerweise argumentieren, daß Männer genauso wie Frauen potentielle Opfer sein können. Aber es ist auch wahr, daß Frauen wegen ihres untergeordneten Status, der sich bis heute behauptet, in einem größeren Ausmaß unter Diskriminierung leiden.

Frauen empfehlen deshalb, den Artikel 15 (3) der Verfassung durch Einfügung der Worte "oder des Geschlechts" nach "Glaubensbekenntnis"[3] zu ändern, um gleiche Behandlung aller Personen ohne Ansehen des Geschlechts zu gewährleisten.

b. Staatsbürgerschaft

Das Recht auf die Botswana Staatsbürgerschaft wird im Staatsangehörigkeitsgesetz von 1982[4] geregelt. Es ist schlechtes Recht, soweit es Botswanas weibliche Staatsbürger betrifft. Generell sind die Bestimmungen dieses Gesetzes zur Erlangung der Botswana Staatsbürgerschaft zu Gunsten des Mannes ausgelegt. Wenn man in Botswana geboren ist, wird man Botswana Staatsbürger, es sei denn, man erwirbt die Staatsbürgerschaft eines anderen Landes durch die Abstammung seines Vaters. Außerhalb Botswanas geborene Personen werden Botswana Staatsbürger, wenn ihre Väter Staatsbürger sind. Doch wo die Mutter Staatsbürgerschaft besitzt und ihr Kind unehelich von einem Ausländer geboren ist, ob innerhalb Botswanas oder im Ausland, wird dem Kind nicht die Staatsbürgerschaft Botswanas gewährt. Dieser Ungerechtigkeit wird noch Beleidigung hinzugefügt, als der Artikel 12 spezielle Vorsorge für Frauen ohne Botswana Staatsbürgerschaft trifft, die einen Motswana heiraten. Sie müssen um eine Naturalisierungsurkunde beim Minister nachsuchen. Keine solche Regelung besteht für Männer, die nicht Staatsbürger sind und eine Motswana heiraten. Die Macht des männlichen Vorurteils hätte kaum klarer zum Ausdruck gebracht werden können.

---

[3] vgl. Botswana Constitution, Section 15 (3)
[4] ebenda Section 4 (1) und Einschränkungen dazu

Es wird zu bedenken gegeben, daß diese Regelung ernste Implikationen nicht nur für den Status von Batswana Frauen selbst, sondern auch für ihre Möglichkeit, die Botswana Staatsangehörigkeit auf ihre Kinder zu übertragen, hat. In Fällen, in denen sie Nicht-Staatsbürger heiraten, erlangen ihre Kinder automatisch die Staatsbürgerschaft des Vaters, auch wenn die Botswana Staatsangehörigkeit sehr viel entsprechender oder wünschenswerter für ihr Wohlergehen sein könnte. Vorteile, die sie z.B. nicht erlangen können, sind Stipendien für höhere Ausbildungsinstitutionen inner- und außerhalb Botswanas.

Es wird deshalb empfohlen:

- Besondere Vorkehrung soll dafür getroffen werden, daß Männer, die nicht Batswana sind, aber eine Staatsbürgerin heiraten, die Staatsangehörigkeit auf die gleiche Weise erlangen, wie in Art. 12 dargelegt.

- Kinder aus einer Misch-Ehe sollen bis zur Volljährigkeit (21 Jahre) doppelte Staatsangehörigkeit haben dürfen und sich erst zu diesem Zeitpunkt für eine entscheiden müssen.

c. Heirat

Batswana haben die Wahl, entweder nach dem traditionellen Recht (customary law) oder nach dem Ehegesetz (Marriage Act, auch Heirat nach christlichem oder bürgerlichem Recht genannt) zu heiraten. In beiden Systemen leiden Frauen unter kulturellen Hindernissen und gesetzlichen Beschränkungen.

Heirat nach dem Gewohnheitsrecht ist durch traditionelle Regeln bestimmt, welche nicht nur von Stamm zu Stamm variieren, sondern auch Veränderungen, durch die die Tswana-Gesellschaft gegangen ist, unterworfen waren. Es ist deshalb davor zu warnen, die Regeln, welche die traditionelle Hochzeit betreffen, zu generalisieren. Aber mit gewissen Einschränkungen können einige allgemeine Merkmale ausgemacht werden.

Erstens erlaubt dieses System dem Mann, mehr als eine Frau zu nehmen. Die Heirat ist normalerweise durch die Übergabe der "Lobola" (Brautpreis) von des Mannes Familie an die seiner Frau vollzogen.

Zweitens wird die Heirat nicht nur als eine Vereinbarung zwischen Ehemann und Ehefrau, sondern auch als eine zwischen den betreffenden Familien begriffen. Folglich zieht die Frau nach der Hochzeit zu ihren Schwiegereltern oder zu ihrem Ehemann, wo immer er sein eigenes Heim hat. In beiden Fällen sind ihre Aufgaben klar umrissen. Sie muß Kinder gebären,

kochen und andere 'weibliche' Pflichten erfüllen, während von ihrem Mann als Oberhaupt der Familie erwartet wird, daß er für sie sorgt und die Entscheidungen im Hause fällt. Die Frau ist deshalb in der traditionellen Ehe ohne Zweifel ihrem Mann untergeordnet. Ihre familiären Pflichten verringern notwendigerweise die Rolle, die sie außerhalb der Familie spielen kann. Dies gilt besonders heutzutage, wo Frauen es wünschen oder durch die Umstände dazu gezwungen werden, eine bezahlte Arbeit zu suchen. Bis zu einem gewissen Maße werden deshalb die Forderungen der Familie angepaßt werden müssen, um sie mit der unabhängigen Existenz der Frauen in Einklang zu bringen und so anzuerkennen, daß ihre Möglichkeiten zur Selbstbestimmung und Erfüllung erweitert sind. Weiterhin müssen die meist ungeschriebenen traditionellen Gesetze reformiert werden, um den Frauen mehr Gleichberechtigung in der Familie und der Gesellschaft als ganzer einzuräumen. Im Augenblick hängt dies von der Haltung und der Großzügigkeit des Familienoberhauptes ab oder, wo das versagt, vom traditionellen Gericht.
Traditionelle Gesetze sollten nicht zum Selbstzweck beibehalten werden, wenn sie nicht mehr mit der sozialen Wirklichkeit und der wirtschaftlichen Vernunft übereinstimmen. Natürlich ist es gleichermaßen offensichtlich, daß sie nicht über Nacht geändert werden können, weil sie Teil der Kultur sind. Doch ist es nicht zu leugnen, daß eine Änderung wünschenswert ist.

Ehen nach dem bürgerlichen Recht werden durch die Grundsätze des allgemeinen Rechts, die meist aufgezeichnet sind und durch Verordnungen abgewandelt werden, bestimmt. Der Status und das Recht der Frauen in dieser Kategorie werden dadurch definiert, ob die Eheschließung Gütergemeinschaft oder Gütertrennung vorsieht. Es folgt eine kurze Erörterung der rechtlichen Konsequenzen der Eheschließung unter der einen oder der anderen Bedingung und ihrer Implikationen für Status und Rolle der Frau.
Da wo die Ehe in Gütergemeinschaft geschlossen ist, sind alle Werte und Verbindlichkeiten der Parteien sowie Gewinne und Verluste in einem gemeinsamen Besitz zusammengefaßt. Die Ehepartner werden gemeinsame Besitzer des Eigentums. Aber während der Ehe kann die Frau kein Recht auf ihren Anteil oder den Gesamtbesitz ohne Zustimmung des Ehemannes ausüben. Es ist der Ehemann, der die Verwaltung des gemeinsamen Eigentums übernimmt und grundsätzlich keiner Bevollmächtigung durch seine Frau bedarf. Die Frau andererseits ist nur beschränkt geschäftsfähig, wobei es allerdings verschiedene Ausnahmen gibt, z.B. wenn sie Händlerin ist oder Haushaltsgüter einkauft.

Bei der Gütertrennung gibt es keinen gemeinsamen Besitz; jeder hält seinen oder ihren Besitz getrennt und kann damit umgehen, wie er oder sie es für richtig hält. In einer solchen Ehe ist die Frau ihre eigene Herrin, insoweit ihr persönliches Eigentum betroffen ist. Doch auch hier bestehen einige gesetzliche Einschränkungen.[5] Die Stellung von Frauen, die in Gütergemeinschaft verheiratet sind, ist keineswegs wünschenswert, besonders nicht heutzutage, wo Frauen ihr eigenes Einkommen verdienen und wünschen mögen, damit unabhängig umzugehen. 1969 wollte das Parlament die Situation für die Masse dieser Frauen durch die Verabschiedung des Gesetzes über das Eigentum verheirateter Personen dadurch verbessern, daß es die frühere Position umdrehte und alle Ehen, die nach 1971 geschlossen wurden, automatisch in Gütertrennung versetzte, es sei denn, das Gegenteil wird vereinbart. Trotz der guten Absicht hat das Parlament eher ungeschickt die Stellung der Ehen von Afrikanern dadurch verkompliziert, daß es verlangt, Formulare auszufüllen, um sich spezielle Vorkehrungen dieses Gesetzes zunutze zu machen. Das hat zu erheblichen Verwirrungen geführt.[6] Die gegenwärtige Verwaltung der Formulare und die in ihnen enthaltenen Formulierungen haben zum Ergebnis, daß Leute einen Güterstand eingehen, den sie nicht wollen und im Nachhinein nicht ändern können.[7] In jedem Fall wundert man sich, warum spezielle Vorkehrungen für Eheschließungen unter Afrikanern ohne Berücksichtigung ihrer Lebensweise getroffen werden sollten.

Frauen empfehlen deshalb, daß für diejenigen, die aus den verschiedensten Gründen wünschen, in Gütergemeinschaft zu heiraten, das Gesetz dahingehend geändert wird, daß beide Partner verpflichtet werden, den jeweils anderen zu konsultieren, bevor einer mit dem gemeinsamen Eigentum umgehen kann. Die untergeordnete Stellung solcher Frauen muß dadurch abgeschafft werden, daß ihnen volle Kompetenz in kommerziellen und anderen Transaktionen gewährt wird.

d. Besitzrecht an unbeweglichem Eigentum

Dies ist hauptsächlich geregelt durch das Urkundenregister Gesetz von 1960, das auf der Rechtsseite ein Vorurteil gegenüber der Fähigkeit von

---

[5]   vgl. hierzu Memorandum zur Gesetzesvorlage durch den Minister of Home Affairs und Section 3 des Married Person Property Act
[6]   vgl. Section 7 des Married Person Property Act
[7]   ebenda Section 4 (1) erlaubt nur Personen, die vor 1971 geheiratet haben, den Güterstand zu wechseln.

verheirateten Frauen zeigt, Transaktionen im Zusammenhang mit unbeweglichem Eigentum durchzuführen. Absatz 18 dieses Gesetzes verlangt von
Frauen, gleich ob sie in Gütergemeinschaft oder in Gütertrennung verheiratet sind, daß sie (in Fällen, wo die eheliche Gewalt nicht ausdrücklich ausgeschlossen ist) von ihrem Ehemann im Zusammenhang mit Transaktionen
von unbeweglichem Eigentum unterstützt werden.[8]
Es ist kein Zweifel, daß diese Vorkehrung besonders für Frauen, die in Gütertrennung verheiratet sind, wenig Sinn macht und eine überlebte Methode
ist, Frauen daran zu hindern, aktiv ihren Geschäften nachzugehen.[9]
Es wird deshalb empfohlen, daß dieser Absatz gestrichen wird, um allen
Frauen, soweit sie in Gütertrennung verheiratet sind, die Möglichkeit zu
geben, sich frei mit Immobiliengeschäften zu befassen. So sie in Gütergemeinschaft verheiratet sind, gilt der Vorbehalt der oben gemachten Empfeh-
lung im Zusammenhang mit Ehe in Gütergemeinschaft.[10]

e. Arbeitsrecht

Die verfassungsmäßige Stellung betreffs Diskriminierung aufgrund von Geschlecht wurde schon erörtert. Es gibt tatsächlich keinen rechtlichen
Schutz für jemanden, der aus diesem Grund diskriminiert wird.
Wie zu beobachten ist, werden traditionellerweise bestimmte Tätigkeiten als
von Natur aus männlich angesehen, z.B. das Baugeschäft, die Armee und
andere, so daß Frauen wegen dieser gesellschaftlichen Einstellung davon
ausgeschlossen werden. Weiterhin schließt das Arbeitsrecht (Teil XII) Frau-
en davon aus, im Bergbau unter Tage zu arbeiten, ausgenommen in speziell
definierten Situationen.
Solche Gesetze, ursprünglich zum "Schutz" von Frauen verabschiedet, können in der heutigen Zeit nicht erhalten bleiben, wo sich mehr und mehr
Frauen im formellen Arbeitssektor beteiligen und dieser Absatz ihnen die
Teilnahme an einem Hauptwirtschaftszweig Botswanas verwehrt. Dieser Absatz sollte deshalb gestrichen und Frauen, die nach neutralem Standard

---

[8]   vgl. Dissolution of African Marriages (Disposal of Property) Gesetz von
1926, auf das sich Section 7 bezieht. Es wird empfohlen, daß dieses
Gesetz in einer klareren Sprache überarbeitet wird als eine
Einschränkung zu Section 7.

[9]   ebenda Section 18 sieht verschiedene Ausnahmen vor; darüber hinaus
hat dieser Abschnitt keinen Einfluß auf den Umfang, in welchem
alleinstehende Frauen mit unbeweglichem Eigentum umgehen können.

[10]   vgl. Married Person Property Act, Form B, 2nd Schedule. Nach Ansicht
der Verfasserin kann die eheliche Gewalt in Fällen von Gütertrennung
nicht aufrechterhalten werden.

nachweislich physisch gesund sind und in einer Mine arbeiten möchten, befähigt werden, dies ohne Erniedrigung zu tun.

f. Einkommenssteuergesetz

Grundsätzlich wird auf das Einkommen eines jeden Steuer erhoben. Bei verheirateten Frauen werden von ihr erworbene Beträge dem Bruttoeinkommen
des Mannes zugeschlagen und eine überschüssige Steuerzahlung beim Jah-
resausgleich an ihn zurückerstattet, es sei denn, er ist nicht in Botswana
wohnhaft.

Diese Regelung basiert ebenfalls auf kulturellen Vorurteilen.

Von 1988 an ist nun ein neues Steuersystem gültig, das nicht mehr aufgrund von Geschlecht oder Familienstand diskriminiert. Dies wird als Antwort der Regierung auf die Empfehlungen von Frauen zur Gesetzesän-
derung angesehen.

Schlußfolgerung

Botswana geht als ein Entwicklungsland, das eine rasche Modernisierung
erfährt, offensichtlich durch große soziale Veränderungen. Das sollte dazu
veranlassen, die Ziele und die Durchführung des Wandlungsprozesses abzu-
klären.

Dieser Beitrag hat einen Blick auf einige der kulturellen und rechtlichen
Barrieren geworfen, die Frauen daran hindern, voll an der Entwicklung des
Landes teilzunehmen. Es ist sichtbar geworden, daß Verhaltensweisen und
Gesetze bestehen, die sich einschränkend auf die Rolle der Frauen im Ent-
wicklungsprozeß auswirken.

Kulturelle Einstellungen sind nicht leicht zu ändern. Doch Gesetze können
novelliert werden, um die Situation zu verbessern. Das geschieht nicht aus
sich selbst heraus, sondern wird von Menschen durchgesetzt, die damit
beauftragt sind, Entscheidungen für den Rest der Gesellschaft zu fällen.

Wenn aber diese Entscheidungsträger die Mehrheit der Bevölkerung durch
Gesetz und Einstellungen in der Weise behandeln, wie wir es oben gesehen
haben, hinterläßt das ein großes Fragezeichen hinter der Aufrichtigkeit der
formalen Versprechen von Gleichheit in diesem Land und unserer populären
Forderung, daß jedermann zur Teilnahme an der Verwirklichung unseres
wichtigsten Ziels zugelassen ist: Entwicklung.

KAPITEL 5   GESELLSCHAFT IM WANDEL

5.1. Bevölkerungswachstum

Helge Brunborg

übersetzt von Rolf Hasse

Mit ca. 2 Einwohnern pro km sollte es in Botswana genügend Raum für das Wachstum der Bevölkerung geben. Doch die Situation ist nicht so einfach, wie sie auf den ersten Blick erscheint. Zum einen ist die Bevölkerung sehr ungleich verteilt, was seine Ursache in der Unfruchtbarkeit des Bodens und unzureichenden Wasservorkommen in weiten Landesteilen hat. Zum anderen wächst die Bevölkerung extrem schnell. Die gegenwärtige Rate liegt bei 3.5% pro Jahr und ist eine der höchsten der Welt. Sollte der Trend sich fortsetzen, würde dies zu einer Verdoppelung der Einwohner in nur 20 Jahren führen. Dieses schnelle Wachstum macht jede Planung schwierig und führt zu Problemen in einer Reihe von Gebieten, wie Beschäftigung, Gesundheitsvorsorge, Ausbildung und Wohnungswesen. Trotz des Reichtums an Diamanten, der das Pro-Kopf-Einkommen zu einem der höchsten in Afrika ansteigen ließ, ist Botswana im Grunde ein armes Land. Das Wohlergehen der Bevölkerung zu verbessern wird umso schwieriger, wenn jedes Jahr 40000 Bürger hinzukommen.

Warum wächst die Bevölkerung Botswanas so schnell? Im großen und ganzen sind es dieselben Gründe wie in den meisten anderen afrikanischen Ländern: sinkende Sterblichkeit und anhaltend hohe Fertilität.

Der vorliegende Artikel wird Bevölkerungstrends in der Vergangenheit, die demographischen Komponenten wie Sterblichkeit, Fertilität und Wanderung, zukünftige Trendentwicklungen und schließlich die Konsequenzen des gegenwärtigen schnellen Bevölkerungswachstums für Botswana diskutieren.

Die Bevölkerungsentwicklung in der Vergangenheit

Es ist schwierig, eine Aussage über die Entwicklung der Bevölkerung Botswanas in der Vergangenheit zu machen, da es nur wenige zuverlässige Daten gibt. Die erste Volkszählung wurde 1904 unternommen; aber diese

wird nicht als zuverlässig erachtet, unter anderem, weil sie auf Gruppener-
klärungen basiert und nicht auf Zählung von Individuen (Tab. 1). Die erste
moderne Volkszählung in einer annehmbaren Qualität wurde 1964 durchgeführt. Seit der Unabhängigkeit 1966 gab es zwei Volkszählungen (1971 und
1981) und verschiedene Profilerhebungen (nur wenige demographischer
Natur).

Nehmen wir die erste Erhebung mit etwas Skepsis, so sehen wir in Tabelle
1, daß die Bevölkerung von etwas mehr als 100000 zu Beginn des Jahrhunderts auf beinahe 1 Mio. im Jahre 1981 angewachsen ist. Sie scheint nach
1956 besonders schnell gewachsen zu sein, obwohl die Wachstumsrate von
7.2% pro Jahr von 1956 bis 1964 vermutlich als Folge einer Untereinschät-
zung 1956 zu hoch angesetzt ist. Die gestiegene Wachstumsrate in den späten 50ern trifft sich mit den Erfahrungen in vielen anderen Entwicklungsländern und resultiert hauptsächlich aus einer Verringerung der Sterblichkeit. Die Bevölkerung hat sich zwischen 1971 und 1981 beinahe verdoppelt:
von ungefähr einer halben Mio. auf fast 1 Mio. Das Wachstum ist das Ergebnis einer sinkenden Sterblichkeitsziffer, der Einwanderung, einer gestiegenen Geburtenrate und vielleicht auch einer Unterschätzung von 1971.

Tabelle 1

Größe und Wachstum der Bevölkerung Botswanas 1904 – 1981

Jahr d.Erhebung	Population [x]	jährl. Wachstum zw. den Erhebungen	Basis der Berechnung
1904	121 000	–	Gruppen Erhebung
1911	125 000	0.5 %	Gruppen Erhebung
1921	153 000	2.0 %	Gruppen Erhebung
1936	266 000	3.8 %	Gruppen Erhebung
1946	296 000	1.1 %	Gruppen Erhebung
1956	309 000	0.4 %	Gruppen Erhebung
1964	515 000	7.2 %	Dorf Untert. Erheb.
1971	597 000	2.0 %	De Facto
1981	941 000	4.7 %	De Facto

x gerundet zum nächsten Tausend, eingeschlossen eine Schätzung für
  Nomaden und Berichtigung für Unterzählung
CSO: Selected Economic and Social Indicators. 20th Anniversary Issue,
Gaborone 1986

Tabelle 2   Demographische Indikatoren für Botswana

	1971	1981	1986	1996	2011
	Volkszählung		Projektion mittlere Variante		
Bevölkerung ges.	596 944	941 027	1 129 888	1 600 204	2 604 831
(de facto)					
männl.	272 518	443 104	536 866	774 121	1 278 882
weibl.	324 426	497 923	591 022	826 083	1 325 949
Ausländer	10 861	15 677	18 962	26 139	28 735
Abw. Batswana	45 735	42 015	38 605	33 147	36 679
Altersgr. in v.					
Hundert					
Jahre 0 −14	47.8	47.0	48.1	47.7	43.3
15 −64	46.8	48.4	48.3	49.5	54.0
über 65	5.6	4.6	3.6	2.8	2.7
Abhängigkeits−					
rate per 100	114.1	106.6	107.0	102.0	85.2
Geschl. Relation					
per 100 Frauen	84.0	89.0	90.8	93.7	96.5
Urbane Bevölker.					
in %	9.5	17.7	21.7	28.3	35.4
Bevölk. Dichte					
pro km²	1.0	1.6	1.9	2.7	4.5
Brutto Geburten−					
rate per 1000	45.7	48.7	46.6	41.9	37.5+
Brutto Todesrate					
per 1000	14.5	13.9	12.6	9.1	6.4+
Bevölk. Wachstum					
in % per Jahr	3.1	3.5	3.4	3.3	3.1+
Ges.Fertilitätsr.	6.5	7.1	6.7	6.0	4.9
Lebenserw. bei					
Geburt gesamt	55.6	56.2	58.2	62.2	68.2
männlich	52.5	52.3	54.7	59.4	66.4
weiblich	58.6	59.7	61.4	64.9	70.0
Kindersterblich−					
keit					
gesamt	97.0	71.0	64.0	51.2	Z.n.erh.
männlich	103.0	80.9	72.1	57.2	"
weiblich	91.0	62.2	55.9	45.1	"

+ Für die Zeit 2006-2011   Z.n.erh.= Zahlen nicht erhältlich

CSO: 1981 Population and Housing Census. Population Projections 1981-
2011, Gaborone 1987; CSO: 1981 Population and Housing Census. Analytical Report, Gaborone 1987

Tabelle 3

Demographische Indikatoren für SADCC Staaten, Namibia, RSA,
ausgewählte Staaten Europas sowie Afrika gesamt und Europa gesamt

Staat	Staatsgebiet km²*10³	Bevölkerung in Mio.	Bevölkerungsdichte pro km²	Bevölkerungswachstum % p.A.	Gesamt Fertilitätsrate	Lebenserwart. bei Geb.	Kindersterbl. p. 1000 Lebengb.	% unter 15 J.	% über 65 J.	Abhängigkeitsrate p. 100	Urbanisationsrate % 1973-84	Bruttosozialprodukt pro Kopf der Bevölk. US $ 1984	Wachstumsr. 1965-84 %
Angola	1247	8.0	6.4	2.5	6.4	43	143	45	3	92	6.0	K.A.	K.A.
Botswana	582	1.2	2.1	3.4	6.7	58	70	48	4	108	11.3	960	8.4
Lesotho	30	1.6	53.3	2.6	5.8	50	106	42	4	85	20.1	530	5.0
Malawi	118	7.4	62.7	3.2	7.0	46	157	47	3	100	7.3	180	1.7
Mozambique	802	14.7	18.3	2.6	6.1	46	147	46	3	96	10.2	K.A.	K.A.
Namibia	824	1.3	1.6	3.3	6.4	49	110	45	3	52	K.A.	K.A.	K.A.
Südafrika	1221	34.3	28.1	2.3	4.6	56	72	38	4	72	3.7	2340	1.4
Swaziland	17	0.7	41.2	3.1	6.5	50	124	46	3	96	K.A.	790	4.1
Tanzania	945	23.5	24.9	3.5	7.1	52	111	48	3	104	8.6	210	0.6
Zambia	753	7.1	9.4	3.5	7.0	52	84	47	3	100	6.4	470	-1.3
Zimbabwe	391	9.4	24.0	3.5	6.5	57	76	50	3	113	6.1	760	1.5
Dänemark	44	5.1	115.9	-0.1	1.4	75	8	18	15	49	0.6	11170	1.8
Frankreich	547	55.6	101.6	0.4	1.8	75	8	21	13	52	1.2	9760	3.0
Niederlande	37	14.6	394.6	0.4	1.5	76	8	20	12	47	-1.0	9520	2.1
Norwegen	324	4.2	13.0	0.2	1.7	76	8	20	16	56	2.7	13940	3.3
UK	245	56.8	231.8	0.2	1.8	74	9	19	15	52	0.2	8570	1.6
BRD	249	61.0	245.0	-0.2	1.3	74	10	15	15	43	0.3	11130	2.7
Afrika ges.	3030	601.0	19.8	2.8	6.3	51	113	45	3	92	4.2*	740	3.0
Europa ges†	4937	495.0	100.3	0.3	1.8	74	13	20	15	54	1.2●	11340	2.4

† Ohne Sowjetunion und Türkei; K.A. = keine Angaben; * Schwarzafrikanische Staaten mit mittlerem Einkommen; ● Industriestaaten

Quelle: Population Reference Bureau (1987), World Bank (1984) und CSO, Gaborone (1987)

Sterblichkeit und Lebenserwartung

Die hauptsächlichen Quellen der Sterblichkeitsraten sind die Volkszählungen von 1971 und 1981, aber es wird angenommen, daß 1971 die Überlebensraten grob überzogen sind (CSO: 1981 Population and Housing Census.Population Projections 1981-2011). Deshalb stehen uns zuverlässige Sterblichkeitsziffern nur für 1981 zur Verfügung. Die grobe Todesrate (Tote pro 1000 Einwohner) lag 1981 bei 13.7. Die Lebenserwartung zum Zeitpunkt der Geburt für beide Geschlechter zusammen war 56.3 und hochgerechnet auf 1986 58.2 Jahre (Tab. 2, 3 und 4). Obwohl dies im Vergleich zu Industrieländern, wo sie zwischen 71 und 77 Jahren liegt, niedrig ist, rangiert diese Lebenserwartung unter den höchsten in Afrika. So zeigt Tabelle 3, daß Botswana die niedrigste Sterblichkeitsrate im südlichen Afrika, einschließlich aller SADCC-Länder hat. Die Lebenserwartung ist sogar höher als in Südafrika (Gesamtbevölkerung), das sich oft brüstet, seiner Bevölkerung gehe es besser als der in den schwarzafrikanischen Staaten.

Dies ist eine ausgezeichnete Errungenschaft Botswanas nach nur zwanzig Jahren Unabhängigkeit. Dafür gibt es verschiedene Gründe: die generelle soziale und ökonomische Entwicklung, verbesserte Ernährung und Hygiene, die bessere Ausbildung der Bevölkerung und nicht zuletzt ein gutes Gesundheitsprogramm. Basis-Gesundheitsvorsorge wird besonders betont, anders als in vielen anderen afrikanischen Staaten, wo große Anteile des Gesundheitshaushaltes für große Hospitäler in den Hauptstädten ausgegeben werden.

Der Erfolg von Botswanas Gesundheitsprogramm stellt sich auch in dem beachtlichen Rückgang der Kindersterblichkeit dar. Die Kindersterblichkeitsrate ist die jährliche Anzahl von toten Minderjährigen per 1000 Lebendgeburten. Sie fiel von 97 im Jahre 1971 auf 71 im Jahre 1981. Die Kindersterblichkeitsrate, die häufig als Indikator für den Lebensstandard benutzt wird, ist ebenfalls niedriger in Botswana als in Südafrika, Namibia und allen SADCC-Ländern (Tab.3). Aber trotzdem sollten wir nicht vergessen, daß die Kindersterblichkeit noch fast zehnmal höher ist als in Europa. Es ist noch immer ein langer Weg zurückzulegen, bevor die Gesundheitsbedingungen und die Sterblichkeitsziffern in Botswana als befriedigend bezeichnet werden können.

Wie in den meisten anderen Ländern liegt die Sterblichkeit bei Mädchen und Frauen beträchtlich niedriger als bei Knaben und Männern (Tab.4). Die durchschnittliche Lebenserwartung ist ganze 7 Jahre höher für Frauen als für Männer. Das erscheint hoch, und sie ist in der Tat höher als in anderen afrikanischen Ländern. Aber dieser Unterschied hat den selben Umfang wie in den meisten Industrieländern (6-8 Jahre). Wir wissen nicht, warum der Unterschied in Botswana so groß ist; aber dies mag zusammenhängen mit der hohen männlichen Sterblichkeit, die durch Tuberkulose bedingt ist.

Die Lebenserwartung liegt in urbanen Gebieten höher als in ländlichen (Tab.4). Dies ist das Ergebnis vieler Faktoren. Der Zugang zu Einrichtungen des Gesundheitswesens ist in Städten leichter, Wohn- und Lebensstandard sind normalerweise besser und der Ausbildungs- und Einkommensstand der Bevölkerung höher. In urbanen Gebieten haben Männer eine durchschnittlich 9 Jahre und Frauen eine 6 Jahre höhere Lebenserwartung als in ländlichen Gebieten. Es ist ebenfalls interessant, daß urbane Männer eine größere Lebenserwartung haben als ländliche Frauen.

Tabelle 4

Lebenserwartung bei Geburt nach Geschlecht und ländlichen bzw. städtischen Gebieten

	Männer	Frauen	beide Geschl.[+]
Städtisch	59.9	64.9	62.6
Ländlich	50.7	58.6	54.9
Gesamt	52.3	59.7	56.3

+ Gewichtung durchschnittliche männliche u. weibliche Lebenserwartung

CSO: 1981 Population and Housing Census, Population Projections: 1981-2011, Gaborone 1987

Fertilität

Unter Fertilität verstehen wir die Zahl von Kindern, die von einer Frau geboren werden. Das übliche Vorgehen, um die Fertilität zu messen, ist die Feststellung der Brutto-Geburtsrate, d.h. der Zahl der Lebendgeburten pro 1000 Einwohner, sowie der Gesamtfertilitätsrate (TFR), welche die durchschnittliche Anzahl der Lebendgeburten pro Frau darstellt. Dabei wird angenommen, daß die gegenwärtigen altersspezifischen Geburtsraten während der gebärfähigen Jahre (15-45) konstant bleiben werden.
Wir wissen fast genauso wenig über die Fertilität wie über die Sterblichkeit in Botswana. Die Hauptdatenquellen sind wieder die Volkszählungen von

1971 und 1981. Zusätzlich gab es eine Familien-Gesundheits-Erhebung 1984[1]. Tabelle 2 und 3 zeigen, daß die Fertilität in Botswana sehr hoch ist und unter den höchsten in Schwarzafrika rangiert. Jede Frau gebärt im Durchschnitt 6 bis 7 Kinder.[2] Die Gesamtfertilitätsrate für Botswana wurde 1971 mit 6.5 und 1981 mit 7.1 (Volkszählung) errechnet. Dies zeigt einen leichten Anstieg der Fertilität zwischen 1971 und 1981 an[3]. Was wissen wir neben der Gesamtfertilitätsrate über die Art der Fertilität in Botswana? Das Altersmuster der Fertilität ist in etwa dasselbe wie in anderen afrikanischen Ländern, ausgenommen das der Teenagerfertilität, die ungewöhnlich hoch ist. Von 1000 Teenagern hatten 1981 131 ein Kind. Etwa jede vierte Frau war das erste Mal schwanger, bevor sie 18 Jahre alt war. Die Fertilitätsrate für Teenager stieg um volle 43% von 1971 bis 1981 (CSO 1987). Dies hat Betroffenheit in der Öffentlichkeit, bei Lehrern, Regierungsvertretern, Politikern und anderen ausgelöst. Frühe Schwangerschaft ist häufig eine schwere Belastung, da viele junge Mütter keine Unterstützung von den Vätern der Kinder erhalten, ganz abgesehen vom Gesundheitsrisiko für Mütter und Kinder. Obwohl in Botswana Frauen früh schwanger werden, erachten sie es aus gesundheitlichen Gründen für wichtig, zwischen Niederkunft und neuer Schwangerschaft einen angemessenen Zeitraum verstreichen zu lassen[4].

Die wahrscheinliche Entwicklung der Fertilität in Botswana kann natürlich niemand vorhersagen. Wie oben dargestellt, gibt es bis jetzt keinen ernsthaften Hinweis auf einen Rückgang, im Gegenteil mag die Fertilität sogar etwas angestiegen sein. Es gibt jedoch verschiedene Gründe, warum die Fertiliät in Botswana in absehbarer Zeit zurückgehen könnte.

Botswana ist in der glücklichen Lage, ein schnelles wirtschaftliches Wachstum durchzumachen. Das reale Bruttosozialprodukt wuchs zwischen 1975/76

---

[1]   vgl. Manyeneng, W.G. et al.: Botswana Family Health Survey 1984, Gaborone und Columbia, Maryland 1985

[2]   Eine der höchsten Fertilitätsraten, die je festgestellt wurden, lag in Kenya 1977/78 bei 8.3, vgl. Cleland, J./Hobcraft, J. (Hrsg.): Reproductive Change in Developing Countries, Oxford 1985

[3]   Um die Fertilitätsrate für 1971 zu schätzen, wurde eine sich von der Schätzung für 1981 geringfügig unterscheidende Methode gewählt. Eine Neuschätzung der TFR für 1971 bei Verwendung genau derselben Methode wie 1981 führte zu der TFR von 6.8. Dies zeigt, daß der Anstieg von 1971-1981 sehr viel geringer war, als ursprünglich angenommen, ja, daß es möglicherweise keinen Anstieg gegeben hat, stellt man die Ungewißheit der Daten und Methoden in Rechnung.

[4]   vgl. Manyeneng et al.: Botswana Family Health Survey 1984, op. cit.

und 1985/86 um 10.7% pro Jahr und zeigt damit eine der höchsten Wachstumsraten in der Welt.[5]

Das Bruttosozialprodukt pro Kopf der Bevölkerung mit US $ 960 (1984) ist beträchtlich höher als in vielen Ländern mit einer auffällig niedrigeren Fertilität wie z.B. in China, Indien, und Indonesien (Weltbank 1984). Wirtschaftliches Wachstum ist im allgemeinen – aber nicht immer – eine notwendige Vorbedingung für das Absinken der Fertilität. Generell zeigen die Erfahrungen aus anderen Ländern, daß es wohl kein spezifisches Niveau der ökonomischen und sozialen Entwicklung gibt, bei dem die Fertilität sinkt.

Die Sterblichkeit ist beachtlich zurückgegangen. Historisch sank normalerweise die Fertilität in den Industrieländern einige Zeit nach der Sterblichkeitsrate (demographische Übergangsperiode), aber es ist unmöglich, für ein Land wie Botswana vorauszusagen, wie lang dieser Zeitraum sein wird. Es wird generell angenommen, daß Sicherheit im Alter eine wichtige Motivation ist, viele Kinder zu haben. Konsequenterweise sollte die verhältnismäßig niedrige Kindersterblichkeit in Botswana dazu führen, daß es nicht länger so wichtig ist, viele Kinder zu haben, um das Überleben einiger sicherzustellen.

Die Fertilität ist in urbanen Gebieten geringer als im ländlichen Raum (Gesamtfertilitätsrate 6 gegenüber 7.3, 1981). Die urbane Gesellschaft wächst aus anderen Gründen beträchtlich schneller als die ländliche.

Das Ausbildungswesen wird schnell ausgebaut. Anders als in vielen anderen Entwicklungsländern genießen Mädchen genausoviel oder mehr Schulbildung als Knaben. Studien in vielen Ländern haben gezeigt, daß mit zunehmendem Ausbildungsstand der Mütter (u. Väter) die Anzahl der Kinder zurückgeht. In Botswana haben Frauen mit Sekundarschulbildung und darüber im Durchschnitt 0.9 Kinder weniger als Frauen ohne Schulbildung (in standardisierten Altersgruppen).

Der Anteil der Frauen am Arbeitsmarkt ist hoch; 29% aller Frauen zwischen 15 und 49 Jahren haben 1984 für Lohn gearbeitet. Es besteht normalerweise ein Verhältnis zwischen einträglicher Beschäftigung und Fertilität. Arbeitende Frauen in Botswana haben im Durchschnitt 0.4 Kinder weniger als

---

[5] Während der Periode 1965-84 betrug die Zuwachsrate des Bruttosozialprodukts pro Kopf der Bevölkerung 8.4% und war damit die höchste Zuwachsrate aller 126 Länder, von denen Daten erhältlich waren (Weltbank 1986); vgl. auch CSO: Selected Economic and Social Indicators, 20th Anniversary Issue, Government Printer, Gaborone 1986; CSO: Statistical Bulletin Vol. 12–No.1, March 1987

nicht im formellen Wirtschaftssektor beschäftigte Frauen (in standarisierten Altersgruppen)[6].

Das Gesundheitswesen ist eines der besten in Afrika und wird noch ständig verbessert. Dies sollte zu einem weiteren Absinken der Sterblichkeit führen und, wie oben erwähnt, mag dies zu einer Verringerung der Fertilität führen.

Botswana hat ein unmittelbar aktives Familien-Planungsprogramm. Dieses ist in das Programm der Mutter/Kind Vorsorge seit seiner Einführung 1973 integriert. Im Jahre 1984 praktizierten 28% aller verheirateten Frauen zwischen 15 und 49 Jahren (einschließlich der Frauen, die in dauerhaften Verbindungen leben) Empfängnisverhütung, 76% davon anerkannt durch die Familienplanung; 80% aller Frauen wußten von empfängnisverhütenden Methoden. 70% aller Frauen, die Empfängnisverhütung betrieben, wohnten nur 30 Gehminuten von einer Stelle entfernt, wo sie empfängnisverhütende Mittel erhalten konnten.[7] Diese Zahlen sind für Schwarzafrika hoch und zeigen an, daß das Gesamtklima für Familienplanung günstig ist.

Der Regierung wurde die Problematik, die durch das schnelle Bevölkerungswachstum verursacht wird, bewußt, und sie hat begonnen, eine Bevölkerungspolitik zu formulieren. Zwei Konferenzen über Bevölkerung und Entwicklung für Politiker, Chiefs und öffentliche Würdenträger wurden 1976/77 abgehalten.[8] Die Infrastruktur des Landes und die Kommunikation sind erheblich verbessert worden. Dies zusammen sollte die Verbreitung von neuen Verhaltensformen und Praktiken im Hinblick auf die Familienplanung erleichtern.

Alle obengenannten Faktoren sollten sich günstig auf eine Reduzierung der Geburtenrate auswirken. Andererseits gibt es eine Reihe von Gründen dafür, daß ein Absinken der Geburtenrate nicht unmittelbar bevorstehen mag. Sie sind teils genereller Art, teils spezifisch für Botswana.

Bis jetzt ist noch kein entscheidendes Absinken der Fertilitätsrate in anderen schwarzafrikanischen Ländern zu beobachten, obwohl dies in der letz-

---

[6]   vgl. Manyeneng et al.: Botswana Family Health Survey 1984, op. cit.
[7]   ders. op. cit.
[8]   Manyeneng et al.: Report of the Conference on Population and Development for Members of Parliament and House of Chiefs, Sept. 4-6, Gaborone 1986

ten Dekade in einer Reihe von Ländern Lateinamerikas und Asiens eingetreten ist.[9]

Obwohl Botswanas Wirtschaftswachstum in den vergangenen Dekaden sehr
hoch war, hat das Absinken der Fertilität bis jetzt noch nicht begonnen. Es
könnte sein, daß die Fertilität in Botswana mehr von nicht-ökonomischen
Faktoren als von der Wirtschaft abhängt.

Trotz des hohen Durchschnittseinkommens ist die Verteilung der Einkommen
sehr ungleichmäßig. Die meisten Batswana sind noch immer sehr arm, und
das Leben in den ländlichen Gebieten läuft noch in den traditionellen Bah-
nen, obwohl es eine schnell wachsende urbane Mittelschicht gibt.

Kulturelle Faktoren haben eine enge Verbindung zum historischen Rückgang
der Fertilitätsrate in Europa ebenso wie in jüngster Zeit in Entwicklungsländern.[10] Es ist nicht bekannt, welche kulturellen Faktoren in Botswana
den Fertilitäsrückgang hemmen oder fördern. Sogar in urbanen Gebieten ist
die Fertilität sehr hoch. Eine Gesamtfertilitätsrate von 6 ist mehr als
doppelt so hoch wie auf lange Sicht für ein Null-Wachstum notwendig wäre.

Nur wenige Batswana sind offensichtlich motiviert, wenige Kinder zu haben,
obgleich sich jüngere Frauen weniger Kinder wünschen als ältere. 1984
wünschten sich Frauen zwischen 15 und 29 Jahren 4-5 Kinder, während ältere Frauen sich 6-7 Kinder wünschten[11].

In der Setswana Tradition werden sexuelle Angelegenheiten im allgemeinen
nicht diskutiert; dies könnte sich allerdings ändern, zum Teil als Ergebnis
der Anti-AIDS-Kampagne.

Wanderung

Die Batswana sind sehr mobil, sowohl innerhalb des Landes als auch über
die Grenzen hinaus. Die inländische Mobilität führte zu einem erheblichen
Anstieg des Anteils der urbanen Bevölkerung (von 9.5% im Jahre 1971 auf
17.7% 1981).

Die Land-Stadt - Wanderung hat zu einer noch stärkeren Konzentration im
Südosten Botswanas geführt. Die Bevölkerungsdichte schwankte 1981 zwischen 14 Einwohnern pro km² im Barolong und SO-Distrikt und 0.2 bis 0.6

---

[9] vgl. Leete, R.: The Post-demographic Transition in East and South East
     Asia, in: Population Studies 41(2), 1987, p. 187-206
[10] vgl. Coale, A.J.: Demographic Transition Reconsidered, International
     Population Conference, Vol.I, Liege 1973 sowie Leete, R., op. cit.
[11] Manyeneng et al.: Botswana Family Health Survey 1984, op. cit.

in den westlichen Distrikten (CSO: 1981 Population and Housing Census. Analytical Report, Gaborone 1987).

Es gibt beträchtliche saisonale Wanderungen, da es üblich ist, drei und mehr Wohnsitze zu haben. Im Dorf verbringen die Menschen die längste Zeit des Jahres. In den "Lands" bauen sie Mais und Sorghum an und auf dem "Cattle Post" hüten sie ihre Rinder.

Eine andere wichtige Form der Migration in Botswana stellen die Wanderarbeiter nach Südafrika dar (vgl. oben Kapitel 3). Dies geht zurück auf das vorige Jahrhundert und hat zu beträchtlichen demographischen, sozialen und wirtschaftlichen Konsequenzen geführt. Es wird angenommen, daß die Wanderarbeit als Folge des politischen Drucks in Südafrika rückläufig sein wird.

Zukünftige Bevölkerungsentwicklung

Das zentrale statistische Büro Botswanas hat 1987 Hochrechnungen der Bevölkerungsentwicklung veröffentlicht, die auf der Volkszählung von 1981 beruhen (CSO: 1981 Population and Housing Census. Population Projections 1981-2011). Drei verschiedene Szenarien sind erstellt worden, die hohe, die mittlere und die niedrige Variante, was die Unsicherheit über die Entwicklung der Fertilität zum Ausdruck bringt (Tabelle 5).

In der hohen Variante ist die Fertilitätsrate von 1981 mit der Annahme konstant gehalten, daß die Gesamtfertilität mit 7.1 bereits so hoch ist, daß sie kaum höher ansteigen kann. In der mittleren Variante ist die Fertilitätsrate um 1.2% pro Jahr reduziert und in der niedrigen um 2% pro Jahr. Dies führt zu einer GFR von 4.9 bzw. 3.9 im Jahre 2011 (Tabelle 2 oben zeigt die Annahme und das Ergebnis der mittleren Variante).

In allen drei Varianten wird unterstellt, daß die Sterblichkeit weiter abnehmen wird, bis die Lebenserwartung im Jahre 2011 bei der Geburt 66.4 Jahre für Männer und 70.0 Jahre für Frauen beträgt. Die Annahme eines weiteren Absinkens der Sterblichkeit beruht auf der erklärten Politik der Regierung, Gesundheit, Ernährung und wirtschaftliche Situation der Bevölkerung weiter zu verbessern. Es wird außerdem angenommen, daß die hohe Sterblichkeit der erwachsenen Männer in ländlichen Gebieten graduell zurückgehen wird.

222

Tabelle 5

Projektionen der Bevölkerungsentwicklung Botswanas 1981-2056

	Hohe Variante		Mittlere Variante		Niedrige Variante		Ersatz d. Fertilität v. 1986 [++]	
Jahr	Bevölk.	Wachstumsrate[+]	Bevölk.	Wachstumsrate[+]	Bevölk.	Wachstumsrate[+]	Bevölk.	Wachstumsrate[+]
1981	941 000	4.7%	941 000	4.7%	941 000	4.7%	941 000	4.7%
1986	1 133 000	3.8%	1 129 000	3.7%	1 125 000	3.6%	1 128 000	3.7%
1991	1 374 000	3.9%	1 348 000	3.6%	1 134 000	3.5%	1 118 000	0.9%
1996	1 666 000	3.9%	1 600 000	3.5%	1 567 000	3.3%	1 245 000	1.1%
2001	2 026 000	4.0%	1 891 000	3.4%	1 822 000	3.1%	1 333 000	1.4%
2011	3 030 000	4.1%	2 605 000	3.2%	2 396 000	2.7%	1 541 000	1.4%
2036							1 900 000	0.5%
2056							1 974 000	0.0%
GFR in 2011	7.1		4.9		3.9		2.4	

GFR Gesamt-Fertilitäts-Rate
+ Durchschnittliche jährliche Wachstumsrate in Prozent der vorangegangenen 5 Jahre (Zehnjahres-Periode vor 1981). Offizielle Projektion des CSO, 1981 Population and Housing Census. Population Projections: 1981-2011, Gaborone 1987
++ Inoffizielles Experiment, Manyeneng, W.G. u.a.: Report of the Conference on Population and Development for Members of Parliament and House of Chiefs, Sept. 4-6, Gaborone 1986

Wie wir in Tabelle 5 sehen, wird die Bevölkerung in allen drei Szenarien beträchtlich wachsen und sich in den kommenden 30 Jahren mindestens verdoppeln. In der hohen Variante steigt die Wachstumsrate noch an, weil angenommen wird, daß die Sterblichkeit weiter sinkt. Obwohl fortgesetzt hohe Fertilität, wie in der hohen Variante angenommen, zu einer sehr viel größeren Bevölkerung führen wird als in den beiden Szenarien mit reduzierter Fertilitätsrate, bleibt die Wachstumsrate sogar in der niedrigen Variante hoch. Zwei Faktoren sind hier bestimmend. Der erste Faktor ist, daß der angenommene Rückgang in der niedrigen Variante recht gering ist. Sogar eine GFR von 3.9 ist beträchtlich höher als die Austauschrate (Nullwachstum) von 2.4 Kindern pro Frau und führt zu einer weiterhin ansteigenden Bevölkerung. Trotzdem könnte die Reduzierung auf 3.9 im Jahre 2011 unrealistisch groß sein, wenn wir in Rechnung stellen, daß es bisher kein Absinken der Rate in Schwarzafrika gibt. Der zweite Faktor ist der sogenannte Populationsimpuls. Wegen der hohen Fertilität in der Vergangenheit sind viele Frauen im gebärfähigen Alter (15–49 Jahre) oder, anders ausgedrückt, die Eltern von morgen sind schon geboren. Sogar wenn die Fertilität von 1986 an auf dem Austauschniveau bleiben würde (was absolut ausgeschlossen ist), würde die Bevölkerung auf 1.54 Mio. im Jahre 2011 angewachsen sein. Das Wachstum der Gesamtbevölkerung würde bis 2056, wenn die 2 Mio.- Grenze erreicht ist, nicht zum Stillstand kommen. Das würde immer noch einen Anstieg von 75% bedeuten.

Fortgesetzt hohe Fertilität bedeutet nicht nur, daß die Bevölkerung schnell wächst, sondern auch, daß sich die jugendbetonte Altersstruktur fortsetzt (Fig 1). Heute sind fast die Hälfte der Bevölkerung Botswanas Kinder. Dies schafft beträchtliche Probleme für die Vorhaltung von Ausbildung, Gesund-heitsdienst, Ernährung usw. Im Gegensatz dazu sind in Europa nur 15–25% der Bevölkerung Kinder (Fig.1 und Tab.3)[12]. Auf der anderen Seite gibt es relativ wenig alte Leute in Botswana. Nur 4% der Bevölkerung sind über 65 Jahre oder älter. Diese Gruppe ist jedenfalls keine große Belastung wie in Europa, wo 10–15% der Bevölkerung Alte sind, von denen viele intensive Betreuung benötigen. Nichtsdestoweniger gibt es prozentual sehr viel mehr Menschen in Afrika, die nicht produktiv tätig sind, als in Europa. Das wird durch die Abhängigkeitsrate ausgedrückt. Dies ist die Anzahl von Kindern (Alter 0–14) und von alten Leuten (über 65) pro 100 Einwohner im arbeits-fähigen Alter (15–64). In Botswana ist dieses Verhältnis 108, was bedeutet, daß statistisch jede Person im arbeitsfähigen Alter für sich selbst und eine weitere Person aufkommen muß. In der BRD liegt die Abhängigkeitsrate nur bei 43 (vgl. Tab.3).

Zusammenfassung und Schlußbemerkung

Wie dargelegt, ist die Wachstumsrate der Bevölkerung Botswanas mit 3.5% eine der höchsten der Welt. Dieses schnelle Wachstum ist das Ergebnis einer verringerten Sterblichkeit. Die Lebenserwartung von 56 Jahren ist eine der höchsten in Afrika. Die andauernde Fertilität von 7 liegt ebenfalls

---

[12] Die Bevölkerungspyramide in Fig.1 zeigt auch, daß es beträchtlich weniger Männer als Frauen in bestimmten Altersgruppen gibt, in Botswana in der Altersgruppe 20–45 aufgrund der Wanderarbeit nach Südafrika und in der BRD in der Altersgruppe über 55 als Ergebnis der Verluste des Zweiten Weltkriegs.

unter den höchsten Raten in Afrika. Die zurückgehende Sterblichkeit zeigt, daß die sog. demographische Übergangsperiode in Botswana genauso begonnen hat wie in allen anderen Entwicklungsländern. Dennoch gibt es bis heute keine Anzeichen für die nächste Stufe des demographischen Übergangs, nämlich den Abfall der Fertilität, genauso wenig wie in anderen schwarzafrikanischen Ländern. Die Aussichten hierfür sollten vor dem Hintergrund des großen ökonomischen und sozialen Fortschritts in den letzten Jahren für Botswana recht gut sein. Dennoch ist es unmöglich, vorherzusagen, wann die Fertilität zurückgehen wird und wenn, wie schnell das geschehen wird, sowie zu bestimmen, was die notwendigen Bedingungen für den Rückgang sind.

Obwohl die Bevölkerung Botswanas absolut sowie im Verhältnis zur Größe des Landes sehr klein ist, ist das gegenwärtige Bevölkerungswachstum nicht unproblematisch. Das Wachstum selber macht es schwierig, den Wohlstand der Bevölkerung zu verbessern. Der hohe Prozentsatz an Kindern (fast 50%) ist eine schwere Last für den produktiven Teil der Bevölkerung. Schließlich könnte auch das absolute Maß der Bevölkerung zum Problem werden, bedenkt man die Begrenztheit der natürlichen Ressourcen, besonders Wasser und landwirtschaftliche Böden. Wegen des großen Anteils der jungen Bevölkerung wird es sehr lange dauern, das Bevölkerungswachstum zu bremsen.

Nun könnte man leicht der Annahme aufsitzen, daß alles Bevölkerungswachstum von Nachteil sei – nach dem Motto, je mehr Leute, desto geringer das Pro-Kopfeinkommen, weniger Nahrung pro Person, größerer Bedarf an Gesundheitsvorsorge usw. Doch wir müssen uns erinnern, daß Menschen nicht nur eine Last für ein Land sind. Wir können nicht grundsätzlich sagen, daß es einem Staat umso besser geht, je kleiner die Bevölkerung ist. Menschen sind nicht nur Konsumenten, sie sind auch Sorgeträger für eine bestimmte Lebensperiode. Es ist wahr, daß mehr Menschen mehr Nahrung benötigen, aber sie können auch mehr produzieren, wenn es dazu Gelegenheit gibt.

Es ist nicht grundsätzlich richtig, daß das Bruttosozialprodukt pro Kopf umso kleiner ist, je größer die Bevölkerung ist, obwohl das Bruttosozialprodukt von der Bevölkerung beeinflußt wird. Das Bruttosozialprodukt kann durchaus schneller wachsen als die Bevölkerung, weil die Kosten für viele Institutionen nicht sehr von der Bevölkerungszahl abhängen. Jeder Staat braucht eine Regierung, Verteidigung, Polizei, Kommunikationssysteme usw.

Diese Art von Pro-Kopf-Kosten könnten durchaus mit dem Anwachsen der Bevölkerung Botswanas sinken.

Aus demographischer Sicht hat Botswana zwei hauptsächliche Probleme, zum einen die Begrenztheit seiner natürlichen Ressourcen, zum anderen das sich beschleunigende Bevölkerungswachstum. Das Wachstum als solches, nicht die Bevölkerungszahl stellt das Problem dar. Damit die zukünftigen (größeren) Generationen denselben Ausbildungs- und Gesundheitsstandard wie die vorangegangenen Generationen genießen können, muß ein großer Teil des Bruttosozialproduktes in die soziale Infrastruktur investiert werden. Dies wird nur wenig zum Konsum und nichts zur Verbesserung des Lebensstandards übrig lassen.

Zum Beispiel werden mehr als zweimal so viele Lehrer und Klassenräume im Jahre 2015 benötigt, gleich ob die Fertilität auf demselben Niveau wie gegenwärtig bleibt oder zum Nullwachstum absinkt. Auch der Gesundheitssektor muß gewaltig ausgedehnt werden, um die Versorgung der anwachsenden Bevölkerung zu gewährleisten, von der Verbesserung ihres Standards gar nicht zu reden. Um die gleiche Pro-Kopf-Zahl zu erhalten, muß die Anzahl von Krankenhausbetten von 2400 im Jahre 1985 auf 7200 steigen, wenn die Fertilität in der gegenwärtigen Höhe anhält, und immer noch auf 4900, sollte sich die Fertilität auf Austauschniveau (Nullwachstum) einstellen, was ausgeschlossen ist. Die Anzahl der Ärzte genauso wie Kosten für das Gesundheitssystem müssen verdreifacht werden, wenn die Fertilität konstant bleibt und verdoppelt werden, wenn die Fertiliät sinkt.

Ein anderer problematischer Gesichtspunkt ist die Notwendigkeit, Arbeitsplätze für eine rasch wachsende Bevölkerung zu schaffen. Die bisherigen Erfahrungen auf diesem Gebiet sind allerdings widersprüchlich. In den vergangenen Dekaden waren die Entwicklungsländer generell in der Lage, die hinzugekommene Arbeitskraft zu absorbieren und dies trotz eines vorher nie existierenden Bevölkerungswachstums[13].

Wird Botswana in der Lage sein, die Probleme, die sich aus dem schnellen Bevölkerungswachstum ergeben, zu lösen? Die Aussichten hierfür sollten recht gut sein, wenn das Wirtschaftswachstum anhält. Eine andere Frage ist allerdings, ob Botswana genügend Ressourcen hat, um eine sehr viel größere Bevölkerung zu beherbergen.

---

[13] vgl. Bloom, D.E./Freeman, R.B.: The Effects of Rapid Population Growth on Labour Supply and Employment in Developing Countries, in: Population and Development Review 12 (3), 1986, p. 381-414

Figur 1   Bevölkerungspyramiden für Botswana und die BRD

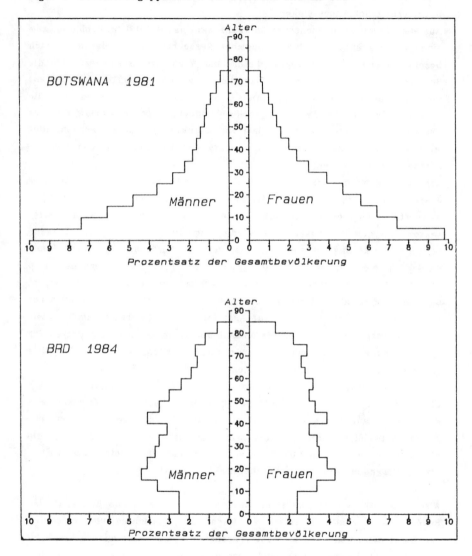

Quelle: CSO Gaborone (1987) und United Nations (1986)

Statistische Quellen

CSO: Selected Economic and Social Indicators. 20th Anniversary Issue.
Government Printer, Gabarone, 1986
CSO: 1981 Population & Housing Census. Population Projections: 1981-2011.
Government Printer, Gabarone, 1987
CSO: 1981 Population & Housing Census. Analytical Report, Government
Printer, Gaborone 1987
CSO: Statistical Bulletin Vol.12 - No.1, Gaborone, March 1987

5.2 Stadtentwicklung und Probleme des Wohnungsbaus

Rolf Hasse

Die traditionelle Siedlungsstruktur

Die traditionelle Siedlungsstruktur Botswanas ist den kargen Umweltbedingungen äußerst angepaßt. Familien auf dem Lande haben oft drei und mehr Wohnsitze, die weit von einander entfernt liegen. Der Hauptwohnsitz ist in einer Agrotown[1] oder einem Dorf, ein weiterer in den "lands" sowie am "cattle post". In der Winterzeit lebt die Familie in der Agrotown. Zur Zeit der Aussaat zieht ein Teil der Familie auf die "lands", zu den Feldern, die wegen der wenigen fruchtbaren Gebiete oft weit entfernt liegen, und bleibt auch meistens dort bis zur Ernte. Der "cattle post", die Stelle, wo das Vieh gehütet wird, liegt zwingend in der Nähe einer Wasserstelle und wird das ganze Jahr über von nur wenigen Familienmitgliedern, häufig von den jüngeren Söhnen versorgt. Dieser hohe Grad an Mobilität, erzwungen durch die Umstände, prägt die Lebensgewohnheiten.

Das soziale Zentrum der Agrotown oder eines Dorfes ist die "Kgotla", ein mit Rundholz oder Natursteintrockenmauerwerk dicht eingefriedeter Platz. In ihrer Größe ist die "Kgotla" ausgelegt, die Mehrheit der Bewohner aufzunehmen, und grenzt unmittelbar an das Anwesen des Chiefs. Neben der "Kgotla" ist ein ebenfalls eingefriedeter Kral für die Haustiere des Chiefs. Die "Kgotla" dient als Versammlungsort zur Abhaltung von Gerichtsverhandlungen sowie jeder Art von Besprechungen mit dem Chief und heute auch für politische Veranstaltungen. Sie ist nicht nur die wichtigste Institution im traditionellen Zusammenleben, sondern stellt auch ein System dezentralisierter Macht dar. Jede Agrotown, aber auch jede andere größere Ansiedlung, ist unterteilt in Distrikte, denen ein Headman vorsteht, der auf unterer Ebene die Macht des Chiefs ausübt. Traditionell wurden diese Unterfüh-

---

[1]   Der aus dem Englischen übernommene Begriff 'Agrotown' scheint passender für diese Siedlungsstruktur, die keine Stadt im modernen Sinne ist und die als Dorf zu bezeichnen nicht annähernd treffend und historisch falsch wäre.

rer vom Königshaus oder Chief ernannt, werden aber im Zuge der allgemeinen Veränderungen vor allem in den Städten auch immer häufiger gewählt.
Auch in den Distrikten gibt es eine "Kgotla" für Verhandlungen auf dieser
Ebene. Die Form ist ähnlich der Haupt-"Kgotla", nur kleiner und bescheide-
ner in der Einfriedung.

Das System der "Kgotla" setzt sich in der Familie fort. Die Söhne eines
Familienoberhauptes siedeln, wenn raummäßig möglich, nach ihrer Heirat
neben dem Elternhaus. Die eingefriedeten Grundstücke sind historisch von
runder Form, und die Mitglieder eines Familienclans siedeln in Halbmond-
form um das Anwesen des Oberhauptes. Auf oder neben dem Grundstück
des Familienoberhauptes ist eine kleine "Kgotla", oft unter einem schatten-
spendenden Baum, wo in gleicher Weise wie auf Distrikt- und Stammesebene
anstehende Probleme erörtert werden. Wenngleich dieses System der dezen-
tralisierten Macht starke demokratische Elemente enthält, darf nicht übersehen werden, daß die Gesellschaft Botswanas in ihrer Struktur patriarchalisch ist und die Demokratie oft an der Macht des Patriarchen ihre
Grenzen hat.

Innerhalb des Grundstückes variiert die Anzahl der einzelnen Bauten und
ihre Anordnung zueinander, sowohl von Familie zu Familie wie auch zwischen den einzelnen Stammesverbänden. Einige architektonische Merkmale
sind jedoch durchgängig. Der Rundbau Botswanas zeichnet sich dadurch
aus, daß sein Dach nicht auf der Außenwand aufliegt, sondern auf einer
speziellen Stützenkonstruktion. Diese Rundholzstützen sind im Abstand von
30cm vor die Außenwand plaziert und bilden das sichtbarste Element der
regionalen Architektur. Die Trennung von Dachkonstruktion und Wand hat
den Sinn, eine Öffnung zwischen Wand und Dachhaut zu erhalten. Die hier-
durch erzeugte Ventilation trägt zum angenehmen Klima in den Bauten entscheidend bei. Wenn eben möglich, werden selbst innerhalb eingezäunter
Grundstücke kleine Höfe mit halbhohen Lehmwänden eingefriedet. Die Küchen
sind entweder im Freien, gegen Wind durch Lehmmauern geschützt, oder in
einem speziellen Rundbau.

Daß diese Strukturen in vielen Landesteilen noch heute weitgehend erhalten
sind, hat seine Ursache in der geringen Durchdringung der Tswana Gesellschaft durch die britische Kolonisation. Doch Veränderungen greifen überall
Raum. Die wohl gravierendste Veränderung, die aller Orten zu beobachten
ist, ist die Umstellung vom kreisförmigen zum rechteckigen Grundriß. Sie

erfolgt langsam, aber stetig und wird unterstützt durch Maßnahmen der Infrastruktur und der Landzuteilung auf vermessenen Grundstücken in Rechteckform. Die architektonische Entwicklung vom Kreis zum rechten Winkel kann als der sichtbarste Ausdruck tiefgreifender Wandlungen in der Gesellschaft angesehen werden. Dieser Prozeß, in anderen afrikanischen Staaten oft schon abgeschlossen, ist wegen des genannten Verzögerungsgrundes in Botswana erst jetzt in vollem Gange. Die architektonische Form, Ausdruck des Umorientierungsprozesses, hat jedoch noch kaum zu einer veränderten Lebensorganisation im Rahmen der Familie geführt. Schwedische Architekten kamen in diesem Zusammenhang zu der Erkenntnis:

"In Wirklichkeit zeigt unsere Studie, daß es nicht möglich ist, eine klare Unterscheidung zwischen traditionellem und modernem Wohnen zu treffen."[2]

Die Agrotown

Die Organisation der Agrotown ist durch Großräumigkeit gekennzeichnet. Wurde einer Familie vom Chief Boden zugeteilt, dann war dies meist ausreichend für die Ansiedlung mehrerer Generationen. Doch auch gegenwärtig, wo in einigen Agrotowns die Dichte erheblich zugenommen hat, bleibt in der Regel ein Abstand zwischen zwei Grundstücken oder zwei Gruppen von Grundstücken, der als Weg benutzt wird. Das Wege- und Straßennetz der traditionellen Agrotowns und Dörfer gleicht, grob gesehen, einem ungleichmäßigen Spinnennetz. Doch das Zentrum, die "Kgotla" und das Anwesen des Chiefs, liegt selten in der Mitte, aber häufig auf einem Hügel. Obwohl die traditionelle Wegeführung sehr raumgreifend ist, ermöglicht sie es, zu jedem Punkt der Ansiedlung auf annähernd geradem Wege zu gelangen, was bei den gewaltigen Ausdehnungen dieser Ansiedlungen ein nicht zu unterschätzender Vorteil ist.

Historisch war Shoshong die größte und bedeutendste der Agrotowns. David Livingstone schrieb darüber 1842:

"Allein in der Stadt zählte ich 600 Häuser, was einer beträchtlich größeren Zahl entspricht, als ich in jeder anderen Bechuana Stadt zählen konnte. Das nahe gelegene Talaote Dorf besteht aus weiteren 200 Häusern."[3]

---

2   Larsson, A. und V.: Traditional Tswana Housing, Stockholm 1984, p.19
3   Parson, N.: Settlement in East-Central Botswana ca. 1800-1920, in: Hitchcock, R.R./Smith, M.R. (Hrsg.): Settlement in Botswana. The Historical Development of a Human Landscape, Proceedings of the Symposium in Gaborone Aug. 1980, Marshalltown 1982, p. 115-128, p.119

Livingstone benutzt offensichtlich bewußt den Begriff Stadt und so auch der österreichische Arzt Emil Holub (1875). Daß die Lage der Stadt zwischen den Hügeln sehr überlegt gewählt worden war und sie einen Handelsknotenpunkt darstellte, wird ebenfalls von Holub hervorgehoben, wenn er schreibt:

"In die vier südlichen Bechuana-Königreiche führen drei Wege: vom West-Griqualande, vom Oranje-Freistaat und vom Transvaalstaate. Diese vereinigen sich nach Norden zu in der Stadt Schoschong; von hier verzweigen sich wieder die Routen nach Norden zum Zambezi, nach Nordosten zu dem Matabele- und Maschona-Lande, nach dem Gebiete des westlichen Bangwato Landes (Ngami See) und endlich zum Damaralande nach Nordwesten, so daß ein Besuch dieser Länder oder des östlichen Teiles Südafrikas sowie das Vordringen nach Zentralafrika vom Süden her von der Aufnahme der Weißen seitens des Königs Khama, des Sohnes Sekoma's, abhängt."[4]

Shoshong, ca. 1840 gegründet, erlebte seinen Aufschwung, als 1867 in Kimberley im Oranje Freistaat Diamanten entdeckt wurden und im selben Jahr der Jäger Henry Hartley am Tati Fluß Gold fand. Die Bangwato kontrollierten die Hauptstraße zum Tati Fluß und stellten ihre Ökonomie auf die Versorgung der Durchreisenden und in Shoshong Rastenden um. Ihre Rinder wurden bis nach Kimberley geliefert. Mit der Zunahme der Goldsuche am Tati Fluß wurde Shoshong allerdings auch immer häufiger umgangen. Dennoch blieb der Handel mit Elfenbein und Straußenfedern, die aus den nördlichen Gebieten des Zambezi durch Shoshong transportiert wurden. In der Stadtentwicklung Shoshongs begann eine neue Phase, als Sechele weißen Händlern und Missionaren erlaubte, in einem der Stadt südlich vorgelagerten Gebiet ihre eigenen Bauten zu errichten. Diese, wie Reisende schilderten, waren aus anderen Baumaterialien (Ziegel, Holz und Zinkblech). Die Separierung der Weißen hatte innenpolitische Gründe. Das Königshaus wollte negative Einflüsse von seiner Bevölkerung so gut wie möglich fernhalten. Der neue Stadtteil erhielt seine eigene "Kgotla", in der der König auch über die Weißen Recht sprach. Es wird nicht nur von hier berichtet, daß besonders der überreichliche Alkoholkonsum der Weißen gelegentlich zu Spannungen führte und von Sechele auch bestraft wurde.

Im Jahre 1889 wurde die Hauptstadt der Bangwato aus ökologischen und strategischen Gründen etwa 150km nach Norden verlegt und erhielt den Namen Phalatswe. Überweidung und Dürre hatten im Raume Shoshong so starke Schäden verursacht, daß sowohl der Ackerbau als auch die Vieh

---

[4] Holub, E.: Sieben Jahre in Südafrika, Wien 1881, Bd.1, p.454

zucht schwer in Mitleidenschaft gezogen waren. In Phalatswe war die Wasserversorgung am Lotsane Fluβ besser. Auβerdem lag die Hauptstadt wieder
an der Route zum Tati Fluβ, wo nun der Goldrausch Hunderte von Weiβen
zusammenführte. Phalatswe hatte schon nach einem Jahr 30000 Einwohner
auf einem Gebiet von 32km². Im Jahre 1902 wurde auch diese Agrotown aufgegeben.

Tabelle 1
Bevölkerungsentwicklung der gröβten Agrotowns in Botswana

	1971	1981	1986	2001
Serowe	15 364	23 661	26 858	38 526
Mahalapye	11 377	20 172	24 336	40 682
Kanye	10 664	20 215	25 162	44 726
Molepolole	9 448	20 565	26 360	52 590
Mochudi	6 945	18 386	23 968	42 355
Maun	9 614	19 925	17 424	26 085

Quelle Tab. 1 - 3 : 1981 Population and Housing Census. Population Projections 1981-2011 (CSO). Daten bis 1981 beruhen auf den Volkszählungen
1971 und 1981. Hochrechnungen sind der mittleren Variante entnommen.

Die Entwicklung der Städte

Für eine weitere Erörterung der Urbanisation ist eine Begriffserklärung
notwendig. Wie angemerkt, wurde der Begriff Agrotown aus historischen
Gründen gewählt. Auβerdem unterscheidet sich diese Art der traditionellen
Siedlung erheblich von dem, was auch in Botswana Stadt genannt wird.
Gewachsene Städte gibt es nur zwei – Francistown und Lobatse – auf deren Geschichte im folgenden eingegangen wird. Die anderen Städte – Gaborone, Orapa, Selebi–Phikwe und Jwaneng – sind Gründungen jüngster Zeit,
deren Planung sich an westlichen Urbanisationsvorstellungen orientiert. Bei
allen staatlichen statistischen Analysen werden noch zwei weitere Orte –
Palapye und Tlokweng – als urban angesehen. Dies erklärt sich aus der
Begriffsbestimmung, nach der jede Ansiedlung, in der 75% der arbeitsfähi-

gen Bevölkerung außerhalb des agrarischen Sektors tätig sind, urban genannt wird. In diesem Sinne ist Tlokweng mit 9574 Einwohnern (1986), am
Rande der Hauptstadt Gaborone gelegen, eine Stadt.

Francistown

Als der Großwildjäger Henry Hartley 1866 Gold am Tati Fluß fand, war das
nicht überraschend, denn in der Gegend gab es zahlreiche aufgelassene
Minen, in denen Einheimische Gold gefördert hatten. Diese stammten aus der
Zeit 1250-1450, als das Gebiet zum großen Shona-Reich mit seiner Hauptstadt
Great Zimbabwe gehörte. Von hier aus wurde Gold über Great Zimbabwe zu
den Häfen Kilwa (heute Tanzania) und Sofala (Mozambique) geschafft. Archäologische Funde beweisen, daß Glas und chinesisches Porzellan im Gegenzug
bis in das Tati Gebiet gelangten. In Begleitung von Hartley befand sich der
Deutsche Carl Mauch. Er fand eine Reihe frühgeschichtlicher Minen, nahm
Proben und veröffentlichte im "Natal Mercury", der in Durban erschien,
einen Artikel über seine Funde. Die Goldvorkommen am Witwatersrand, dem
Raum um Johannesburg, waren damals noch nicht bekannt (entdeckt 1880),
und so machte sich eine Schar internationaler Abenteurer auf den Weg an
den Tati Fluß, unter ihnen auch der Engländer Daniel Francis. Doch schnell
wich die anfängliche Begeisterung einer Ernüchterung. Denn das Gold in
der Tati Region kommt überwiegend in Quarzgängen vor. Das Gestein muß
daher erst mechanisch gebrochen werden, um Gold gewinnen zu können.
Der Großteil der Glücksritter gab denn auch bald auf; übrig blieben die
Fachleute. Die wesentliche Gruppe gehörte zur "London & Limpopo Mining &
Exploration Company" (1869). Auf sie geht eine heute verlassene Ansiedlung,
Old Tati, etwa 50km südlich von Francistown zurück. Dem Geschäftsführer
der Firma, Sir John Swinburne, gelang es nach langen Verhandlungen, eine
Konzession über die Ausbeutung aller Bodenschätze im Tati Distrikt zu er-
langen. Dieses Gebiet gehörte zu jener Zeit noch zu dem Herrschaftsbereich
der Matabele. Ihr Herrscher Mzilikazi war bekannt für seine Abneigung
gegen weiße Händler, Explorateure, Jäger und Abenteurer. Die Konzession
wurde erst nach Mzilikazis Tod (1868) von dessen Sohn Lobengula unter-
zeichnet. Sie ging als Geschenk an Captain Levert, einen Gesellschafter von
J. Swinburne, und umfaßte die riesige Fläche von 5180 km². Obwohl die
Firma bankrott ging und dadurch die Konzession verfiel und obwohl das
Gebiet auch von König Khama beansprucht wurde, ging im Jahre 1880 eine
neue Konzession an die "Northern Ligth Gold and Exploration Company".

Diese Firma wurde neben anderen von Daniel Francis gegründet. In dem
gesamten Gebiet hatte sie praktisch Hoheitsrechte und konnte sowohl Viehzucht als auch Ackerbau betreiben und unerlaubtes Ansiedeln auf dem
Grund verhindern. Aus diesen Anfängen entwickelte sich nach mehreren
Namensänderungen die "Tati Company" (1914).

Bis zum Juni 1877 wird nach Berichten des "Bulawayo Chronicle" über den
Bau der Eisenbahnlinie von Mafeking nach Bulawayo durch Cecil Rhodes das
Gebiet als "Tati Region" und eine geplante Haltestelle an der "Monarch
Mine" unter keinem anderen Namen geführt, danach beziehen sich alle Berichte auf 'Francistown'. Obwohl die Ursache der Namensgebung im Unkla-
ren liegt, kann man davon ausgehen, daß die Ursprünge der Stadt Francistown etwa ab 1887 unter diesem Namen geführt wurden.

Die weitreichenden Rechte, die der "Tati Company" eingeräumt worden waren, sollten sich für die Einheimischen sehr zum Nachteil auswirken. Dazu
schreibt die "Mmegi wa Dikgang" in einer Sonderbeilage zur Geschichte
Francistowns:

"Die Afrikaner im Tati Gebiet machten Erfahrungen, die mit denen der
Afrikaner im Hochland von Kenya, Süd-Rhodesien und Südafrika vergleichbar sind. Francistown hatte rassisch getrennte Wohngebiete in
derselben Art wie Nairobi, Salisbury und Johannesburg. Der Boden im
Distrikt war in Land unter der Kontrolle der Company (Weiße) und
Reservate (Schwarze) unterteilt, in der selben Weise wie weiße Farmen
und schwarze Reservate in Kenya, Rhodesien und Südafrika. Afrikaner
hatten kein Eigentum an Boden. Einige waren "squatter", andere waren Pächter, aber alle konnten nach dem Willen der Eigentümer vertrieben werden."[5]

Bis zum Jahre 1969, vier Jahre nach der Unabhängigkeit Botswanas, reichte
die Allmacht der "Tati Company", dann intervenierte die Regierung. Der
heutige Anteil der "Tati Company" am Boden der Stadt Francistown beträgt
noch 1.28%. Wenn es der Regierung auch gelang, durch Kauf einen großen
Teil der Ländereien der Company zurück zu erwerben, hatte die Gesellschaft in den Verhandlungen offensichtlich eine starke Position. Ausweislich
des Stadtentwicklungsplans sicherte sich die Gesellschaft Rückkaufrechte in
den entscheidenden Geschäftsgebieten und den Stadterweiterungsräumen. So
fallen z.B. 10% des zu erschließenden Landes südlich des Tati Flusses in
erschlossenem Zustand an die Gesellschaft zurück. Trotzdem wird in der
gegenwärtigen Situation keine nennenswerte Beeinträchtigung der Stadtentwicklung gesehen.

---

[5]   Mmegi wa Dikgang (The Reporter), Gaborone, 21. Sept. 1985

Planerisch wurde man das erste Mal 1911 in Francistown tätig. Diese Planung orientierte sich ganz an der Bahnlinie. Das schachbrettförmig angelegte Geschäftsviertel und heutige Zentrum der Stadt geht darauf zurück. Der neue Stadtentwicklungsplan von 1984 sieht Erweiterungen, eine Verbesserung der Infrastruktur und, wo möglich, eine Aufhebung, zumindest aber Auflockerung der nach sozialen Klassen strikt unterteilten Wohngebiete vor, die ein Erbe der Kolonialzeit sind. Darüber hinaus wird, wie in allen Städten, "squatter upgrading" als dringendste Aufgabe angesehen.

Francistown ist die nördlichste Stadt Botswanas und wegen seiner Grenznähe immer von den Ereignissen in Zimbabwe tangiert worden. Der Industriesektor der Stadt ist, wie überall in Botswana, klein und beschäftigte 1981 nur 714 Personen. Einige Textilfabrikanten, teilweise aus Zimbabwe, haben sich hier niedergelassen. Im Übrigen ist die Stadt in erster Linie Verwaltungs- und Versorgungszentrum für den Norden Botswanas. Mit 37 Regierungsbehörden ist Francistown nach Gaborone das größte Verwaltungszentrum. Nach der Volkszählung 1981 waren 2777 Personen in diesem Bereich (einschl. Schulen) beschäftigt. Dies schlug mit 28.2% der Arbeitnehmer im formellen Sektor zu Buche. Die exponierte Lage der Stadt definiert ihre Rolle. Francistown ist Knotenpunkt im interregionalen und internationalen Handel. Daß hier 10 Transportunternehmen mit 518 Arbeitnehmern (1981) tätig sind, verwundert deshalb ebensowenig wie die Anzahl der Großhandlungen (24). Der gesamte Handel mit 384 Unternehmen beschäftigte 1981 1344 Arbeitnehmer und war damit nach dem Staat der größte Arbeitgeber, gefolgt vom Bausektor mit 1274 Arbeitnehmern.

Die Zukunftsaussichten der Stadt sind wegen des begrenzten Inlandmarktes stark von der Entwicklung in Zambia und Zimbabwe abhängig. Im Rahmen der SADCC-Kooperation könnte hier ein Aufschwung einsetzen, doch ist die Devisennot der beiden Staaten schon jetzt so groß, daß sie den individuellen Einkauf in Botswana weitgehend unterbunden haben.

Lobatse

In der näheren Umgebung der Stadt Lobatse finden sich Ruinen früher Ansiedlungen; sie sind Reste von Dörfern der Ngwaketse, aus dem 18. Jahrhundert. Die Besiedlung des heutigen Stadtgebietes geht jedoch zurück auf die Eröffnung der Eisenbahnlinie Mafeking-Bulawayo 1897. Der älteste Teil ist das Gebiet Peleng, im Osten der Stadt an einem Hang gelegen. Eine zweite Entwicklungsphase begann 1934, als die Protektoratsverwaltung einen

Schlachthof und Kühleinrichtungen baute. Dies wurde durch Südafrika indirekt veranlaßt, als es im Rahmen der Zollunion protektionistische Maßnahmen gegen den Import von Rindfleisch aus Bechuanaland durchsetzte. Den langen Transportweg in Rechnung gestellt, waren die Bestimmungen so abgefaßt, daß Rinder aus Bechuanaland den Anforderungen an das Mindestgewicht nicht entsprachen.

Mit dem Bau der ersten Anlage wurden Arbeitsplätze geschaffen, und dies löste Zuzug aus. Der ursprüngliche Schlachthof wurde zwar zwei Jahre später wieder geschlossen, aber während des zweiten Weltkriegs wieder eröffnet. Von 1941–54 wurden dort Milchprodukte verarbeitet. Doch nach 1954 wurden die Anlagen ihrem ursprünglichen Zweck wieder zugeführt und als Schlachthof ausgebaut, unter anderem mit einer Konservenfabrik und einer Gerberei. Dies führte dazu, daß die "Botswana Meat Commission", wie sie nun hieß, zu einem der größten Schlachthöfe auf dem Kontinent wurde. Mit einer Kapazität von 2500 Schlachtungen pro Tag ist BMC der größte Industriebetrieb in Botswana. Seine überregionale Bedeutung war auch Anlaß für den Bau einer Ausbildungsstätte für Fleischbeschauer und Fleischtechniker, die unter der Federführung der FAO 1985 eröffnet wurde. Sie dient dazu, Fachkräfte aus allen englischsprachigen Ländern Afrikas auszubilden.

Das Unternehmen BMC ist in einem eigenen Stadtteil, leider im Zentrum, untergebracht.

In Lobatse wurden auch eine Reihe von Verhandlungen über die Unabhängigkeit des Landes geführt. In dem historischen Gebäude ist heute der Hohe Gerichtshof Botswanas untergebracht. Neben dieser wichtigen Institution beherbergt Lobatse das "Department of Geological Survey", das für die wirtschaftliche Entwicklung Botswanas von großer Bedeutung ist, Niederlassungen anderer Staatsbehörden sowie die einzige psychiatrische Klinik Botswanas. Das bedeutet, daß auch hier der Anteil von Regierungsangestellten mit 1427 (1979) sehr hoch liegt. Der industrielle Sektor ist hier ebenfalls klein. Ein Unternehmen, das Karakulwolle verarbeitet, hat sich allerdings internationalen Ruf erarbeitet. Wie in Francistown ist auch in Lobatse die Wirtschaft handelsorientiert; sie versorgt Teile des Südens und Westens des Landes. Die Grenznähe zu Südafrika (5km) führt jedoch nicht dazu, daß Einkäufer von dort nach Lobatse kommen, sondern umgekehrt dazu, daß Batswana zum Einkaufen nach Südafrika fahren.

Die Stadt hat eine Längenausdehnung von 5km. Das traditionelle Einkaufszentrum liegt fast am südlichen Ende, der Bahnstation zugeordnet. Diese unglückliche Entwicklung, zusammen mit der Existenz von Botswanas größtem Wirtschaftsbetrieb im Zentrum der Stadt, stellt die Stadtplanung vor Probleme. Geplante neue Einkaufszentren haben bisher kaum eine Veränderung der Situation bewirkt. Dazu kommt, daß die Stadt zwischen Hügeln liegt und eine Ausdehnung nur nach Norden durch den Ankauf privaten Farmlandes möglich ist. In der Stadtentwicklung ist Lobatse auch wegen seiner begrenzten Wasservorkommen stets vernachlässigt worden. Während der Dürreperiode seit 1983 wurde für lange Zeit das gesamte Brauchwasser der Stadt durch eine 65km lange Pipeline von Gaborone nach Lobatse gepumpt. Außerdem hat die Nähe der Hauptstadt viele Investoren dorthin gezogen. Lobatses Wachstumschancen sind begrenzt und seine Zuzugsraten sind die niedrigsten aller Städte in Botswana (vgl. Tab.2).

Die Städte Gaborone, Selebi Phikwe, Jwaneng und Orapa

Alle vier Städte sind Neugründungen und in den Planungsbüros internationaler Consultants entstanden.

Der erste Plan für Gaborone wurde 1962 entwickelt, nachdem feststand, daß die Verwaltungshauptstadt Mafeking, von wo aus die Engländer Bechuanaland verwalteten, nicht in das zukünftige Staatsgebiet einbezogen würde. Die damaligen Schätzungen beliefen sich auf eine Bevölkerung von 20000 Einw. im Jahre 1980. Tatsächlich erreichte die Stadt diese Einwohnerzahl im Jahre 1971. Ende 1980 war die Bevölkerung mit 60000 dreimal so groß wie vorher angenommen.

Eine Reihe von Industriebetrieben hat sich in Gaborone angesiedelt. Die Stadterweiterungen basieren auf konkreten Plänen. Allerdings folgen die Vorstellungen über "Land Use" (etwa vgl. Baunutzungsverordnung) noch etwas überholten Vorstellungen von der totalen Separierung der Funktionen, doch sind hier Ansätze einer mehr realistischen, den Mischgebieten entsprechenden Veränderung auszumachen. Ökonomisch spiegelt die Stadt mehr als jede andere in Botswana das generelle Dilemma der Wirtschaft Botswanas wider.

Städtebaulich sind größere Probleme bisher ausgeblieben, nicht zuletzt als Folge der "Self Help Housing Agency" (SHHA), deren Politik später noch erörtert wird. Was sich jedoch bereits als Problem abzeichnet, ist das Fehlen eines öffentlichen Massentransportmittels. Nun wäre ein solches Verkehrsmittel ja durchaus einzuführen, doch wurden hierfür bei der Planung keinerlei Sonderflächen ausgewiesen. Mit 95163 Einwohnern (1986) auf einer

Fläche von 88km² ist ein Verkehrssystem mit privat organisierten Taxis nur schwer aufrecht zu halten. Das Manko trifft denn auch die Ärmsten am härtesten. Deren Anfahrtswege zum Arbeitsplatz betragen teilweise 10km. Die weitere Bevölkerungsentwicklung (Tab.2) ist nicht gerade ermutigend. Eine Beinahe-Verdoppelung der Einwohner in nur 10 Jahren wird auch in Gaborone die Probleme in internationale Größenordnungen erheben. Dieser Pessimismus wird noch dadurch genährt, daß die Verwaltung und der technische Apparat schon jetzt überfordert sind.

Die Städte Selebi Phikwe, Jwaneng und Orapa sind reine Minenstädte, deren Ökonomie mit dem Abbau von Rohstoffen steht und fällt. In Orapa und Jwaneng werden Diamanten gefördert, was äußerst kapitalintensiv ist, aber nur wenige Arbeitskräfte beschäftigt. Der Kupfer- und Nickelbergbau in Selebi-Phikwe ist dagegen einer der größten Arbeitgeber im Lande.

Botswanas Stadtentwicklungspolitik

Der NDP 5 (1979/80 - 1984/85) gibt die Hauptziele für die Planungspolitik wie folgt an:

a. Die Verantwortlichkeit und die Kapazität der lokalen Behörden für die Entwicklung in ihren Gebieten sollen gesteigert werden, damit sie ihre Aufgaben erfüllen können.
b. Stadt- u. Regionalplanung sowie Wirtschaftsplanung in ländlichen und urbanen Gebieten sowie zwischen dem ländlichen Raum und den Städten müssen im Einklang mit der nationalen Siedlungspolitik stehen.
c. Die Anstrengungen, Dienstleistungen der Verwaltung für alle Batswana unabhängig von ihrem sozialen Hintergrund und in allen Gebieten in vergleichbarer Qualität bereitzustellen, sollten fortgesetzt werden.
d. Alle Aktivitäten, welche direkt produktiv und arbeitsplatzfördernd sind, sollen in steigendem Maße unterstützt werden.

Diese Erklärungen basieren auf der im April 1978 formulierten Politik der Stadt- und Regionalentwicklung. Ihr Hauptziel ist es, die ländliche Entwicklung mehr zu fördern als die städtische, um dadurch den Zuzug in die urbanen Gebiete zumindest zu verlangsamen. Der Grundstein dieser Politik

ist die finanzielle Unterstützung des ländlichen Raumes und die Forderung
an die Städte, die notwendigen Infrastrukturkosten durch Steuereinnahmen
zu decken. Daraus ergibt sich die in NDP 5 aufgestellte Forderung, die
staatlichen Dienstleistungen in ihrer Effizienz zu verbessern und auszuweiten, sowie Führungskräfte für Entwicklungsprojekte bereitzustellen.
So erstrebenswert die Zielsetzung ist, die zur Verfügung stehenden Mittel
sind unzureichend. Gaborone führte als erste Stadt vor, daß es ohne staatliche Subventionen gar nicht geht. Außerdem fehlt es ganz entscheidend an
qualifizierten Arbeitskräften im Bereich des "Local Government". Eine auch
in anderen Entwicklungsländern beobachtete Erscheinung, daß die Durchsetzung auch der besten politischen Ziele eines qualifizierten und gut kom-
munizierenden Verwaltungsapparates bedarf, zeigt sich auch in Botswana
immer deutlicher. Denn ohne das Vorhandensein einer solchen Verwaltungs-
infrastruktur bleibt Entwicklungspolitik in den Metropolen hängen, wo die
Kommunikation ein Mindestmaß erfüllt und die größte Zahl der qualifizierten
Arbeitskräfte des Landes zusammenkommt. Das Problem darf nicht verwun-
dern, denkt man an den ungeheuren Nachholbedarf an qualifizierten Arbeitskräften zum Zeitpunkt der Unabhängigkeit. Dennoch sind Fortschritte
als Folge der erklärten Regierungspolitik auszumachen. So ist die Tatsache,
daß auch die Agrotowns weiter wachsen, z.T. auf diese Politik zurückzuführen. Die staatliche Infrastruktur, v.a. die Wasserversorgung, ist in den
Agrotowns in den letzten Jahren gewaltig verbessert worden, und andere
Dienstleistungen ziehen nach.
Doch die Verstädterung wird mittelfristig ein entscheidendes Problem Botswanas sein. Im Jahre 2001 werden von einer Population von ca. 1.8 Mio.
fast 41% in Städten und Agrotowns leben (Tab.3). So wichtig die Agrotowns
als Auffangbecken für städtischen Zuzug sind, auch sie haben erhebliche
Probleme zu lösen.

Tabelle 2

Bevölkerungswachstum der Städte Botswanas 1981 – 2001
De-Facto Population in der Projektion der mittleren Variante [+]

S t a d t 1981	Einw. 1986	Einw.	Zuw. Rate p.a. %	Einw. 1991	Zuw. Rate p.a. %	Einw. 1996	Zuw. Rate p.a. %	Einw. 2001	Zuw. Rate p.a. %
Gaborone	59657	94705	9.68	133745	7.78	188552	6.48	248342	5.66
Francistown	31065	43627	7.03	58810	6.15	76391	5.37	96777	4.84
Lobatse	19034	23716	4.05	28720	3.90	33841	3.34	39195	2.98
Selebi-Phikwe	29469	41183	6.92	55095	5.99	71079	5.23	89582	4.74
Orapa	5229	7353	7.06	9931	6.19	12960	5.47	16497	4.94
Jwaneng	5557	10258	13.00	16523	10.00	24487	8.19	34294	6.97
Tlokweng	6653	9529	7.45	13326	6.94	18055	6.26	23721	5.61
Palapye	9593	13748	7.46	19215	6.93	26040	6.27	34267	5.64

[+] Zur Methodik der Variante vgl. oben Kap. 5.1

Tabelle 3

Bevölkerung in urbanen Gebieten und Agrotowns 1981 – 2001
Projektion nach mittlerer Variante

Jahr	Botswana Gesamt- Bevölk.	Urbane Bevölk.	Urbane %	Agrotown Population	Agrot. % Gesamt	Urbane u. Agrotown Population	Als % Gesamt
1981	941000	166257	17.66	122924	13.06	289181	30.73
1986	1133000	244119	21.55	144108	12.72	388277	34.27
1991	1374000	335365	24.41	173705	12.64	509070	37.05
1996	1666000	451405	27.09	207196	12.41	658601	39.53
2001	2026000	582675	28.75	244964	12.09	827639	40.84

Quellen: s. oben unter Tab.1

Das Bodenrecht

Das Bodenrecht soll hier nur insoweit dargestellt werden, als es auf die Stadt- und Regionalplanung Einfluß hat. Wie in den meisten anderen afrikanischen Gesellschaften, kannten auch die Batswana historisch nur das Gemeineigentum an Grund und Boden. Seine Verteilung oblag dem Chief, der sein Verteilungsrecht an die Headmen delegieren konnte. Einmal zugeteilter Boden konnte nur bei schwerwiegenden Verfehlungen gegen die Gemeinschaft entzogen werden. Folgte ein Untertan der Aufforderung des Chiefs, sein Anwesen zu verlassen und an einer anderen ihm zugewiesenen Stelle zu siedeln, so wurde ihm erlaubt, das Baumaterial von seinem bisherigen Grundstück mitzunehmen. Folgte er der Aufforderung durch den Chief nicht, so wurde ihm das Recht auf sein Anwesen entzogen und sein Haus niedergebrannt. Ein normaler Umzug in ein anderes Dorf rechtfertigte nicht die Weitergabe des Nutzungsrechtes an andere. Noch heute finden sich allerorten verfallene Häuser, deren Besitzer abgewandert sind. Diese Grundstücke bleiben im Familienbesitz und können nur mit Zustimmung des rechtmäßigen Familienmitgliedes von anderen besetzt werden. Eine vorherige, allerdings mehr formale, Zustimmung des Chiefs ist erforderlich. Das Nutzungsrecht am Wohngrundstück ist also vererbbar.

Während der Protektoratszeit sicherte sich Großbritannien einige Landesteile als "Crown Land". Dieses unterstand in allen Bodenrechtsfragen dem Gouverneur, und die Protektoratsverwaltung vergab hier Eigentums- und Nutzungsrechte. Dies galt für den Abbau von Bodenschätzen ebenso wie für die landwirtschaftliche Nutzung. Einige der fruchtbarsten Gebiete kamen auf diese Weise in Privatbesitz. Sie umfassen das Gebiet entlang des nördlichen Limpopo-Ufers (Tuli Block Farmen), große Gebiete der Barolong im Südwesten Botswanas, den Ghanzi Farm Block und, für die heutige Stadtplanung von Bedeutung, große Gebiete in und um die Städte Lobatse, Gaborone und Francistown. Soweit das Kronland nicht in Privatbesitz überführt war, ging es nach der Unabhängigkeit in den Besitz des Staates Botswana über und wird heute "State Land" genannt. Das in Privatbesitz übergegangene Land wurde rechtlich nicht angetastet und blieb als "Freehold Land" Privateigentum mit allen Rechtsfolgen.

Gegenwärtig lassen sich damit drei verschiedene Arten von Bodenrecht festhalten: Privateigentum (Freehold Land), das dem Staat gehörende Land (State Land) und das Stammesland (Tribal Land). Letzteres fiel während der Kolonialzeit unter die Rechtshoheit der verschiedenen Chiefs.

Die Verteilung – 23% State Land, 71% Tribal Land und 6% Freehold Land – vermittelt ein täuschendes Bild; denn es sagt nichts über den Verkehrswert aus. Einige der teuersten Böden befinden sich in Privathand. Im "Tribal Land Control Act" von 1975 sind verschiedene Festlegungen getroffen. So wird über die "Land Boards" heute nur noch vermessenes Land den Antragstellern zugeteilt, für Privatnutzung in der Regel unentgeltlich bzw. zu einem symbolischen Zins und für kommerzielle Zwecke auf Pachtbasis ("lease hold") für einen begrenzten Zeitraum und zu einer entweder einmaligen, vom Pächter im Voraus zu entrichtenden Pacht (fixed term grant) oder zu einem laufenden Pachtzins. Der Staat verfährt ähnlich mit seinem Land. Für kommerzielle Zwecke wird es entweder verpachtet oder verkauft. Für Wohnzwecke ist der Boden in der Regel unentgeltlich, wenn dies auch nicht immer direkt sichtbar ist, da die Erschließungskosten als eine Art Kaufpreis erscheinen und vom Antragsteller zumindest z.T. im Voraus zu entrichten sind. Der Kauf landwirtschaftlicher Böden ist Ausländern nur möglich, wenn kein Botswana-Staatsbürger Kaufinteresse anmeldet. Beim Kauf von Grundstücken in urbanen Gebieten, besonders zu kommerziellen Zwecken, werden teilweise ähnliche Einschränkungen gemacht. Im freien Bodenverkehr durch Kauf gibt es eine Grunderwerbssteuer. Sie beträgt 5% des Kaufpreises für Einheimische und 30% für Ausländer. In Städten wird Bauland jährlich besteuert, und je nach Gemeinde kann die Steuer für unbebautes Bauland höher sein als für bebautes. Die Festsetzung des Wertes eines Grundstückes erfolgt alle 5 Jahre durch Wertschätzung unabhängiger Gutachter. Die Bodenwertsteuer auf ein Baugrundstück setzt sich aus der Steuer auf den Boden und der auf die Bausubstanz zusammen. Dies ist die Haupteinnahmequelle für die Gemeinden, die andererseits dafür alle kommunalen Dienste wie Grundschulen, Gesundheitsstationen, Straßenerhaltung, Kanalisation, Müllabfuhr und Straßenbeleuchtung kostenlos bereitstellen. Die kommunale Bodenwertsteuer ist somit in erster Linie eine Dienstleistungsabgabe.

Eine entscheidende Änderung des Bodenrechts ist seit 1985 in Kraft. Wie eingangs bemerkt, ist das Nutzungsrecht traditionell vererbbar. Dies wurde auch in das Pachtrecht übernommen. Nun tauchte jedoch speziell in den Agrotowns, aber auch im Umfeld der Städte das Problem auf, daß sich die Banken weigerten, auf diese Grundstücke Hypotheken zu geben. Dies wurde dadurch geändert, daß durch Eintragung in ein Zentralregister beim "Department of Survey & Lands" mit Hinterlegung des Rechtstitels Grundstücke nunmehr von Banken beliehen werden und die Darlehen dinglich gesichert sind. Damit wurde Pachtland in gewissem Sinne dem Privatland (Freehold Land) gleichgesetzt.

Es war interessant zu beobachten, daß fast alle Fachleute vor dieser Entwicklung gewarnt haben, daß sich jedoch die Banken und andere Interessenten in den offen geführten Diskussionen durchsetzen konnten. Dies passierte sicher nicht zuletzt deshalb, weil den meisten Batswana die Trag-weite dieser Entscheidung nicht vermittelt werden konnte. Aus allgemeinen Erfahrungen muß wohl geschlossen werden, daß diese Regelung im Laufe der Jahre zu einer Umverteilung des Bodens führt.

Selbsthilfe-Wohnungsbau

Der Selbsthilfe-Wohnungsbau wird in Botswana von der SHHA organisiert und hat wenig, wenn überhaupt, mit den halbherzigen Unternehmungen in anderen Entwicklungsländern gemein. Die Organisation ist eingebunden in die Struktur des "Ministry of Local Government & Lands". Erschlossene Grundstücke (site and service) werden Antragstellern, deren Einkommen eine gewisse Höchstgrenze nicht überschreitet, kostenlos zur Verfügung gestellt. Diese Grundstücke haben im Mittel eine Größe von 400m². Die Er-schließung besteht aus aufbereiteten Naturstraßen, deren Oberflächen-drainage und Wasserversorgung durch öffentliche Zapfsäulen, im Mittel nicht weiter als 00m von jedem Grundstück entfernt. Ist ein Grundstück zugeteilt, so erhält der Eigentümer darüber ein "Certificate of Rights", das es ihm erlaubt, dieses an seine Kinder zu vererben, wenn er die Auflagen, die mit der Zuteilung verbunden sind, erfüllt. Diese verlangen in erster Linie eine Minimalbebauung, die nach den Regeln einer für diese Gebiete speziell entwickelten Bauordnung in einem Zeitraum von 2 Jahren zu erfol-gen hat. Dazu gehört die Einzäunung des Grundstücks, die Errichtung einer Trockentoilette nach vorgeschriebenem Standard sowie der Bau mindestens eines bewohnbaren Raumes.

SHHA ist bislang in den Städten Francistown, Gaborone, Selebi-Phikwe, Lo-batse und Kasane etabliert und untersteht dort den jeweiligen "Town Coun-cils" (Stadtverwaltungen), die für das Ministerium alle örtlichen Entschei-dungen fällen. Neben einer Hauptverwaltung im Ministerium, die sich in er-ster Linie mit Aus- und Weiterbildung des Personals sowie Neuerschließungen und Vergabe befaßt, hat jede örtliche SHHA ihre eigene Verwaltung. Dem Pächter in einem SHHA-Gebiet steht diese mit verschiedenen Dienstleistungen zur Verfügung. Er kann auf Nachweis seines Einkommens ein Darlehen beantragen, das nur in Form von Baumaterial ausgezahlt wird. Verschiedene Standardbaupläne stehen ihm zur Auswahl und kostenlos zur Verfügung. Die örtliche Verwaltung verfügt über Bautechniker mit mäßiger Erfahrung, die auch zur Beratung an der Baustelle bereitstehen. Individuelles Bauen im Rahmen der vereinfachten Bauordnung ist möglich, und davon wird reichlich Gebrauch gemacht.

Nach einer kostenfreien Anfangsperiode hat der Pächter, wenn ein bestimmter Entwicklungsstand des Grundstückes erreicht ist, eine monatliche Dienstleistungsgebühr zu entrichten. Diese schließt die Müllabfuhr, den Verbrauch von Wasser aus den öffentlichen Zapfstellen sowie eine Umlage der Verwaltungskosten von SHHA ein. Darüber hinaus muß er in kleinen Raten das ihm in Form von Baumaterial gewährte Darlehen zurückzahlen. Nach einer Übergangsphase von einigen Jahren sowie einigen Formalitäten kann der Pächter das Grundstück auch verkaufen, und dies durchaus zu Marktpreisen. Obwohl es sich bei der SHHA-Regelung ursprünglich um ein Pachtverhältnis handelt, kann man sagen, daß nach der Überbrückung der Anfangsphase diese Grundstücke dem Eigentumsrecht entsprechen. Allerdings können sie nicht beliehen werden und, sollten sie nicht während der ersten 2 Jahre die geforderte Minimalentwicklung aufweisen, können sie auch wieder an die Gemeinde zurückfallen, allerdings erst nach genauer Prüfung der Umstände. Verlängerungen der Anfangsphase sind durchaus üblich.

Der Mehrfachzuweisung von Grundstücken ist vorgebeugt, dennoch kommt es hier durch die Querverbindungen ausgedehnter Familien zu Unregelmäßigkeiten.

Im ganzen hat sich die Regierung mit SHHA ein Instrument der Wohnungsbaupolitik geschaffen, das in hohem Maße geeignet ist, unkontrollierte Ansiedlungen und damit die Entwicklung von Slums zu verhindern. Probleme konnten nur an zwei Stellen ausgemacht werden. Durch das rasante Wachstum der Städte sind die Wartelisten für SHHA lang, und die Planung sowie die Erschließung von Bauland dauern Jahre. In der Zwischenzeit entstehen "squatter"-Siedlungen. Da die "squatter" bei der Umsiedlung in SHHA-Gebiete nicht für ihre unautorisierten Bauten entschädigt werden können, werden hier nationale Ressourcen verschwendet. "Squatter"-Sanierung per Bulldozer wie in der RSA ist in Botswana allerdings unbekannt. Die Bauten

werden ordnungsgemäß demontiert und das wiederzuverwendende Bau-
material oft durch Council-Fahrzeuge zum neuen Standort transportiert.
Die erhobene Service-Gebühr wird von den Pächtern oft beklagt. Nach der
Regierungspolitik muß sich jedes SHHA-Wohngebiet selbst tragen, d.h. einschließlich der laufenden Verwaltungskosten, die bis zu 70% der Service-
Gebühr ausmachen. Hier könnte eine politische Kostenverschiebung zu den
sozial besser gestellten Teilen der Bevölkerung eine Erleichterung bringen.
Abschließend läßt sich jedoch sagen, daß diese Organisation des Selbsthilfe-
Wohnungsbaus zum Erfolgreichsten gehört, was bisher in Entwicklungsländern auf dem Gebiet des Billig-Wohnungsbaus geschaffen wurde, und unein-
geschränkte Anerkennung verdient.

Die Entwicklung im Wohnungsbau

Der gegenwärtige Wohnungsmarkt in den urbanen Gebieten Botswanas ist
durch hohe Nachfrage bei geringem Angebot und dementsprechenden Mieten
gekennzeichnet. Dies hat zum Ergebnis, daß an Stellen höchster Nachfrage,
z.B. in Gaborone, eine Kapitalamortisation schon nach 10-15 Jahren erreicht
wird. Bei Baupreisen, die im Vergleich zu Industrieländern extrem niedrig
sind, werden Mieten erzielt, die durchaus das europäische Preisniveau erreichen.
Neben dem freien Wohnungsmarkt, dem es in erster Linie an Grundstücken
fehlt, steht der subventionierte staatliche Wohnungsbau, dem es hauptsächlich an Kapazität fehlt. 1980 wurde der Neubedarf an Wohnungen bis zum
Jahre 1990 auf 65000 Einheiten geschätzt. 1985 weist der NDP 6 den Bedarf
bis 1991 mit geschätzten 93000 Einheiten aus. Etwas unklar schließt, laut
NDP 6, diese Zahl auch die notwendigen Verbesserungen an bestehenden
Bauten ein. Es wird nicht gesagt, worauf die Zahl beruht.
Da es eigentlich nur zwei Institutionen gibt, welche Wohnungsbau in nen-
nenswertem Umfang betreiben bzw. organisieren, nämlich BHC und SHHA, ist
leicht absehbar, daß eine Entspannung der Marktsituation in absehbarer
Zeit nicht erreicht werden kann. So weist denn auch der NDP 6 für den
Zeitraum bis 1991 nur 7350 "site and service"-Projekte aus und liefert eine
Absichtserklärung, 2500 "medium" und "highcost" Häuser zu bauen. Das
bedeutet, nimmt man die Bedarfsprojektion von zusätzlich 93000 Einheiten
bis 1991 als eine realistische Größe, daß zu diesem Zeitpunkt ein Wohnungs-

bedarf von mindestens 80000 Einheiten nicht befriedigt werden kann. Dies wird nicht ohne Folgen bleiben. Es ist deshalb zunächst zu fragen, wie die Problematik entstehen konnte. Dafür lassen sich drei Gründe nennen:

a. Die erklärte Priorität der Entwicklung des ländlichen Raumes hat zwangsläufig zu einer gewissen Vernachlässigung der Entwicklung in urbanen Gebieten geführt. Dies gilt auch dann, wenn in ländlichen Gebieten Wohnungsbau nur in geringem Umfang betrieben wurde, da die Zuweisung von Finanzmitteln nach Prioritäten entscheidend ist. Es gibt Anzeichen dafür, daß dies lange durchaus gewollt war, da man annahm, daß eine gewisse Übernachfrage nach Wohnraum den Zuzug in urbane Gebiete zumindest verlangsamen würde.

b. Die BHC und in wesentlich geringerem Umfang die anderen Regierungsinstitutionen wie "Town Councils", "Ministry of Works" etc. haben jahrelang Wohnbauten errichtet, deren Standard am Wunsch des Mieters (überwiegend Regierungsangestellte), aber nicht an der Kostenmiete orientiert war. Daraus hat sich ein Anspruchsdenken entwickelt, das noch heute dazu führt, daß Wohnbauten errichtet werden, deren Mieten zwangsläufig wieder unter der Kostenmiete liegen müssen. Nach zweimaligen Mieterhöhungen der BHC im Zeitraum von 3 Jahren klagen nun die Bewohner schon über die hohen Mieten; aber diese sind noch immer weit davon entfernt, die Kosten zu decken.

c. Hinzu kommt eine unklare und unsichere Politik der Finanzierung und Subventionierung des öffentlichen Wohnungsbaus. So fand schon 1980 eine mit der Analyse des Problems beauftragte Regierungskommisssion, daß

- Botswana gegenwärtig 6 Mio. Pula jährlich an Subventionen im Wohnungsbereich ausgibt;
- 60% dieses Betrages in städtische Gebiete fließen;
- 2/3 dieser Mittel Regierungsangestellten zugute kommen;
- geschätzte 70% dieser Subventionen Familien zugute kommen, deren Einkommen über dem durchschnittlichen Mittel der Bevölkerung liegt;
- nur ein kleiner Teil der Subventionen die Klassifizierung 'produktionsorientiert' verdient, während der größte Teil 'konsumorientiert' ist.

Obwohl alle drei Faktoren die urbane Entwicklung entscheidend mitbestimmen, waren sie nur bedingt durch Steuerungsmaßnahmen der Regierung beeinflußbar. Der Glaube, durch die Erhaltung einer Übernachfrage nach Wohnraum in urbanen Gebieten den Zuzug in diese zu beeinflussen, hat lange auch in anderen Ländern bestanden und ist von daher in Planungskonzeptionen eingeflossen. Die Erstellung von Wohnraum, dessen Qualität über den finanziellen Möglichkeiten seiner zukünftigen Bewohner liegt, beruht auf kolonialen Vorgaben. Selbstverständlich wollte die staatliche Führungsschicht Wohnungen desselben Standards wie sie von den Kolonialbeamten und anschließend von den ausländischen Beratern bewohnt wurden. Daß beide Gruppen nie veranlaßt waren, Kostenmieten zu zahlen, ist dabei schon beinahe zu vernachlässigen, wenn man den sozialpsychologischen Effekt bedenkt, den solche Eliten auslösen. Die Subventionspolitik, die einseitig die staatliche Führungsschicht begünstigt, ist nur Ausdruck dieses Problems. Wie schwer es für die Regierung ist, die Ansprüche zurückzuschrauben, zeigt sich daran, daß die im Anschluß an das zitierte Kommissionspapier 1981 veröffentlichte Regierungspolitik noch heute nicht immer befolgt wird. Noch immer werden von der BHC wie auch den "Town Councils" Häuser gebaut, deren Mieten zwangsläufig wiederum oberhalb der Kostenmiete liegen müssen. Die BHC führt jedoch durch schrittweise Mieterhöhungen die Altbauten an die Kostenmiete heran und verfolgt eine Politik des "cross-subsidiary". Dies bedeutet nichts anderes als daß Mieteinnahmen von Bauten, die zum Zeitpunkt ihrer Erstellung wesentlich billiger waren als Neubauten heute, die Mieten der Neubauten subventionieren. In wie weit langfristig eine allmähliche Reduzierung des Wohnstandards auf das finanzierbare Maß bei gleichzeitiger ständiger Anpassung der Mieten das Problem zu lösen imstande ist, bleibt abzuwarten. Die Steigerung der Baupreise, die über der durchschnittlichen Inflationsrate liegt, gibt zu Zweifeln Anlaß.

Daß die Probleme, auch das der drückenden Übernachfrage nach Wohnraum, erkannt sind, zeigt sich an Zusatzprogrammen, die außerhalb der Zielsetzungen des NDP 6 1987 eingeleitet wurden. Erhebliche Mittel wurden zusätzlich für "site and service"-Projekte zur Verfügung gestellt. Außerdem sind die Mittel für BHC mit der Absicht aufgestockt worden, 1500 Wohneinheiten zusätzlich zu errichten.

Was an den Diskussionen über die Frage des Wohnungsbaus auffällt, ist die erhebliche Scheu der Regierung, den Markt für großflächige Erschließung und Entwicklung von Wohngebieten privaten Investoren zu öffnen, und die grundsätzliche Ablehnung von Kapitalzins-Subventionen. Während man bezüglich der Liberalisierung des Wohnungsbaumarktes wegen ihrer hinlänglich bekannten Folgen der Regierung nur zustimmen kann, ist die Weigerung, die Kapitalzinsen zu subventionieren, schwer verständlich. Zinsen von 12-16% sind das Todesurteil für jeden sozialen Wohnungsbau. Hier ist m.E. bisher die Chance vertan worden, durch eine gezielte Finanzpolitik produktionsorientierte Subventionen durchzusetzen und über Mietpreisbindung den gewünschten sozialpolitischen Effekt zu erzielen. Dies ist nur bedingt relevant für die untere Einkommensgruppe, die über die Darlehen in Form von Baumaterial durch SHHA vom Kapitalmarkt nur marginal tangiert wird. Entscheidend wirken sich die Kapitalzinsen für alle diejenigen aus, die sich ihr eigenes Haus durch einen Unternehmer bauen lassen. Dies ist weitgehend die Regel in den Agrotowns und den größeren Dörfern. Dies ist gleichzeitig die Einkommensgruppe, welche die Wartelisten der BHC füllt.

Schlußbemerkung

Die Stadtentwicklung Botswanas wird besonders durch zwei Faktoren negativ beeinflußt: zum einen das rasante Bevölkerungswachstum, zum anderen die große Arbeitslosigkeit. Beide Einflüsse sind durch stadtplanerische Mittel nicht zu kontrollieren. Im Bereich des Selbsthilfe-Wohnungsbaus, der die große Masse der Bevölkerung betrifft, bleibt Botswana führend. Ansteigender Druck dürfte hier durch Effizienzsteigerung der Verwaltung aufgefangen werden können. Dies würde auch zur Senkung der laufenden Kosten beitragen. Der übersteigerte Standard staatlichen Wohnungsbaus müßte langfristig reduzierbar sein. Eine geringe Öffnung des Marktes für private Wohnungsbauunternehmen wird nicht zu einer totalen Liberalisierung führen und damit die bekannten Auswüchse wohl vermeiden.

Statistische Quellen und Berichte:
Ministry of Local Governemt and Lands, Gaborone:
Lobatse Planning Study (1979)
Lobatse Development Plan (Juli 1984)
Francistown Development Plan (Draft) (1984)
Peleng Baseline Study (1984)
An Evaluation of the Self Help Housing Agency (Sept. 1983)
The Development Control Code (1978)

Ministry of Finance and Development Planning, CSO, Gaborone:
1981 Population and Housing Census. Population Projection 1981-2011
Statistical Bulletin June 1987 Vol. 12 No. 2
NDP 6, 1985-1991
Migration in Botswana (Patterns, Causes and Consequences), Vol. 1-3, 1982

Republic of Botswana:
Report of the Presidential Commission on Land Tenure, Dec. 1983, Governemt
Printer Gaborone

Report of the Presidential Commission on Housing Policy in Botswana, Feb. 1981, Government Printer Gaborone
National Policy on Housing, Government Paper No. 2, 1981, Government Printer Gaborone

KAPITEL 6   SOZIALPOLITISCHE ERFOLGE

6.1 Der Aufbau eines modernen Bildungswesens

Fritz Dittmar

Erziehung in der traditionellen Tswana-Gesellschaft

Informale Erziehung

Traditionelle Erziehung war bei den Stämmen des heutigen Botswana Teil eines integralen Systems von Glaube und Religion, von Zusammenleben und Gemeinschaft. Für die Kinder war sie der Weg, an die akzeptierten und bewährten Normen der Gesellschaft herangeführt und in sie integriert zu werden. Natürlich fand diese informale Erziehung in der Familie oder der dörflichen Gemeinschaft statt und beinhaltete Themen des hauswirtschaftlichen Bereichs, der Viehhaltung und Landwirtschaft oder der Jagd. Die Jüngeren lernten von den Älteren. Wissen wurde weitergegeben, ausprobiert, ausgebaut, benutzt.

Formale Erziehung

Daneben gab es Initiations-Schulen für die jeweilige Stammesjugend, mit dem Ziel, Altersgruppen zu formen, die dem Chief als Arbeits-, Kriegs- oder Jagdtruppe zur Verfügung standen und deren Dienst jederzeit von ihm beansprucht werden konnte. "Bogwera"-Schulen für die männliche und "Bojale"-Schulen für die weibliche Jugend wurden periodisch alle paar Jahre abgehalten. Die jungen Burschen begleiteten für 4-5 Monate den "Ngaka" in ein Camp im Busch. Der Kurs beinhaltete das vertiefende Lernen und Akzeptieren von Geschichte und Gebräuchen des Stammes. Rechtsgrundsätze wurden verdeutlicht, Jagdtechniken trainiert, soziale Umgangsformen erweitert, Kampfestechniken analysiert und Spiele und Stammeslieder mündlich überliefert. Die 'Abschlußprüfung' verlangte im allgemeinen die Teilnahme an einer Großwildjagd oder an einem Kriegszug, um den Speer 'in Blut tauchen' zu können. Die darauf folgende Dienstzeit konnte sich bis zu einem Jahrzehnt hinziehen. Erst danach galt der älter gewordene Jüngling als Mann, durfte heiraten und Kinder zeugen. Für die Mädchen bedeutete

"Bojale" die Einführung in alle Frauen betreffende Fragen. Häusliche und landwirtschaftliche Belange wurden durch eine erfahrene Frau weitergeben. Der Umgang mit der von Männern geprägten Gesellschaft wurde gefestigt und sexuelle Verhaltensweisen vermittelt. Die Produktion von Werkzeugen und Arbeitsgeräten für die Feldarbeit und den Haushalt und Lebensmittelzubereitung waren inbegriffen. Nach Abschluß des Kurses galten die Mädchen als qualifizierte Frauen für Mutterschaft und Heirat. Da sie in dieser Phase noch relativ jung waren, die Männer jedoch dem Regiment angehörten, bestärkte der Altersunterschied die Unterordnung des weiblichen Geschlechts.

Grundsätzlich waren der Umgang mit dem Vieh und die Jagd Domänen der Männer, während Haus- und Feldarbeit weibliche Aufgabenbereiche waren. Ebenso war Schmelzen und Schmieden Männerangelegenheit, obwohl in den frühen Eisenerzminen auch Mädchen und Frauen arbeiteten. In einigen Bereichen gab es ein berufsorientiertes Spezialistentum, so bei den traditionellen Heilern (zumeist Männer) und Hebammen (Frauen).

Christianisierung – erste Missionsschulen in der Vorphase der Kolonialzeit

Die "London Missionary Society" missionierte seit dem frühen 19. Jahrhundert im südliche Afrika. 1908 kam W.Edwards in die Bangwaketse-Hauptstadt Kanye. Allerdings verbrachte er seine Zeit mehr mit dem gewinnträchtigen Elfenbeinhandel und einer durch Sklaven betriebenen Farm als mit Predigen. Umgekehrt mußte auch der Missionar J. Campbell einsehen, daß z.B. der Chief der Bathlaping, Mothibi, mehr am Handel als am Christentum interessiert war. Robert Moffat fiel 1821 die Aufgabe zu, eine Missionsstation zu gründen, die Gottes Wort ins Landesinnere tragen sollte. Seine Wahl für die erste Mission auf Tswana-Stammesgebiet fiel auf Kuruman (heute RSA). Sie wurde in den Folgejahren zu einem Ausbildungszentrum für afrikanische Prediger.
Moffat genoß unter den Batswana den Ruf eines ehrenwerten Mannes. Einerseits mischte er sich nicht in deren Politik ein, schlug aber andererseits Reiterangriffe der Buren auf die Bathlaping und Barolong erfolgreich zurück. Das Beispiel führte dazu, daß bald jeder Chief einen Missionar haben wollte, um durch die Anwesenheit des Gottesmannes in den Besitz von Feuerwaffen zu kommen.

1841 kam David Livingstone nach Kuruman, heiratete Moffats Tochter und siedelte dann bei Kolobeng in der Nähe von Gaborone. Diese Ehe und seine medizinischen Kenntnisse verschafften ihm ein gutes Ansehen. Er lehrte den Chief Sechele Lesen und Schreiben und machte ihn zum Christen. Seine Frau gründete in Kolobeng eine Missionsschule. Doch die Anwesenheit der Schüler schwankte, da Hunger den Jahren der Dürre folgte und die Kinder von Wurzeln und Heuschrecken lebten. 1852 plünderten und zerstörten Buren aus dem Transvaal die Mission.[1]

Mit dem Auftreten der evangelischen Hermannsburger Missionare in Botswana 1857 kam es zu mehreren Schulgründungen. Sie stießen jedoch immer wieder auf Probleme, da sie dem traditionellen Weltbild der Batswana widersprachen und die Zeiten durch Kriege unsicher waren. So erstattete z.B. Reverend Hepburn 1866 aus Shoshong Bericht: "Es gab keine Bücher mehr, da die Matabele alle zerstört hatten".[2]

Als Hepburn in die malariaverseuchten Gebiete nach Norden zog, wurde die Missions- und Schularbeit hauptsächlich von reisenden afrikanischen Lehrer-Evangelisten der LMS-Basis in Kuruman getragen. Sie verdienten so wenig, daß sie ihren Lebensunterhalt durch Handel finanzieren mußten.

Unter Federführung der LMS gründete John Mackenzie 1871 eine Lehrerbildungsanstalt in Shoshong und berichtete nach einem Jahr, daß "sechs Männer gewissenhaft arbeiten und begierig lernen".[3] Bald wurden diese Anfänge in der Lehrerbildung nach Kuruman verlegt. Doch mußte die Institution 1897 aufgrund von Spannungen zwischen den Batswana und den Missionaren schließen. Kgamane, ein Bruder von Khama III., verließ die Institution mit der Begründung, daß er zwar Bildung wolle, aber nicht an einer Karriere als Lehrer oder Missionar interessiert sei. Die Brüder waren von den Hermannsburgern getauft worden. Khama dagegen stand zu seiner Konvertierung: Er verbot für die Bangwato die Initiationsriten, die Polygamie, das Regenmachen und das Biertrinken.

Was für die Missionare eine Korona von Aberglauben hatte, war für die Tswana unauslöschbarer Teil ihrer Kultur. In einem heute an den Schulen Botswanas verwendeten Geschichtsbuch steht zu lesen:

---

[1] Thema, B.C., in: Botswana Notes and Records, Vol.I
[2] Hepburn, J.D.: Twenty Years in Khama's Country, zit. nach Coles,T.: The Story of Education in Botswana, Macmillan, Gaborone 1985
[3] Mackenzie, W.D.: John Mackenzie, South African Missionary and Statesman, zit. nach Coles, T., op.cit.

"Die Missionare machten einige schlechte Sachen. Zum Beispiel versuchten sie, die Tswana-Kultur zu zerstören. Sie machten aber auch einige gute Sachen. Sie führten Bildung und gedruckte Bücher ein."[4]

Um 1880 hatte fast jeder Hauptort einen Missionar und damit eine mehr oder weniger funktionierende Schule. Der Schwerpunkt lag natürlich auf der Lektüre der Bibel, die 1857 in Setswana übersetzt worden war; doch wurde nach anfänglichen Rechnen-Schreiben-Lesen-Schulen das Fächerangebot erweitert. Da die Lehrer ungenügend ausgebildet waren und schlecht bezahlt wurden, war das Niveau der schulischen Bildung auch gering. Wohlhabende Eltern schickten daher ihre Kinder auf bessere Schulen nach Südafrika (Lovedale) oder Lesotho (Morija).

Aus Unzufriedenheit über die LMS-Schulen wurden schließlich die ersten "Ipelegeng"-Schulen (Selbsthilfe-Schulen gegründet). Die finanziellen Mittel kamen aus der Gemeinschaft. Schulgebühren wurden zunächst nicht erhoben. Doch bald wurden spezielle Steuern eingeführt. Diese Idee wurde später von der Protektoratsverwaltung übernommen.

Khama III. eröffnete 1894 eine zentrale Elementarschule in Palapye. Vier Klassenräume wurden für die 300 Schüler gebaut. Hier wurden Schulgebühren erhoben; sie betrugen 5 Schillinge im Jahr für Unterricht in Setswana und zwei Pfund für Unterricht in Englisch. Es wurden Religion, Lesen, Schreiben, Rechnen, Geographie, Zeichnen, Hauswirtschaft und Musik unterrichtet.

Das Schulwesen während der Protektoratszeit

Der Jahresbericht der LMS für das Jahr 1900 kommentiert:

"Der Wunsch nach Bildung ist in Khama's Land weit verbreitet. Es gibt kaum eine Siedlung, in der das Buchstabierbuch nicht studiert wird."[5]

Doch wurden die Schulen von den Missionaren, nicht von der Protektoratsverwaltung getragen. Der offizielle Bericht der Kolonialverwaltung von 1905 zieht daher folgende Bilanz:

"Das Protektorat Bechuanaland ist, was Bildung betrifft, in einem außergewöhnlichen Rückstand."[6]

---

[4] Tlou, Th./Campbell, A.: History of Botswana, Gaborone 1984, p.136

[5] vgl. Parsons, Q.N.: Education and Development in Pre-Colonial and Colonial Botswana to 1965, in: Crowder, M. (Hrsg.): Education for Development in Botswana, Gaborone 1984, p. 21-45, p.21

[6] Sargant, Report on Education in the Bechuana Protectorate, 1906, zit. nach Coles, T., op.cit. p.6

Tabelle 1 führt die Gemeinden auf, in denen es nenneswerte Schulen gab.

Tabelle 1

Ort	Einwohner	Schüler	Schulträger
Kanye	6000	121	London Missionary Society
Molepolole	5000	164	London Missionary Society
Serowe	17000	117	London Missionary Society
Shoshong	3000	60	London Missionary Society
Ramotswa	3000	154	Hermannsburger Mission
Mochudi	6000	600	Dutch Reformed Church
Tati	5000	163	London Missionary Society

gesamt: 1379

Von einer Gesamtbevölkerung von ca. 120000 konnten somit nur wenig mehr als 1% eine Schule besuchen. Allerdings sind die Selbsthilfe-Schulen in dieser Aufstellung nicht mitgezählt. Bemerkenswert ist der relativ hohe Anteil von Schülern in Mochudi.

Seitens der Protektoratsverwaltung war bis 1904 kein Geld für Bildung in das Schutzgebiet geflossen. Auf die Kritik hin, den Bildungsbereich vollkommen vernachlässigt zu haben, wurde ein Berater in Erziehungsfragen, Sargant, mit der Evaluierung der Lage beauftragt. Lokale Schulaufsichtsbehörden wurden eingeführt, die die Schulverwaltung verbessern sollten. Vorsitzender der jeweiligen Aufsichtsbehörde war ein Assistent des Kommissars, Sekretär der Missionar, und Mitglieder waren der Chief und einer seiner Gefolgsleute. Sie berieten die Protektoratsverwaltung in Bildungsfragen, erstellten Finanzpläne für die laufenden Schulen und planten den Bau neuer Schulen. Zunehmend wurden Missionare aus den Schulleitungen gedrängt. Ab 1920 begann man, Stammesbeauftragte zu benennen, die die Schulen beaufsichtigten und der Aufsichtsbehörde berichtspflichtig waren. Darin liegt der Ursprung der heutigen "Education Officers".

Daß die Selbsthilfe-Schulen in hohem Kurs standen und die Stämme Selbstbestimmung in der Primarschulerziehung wünschten, gab der Protektoratsverwaltung jedoch einen Vorwand, die Entwicklung des Schulwesens selbst wenig zu fördern. Als Musterbeispiel des stammesbewußten Bildungsvorha-

bens ist die 1923 fertiggestellte "Bakgatla Nation School" in Mochudi anzu-
sehen, die von den Altersregimentern des Chief Linchwe gebaut wurde. Als
Kontroll-Organ fungierte ein Komitee, bestehend aus dem Chief, dem Missionar und sechs Personen, die durch den Rat des Chiefs gewählt worden
waren.
Bei den Bangwato wurde die erste Schulaufsichtsbehörde durch den Stamm
erst 1933 eingesetzt.
Eine neue Phase seitens der Protektoratsverwaltung wurde 1928 von Dumbrell als Inspektor für alle Schulen in Bechuanaland eingeleitet. Das 1931
gegründete Beratungsgremium für Bildungsfragen war ein weiterer Schritt,
die Einflußnahme der Protektoratsverwaltung gegenüber den Missionen zu
stärken. Dumbrell wurde 1935 Direktor des "Education Departments", das
nun die Schulaufsicht wie die ganze Bildungspolitik in die Hand nahm und
als Vorläufer des Erziehungsministeriums angesehen werden kann. Während
seiner Zeit (bis 1945) erhöhte sich die Zahl der Schulen von 86 auf 135 und
die der Schüler von 6500 auf 21000.[7]
Um 1942 fand eine Klassifizierung der Schulen statt. Dorfschulen hatten nur
zwei Jahrgangsstufen, Zentralschulen sechs, und Mittelschulen unterrichteten von Klasse 5 bis 7. 1945 boten nur 4 zentrale Stammesschulen den
Lehrplan für die 7.Klasse an: Kanye, Mochudi, Serowe und Molepolole sowie
eine Missionsschule in Kgale. Das Fächerangebot bestand in Setswana, Englisch, Hl. Schrift, Mathematik, Biologie, Hygiene, Geschichte, Erdkunde,
Landwirtschaft für die Jungen und Hauswirtschaft für die Mädchen. Dabei
darf jedoch nicht übersehen werden, daß in den 40er Jahren von 25 Schul-
anfängern nach sechs Jahren nur noch ein Schüler übrig blieb.

Schon um die Jahrhundertwende war deutlich geworden, daß die in Kuruman unterrichteten Prediger nicht wirklich als Schullehrer ausgebildet waren. Sargant griff den Mißstand auf und forderte in seinem Bericht 1905,
daß größerer Wert auf die Lehrerausbildung gelegt und hier Gelder bereitgestellt werden müßten. Er schlug auch vor, daß Frauen und Männer mit
außergewöhnlichen Kenntnissen den Lehrern in den Dörfern assistieren
sollten.
Das Bestreben des Verwaltungsfachmanns Dumbrell zielte auf eine Qualitäts-
verbesserung des gesamten Bildungsangebots: er setzte sich für Regelungen
über das Schuleintrittsalter, für eine verbesserte Lehreraufsicht und Fort-

---

[7]   vgl. Tlou.T./Campbell,A.: History of Botswana, p.203

bildungsveranstaltungen ein. Außerdem gelang es ihm, die Lehrergehälter denen im benachbarten Südafrika anzugleichen. Auf einer Fortbildungsveranstaltung gründete eine Gruppe von Teilnehmern einen Lehrerverband. Diesem wurde allerdings erst 1939 ein Platz im Beratergremium zugestanden. 1940 waren zwei Ausbildungsstätten zur Lehrerbildung eröffnet, eine in Serowe und eine in Kanye, mit insgesamt 20 Immatrikulierten. Vor dem "African Advisory Council" wandte sich der damalige Kommissar Clarke an die Stämme, geeignete Leute zur Ausbildung an diesen Instituten zu ermutigen.[8] Doch am Mangel an einem angemessenen Lehrkörper an den Schulen änderte sich nur wenig, wie aus einer Beschwerde des Chief Tshekedi sieben Jahre später hervorgeht.[9]

Da die Protektoratsverwaltung den Bildungsbereich im wesentlichen den Stämmen überließ, wurde von ihrer Seite nie diskutiert, was nach der Primarschule kommen sollte, sei es im Hinblick auf berufliche Ausbildung oder schulische Weiterbildung.

Lange Zeit war das "Tiger Kloof College" der LMS in der Nähe von Vryburg/SA, das ursprünglich in Palapye im Stammesgebiet der Bangwato geplant gewesen war, die einzige Sekundarschule, die Batswana besuchen konnten. Viele der älteren heutigen Politiker und Staatsangestellte bekamen dort ihre Ausbildung. Als Südafrika 1953 die "Bantu-Erziehung" einführte, wurde "Tiger Kloof" als "Moeding College" nach Bechuanaland verlegt.

Als Vorreiter höherer Schulbildung gilt Reverend Mosetse, der in London studiert hatte. Seine 1931 gegründete und 1938 nach Francistown verlegte Schule darf als erste Sekundarschule in Botswana gelten. Sein "Tati Training Institute" bildete Lehrer aus und bot kaufmännische Kurse an. Außerdem wurden Schüler auf die Erlangung des 'Junior Certificate' (JC) hin unterrichtet. Doch mußte die Institution bereits 1942 aus finanziellen Gründen wieder schließen.[10] Einen anderen Versuch machte die Katholische Kirche mit einer Landwirtschaftsschule bei Kgale, die ein Zwei-Jahres-Programm mit praktischen und akademischen Fächern, das auf die JC-Prüfung vorbereitete, anbot. Die Schule scheiterte jedoch an der mangelnden Unterstützung der Batswana.

---

[8] Protokoll des "African Advisory Council", 1947, zit. nach Coles,T., op.cit. p.16
[9] ders., op.cit., p.17
[10] Tlou/Campbell, op. cit., p.205

Sie sahen in ihr einen erneuten Versuch der Kirche, Einfluß auf den Bildungsbereich zu nehmen.[11] Erst das 1944 gegründete "St.Joseph's College" in Kgale war eine erfolgreiche Sekundarschule.

Der Chief der Bangwato, Tshekedi, wollte bereits 1934 eine Sekundarschule bauen, die durch die Ausbildung geeigneter Leute zur Entwicklung Bechuanalands beitragen sollte. Der 2. Weltkrieg verzögerte das Vorhaben. Die Bangwato trugen 100000 Pfund zusammen, und durch immense Selbsthilfe konnte das sog. "Bangwato College" 1951 eröffnet werden. Es war allerdings nur für Bangwato zugänglich. 1956 übernahm die Protektoratsverwaltung die Oberaufsicht über die zum "Moeng College" umgetaufte Schule und öffnete sie für alle Batswana.

Dr. Thema, später Botswanas erster Erziehungsminister, gibt für den Sekundarschulbereich im Jahre 1945 an, daß insgesamt 214 Batswana weiterführende Schulen außerhalb des Landes besuchten.

Im Protektorat Bechuanaland gab es vor der Unabhängigkeit keine einzige universitäre oder vergleichbare Einrichtung.

Die Protektoratsverwaltung unterstützte durch finanzielle Zuschüsse die Universität "Fort Hare" in Südafrika mit dem Ziel, Studenten aus Botswana dort das Studium auf der Basis von Stipendien zu ermöglichen. Von 1952 an begann die südafrikanische Regierung im Zuge der Apartheidsgesetzgebung, den Zugang schwarzer Studenten abzublocken. Die Kommissions-Territorien (HTCs) versuchten daher, eine eigene Universität aufzubauen. In Roma (Lesotho) hatte die Katholische Kirche 1946 ein College gegründet, das Studenten für die Studiengänge an der Universität in Südafrika vorbereiten sollte. 1964 kamen Kirche und britische Regierung überein, das College zur Universität von Basutoland, Bechuananland und Swaziland mit zwei Fakultäten umzugestalten.

Ab 1961 wurden die ersten sechs Batswana Studenten über ein Stipendiat an Universitäten des United Kingdom und anderswo hin geschickt. 1965 waren es 44, die im Ausland studierten. Es gab keinen Motswana, der Arzt, Tierarzt oder Ingenieur war.

---

[11] Coles, op. cit., p.21

Resumee: Zahlen zum Bildungswesen in den frühen 60er Jahren

Nach dem Bericht für die drei Länder des Hochkommissariats für 1958/59, der die allgemeine Bildungssituation beschreibt,[12] nennt der 1961 zum ersten Mal vorgelegte Jahresbericht des Erziehungsdepartments für Bechuanaland folgende Zahlen[13] (Tabellen 2-5).

Tabelle 2

Gesamtbevölkerung	1961	geschätzt	350 000	
	1963	geschätzt	500 000	
Primarschulwesen	1951	17 500	Schüler	
	1956	25 000	Schüler	
	1961	39 000	Schüler	
	1963	55 000	Schüler	
Schulen	1961	229		
davon:				
Stammesschulen		180		
Regierungsschulen		37		
Missionsschulen		12		

Tabelle 3

Sekundarschulwesen:	1951	ca.150	Schüler
	1957	ca.335	Schüler
	1961	ca.618	Schüler
	1962	764	Schüler
	1963	976	Schüler
Schulen	1962	5	
	1963	8	
davon:			
Stammesschulen		3	
Missionsschulen		3	
Regierungsschule		1	
Privatschule		1	

[12] Report of the Commissioner, 1958-59, p.33 f.
[13] Annual Report, Education Department, Protectorate Bechuanaland 1961, p.8 ff.

Weniger als die Hälfte der Schüler des Jahres 1956 war akzeptabel untergebracht oder wurde angemessen unterrichtet. Für den rapiden Anstieg der
Schülerzahlen bis 1961 konnte nur ein Bruchteil des benötigten Geldes für
den Bau von 350 neuen Klassenzimmern aufgebracht werden. An der Mehrzahl der Schulen fand der Unterricht unter Bäumen statt. Die meisten Lehrer waren unqualifiziert. Dementsprechend sah das Leistungsniveau der
Schüler aus (Tabelle 4).

Tabelle 4

Schuleintritt 1. Klasse	Schulabgänger mit bestandenem Examen 7 Jahre später
1954 - 6 314	1961 - 575
1956 - 8 000	1963 - 805

1960 wurden die bis dato benutzten südafrikanischen Lehrpläne von der
Protekoratsverwaltung durch eine spezielle Prüfung für das JC und das
'Cambrigde Overseas Certificate' ersetzt. Nur ein Bruchteil der Schüler er-
reichte den angestrebten Abschluß (Tabelle 5).

Tabelle 5

Neuzugänge Form I		Verbliebene Schüler Form V	
1955	129	1959	8
1956	140	1960	18
1957	128	1961	21
1958	184	1962	28
1959	198	1963	24

In der Zeitspanne von 1955–61 schafften insgesamt nur 19 Kandidaten das
Senior Certificate und keiner die Prüfung zur Immatrikulation.

Lehrerbildung
Von den 1268 Lehrkräften, die 1963 an den Primarschulen unterrichteten,
konnten 588 keine qualifizierende Ausbildung vorweisen. Die einzige Lehrerbildungsanstalt, in Lobatse, mit einer Kapazität von 120 Studenten, konnte
durch die 40 Abschlußkandidaten pro Jahr gerade die Lücke wieder schlie-

ßen, die sich durch Abgänge aus Altersgründen auftat. In Serowe wurde 1963 ein weiteres "Teacher Training College" mit 50 Studenten eröffnet. Lobatse stockte seine Studentenzahlen auf 167 auf. Technische Ausbildung und Erwachsenenbildung waren praktisch nicht existent.

Die Zusammenfassung von J.Halpern stellte 1965 der britischen Regierung für die nun 80 Jahre währende Schutzherrschaft schlichtweg ein Armutszeugnis aus:

"Bildungsmäßig sind die Batswana wahrscheinlich weiter zurück als alle anderen Völker Afrikas, die unter britischer Herrschaft standen".[14]

Ein anderer Report liefert folgende Fakten für 1965[15] (Tabelle 6).

Tabelle 6

	Schüler/ Studenten	Schulen/ Institutionen	Lehrer/ Ausbilder
Primarschulen	66 016	247	1651
Sekundarschulen	1 325	9	66
Berufsbildung	103	4	10
Lehrerbildung	268	2	16
Höhere Bildung	–	–	–

Von ca. 600000 Einwohnern im Jahr 1965 konnten 67.4% Setswana weder lesen noch schreiben, 78% Englisch weder lesen noch schreiben, und 55% der Personen, die über 6 Jahre alt waren, hatten überhaupt keine Schulbildung genossen.

---

[14]   vgl. Parsons, Q.N.: Education and Development in Pre-Colonial and Colonial Botswana, in: Crowder (Hrsg.), op. cit., p.21
[15]   Bechuanaland 1965, Her Majesty's Stationary Office, p.174

Das Bildungswesen seit der Unabhängigkeit

Bildungspolitische Zielsetzungen und Entwicklungen

Am Tage der Unabhängigkeit veröffentlichte die neu gebildete Regierung ihre wichtigsten Intentionen in einem "Übergangsplan für soziale und wirtschaftliche Entwicklung".[16] Seretse Khama selbst versäumte es nicht, am gleichen Tag vor dem Parlament dem Ausbau des Sekundarschulwesens erste Priorität einzuräumen. Er war sich der Zahlen bewußt; schließlich gab es nur 40 Batswana, die mit einem akademischen Grad die Universität abgeschlossen hatten. Man brauchte dringlichst einheimische Fach- und Führungskräfte für die Wirtschaft und Verwaltung des Landes. In 25 Jahren, also bis 1991, wollte Botswana in allen Bereichen und auf allen Ebenen selbständig sein.[17] Die inzwischen 9 Sekundarschulen waren aufgefordert, pro Jahr mindestens 250 Abgänger mit bestandenem Abschluß zu entlassen. Der ersten Euphorie folgte im 2. Nationalen Entwicklungsplan (1970–75) eine Ernüchterung:

"Die Versäumnisse der Vergangenheit im Hinblick auf die Entwicklung des Bildungswesens sind in der akuten Knappheit von einheimischen Universitätsabsolventen zu sehen ... 1969 wären 175 zusätzliche Personen mit diesem Niveau benötigt worden – nur 9 Studenten konnten in den Arbeitsmarkt auf dieser Stufe integriert werden."[18]

Ein umfassender 'University Development Plan' wurde beschlossen, um die Leistungsfähigkeit der Universität von Botswana, Lesotho und Swaziland zu steigern.

Das Schulgeld für den Besuch der Primarschule wurde von 6 auf 3 Rand gesenkt, was einen rasanten Anstieg der Schülerzahlen zur Folge hatte[19]:

1972	–	81 000 Schüler
1973	–	95 000 Schüler
1974	–	103 000 Schüler

---

[16]   Swartland, J.R.: Education for Development Since Independence: An Overview, in Crowder (Hrsg.), op. cit., p. 46–52, p.46
[17]   Chiepe, G.K.T.: Botswana's Development Strategy since Independence, in: Crowder (Hrsg.), op. cit., p.53–58, p. 55
[18]   Chiepe, in op. cit., p.56
[19]   Swartland, J.R.: Education for Development Since Independence, in: Crowder (Hrsg.), op. cit., p.47

Der NDP 5 rückte die Primarschulerziehung in der Prioritätenliste auf den ersten Platz. Noch immer sind viele Primarschulen überfüllt, mit Lehrpersonal unterbesetzt und mangelhaft ausgestattet. Seit Beginn der 80er Jahre wird Chancengleichheit in der Primarschule als grundlegende Basis für schulische und berufliche Weiterbildung groß geschrieben. 1980 wurde das Schulgeld für Primarschüler ganz abgeschafft; ein neuer Lehrplan löste den von 1969 ab. 1983 gab es bereits 200000 Schüler an den 550 Primarschulen.

Auch der Sekundarschulbereich wurde stark ausgebaut. Wo immer möglich, wurden Sekundarschulen von der Regierung finanziert. 1988 wurde die Schulgeldfreiheit auch für Sekundarschüler eingeführt. Private Sekundarschulen erweiterten ihr Angebot. Abendschulen richteten Kurse zur Erlangung des JC ein. Mit Darlehen der Weltbank wurden weitere Schulen gebaut. Bis 1981 war die Zahl von 9 auf 23 Schulen gestiegen – über 13000 Schüler hatten schulische Weiterbildungsmöglichkeiten.

Einige interessante Ansätze entwickelten sich, wie z.B. das "Matsha Community College" im relativ abgelegenen Kang, das drei unabhängige, aber kooperative Sektionen miteinander verband: Sekundarschule, Brigade und Zentrum für nichtformale Bildung.

Trotz Ausbau des Sekundarschulwesens war es ob der ständig und rasch wachsenden Schülerzahlen unmöglich, alle interessierten und fähigen Bewerber aufzunehmen. Seit 1977 etablierten sich 37 "Community Junior Secondary Schools". Diese von den Kommunen kontrollierten und von ihnen (oder der Weltbank) finanzierten Institutionen erinnern an Ansätze, die bereits in der Vergangenheit ausprobiert worden waren. Sie entlasten die staatlichen Schulen und nehmen Bewerber auf, die dort keinen Platz gefunden hätten und haben. In den 90er Jahren soll sich ein Netz von "Community Junior Secondary Schools" durch das ganze Land ziehen. Ohne sie hätten viele Primarschulabgänger keine weitere schulische Zukunft.

Eine andere Alternative für Primarschulabgänger bilden die Brigaden, die schulische Weiterbildung mit handwerklich-technischer Berufsausbildung verbinden (vgl. unten Kap.6.2).

Die Lehrerausbildung blieb zunächst der größte Faktor im Bereich der Berufsfindung. 1980 studierten insgesamt 844 angehende Lehrer an den drei Colleges im Land. Neben den bestehenden in Lobatse und Serowe hatte Francistown inzwischen ein weiteres College eröffnet; 1985 wurde das 4. College in Tlokweng bei Gaborone eingeweiht. Kurz darauf öffnete in

Molepolole ein College für angehende Sekundarschullehrer (an junior secondary schools) seine Tore.

Quantitatives und qualitatives Wachstum sind auch in der technischen Berufsausbildung zu verzeichnen; u.a. sind zu nennen:

- das "National Centre for Vocational Training" wurde 1974 geschaffen und sollte flexibel auf die Ausbildungsansprüche der Wirtschaft reagieren;
- das NCVT wurde 1979 in ein Polytechnikum umgewandelt, um der Entwicklung der Industrie auf einem höheren Niveau genügen zu können;
- zur gleichen Zeit etablierte sich die "Auto Trades Training School" (ATTS) in Gaborone (finanziert von der GTZ), die Fachkräfte in der Kfz-Branche ausbildet;
- eine landwirtschaftliche Ausbildungsstätte bietet Kurse für tierärztliche Helfer und landwirtschaftliche Demonstratoren für die Kommunen an;
- das Nationale Gesundheitinstitut in Gaborone bildet Krankenpflegepersonal aus.

Die ersten Universitätsvorlesungen wurden in Botswana 1971 angeboten. Erst zwei Jahre später zog man in die neuen Universitätsgebäude um. 1975 zerbrach die "University of Botswana, Lesotho und Swaziland" (UBLS), nachdem Lesotho aus dem Dreierbündnis ausscherte und die Universität in Roma nationalisierte. Botswana und Swaziland trafen Übergangsvereinbarungen, bis sich 1982 die drei Universitäten in eigenständige Institutionen gewandelt hatten. Der Bedarf an akademisch gebildeten Führungskräften ist in Botswana nach wie vor sehr groß.

In Otse etablierte sich eine Primarschule für geistig und körperlich behinderte Kinder. Organisiert wird diese Schule mit ihren angegliederten Werkstätten und Verkaufsräumen von der Campill-Bewegung. Ganz in der Nähe, in Ramotswa, werden gehörlose und gehörgeschädigte Kinder in einer neu gebauten Schule mit modernen Unterkünften betreut und unterrichtet. Für blinde Kinder und Erwachsene gibt es eine Einrichtung in Mochudi.
Noch stehen nicht genügend ausgebildete Lehrkräfte für die Sparten der Sonderpädagogik zur Verfügung. An den 'Teacher Training Colleges' wird dieser Zweig noch nicht angeboten; geplant ist Sonderpädagogik als Studienfach an der Universität in Gaborone.

Ein Nationales Alphabetisierungsprogramm hatte sich 1981 zum Ziel gesetzt, einem Viertel der Gesamtbevölkerung, also ca. 250000 Erwachsenen, Lesen, Schreiben und Rechnen näher zu bringen. Das Vorhaben sollte ursprünglich auf 5 Jahre befristet sein. Inzwischen wurde erkannt, daß man weitermachen muß.

Der Nationale Entwicklungsplan 6 (1985-91)

Der NDP 6 unterstreicht folgende Zielsetzung:
"Die Regierung wird danach streben, die Zusammenarbeit zwischen Schule und Bevölkerung zu verstärken. Die Gemeinden sollen ermutigt werden, intensiver an der Organisation der Schulen teilzunehmen."[20]

Primarschulbereich

- 85% aller Kinder im Primarschulalter besuchen tatsächlich die Schule
- der Rest der Kinder hat durch die Abgeschiedenheit vieler Landstriche und Cattleposts nur geringe Chancen, eine Schule zu besuchen;
- es besteht ein starkes Bildungsgefälle zwischen den dichter und den dünner besiedelten Gebieten des Landes;
- mehr als ein Drittel der Primarschulabgänger strebt nach schulischer Weiterbildung. Die Zahl steigt;
- es ist geplant, daß für alle Batswana bis Mitte der 90er Jahre eine neunjährige Schulausbildung angeboten werden kann;
- die jährliche Zuwachsrate der Schülerzahlen beträgt 5.6%. Der Neubau von 2600 Klassenzimmern würde bedeuten, daß 80% aller Klassen einen eigenen Raum zur Verfügung hätten;
- Schichtunterricht soll Raumprobleme mindern;
- die Regierung will die Zuschüsse für die Schulen pro Kind und Jahr von 20 auf 30 Pula (ca. DM 30) aufstocken.

Die Lehrerbildung soll zunächst an den vier bestehenden Institutionen ausgebaut werden. 1985 waren noch 31.4% der 7110 Primarschullehrer in keiner Weise für ihren Beruf ausgebildet. Die Gesamtzahl soll auf 9250 erhöht und der Anteil der unqualifizierten Lehrer auf 27.4% gesenkt werden. 1985 studierten in Francistown, Serowe, Lobatse und Tlokweng 1160 Kandidaten; 1991 sollen es 1480 Studenten sein. Die Zahl der Bewerber ist überall sehr groß.

---

[20] Zitat und folgend genannte Zahlen, NDP 6, 1985-91, Gaborone 1985

Sekundarschulbereich

Man möchte die Struktur der Sekundarschulen generell folgendermaßen ändern:

Tabelle 7

(in Jahren)	Primarschulen	Junior Sek.schulen	Senior Sek.schulen
Ist–Stand	7	3	2
Übergang	7	2	3
Soll–Stand	6	3	3

Außerdem ist geplant, die Aufnahmezahlen von 10800 Schülern (1984) in die "Junior Secondary Schools" auf 23000 (1991) zu erhöhen. Man hofft, eine Verdoppelung der Schülerzahlen in den "Senior Secondary Schools" erreichen zu können, von 820 (1985) auf 1667 (1991). Zuversicht im Hinblick auf die Einlösung dieser Ziele scheint angebracht, da für den vorausgegangenen Planungszeitraum (NDP 5) die Sollzahlen um mehr als 32% überschritten werden konnten.

Das "Community Junior Secondary"–Programm überträgt den Kommunen finanzielle Verantwortung und verstärkte Einflußnahme.

Der Anteil der nicht–Batswana Lehrer soll von 1/3 auf 1/4 fallen. Für den Planungszeitraum benötigt man 1200 qualifizierte Sekundarschullehrer mehr. Das "College for Education" in Molepolole soll bis 1991 375 ausgebildete Lehrer für den Junior–Bereich stellen. Die Lehrerausbildung für die "Senior Secondary Schools" ist prinzipiell der Universität übertragen, in Zusammenarbeit mit dem Polytechnikum und dem Luyeno College in Swaziland.

Universität

Auch nach 20 Jahren Unabhängigkeit ist das Problem verständlicherweise noch immer aktuell, daß es in allen Bereichen nicht genügend ausgebildete Fach- und Führungskräfte gibt. Die Regierung wird die berufliche und technische Ausbildung intensivieren, bereits bestehende wichtige Kurse ausbauen und zusätzliche Studienfächer an der Universität einführen. Die

Einschreibungen sollen von 476 (1985/86) auf 1496 (1991/92) steigen, und die Gesamtzahl der Studierenden soll sich im Planungszeitraum von 1601 auf 3440 erhöhen.

Technische- und Berufsausbildung

Insgesamt bieten private Industrie, halbstaatliche Unternehmen, kommunale Einrichtungen und der Staat (wobei hier die Universität wie auch z.b. technische Zweige an Sekundarschulen mitgerechnet sind) jährlich 9000 Ausbildungsplätze an über 70 Stellen (NDP 6).

Der technische Zweig an der "Lobatse Secondary School" gilt als Vorreiter in der Vorbereitung auf höhere technische Kurse oder Studiengänge.

Das Hauptvorhaben für den Planungszeitraum ist der Bau von 4 "Vocational Training Centres" für handwerkliche und technische Berufsbereiche. Aufnahme-Voraussetzung wird das JC sein.

- ATTS soll seine Ausbildungszahlen von 155 (1985) auf 245 (1991) aufstocken
- das Polytechnikum rechnet mit einem Anstieg von 820 Eingeschriebenen auf 1500
- die geplanten VTC's sollen bis 1991 ca. 1250 Ausbildungsplätze anbieten
- die Brigaden als kleine Produktions- und Ausbildungseinheiten sollen ihre Kapazität von 700 auf 1200 Ausbildungsplätze erhöhen.

Ausblick

Botswana hat in den letzten 20 Jahren ungeheure personelle und finanzielle Anstrengungen unternommen, um die Bildungsmisere, die der Kolonialismus hinterlassen hat, zu überwinden. Betrachtet man den prozentualen Anteil der Kinder, die die Primarschule besuchen (85%), so steht Botswana unter den 45 afrikanischen Mitgliederstaaten der UNESCO an 12. Stelle, und bei den Sekundarschülern an 15. Stelle. Für die Zahl der Studierenden pro 100000 Einwohner belegt Botswana noch den 19. Platz. Verglichen mit 42 anderen afrikanischen Staaten, gibt die Regierung mehr Geld pro Kopf für Bildung aus als 34 vergleichbare Länder. Die Wachstumsrate im Bildungssektor soll für den Planungszeitraum jährlich 11% betragen. 1984 gab Botswana 22% des gesamten Staatshaushaltes für Erziehung und Bildung aus. Der Prozentsatz soll bis 1991 auf etwa 27% angehoben werden.

Verglichen mit seinem reichen Nachbarn, der Republik Südafrika, bietet Botswana seinem Nachwuchs eine größere Chance, die Primarschule zu durchlaufen. Von insgesamt 622564 Neuzugängen an 'Afrikanischen Schulen' in der RSA gaben im Jahr 1981 175764 vor Beendigung der ersten Klasse (Sub-A) wieder auf. Das waren 28%. Im Gegensatz dazu besuchten 29759 Schüler in Botswana Standard 1. Der prozentuale Anteil der Schulabbrüche bis zur 7.Klasse wird mit 16% angegeben.

Diese Zahlen klingen vielversprechend. Doch die quantitativen Erfolge sagen noch nichts über die Qualität von Schulbildung und berufsbefähigender Ausbildung aus. Die Erfüllung der Soll-Zahlen, wie sie die Nationalen Entwicklungspläne setzen, wird m.E. auf Kosten der Qualitätsfrage überbewertet. Qualität und Niveau müssen auf allen Ebenen und in allen Bereichen besser werden.

6.2 Die Brigaden. Ein alternativer Weg zur Handwerksausbildung

Elisabeth Zeil-Fahlbusch

Die Brigaden sind nicht-staatliche Ausbildungseinrichtungen und/oder Produktionseinheiten, die unter Aufsicht autonomer lokaler Treuhänderschaften operieren. Z.Zt. (1987) gibt es in Botswana über 30 kleinere und größere Brigaden-Zentren. Sie verteilen sich über das ganze Land und arbeiten unter verschiedenen Voraussetzungen und unabhängig voneinander. Manche sind aufgrund privater Initiativen entstanden, nach dem Vorbild der von Patrick v. Rensburg 1965 gegründeten "Serowe Brigades"; andere wurden auf Initiative des "Department for Community Development" begonnen. Während die frühen Brigaden zunächst keinerlei staatliche Förderung erfuhren, richtete die Regierung 1969 eine nationale Koordinationsstelle für die Brigaden (NBCC) ein. 1978 wurde diese Stelle ersetzt durch die Schaffung des "Brigades Development Centre" (BRIDEC, Gaborone), das der Formulierung von standardisierten Lehrplänen und Trainingskursen für Manager und Ausbilder dient sowie staatliche Finanz- und Verwaltungshilfe für die Brigaden kanalisiert.

Das Verhältnis des Staates zur Brigadenbewegung war lange Zeit ambivalent. So gerieten die "Serowe Brigades" in den späteren 70er Jahren zunehmend unter Pressionen, da ihr Konzept immer weniger in die offizielle Bildungspolitik mit ihrer Ausrichtung auf das formale Schulsystem paßte.

Der jüngste Nationale Entwicklungsplan Botswanas anerkennt jedoch die wichtige Rolle der Brigaden für Ausbildungs- und Arbeitsplatzbeschaffung vor allem in ländlichen, strukturschwachen Gebieten und visiert verstärkte finanzielle und technische Unterstützung sowie Trainingskurse über BRIDEC an.[1]

---

[1] NDP 6, 1985 – 91, p. 156

Prinzipien und Zielsetzung: 'Education with Production'

Die Brigadenbewegung in Botswana entstand mit der Gründung der ersten Brigade für Bauhandwerk in Serowe durch Patrick v. Rensburg, 1965. Ihre Prinzipien haben vielerlei Parallelen in Experimenten anderer Länder, in denen Ausbildung und Produktion kombiniert werden, wie z.b. auch in der Bildungsreform Tanzanias, die in den 70er Jahren von Julius Nyerere formuliert wurde.

a. Ziel und Funktion der Brigaden ist Ausbildung und Training in einem bestimmten Handwerk. Die Ausbildung in den Brigaden unterscheidet sich jedoch von konventionellen Berufsausbildungen in anderen Institutionen dadurch, daß die Ausbildung 'on the job' innerhalb eines Produktionssystems stattfindet. Dieses soll möglichst viel aller anfallenden Kosten (Gehälter, Lebensunterhalt der Lehrlinge, Material, Werkzeug, Vewaltung, Vermarktung etc.) durch die Arbeit der Auszubildenden selbst erwirtschaften. Im Idealfalle sollten die Brigaden kostendeckende, unabhängige Betriebe sein.

Die Verbindung von Training und Produktion hat den Sinn, unter der Voraussetzung limitierter Ressourcen, die zur Investition in das konventionelle Bildungssystem bereitstehen und die daher nur einer Minderheit zugute kommen können, kostensparende Ausbildungsplätze für viele zu schaffen.

Doch die Konzeption geht darüber hinaus auch von der Voraussetzung aus, daß ein Handwerk oder Gewerbe besser unter den realistischen Bedingungen, die die spätere Berufsausübung stellt, gelernt werden kann als unter den künstlichen Bedingungen des Klassenraums. Der Erwerb berufsspezifischer Fertigkeiten und Fähigkeiten soll von Anfang an auf realistische Produktionsprozesse – sei es in einem Handwerks-, Farm oder Dienstleistungsbetrieb – mit all ihren einzelnen Arbeitsschritten, Entscheidungen und ihrer Routine bezogen sein. Umgekehrt soll Produktion in engem Verhältnis zur Bildungs- und Ausbildungsfunktion und zur Schaffung von Beschäftigung und Einkommen stehen. Die Trennung von Handarbeit und Kopfarbeit soll überwunden werden.

b. Das Angebot der Brigaden soll sich am Bedarf der lokalen Kommune an Gütern und Dienstleistungen ausrichten und damit zur ländlichen Entwicklung und zum Abbau wirtschaftlicher Abhängigkeit beitragen und Landflucht verhindern helfen.

Wo die Absolventen der Brigaden unmittelbar keine Beschäftigungsmöglichkeiten innerhalb des bestehenden Wirtschaftsgefüges finden, sollen
die Brigaden über ihre kommunale Treuhänderschaft selbst angegliederte
Produktionseinheiten schaffen oder unter Bereitstellung von Produk-
tionsmitteln kooperative 'self-employment'-Programme entwickeln.

c. Durch die Ausrichtung auf lokale Bedürfnisse und Rahmenbedingungen
   soll die Diskrepanz zwischen Schule und Kommune überwunden werden.
   Die dreijährige Ausbildung in den Brigaden soll zum Erwerb entwick-
   lungsorientierter Werte, Haltungen, Kenntnisse und Fertigkeiten führen.
   Sie ist daher ausgelegt auf eine Kombination der Erlernung des betreffenden Handwerks 'on the job' (4 Tage pro Woche) mit allgemeinbildendem Unterricht in den Fächern Englisch, Mathematik, Naturwissenschaf-
   ten und "Development Studies" (1 Tag pro Woche). Die Ausbildung soll
   insgesamt so gestaltet sein, daß sie die Lehrlinge zu Partizipation und
   Verantwortlichkeit in der Brigade selbst und in der Kommune ermutigt.
   Unter den allgemeinbildenden Fächern kommt den "Development Studies"
   besondere Wichtigkeit zu. Das Fach wurde zuerst von der "Swaneng Hill
   Secondary School" (gegr. 1963 von v. Rensburg in Serowe) eingeführt
   und dann von den Brigaden übernommen. Es zielt auf die kritische Vermittlung ökonomisch-gesellschaftlicher Zusammenhänge und Prozesse.[2]

d. Die Organisation der Brigaden selbst soll auf Selbstverwaltung und Einbeziehung der Lehrlinge in Entscheidungsprozesse und Verwaltungsauf-
   gaben ausgerichtet sein.[3]

Zur Entstehungsgeschichte der Brigaden in Botswana:
Die Serowe Brigades

In der Konzeption Patrick v. Rensburgs sollten die Brigaden eine berufsbefähigende Alternative für jene Mehrheit von Primarschulabgängern sein, die
weder Aussicht auf Absorption durch den Arbeitsmarkt noch auf weiterführende formale Ausbildungsmöglichkeiten hatten.
Der ersten Brigade für Bauhandwerk in Serowe folgten 1967 weitere Berufs-

---

[2]   vgl. das Textbuch zum "Development Studies"-Syllabus, Seidmann, G:
      Working for the Future, FEP, Gaborone 1985
[3]   vgl. die theoretischen Schriften und Erfahrungsanalysen P. v. Rens-
      burgs, der noch immer der profilierteste Wortführer der Brigaden-
      bewegung in Botswana ist, s. Literaturverzeichnis am Ende des Buches.

richtungen: Landwirtschaft, Möbelbau, Textilherstellung sowie später Ausbildungseinheiten für Elektrotechnik und Lederverarbeitung.
Jede Brigade hatte einen Manager sowie gelernte Handwerker als Ausbilder, die zugleich die Produktion und die Ausbildung der Lehrlinge organisierten. Jede Einheit bot ein zwei- bis dreijähriges Training in dem betreffenden Handwerk an, unter der Voraussetzung, daß die Trainees produktive Arbeit in dem von ihnen gewählten Handwerk während ihrer Ausbildungszeit leisteten und damit die Kosten ihrer Ausbildung weitgehend selbst erwirtschafteten. Die Ratio von Produktion/'on the job training' zu allgemeinbildendem Unterricht war 4 : 1, d.h. die Lehrlinge verbrachten vier Tage pro Woche in der Werkstatt und einen Tag im Klassenraum.

Laut Patrick v. Rensburg richtete sich die Einrichtung der genannten Produktions- und Ausbildungseinheiten nach folgenden Kriterien:
a. Replikationspotential, d.h. die Möglichkeit der einzelnen Handwerkseinheit, ihre Ausbildungskosten durch ihre Produktionskapazität so gering wie möglich zu halten und sie im Idealfall zu decken;
   das gelang jedoch nicht in allen Fällen. Während diejenigen Brigaden, die einen sich mit der allgemeinen wirtschaftlichen Entwicklung Botswanas ausweitenden Markt vorfanden (wie Baugewerbe, Kraftfahrzeug-Mechanik, Elektro- und Maschinentechnik) weitgehend kostendeckend arbeiteten, blieben andere (wie z.B. die Landwirtschafts-Brigade) immer auf Zuschüsse von außen angewiesen (Subventionen des Staates Botswana und ausländischer Entwicklungshilfe-Organisationen) und verzeichneten im Lauf der Jahre steigende Verluste.
b. Beschäftigungspotential, d.h. das Potential der einzelnen Handwerksbereiche, Beschäftigung für möglichst Viele zu schaffen;
   auch hier gab es große Unterschiede zwischen den Fachbrigaden, deren Absolventen relativ leicht im formellen Sektor Beschäftigung finden konnten, und denen wo das nicht der Fall war (wie z.B. in Landwirtschaft und Textilgewerbe).
c. das Potential der einzelnen Handwerkszweige, einfache Technologien und lokal verfügbare Rohstoffe zu nutzen, um damit einerseits Kapitalinvestitionen niedrig zu halten und andererseits wirtschaftliche Abhängigkeiten abzubauen;
d. das Potential der einzelnen Brigaden, Güter und Dienstleistungen für den kommunalen Bedarf bereitzustellen, die anderweitig nicht oder nur mit hohen Kosten verbunden, verfügbar sind, z.B. Wartung und Reparaturen

von Kraftfahrzeugen, Pumpen, Generatoren etc., lokaler Transport, Verbesserung und Diversifizierung des lokalen Lebensmittelangebots.[4]

Der Erfolg der "Serowe Brigades", ihre Absolventen tatsächlich mit berufsbefähigenden Voraussetzungen auszustatten, erwies sich als höchst unterschiedlich. Dies läßt sich zum einen Teil auf finanzielle Zwänge und strukturelle wie personelle Mängel zurückzuführen, unter denen die Brigaden arbeiteten, und muß zum anderen Teil im gesamtwirtschaftlichen Kontext Botswanas gesehen werden. Während beispielsweise in den Jahren 1965-73 70% der Absolventen der Bau-Brigade den staatlichen Handwerkstest (Test C) bestanden und fast alle Absolventen formelle Anstellungen fanden, waren die Beschäftigungsmöglichkeiten in Landwirtschaft und Textilgewerbe (hauptsächlich Frauen) äußerst gering[5].

Einen Ausweg aus dieser Situation versprach die Möglichkeit von 'self-employment' durch die Schaffung von Kooperativen. Ein solches Modell-Projekt zur ländlichen Produktivität war "Boiteko" in Serowe. Mit anfangs (1969) 100 Beteiligten vereinigte es eine Vielzahl von kleinen, selbständigen Produktionsgruppen unter sich und operierte nach kooperativen Leitlinien.[6] Doch scheiterte das Modell über die Jahre hin daran, daß es kommunal immer weniger akzeptiert wurde. Es vermochte die Landflucht jüngerer Leute nicht aufzuhalten und wurde zuletzt (Ende der 70er Jahre) hauptsächlich von älteren Frauen getragen.[7]

Die negativen Erfahrungen mit "Boiteko" führten weiterhin zur Einrichtung von Produktionseinheiten, die an die "Serowe Brigades" unmittelbar angegliedert waren. Durch die Anbindung an vorhandene Betriebsstrukturen versprachen sie besseres Management und höhere Produktionsqualität - bei jedoch noch immer sehr geringem Einkommen für die Beteiligten.

Mitte der 70er Jahre erfuhr das Programm der "Serowe Brigades" eine Ausweitung und Differenzierung gegenüber der ursprünglichen Konzeption in den 60er Jahren. Diese Veränderungen resultierten z.T. aus den in den Brigaden selbst gewonnenen Einsichten und z.T. aus der Notwendigkeit, das System an gewandelte äußere Bedingungen anzupassen.

[4] Rensburg, P. v.: Report from Swaneng Hill, Uppsala 1974, p. 75ff.
[5] Rensburg, P. v.: The Serowe Brigades, London 1978, p. 44
[6] Rensburg, P. v.: Looking Forward from Serowe, Gaborone 1984, p. 18
[7] Rensburg, P. v.: Looking Forward from Serowe, Gaborone 1984, p. 54ff.

Vier Ausbildungsebenen wurden eingeführt:

- ein Vorbereitungskurs ("bridging course") mit einer Laufzeit von 3 Jahren für Primarschulabgänger zwischen 12/13 und 16 Jahren, der zu je 50% aus allgemeinbildendem Unterricht und Heranführung an produktive Tätigkeit bestand. Bestimmend für einen solchen "bridging course" war die Tatsache, daß die Primarschulabgänger mit der allgemeinen Schulentwicklung immer jünger wurden. Von 12–14jährigen konnte kaum erwartet werden, sich in einen kostendeckenden Produktionsprozeß einzufinden. Zunehmend konnten dann die Brigaden–Lehrlinge aus Absolventen dieses Vorbereitungskurses rekrutiert werden. Dahinter stand die Idee, daß größere Allgemeinbildung und bereits gelegte praktische Grundlagen zu höherem Niveau und höherer Produktionseffizienz in den Brigaden selbst beitragen könnten.

- die eigentliche zwei- bzw. dreijährige Handwerks–Ausbildung für Lehrlinge von 17 Jahren an aufwärts, bestehend aus "on–the–job–Training" an 4 Tagen pro Woche und allgemeinbildendem sowie handwerkstheoretischem Unterricht an einem Tag pro Woche.

- ein zweijähriger Fortgeschrittenen–Kurs ("advanced brigades") für junge Leute, die die Ausbildung in einer Brigade abgeschlossen haben. Dieser Kurs, bestehend zu je 50% aus Studium und praktischer Anwendung, diente dazu, höher qualifizierte Leute als Ausbilder und Assistenten der Betriebsleitung bereitzustellen. Dieses Angebot war besonders wichtig, da wegen des weitgehenden Fehlens von Industrie in Botswana das Potential an Ausbildungs– und Führungskräften äußerst klein war und die Brigaden vielfach auf Ausländer angewiesen waren, um diese Positionen zu füllen.

Darüber hinaus wurden über die Treuhands–Gesellschaft verschiedene Management–Kurse angeboten.

- Schließlich organisierten die Brigaden Kurzzeit–Kurse ("sandwich courses") als Erwachsenenbildungs–Angebote für ältere Leute, die diesen helfen sollten, berufsbefähigende Fertigkeiten zu erwerben oder zu erweitern.

Die Notwendigkeit dieses Programms wird besonders deutlich, wenn man bedenkt, daß die ländliche Ökonomie Botswanas noch immer weitgehend auf der Subsistenz–Landwirtschaft beruht.[8]

---

[8] Rensburg, P. v.: The Serowe Brigades, London 1978, p. 21 ff.

Die Gesamtkontrolle des Komplexes der Serowe-Brigaden oblag dem "Serowe Brigades Development Trust", dessen Sekretär P. v. Rensburg war. Der Trust war für die Bereitstellung aller allgemeinen Dienstleistungen wie Formulierung von Richtlinien, Aufbringung von Kapital, Buchführung, Rekrutierung von Personal etc. verantwortlich. Neben Repräsentanten von Staat und Distriktverwaltung setzte sich der "Board of Trustees" (Beirat) aus Vertretern kommunaler Organisationen, der Eltern und Betriebsleiter sowie des unteren Lehrkörpers und der Lehrlinge zusammen.

Die "Serowe Brigades" prosperierten, diversifizierten und expandierten über mehr als 10 Jahre. Sie bildeten mehrere Hundert junger Leute in verschiedenen Handwerken zu einer Zeit aus, als sich das Berufsschulwesen Botswanas noch in der Frühphase befand. Bei vergleichsweise minimalem Verbrauch an nationalen Ressourcen schafften sie Infrastrukturen und Arbeitsplätze, stellten Güter und Dienstleistungen bereit und stimulierten die lokale Ökonomie durch Einführung neuer Produkte, Methoden, Fertigkeiten und Technologien.

1978 hatte der Komplex der "Serowe Brigades" insgesamt 400 Lehrlinge in Ausbildung und erwirtschaftete einen Wert von 1 Mio. Pula (damals ca. 1Mio. US$) in über zwanzig handwerklichen, technischen und landwirtschaftlichen Ausbildungseinheiten.[9]

Dies stellt beachtliche Erfolge dar, wenn man bedenkt, daß die "Serowe Brigades" in ihren Anfängen sich auf keinerlei Infrastruktur stützen konnten und gewaltige Innovationsleistungen erbringen mußten.

Tabelle 1 liefert Daten zu Ausbildungsangebot, Lehrkörper, Anzahl von Lehrlingen pro Gewerbe sowie Finanzen der "Serowe Brigades" zu Beginn des Jahres 1976.

---

[9] Rensburg, P. v.: Looking Forward from Serowe, p. 37 f.

Tabelle 1

Brigaden	Jahr der Gründ.	Manager	Ausbild. E A S			Lehrlinge	Umsatz 74/75	Kapital Invest.	Gewinn/ Verlust
							in US $		
Maurer	1965	E	5	5		30			
Schreiner	1967	A	2	2		15	75000	35000	2000
Klempner	1974	E		1	1	5			
Ländl.									
Bauen	1973	E	4	4		30	20000	25000	(-1000)
Steinmetze	1975	E	1	1		10	8000	500	500
Dachdecker	1975	E	2	2		10	4000	500	500
Landwirts.	1967	E	3	3		15	70000	18000	22000
Forstwirts.	1976	A		1	1	10	−	15000	−
Gemüsebau	1976	A		1	1	10	−	6000	−
Dammbau	1976	A		1	1	5	−	30000	−
Töpfer	1972	A		1	1	10	4500	8000	(-500)
Gerberei u. Lederverarb.	1970	E	1	1		15	6500	8000	(-2500)
Druckerei	1970	A		1	1	5	15000	15000	1800
Mechaniker									
Schlosser				1	1	3			
Garage			1	3	4	12			
Motorüber-holung	1967	A	1		1	4	280000	45000	30000
Werkhalle				1	1	4			
Schweißen Metallarb.				1	1	10			
Elektriker	1971	A	1	2	3	15	30000	3000	(-2000)
Textilver- arb.	1967	E	3	3		25	35000	60000	1500
Buchhalter	1976	E	1	1		8	−	500	−
Gesamt			25	14	39	251	550000	431500	52300

Spalte 3 zeigt die Zusammensetzung der Betriebsleiter und Spalte 4 die Anzahl und Zusammensetzung des nicht-akademischen Lehrkörpers in jeder Brigade. (E = Einheimische, A = Ausländer, S = Summe); Kapitalinvestitionen gerechnet bis Anfang 1976; Gewinne und Verluste berechnet nach Abzug aller laufenden Ausgaben für 1976.
Quelle: Rensburg v. P.: The Serowe Brigades, London 1978, p. 28

Doch waren die "Serowe Brigades" über die Zeit mit sich verschärfenden Problemen konfrontiert. Die allgemeinen Randbedingungen dazu bilden die ökonomische Entwicklung Botswanas, die mit steigenden Exporterlösen in den 70er Jahren auf verstärkte Expansion des formellen Sektors der Wirtschaft tendierte; die bildungspolitischen Präferenzen des Staates, der mit

Hilfe steigender Einkünfte auf den beschleunigten Ausbau des formalen Schulsystems setzte; und schließlich rasche gesellschaftliche Strukturveränderungen, die mit dem Wirtschaftswachstum Botswanas einhergingen. Ende der 70er Jahre spitzten sich die Schwierigkeiten der "Serowe Brigades" so zu, daß v. Rensburg als Koordinator und Sekretär des Trusts ausschied und die Brigaden schließen mußten (1980). Hier sind ideologische Differenzen mit dem Erziehungsministerium und Interessenkonflikte ebenso zu nennen wie Probleme mit dem Management, der fachlichen Qualifikation und Fluktuation des Lehrkörpers und der entstandenen Komplexität der Brigaden selbst.[10] Hinzu kamen steigende finanzielle Verluste; sie gaben den Ausschlag für den Kollaps.

In den späten 70er Jahren deckten die Brigaden 75% ihrer Kosten; weitere 10% wurden durch staatliche Subventionen für Unterricht, Training und Lebensmittelversorgung abgedeckt. Durch Spender - und Entwicklungshilfe-Organisationen kamen weitere 7% herein, die zur Zahlung von Gehältern des ausländischen Lehrpersonals bestimmt waren. Die verbleibenden 8% akkumulierten zu steigendem Defizit.[11] Der Staat weigerte sich, die jährliche Förderung von Pula 250 pro Lehrling (wobei nur Lehrlinge in Handwerksbereichen, die bezahlte Beschäftigung versprachen, anerkannt waren, d.h. 2/3 aller Brigaden-Trainees) an gestiegene Kosten und Lohn- und Gehaltsaufwendungen anzupassen. Anstellungspolitik und Ausbildungsprinzipien der Brigaden erfuhren zunehmend Kritik von offizieller Seite.

In dieser Situation von wachsendem Schuldenberg, inadäquatem Management und Stagnation staatlicher Unterstützung gelang es dem Zentrum nicht, seine Arbeit fortzusetzen.

Die Brigaden in Botswana

Die "Serowe Brigades" haben bis zu einem gewissen Grade gezeigt, daß die Verbindung von Ausbildung und Produktion als alternatives bildungs- und entwicklungspolitisches Konzept praktisch möglich ist. An der Geschichte der "Serowe Brigades" wird aber auch deutlich, mit welchen Schwierigkeiten diese Option in Botswana konfrontiert ist.

---

[10] Eine ausführliche Diskussion der Probleme, Kräfte und ideologischen Differenzen, die die Arbeit der Serowe Brigades mehr und mehr erschwerten, gibt v. Rensburg in: Looking Forward from Serowe, p. 41 ff.
[11] ders., op. cit., p. 39 ff.

Der Kollaps der "Serowe Brigades" bedeutete jedoch nicht, daß die Brigaden überhaupt aufgegeben wurden. Die Haltung des Staates gegenüber den Brigaden hat sich in den 80er Jahren eher zum Günstigen gewandelt, und mit BRIDEC hat der Staat eine Einrichtung geschaffen, mit Hilfe derer viele Schwächen der frühen Brigaden – wie strukturelle Mängel, mangelnde Ausbildungsqualität, Fehlen genügend qualifizierter Ausbilder etc., vermieden werden können.

Das Problem nicht für eine berufliche Tätigkeit ausgebildeter Schulabgänger, aus dem heraus die Brigaden zunächst entstanden, hat sich über die Zeit verschärft. Trotz forciertem Ausbau des formalen Sekundarschul- und Berufsschulwesens und Einführung praktischer Fächer in die Curricula der Sekundarschulen sind die absoluten Zahlen arbeitsloser Schulabgänger gestiegen. Betrachtet man die demographische Entwicklungs Botswanas, wird das Problem weiter wachsen. Ca. 60% der Primarschul-Abgänger scheiden aus der Schule aus, ohne zu beruflicher Tätigkeit befähigt zu sein. Die verstärkte Realisierung des "Junior Secondary School"-Programms, mit dem eine Schulbildung von 9 Jahren für alle anvisiert ist, verschiebt das Problem nur um einige Jahre.

Diese Situation ist politisch und gesellschaftlich durchaus erkannt.

Neben den "Serowe Brigades", die auf Initiative von FEP seit Anfang 1987 wieder berufsbildendes Training in verschiedenen Gewerbezweigen aufgenommen haben[12], gibt es derzeit folgende Ausbildungsbrigaden in Botswana (Tab. 2):

---

[12]   Die "Foundation for Education with Production" (FEP), gegr. 1980, ist eine internationale, nicht–staatliche Organisation, die zum Ziel hat, alternative Ausbildungsformen zu entwickeln und zu propagieren.

Tabelle 2

Tshwaragano Craft Centre, Gaborone	Textilgewerbe
Kanye Brigades Development Trust, Kanye	Kfz-Mechanik, Baugewerbe
Chobe Brigades Development Trust, Kasane	Kfz-Meckanik, Schreinerei
Lobatse Brigades Development Centre, Lobatse	Baugewerbe, Schreinerei, Klempnerei
Madiba Brigades Centre, Mahalapye	Kfz-Mechanik, Schweißerei, Schreinerei, Baugewerbe, Elektriker
Maun Brigades Development Trust, Maun	Baugewerbe, Schreinerei, Klempnerei
Kgatleng Development Board, Mochudi	Baugewerbe, Schreinerei, Schweißerei
Palapye Development Trust, Palapye	Baugewerbe, Schreinerei
Kweneng Rural Development Association, Molepolole	Baugewerbe, Schreinerei, Kfz-Mechanik
Tswelelopele Brigades Centre, Ramotswa	Schreinerei, Baugewerbe, technisches Zeichnen
Shashe Brigades Development Trust, Tonota	Baugewerbe, Schreinerei
Tutume Brigades Centre, Tutume	Kfz-Mechanik, Baugewerbe, Schreinerei
Bobonong Brigades Centre, Bobonong	Baugewerbe

4 weitere Brigaden haben 1987 Training aufgenommen bzw. stehen kurz davor: Shoshong (landwirtschaftliche Projekte, Bäckerei), Okavango-Shakawe (Bäckerei), Zwenshambe (Bäckerei) und Kang Brigade. Geplant sind außerdem Trainingsbrigaden in Ghanzi, Dukwe und Lethlakane.

Darüber hinaus gibt es ca. 15 gewerbliche Brigaden, die keine Lehrlings-ausbildung anbieten, jedoch - wenn auch in bescheidenem Maße - lokale Arbeitsplätze bereitstellen.

Die 13 o.g. Ausbildungsbrigaden hatten 1986 insgesamt 847 Lehrlinge in Ausbildung, davon:

Tabelle 3

Kfz-Mechanik	68
Baugewerbe	389
Schreiner	282
Techn. Zeichnen	23
Elektrotechnik	25
Klempner	21
Textilgewerbe	15
Schweißer	24
total	847

Hinzu kommen 60 Trainees in Serowe (Baugewerbe, Möbelbau, Kfz-Mechanik, Schweißen, Elektrotechnik, Klempner), 26 in Kang (Möbelbau, Baugewerbe) und 14 in Shoshong (Baugewerbe). Damit erhöht sich die Zahl der Einschreibungen auf 947[13]. Botswanas derzeitiger NDP nimmt an, daß die Zahl der Brigaden-Trainees bis 1991 auf 1200 steigt.[14]

Alle Brigaden werden vom Staat finanziell unterstützt. Die Subventionen per Lehrling/Jahr richten sich nach Art des Gewerbes und sind für die Berufe am höchsten, die unter gegenwärtigen wirtschaftlichen Bedingungen Arbeitsplätze vorfinden. Um für staatliche Subventionen zu qualifizieren, müssen die Brigaden bestimmte, von BRIDEC vorgegebene Ausbildungsrichtlinien erfüllen. Diese verlangen u.a. die Einhaltung von Trainingsprogrammen und Kurszielen, regelmäßige Bewertung der Lernfortschritte der Lehrlinge, Mindestqualifikationen von Ausbildern und Lehrern etc., sowie eine Ratio von 1 1/2 Tage pro Woche allgemeinbildender und handwerkstheoretischer Unterricht und 3 1/2 Tage 'on-the-job'-Training.

Probleme und Perspektiven der Brigaden

Botswana hat einen wachsenden Bedarf an handwerklichen und technischen Arbeitskräften in allen Bereichen und auf allen Ebenen. Deshalb legt der NDP 6 besonderes Gewicht auf den Ausbau des Berufsschulwesens und auf eine rationalisierte Ausbildungspolitik für alle handwerklichen und technischen Berufe. In diesem Rahmen erkennt der NDP 6 den Brigaden eine wichtige Funktion für Ausbildung, Arbeitsbeschaffung und Industrialisierung in ländlichen Gebieten zu. Er geht davon aus, daß sie mit Hilfe staatlicher Unterstützung weiter expandieren und ihren Standard und ihre Ausbildungsqualität steigern.

Doch zugleich werden auch die bildungspolitischen Prioritäten deutlich. Im Vergleich zu den staatlichen Berufsschuleinrichtungen rangieren die Brigaden eher am Rande und werden wohl weniger als Alternative denn als 'Lückenfüller' und Entlastung von staatlichen Verpflichtungen für die Gegenden betrachtet, die weder von staatlichen Ausbildungseinrichtungen noch von halb-staatlichen oder privatwirtschaftlichen Unternehmen abge-

---

[13] Alle Angaben und Zahlen in den Tabellen 2 und 3 sowie die im Text genannten Zahlen beruhen auf Informationen von BRIDEC, Gaborone (Ende 1986).

[14] NDP 6, p. 156

deckt werden. Da die Brigaden immer von den Gemeinden initiiert und getragen werden, erreicht sie staatliche Unterstützung nur mittelbar und in wesentlich bescheidenerem Umfang als formale Einrichtungen. Mehr als auf den Ausbau der Brigaden setzt der Staat auf Erweiterung der existierenden formalen berufsschulischen und technischen Institutionen und den Neubau von "Vocational Training Centres". So sind bis 1991 vier neue VTCs geplant. Sie werden einen Großteil der Gelder verbrauchen, die zur Förderung des Berufsschulwesens bereit stehen.

Die oft marginale Situation der Brigaden bedingt, daß sie in stärkerem Maße als andere schulische Einrichtungen von qualitativen Mängeln betroffen sind, wie Mangel an qualifiziertem Lehrpersonal, an technischer Ausstattung, an Ausbildungsniveau, an geeignetem Management etc. Umgekehrt verstärkt die oftmals bescheidene Leistung der Brigaden wiederum ihre Marginalisierung und Geringschätzung im Bewußtsein der Bevölkerung. So sehen sich die Brigaden-Lehrlinge oftmals als Frustrierte, vom Zugang zum formalen Bildungssystem Ausgeschlossene, und blicken mit Neid auf ihre Altersgenossen in der Sekundarschule, die weniger 'Arbeit' in ihre Ausbildung investieren müssen und denen bessere Berufschancen offenstehen. Die Fluktuation des Lehrkörpers in den Brigaden ist oftmals groß, und Positionen bleiben lange vakant, weil qualifizierte Lehrkräfte anderswo bessere Gehälter erzielen können. Daher kommt es, daß Gewinne und Qualität oftmals zurückgingen, als ausländisches Personal (Entwicklungshelfer) die Brigaden verließ. Die Probleme von unzureichendem Management und schlechter Ausbildung fallen damit nur zum geringen Teil in die Verantwortlichkeit der Brigaden selbst; sie haben vielmehr mit dem finanziellen Druck zu tun, unter dem sie operieren und der auch durch die angehobenen staatlichen Subventionen nur ungenügend aufgefangen wird. Hinzu kommt die geographische Lage vieler Brigaden. Das bedeutet fehlende Infrastruktur, Transport und Kommunikation, Schwierigkeiten bei der Beschaffung von Ersatzteilen etc. und bei der Vermarktung von Produkten sowie Mangel an lokal verfügbarem Know-how- und Innovationspotential.

Die Brigaden sind vielfach ob mangelnder Effizienz sowohl im Ausbildungs- als auch im Produktionsbereich kritisiert worden. Doch die Kritik an den Brigaden bzw. der Durchführbarkeit ihres Ansatzes läßt außer acht, daß viele ihrer Mängel tatsächlich soziale, gesellschaftliche und wirtschaftliche Gründe haben, die sich der Kontrolle der Brigaden völlig entziehen.
Nur wenn von staatlicher Seite mehr für die Unterstützung der Kommunen

beim Aufbau von Brigaden und für diese selbst getan wird, können die Brigaden m.E. das erfüllen, was sie sein sollten: kostengünstige Ausbildungs- und Produktionsstätten, die sich an den lokalen Bedürfnissen und den Notwendigkeiten der ländlichen Entwicklung ausrichten.

In den meisten Brigaden ist, so wie sie sich heute darstellen, viel von der ideologischen Konzeption, die v. Rensburg in den 60er und 70er Jahren formulierte, abgebröckelt. Indessen wird die kritische Intention einer alternativen Bildungs- und Entwicklungsstrategie durch die Verknüpfung von Bildung und Produktion von FEP bzw. BOTFEP, dem "Botswana National Committee" der "Foundation for Education with Production", fortgetragen. Durch publizistische Aktivitäten, Trainingskurse, internationale Seminare und Workshops zu verschiedenen Fragestellungen und Problemfeldern arbeitet FEP theoretisch und praktisch an Bildungsformen, die die Dichotomie von Handarbeit und Kopfarbeit, Schule und Kommune überwinden und zu Befreiung von Abhängigkeit, zu sozialer Transformation und eigenständiger Entwicklung beizutragen vermögen. Die Grundlage solcher Bildungsformen sieht sie in der Verbindung von Bildung und Produktion.

FEP gibt das regelmäßig erscheinende "Journal Education with Production" heraus und publiziert Projekt- und Seminarberichte, Hand- und Textbücher. Die Stiftung veranstaltet Trainingskurse für Leute, die ähnliche Projekte wie die Brigaden initiieren wollen, sowie regionale und länderspezifische Konferenzen zu Fragen von Bildung, sozialem Wandel, Entwicklung und Befreiung.[15]

Weiterhin hält FEP Workshops zur Erarbeitung von Inhalten, Methoden und Materialien von 'education with production' in verschiedenen Kontexten ab. Themen sind u.a. 'Development Studies', 'Cultural Studies', 'Environmental and Social Studies' und 'Grundzüge der Produktion' als Kern-Fächer eines zu entwickelnden Curriculums für alle Einrichtungen und Projekte, die Ausbildung und Produktion verknüpfen. Zwei andere Workshops beschäftigten sich mit 'Populärem Theater' als bewußtseinsbildendes Mittel in der Erwachsenenbildung und mit Produktionskooperativen in verschiedenen Umfeldern. Weitere Workshops sind geplant, u.a. zum Aufbau von Produktionseinheiten und Kooperativen an Schulen und zu Möglichkeiten, die Schulen stärker in

---

[15] z.B. "Education and Culture for Liberation in Southern Africa", "Education, Development and Social Transformation in Southern Africa", Gaborone 1982; zu den Zielen und Aktivitäten von FEP vgl. Rensburg, P.v.: Looking Forward from Serowe, p. 97ff.

die Kommunen einzubinden, zur Bildung von Arbeitern und Bauern und zu technologischen Optionen in Produktionsbetrieben, die gleichzeitig ausbilden.

Außerdem plant FEP – neben Projekten in einigen anderen Ländern des südlichen Afrika – die Einrichtung eines "Worker's Education, Training and Cultural Centre" in Botswana (Gaborone) und einer "Half-Work/Half-Study School linked to a Brigade Component in Botswana". Ziel des erstgenannten Projekts ist es, ein Bildungsmodell für Arbeiter, das an deren Bedürfnisse angepaßt ist, im regionalen Raum zu entwickeln; es soll zugleich auch als gewerkschaftliches Bildungszentrum dienen. Seine Zielgruppe ist die große Mehrheit von ungelernten Arbeitern, die vom existierenden Bildungssystem übergangen worden sind und die kaum Zugang zu Bildung haben, es sei denn über Abendschulen, deren Inhalte keine Relevanz für ihre Lebens- und Arbeitssituation besitzen. Ziel des zuletzt genannten Projekts, das eine Schule und diverse Produktionseinheiten in sich vereinigen soll, ist es, eine Modelleinrichtung für arbeitslose Jugendliche zu schaffen, die in Kooperativen lernen und arbeiten. Es soll zugleich auch als Ressource-Zentrum für andere Projekte und zur Entwicklung von geeigneten Lehrplänen, -methoden und -materalien dienen.

Über diese Aktivitäten hinaus will FEP einen allgemeinen Rahmen zur Erforschung von Geschichte, Bedingungen und Potential produktionsorientierter Bildung schaffen, die als Basis für Kurse, Seminare und Öffentlichkeitsarbeit dienen kann.

Die Verbindung von Bildung und Produktion erscheint als eine sinnvolle, an Bedürfnisse und Bedingungen Botswanas angepaßte Alternative zum importierten formalen Bildungssystem. Doch inwieweit sie innere und äußere Hindernisse zu überwinden vermag, ist eine Frage der Praxis und gesellschaftlicher Interessen.

6.3 Gesundheit für alle

Klaus Hoffmann

Abgesehen von den traditionellen Heilern (vgl. unten Kap. 6.4) gab es vor der Unabhängigkeit in Botswana lediglich Anfänge eines modernen, wesentlich kurativ orientierten Gesundheitswesens, das hauptsächlich von den Missionen getragen wurde. 1963 gab es 15 Ärzte und 1197 Krankenhausbetten in insgesamt 20 Krankenhäusern, Clinics und Gesundheitszentren.[1] Alle Ärzte und die meisten Krankenschwestern waren Weiße, doch bildeten die Missionen auch einheimisches Pflegepersonal aus.

Das Gesundheitswesen Botswanas –
mit einigen Vergleichen zu Südafrika

Seit dem NDP 4 (1973-78) gilt das Konzept der Basisgesundheitsversorgung als offizielle Gesundheitspolitik Botswanas. Dies ist nicht Lippenbekenntnis, sondern trotz der kapitalistischen Gesellschaftsstruktur in vielen Bereichen praktische Realität, vor allem auf dem Lande, wo über 80% der Bevölkerung leben. Auch die nachfolgenden Entwicklungspläne 5 (1979-85) und 6 (1985-91) wiederholen die Notwendigkeit des Basisgesundheitswesens und unterstützen die Zielsetzung der WHO "Gesundheit für Alle im Jahre 2000". Das heißt, daß eine den grundlegenden Bedürfnissen gerechte Gesundheitsversorgung für alle Bürger im Jahre 2000 erreicht sein soll. Momentan sind nur 10-15% der Bevölkerung Botswanas weiter als 15km von einer Einrichtung des Gesundheitswesens entfernt.

In der Republik Südafrika dagegen wurden Ansätze zur Entwicklung eines integrierten Basisgesundheitskonzepts mit der sich ab 1950 durchsetzenden Politik der Apartheid zunichte gemacht.[2]

[1]   vgl. Staugard, F.: Traditional Healers, Gaborone 1985, p.34
[2]   vgl. Southern Africa Labour and Development Research Unit and South African Medical Students Trust: The Economics of Health Care in Southern Africa, in: Social Dynamics, Vol.4, No 2, 1978, pp 109-161

Personal im Gesundheitswesen

Die Basisgesundheitsarbeiter heißen in Botswana "Erzieher für Familienwohlfahrt". Dieser Begriff sagt viel über die erzieherische und präventiv-medi-
zinische Arbeit zum Wohle der Familien aus. Die Basisgesundheitsarbeiter,
zumeist Frauen, werden von der Gemeinde bzw. deren Gesundheitskomitee
gewählt. Sie müssen über einen Hauptschulabschluß verfügen, Setswana und
englisch sprechen und schreiben können und erhalten ein 3-monatiges
Training am Nationalen Gesundheitsinstitut in Gaborone. Die meisten sind
einer Clinic oder einem Gesundheitszentrum zugeordnet; andere, in sehr
entfernten Gebieten, leiten selbständig einen Gesundheitsposten, der regelmäßig von einer Krankenschwester besucht wird. Die Basisgesundheitsarbeiter erhalten von der Regierung ein festes Gehalt und haben den Status
öffentlich Bediensteter.

In Botswana gab es 1984 677 Erzieher für Familienwohlfahrt, was einem Verhältnis von 1 auf 1400 Einwohner entspricht[3], somit noch deutlich von dem
Ziel 1 auf 500 Einwohner entfernt ist.

Botswanas Konzept findet in den meisten Nachbarländern (Lesotho, Zimbabwe, Mozambique) in gleicher Weise Anwendung.

"Enrolled Nurses", vergleichbar mit bundesdeutschen Krankenpflegehelfern,
haben eine 18-monatige Ausbildung, die an verschiedenen großen Krankenhäusern durchgeführt wird. Einige von ihnen besitzen eine zusätzliche Hebammenausbildung. 1984 arbeiteten knapp 800 "enrolled nurses" in Botswana,
d.h. 1 auf 1250 Einwohner[4].

"Staff Nurses", vergleichbar mit bundesdeutschen Krankenschwestern, absolvieren eine 4-jährige Ausbildung am Nationalen Gesundheitsinstitut in
Gaborone. Diese schließt stets eine Hebammenausbildung ein und ist viel
umfassender als die bundesdeutsche Schwesternausbildung. 1984 arbeiteten
etwa 500 "staff nurses" in Botswana, d.h. 1 auf 2000 Einwohner.

In beiden Berufsgruppen sind praktisch keine Ausländer mehr tätig, während noch vor 10 Jahren viele Stationen von ausländischem, meist Missions-
personal versorgt wurden. Dieser schnelle Zuwachs an einheimischem qualifizierten Personal ist eine herausragende Leistung des Ausbildungssystems.
Die Aufgaben des Krankenpflegepersonals in Botswana sind viel weitreichen-

---

[3] NDP 5 (1979-85)
[4] Establishment Register 1984-85, Republic of Botswana

der als in Mitteleuropa. Viele Krankenschwestern arbeiten in Krankenhäusern auf Stationen wie in Europa, andere leiten selbst eine Clinic oder ein
Gesundheitszentrum. Sie konsultieren selbständig und verschreiben Arz-
neien, sie behandeln Patienten auf Fahrten zu entfernt gelegenen Stationen,
arbeiten präventiv in der Gesundheitserziehung mit Gesundheitsvorträgen,
impfen, führen Schwangerenvorsorge und Familienplanung durch. Sie sind
auch verantwortlich für die Verwaltung ihrer Institution, für die Meldung
meldepflichtiger Krankheiten und andere Statistiken.

In der Republik Südafrika waren Ende 1983 24142 schwarze, 1172 asiatische,
5022 farbige und 30605 weiße Krankenschwestern registriert.[5] Im Transvaal
waren Ende 1983 1800 der 9700 Regierungsstellen für Krankenschwestern
nicht besetzt, v.a. in Einrichtungen für Farbige und Schwarze. Während
sich viele Schwarze an Krankenpflegeschulen bewerben, gibt es viel zu
wenig Ausbildungsplätze. Erschreckend ist auch die unterschiedliche Bezahlung: Schwarze Krankenschwestern verdienten 1983 30% weniger als weiße
in gleichen Positionen, bei Oberschwestern lag die Differenz bei 16.6% zu-
ungunsten der schwarzen. Nach Angaben der South African Nursing Association arbeiteten 1983 in Südafrika 1.5 Krankenschwestern pro 1000
Schwarze, 1.8 pro 1000 Farbige, 1.4 pro 1000 Inder und 6 pro 1000 Weiße.
Die Vergleichszahl für Botswana liegt bei 1.3 pro 1000 Einwohner.

1984 arbeiteten in Botswana 140 Ärzte, die meisten davon Ausländer, von
diesen wiederum die Mehrzahl im Regierungsdienst auf Vertragsbasis für
begrenzte Zeit. Die meisten werden von skandinavischen, britischen und
westdeutschen Organisationen vermittelt. Zunehmend arbeiten sie ausschließlich mit Regierungsverträgen (vor allem Inder und Ärzte aus anderen afrikanischen Staaten).
Dies entspricht einem Verhältnis von 1 Arzt pro 7200 Einwohner, jedoch mit
großen regionalen Unterschieden. Die Kalahari mit 25000 Einwohnern hat
zwei Ärzte im Regierungsdienst und keinen in privater Praxis. Dagegen hat
die Hauptstadt Gaborone allein 10 Ärzte in privater Praxis; das ist 1 Privat-
arzt pro 5000 Einwohner. Diese Manpower-Ressourcen sind nur für einen
kleinen Teil der Bevölkerung zugänglich.
Im Regierungskrankenhaus in Gaborone arbeiteten 1984 12 Spezialisten und

---

[5]   South African Institute of Race Relations: Race Relations Survey 1984,
    pp.709-727

25 Assistenzärzte. Diese Ärzte im Regierungsdienst versorgen theoretisch den gesamten Süden Botswanas, werden aber überdurchschnittlich von der Stadtbevölkerung Gaborones in Anspruch genommen. Deshalb begann die Regierung Anfang 1985 energischer als davor, die im Regierungsdienst arbeitenden Ärzte als Überweisungsinstanzen einzusetzen. Die Ärzte behandeln Patienten, die ihnen von Krankenschwestern überwiesen wurden, z.B. für Operationen etc. sowie für Einstellungsuntersuchungen. Patienten haben somit in der Regel keinen direkten Zugang zu den Ärzten.

Viel stärker als in Europa sind Ärzte in Botswana in der Aus- und Fortbildung des übrigen medizinischen Personals sowie im öffentlichen Gesundheitswesen engagiert. Im Kgalagadi-Distrikt, der flächenmäßig Baden-Württemberg entspricht und 25000 Einwohner hat, wird jede der 6 Clinics zweimal pro Monat von einem der zwei im Distrikthauptort Tshabong stationierten Ärzte besucht, einmal per Flugzeug und einmal per Auto. Der Arzt untersucht die von den Krankenschwestern überwiesenen Patienten, diskutiert anfallende Probleme, überwacht die präventiven Aufgaben und die Medikamentenversorgung.

Problematisch erscheint, daß kein einheimischer Arzt irgendwo im Regierungsdienst auf dem Lande arbeitet. Diese Gebiete werden ausschließlich von ausländischen Ärzten versorgt. Die wenigen Batswana Ärzte arbeiten in der Hauptstadt und ziehen meist das Arbeiten für attraktivere Gehälter in der privaten Praxis oder in südafrikanischen Bantustans vor, eine beklagenswerte Entwicklung, zumal das Studium dieser Ärzte oft von der Regierung durch Stipendien ermöglicht wurde. Botswana hat keine eigene medizinische Universitätsfakultät, was auch für seine geringe Bevölkerungszahl nicht lohnen würde, so daß seine Ärzte im Ausland ausgebildet werden müssen.

In der Republik Südafrika arbeiteten 1980 über 20000 Ärzte, was etwa 1 Arzt auf 1000 Einwohner entspricht, somit eine hohe Arztdichte vortäuscht. Die Verteilung der Ärzte ist aber extrem ungleich: während von Weißen bewohnte Gebiete, vor allem Städte, eine eher höhere Arztdichte haben als europäische Staaten (Durban 1 Arzt auf 190 Einwohner), ist die Arztdichte in den meisten Bantustans, wo die Masse der schwarzen Bevölkerung lebt, geringer als in vielen afrikanischen Staaten (1 Arzt auf 100000 Einwohner in Lebowa, 1 Arzt auf 10000 Einwohner in Kwa-Zulu)[6].

---

[6]   vgl. WHO: Apartheid and Health, Genf 1983

1985 war bei wachsender Bevölkerung die Zahl der in Südafrika tätigen Ärzte auf knapp unter 18000 gesunken. Nur 2659 von den 18000 Ärzten waren Nicht-Weiße, davon 1762 Asiaten, 338 Farbige und 559 Schwarze.[7] Von 1951-1976 bildete Südafrika nur 218 schwarze Ärzte aus (weniger als 9 Ärzte pro Jahr). Dies ist ein Hinweis auf die starke Furcht der Regierung vor zu vielen schwarzen Intellektuellen. Bei der medizinischen Versorgung der Bantustans ist Südafrika auf ausländische Fachkräfte angewiesen, die zu einem großen Teil auch in der BRD angeworben werden.

Die Personalsituation im Gesundheitswesen Botswanas zeigt, das sich das System in den Grundzügen völlig anders entwickelt als in Südafrika, wenn auch mit Hilfe ausländischer Geberorganisationen. Die Nachteile der südafrikanischen Nachbarschaft werden in einem gewissen Brain Drain, d.h. in einem Abwandern einheimischer Fachkräfte auf besser honorierte Posten in Bantustans, gesehen.

1984 hatte Botswana 18 Labortechniker im Regierungsdienst (vorwiegend Norweger), 31 Laborassistenten (ausschließlich Batswana), 49 Apothekentechniker, 29 Gesundheitserzieher, 5 Sanitätsinspektoren, 113 Sanitätsassistenten und 7 Zahntechniker[8].

Einrichtungen des Gesundheitswesens

Die unterste Einheit ist der Gesundheitsposten (1984 gab es 239)[9]. Er wird von einem Basisgesundheitsarbeiter, zunehmend auch von einem Krankenpflegehelfer geleitet und ist für die Behandlung einfacher Notfälle und banalerer Beschwerden ausgerüstet. Regelmäßig kommen Krankenschwestern der nächstgelegenen Clinic, um Schwangerenvorsorge, Kinderuntersuchung und allgemeine Konsultationen durchzuführen. Gesundheitsposten gibt es ausschließlich in kleineren Dörfern.

Die nächste Einheit heißt Clinic (1984 gab es 123, davon 42 mit Entbindungsstation)[10]. Sie wird von Krankenschwestern geleitet. Das Einzugsge-

---

[7]   vgl. Kandela, P.: South Africa. The Training of Black Doctors, in: Lancet 1986, Vol 1, p.146-147
[8]   Establishment Register 1984-85
[9]   Staugard: Traditional Healers, p.36 f.
[10]   Staugard, ebd.

biet variiert sehr stark. Die Zahl der zu versorgenden Einwohner ist in den Städten viel größer, dafür fallen in den ländlichen Gebieten mehr "mobile trips", Fahrten in entferntere Gebiete an. 1984 gab es in ganz Botswana 389 Stationen, die von "mobile trips" erreicht wurden. Auch tauchen in ländlichen Gegenden öfter Patienten mit schwierigeren Problemen auf, die in den Städten meist direkt im Krankenhaus behandelt werden. Die meisten Clinics werden mindestens einmal pro Monat von einem Arzt besucht, alle Clinics einmal im Monat vom psychiatrischen Dienst. Durchschnittlich versorgt eine Clinic 8130 Einwohner, womit Botswana besser abschneidet als die meisten Bantustans[11].

Die nächste Einheit, zumeist in sehr dünn besiedelten Gegenden, ist das Gesundheitszentrum (1984 gab es 7)[12]. Es wird in der Regel von einem Arzt geleitet, hat eine Entbindungsstation und versorgt ambulante wie stationäre Patienten. Es ist ein Krankenhaus im Kleinen, das sich allerdings darüber hinaus wie eine Clinic um die präventive Versorgung des Dorfes und seiner Umgebung kümmert. Schwer erkrankte Patienten, die schnell qualifiziertere Hilfe brauchen als sie ein Gesundheitszentrum oder eine Clinic bieten kann, können mit der "Flying Mission" ins Spezialkrankenhaus in Gaborone geflogen werden. Die "Flying Mission" unterhielt 1985 3 Flugzeuge für medizinische wie missionarische Aktivitäten. Sie wird von verschiedenen Kirchen getragen und von bundesdeutschen Spendengeldern mitfinanziert.

Dichter besiedelte Regierungsbezirke haben Distriktkrankenhäuser (1984 gab es 13, darunter 3 von Missionen getragen) mit bis zu 200 Betten. Dort arbeiten mehrere Ärzte, aber in der Regel keine Spezialisten. Die drei Minen unterhalten ihre eigenen, modern ausgestatteten Krankenhäuser, die in der Regel für alle Patienten der Umgebung offen stehen.

Oberstes Überweisungskrankenhaus ist das "Princess Marina Hospital" in Gaborone. Dort arbeiteten 1985 12 Spezialisten (2 Chirurgen, 2 Frauenärzte, 2 Augenärzte, je 1 Internist, Röntgenarzt, Pathologe, forensischer Pathologe, Laborarzt und Narkosearzt) sowie 25 Assistenten[13], die ihrerseits mehr oder weniger regelmäßig andere Krankenhäuser und auch entferntere Gegenden besuchen. Es besteht die Möglichkeit der Weiterüberweisung in noch höher spezialisierte Krankenhäuser in der RSA.

Die südafrikanische Regierung erhöhte die Kosten für staatliche Kranken-

---

[11] vgl. Race Relations Survey 1984, pp 709-727
[12] Staugard: Traditional Healers, p.36 f.
[13] Princess Marina Hospital Gaborone: Annual Report 1984

hausbehandlung jedoch derart, daß zeitweise solche Weiterüberweisungen in Gefahr waren. 1985 wurden auch die Planstellen im größten südafrikanischen staatlichen Krankenhaus für Schwarze, dem Baragwanath-Hospital in Soweto (2740 Betten), gekürzt[14]. Nach wie vor sind alle staatlichen Krankenhäuser streng nach Rassen getrennt, was oft deren Effizienz beeinträchtigt, von ethischen Fragen ganz abgesehen.

Nach dem offiziellen Jahresbericht des südafrikanischen Gesundheitsministeriums wurden von Anfang 1984 bis Ende September 1985 146 Patienten aus Botswana in südafrikanischen staatlichen Krankenhäusern behandelt[15]. - Überweisungen in die meist gemischt-rassischen südafrikanischen Missionskrankenhäuser sind weiterhin gut möglich.

Die Konsultationsgebühr beträgt für alle Bewohner Botswanas 40 Thebe pro Krankheit (ca. DM 0,40). Chronisch Kranke müssen folglich nur einmal bezahlen, auch wenn sie regelmäßig zu Nachuntersuchungen kommen, passiert ihnen aber ein Unfall, müssen sie für die deswegen notwendige Behandlung erneut 40 Thebe bezahlen. Größere Krankenhäuser unterhalten Privatstationen, für die bis zu 50 Pula (ca. DM 50.-) Tagessatz verlangt werden.

Für die Ausbildung von Apothekentechnikern, Krankenschwestern und anderen im Gesundheitsbereich Tätigen ist das Nationale Gesundheitsinstitut in Gaborone zuständig. Die Gesamtverantwortung für das Gesundheitswesen liegt beim Gesundheitsministerium; die Clinics und Gesundheitsposten unterstehen der jeweiligen Bezirks- oder Stadtverwaltung.

Krankheitsspektrum

Das Krankheitsspektrum in Botswana entspricht dem vieler Entwicklungsländer. Krankheiten, die direkt oder indirekt durch Armut verursacht sind, überwiegen. Tuberkulose, die klassische Krankheit der niederen sozialen Schichten, ist mit 287 Neuerkrankungen auf 100000 Einwohner (1984)[16] erschreckend häufig und stellt die häufigste Todesursache hospitalisierter Patienten dar. In Westeuropa kommen derzeit 25 Neuerkrankungen auf 100000 Einwohner; die Tuberkulose hatte in Europa ihren Höhepunkt zwi-

---

[14] South African Foundation: 1986 Information Digest
[15] Retief, P.: Report of the Director-General for National Health and Population Development for the Year 1985
[16] vgl. Epidemiology Unit, Ministry of Health, Gaborone: Botswana Epidemiological Bulletin, Vol 6, No 2, 1985

schen 1850 und 1930.

Die Tuberkulose-Bekämpfung ist in Botswana landesweit durchorganisiert. Seit 1975 gibt es ein nationales Tuberkulose-Programm, das die Behandlungsschemen vereinfacht und regelt. Jeder Patient wird in seinem Ort und zentral gemeldet, und jeder Distrikt hat mindestens einen Tuberkulose-Koordinator, der nur für die Tuberkulosearbeit zuständig ist. Dazu gehört die umfangreiche Buchführung, das Aufsuchen von nicht zur Behandlung erscheinenden Patienten, die Aufklärung der Bevölkerung über die Gefahren, aber auch die Behandelbarkeit der Tuberkulose, und das regelmäßige Erstellen von Statistiken über die Zahl der Patienten im Distrikt und ihre Behandlung.

Im Gegensatz zur BRD werden die Patienten in der Regel ambulant behandelt. Sie nehmen unter Überwachung täglich in der Clinic oder dem Gesundheitszentrum ihre Tabletten ein. Meist werden nur schwer kranke, weit entfernt wohnende oder in der Medikamenteneinnahme unzuverlässige Patienten stationär aufgenommen.

Die Häufigkeit der Tuberkulose im südlichen Afrika hat viel mit dem Wanderarbeiter-System für die Minen zu tun. Während Tuberkulose um die Jahrhundertwende in Bechuanaland kaum bekannt war, wurde sie mit der Zunahme der in den südafrikanischen Minen arbeitenden Batswana nach Botswana importiert. Vor der Kolonisierung war die Krankheit im südlichen Afrika überhaupt unbekannt. Sie wurde von Europäern eingeschleppt, die als Erkrankte im gesunden Klima des südlichen Afrika Erholung suchten – das berühmteste Beispiel ist Cecil Rhodes –, oder deren latente Erkrankung bei der Arbeit in den Minen ausbrach. Noch heute ist Tuberkulose eine der häufigsten Krankheiten unter der schwarzen Bevölkerung Südafrikas, während die Häufigkeit unter der weißen Bevölkerung mittlerweile der Westeuropas entspricht.

Das Meldesystem für Tuberkulose ist in Südafrika generell viel lückenhafter als in Botswana, was bei der viel besseren Infrastruktur an sich schon skandalös ist. Eine Ausnahme bildet Kapstadt. Dort wurden 1979 unter Weißen 18, unter Asiaten 58, unter Mischlingen 215 und unter Schwarzen 1465 Neuerkrankungen an Tuberkulose gemeldet;[17] letztere Zahl entspricht dem mehr als 4-fachen der Tuberkulosehäufigkeit in Botswana. Auch in Südafrika wurde wiederholt bestätigt, daß die Tuberkulose in den niederen

---

[17]   WHO: Apartheid and Health, 1983

sozialen Schichten häufiger ist. Von 1977–83 stieg die Zahl der Neuerkrankungen in Südafrika pro 100000 Einwohner um 22% an[18].

Trotz eines aufwendigen Nahrungsmittelhilfe–Programms bleiben Unterernährung und ihre Folgen – verzögerte geistige und körperliche Entwicklung der Kinder, vermehrte Anfälligkeit für Krankheiten und verminderte Arbeitsfähigkeit – ein großes Gesundheitsproblem in Botswana. Etwa 25% der Kinder unter 5 Jahren liegen mit ihrem Gewicht unter der 80%–Linie der Harvard–Standard–Kurve, die die Idealgewichte der Kinder für jeden Altersmonat festlegt, und müssen somit als unterernährt bezeichnet werden. Auch hier gibt es große regionale Unterschiede. Besonders stark sind die ländlichen westlichen Gebiete, also die Kalahari, betroffen. Die Clinics, Gesundheitszentren und Gesundheitsposten halten die Mütter der unterernährten Kinder an, täglich zu einer speziellen Unterweisung und Speisung zu kommen. 1984 wurde für 22% der Gesamtbevölkerung Botswanas Schulspeisung ausgegeben, 39% der Gesamtbevölkerung erhielten Rationen im Rahmen des Nahrungsmittelhilfe–Programms[19].

Doch werden auf der einen Seite Todesfälle durch Unterernährung mit diesem System vermieden, verhindert dieses umfassende Wohlfahrtsprogramm auf der anderen Seite auf lange Sicht Eigeninitiativen. Denn es macht eigene Anstrengungen, landwirtschaftlich unabhängiger zu werden, unrentabel und schafft eine Nehmermentalität, die auch dem Grundsatz des Basisgesundheitswesens zuwiderläuft.

In der Republik Südafrika sind mehr Kinder unterernährt als in Botswana, nämlich 30–40% aller schwarzen Kinder. Zwischen 15000 und 30000 Kinder sterben in Südafrika jährlich an Unterernährung[20].

In Botswana beginnt das Meldesystem mit den Basisgesundheitsarbeitern, die die Kinder wiegen, das Gewicht in ein Buch eintragen und diese Meldungen monatlich in eine zentrale Erfassungsstelle schicken, die dann schnell reagieren kann, wenn ein Gebiet besonders katastrophale Unterernährungsraten meldet. Das Speisungsprogramm in Botswana erfaßt weniger die Erwachsenen. Diese müssen von ihrer Gemeinde als Sozialhilfeempfänger

[18] Race Relations Survey 1984
[19] NDP 6 (1985–91), Chapt. 14
[20] WHO: Apartheid and Health, 1983

anerkannt sein, um kostenlos Nahrung zu erhalten. Dies geschieht schlep-
pend, so daß Kirchen Nahrung für diese Gruppe, besonders auch für sehr
alte Leute, zur Verfügung stellen.

Trotzdem ist es beeindruckend, wie Botswana, benachteiligt durch riesige
Entfernungen und schlechte Straßen, seine Bevölkerung vor Hunger-
katastrophen bewahrt, und das nach jahrelanger Dürre.

Geschlechtskrankheiten sind häufiger als in den meisten europäischen Ländern. Leider existiert diesbezüglich kein Meldesystem, sodaß die Behandlung
der Sexualpartner oft unmöglich ist.

Dieses Phänomen spiegelt die rapiden sozialen Verhältnisse wider. Während
vor der Kolonisierung das sexuelle Verhalten durch strenge Regeln, die von
Kgotla und Chiefs auch überwacht wurden, bestimmt war, blieben davon nur
Fruchtbarkeitsvorstellungen erhalten, die Westeuropäern seltsam erscheinen
mögen. Eine Frau fühlt sich meist nur wertvoll und wird auch von der Gesellschaft nur als vollwertig anerkannt, wenn sie Kinder hat. Das Verant-
wortungsbewußtsein der Männer wie die gesetzliche Regelung väterlicher
finanzieller Pflichten lassen sehr zu wünschen übrig.

AIDS ist, zumindest bislang, kein großes Problem in Botswana. Eine 1984 in
Nord-Botswana durchgeführte Studie, bei der die modernsten immunologi-
schen Testmethoden angewandt wurden, zeigte keinen einzigen Virusträger[21]. Im März 1986 wurden im Minenkrankenhaus in Jwaneng die ersten
2 Virusträger erfaßt.[22]

Nach dem offiziellen Jahresbericht des südafrikanischen Gesundheitsministeriums waren bis Sept. 1985 in Südafrika 21 AIDS-Patienten registriert, ausschließlich Männer, von denen 14 starben.[23]

Eine weitere sehr häufige Krankheitsgruppe sind die Durchfallerkrankungen, die besonders für unterernährte Kinder oft tödlich enden. Mutter-
milch ist ein wichtiger Schutz, und weltweit werden Zucker-Salz-Lösungen
als höchst wirksames Mittel propagiert, um die gefährliche Entwässerung zu
bekämpfen. In Botswana werden fertig gepackte Pulver ausgegeben, die in

---

[21] Gesemann, M. et al.: Seroepidemiologische Untersuchungen zur Prävalenz
des HBV, HAV, Delta-Agens und HTLV III in der Bevölkerung Botswanas,
in: Mitt. Öster. Ges. Tropenmed. Parasitol. 8 (1986), p.259-269
[22] Messiter-Tooze, S.: persönliche Mitteilung
[23] Retief, P.: Report of the Director-General, 1985

Wasser aufzulösen sind. 1985 wurden landesweit knapp 40000 Durchfallerkrankungen und 31 Todesfälle gemeldet[24]. Beide Zahlen sind sicher zu
niedrig, bezogen auf die realen Krankheitsfälle.

Während in Südafrika bei schwarzen Kindern Durchfallerkrankungen für
etwa 60% der Todesfälle verantwortlich sind, wurde kein einziger Todesfall
an Durchfallerkrankung bei weißen Kindern gemeldet[25]. Dies spiegelt die
unterschiedliche Ernährungssituation ebenso wider wie die unterschiedlichen Zugangsmöglichkeiten zu medizinischer Versorgung wie auch unterschiedliche Bildungsgrade.

Klassische Tropenkrankheiten wie Malaria und Bilharziose sind auf die
nördlichen und nordöstlichen Landesteile Botswanas beschränkt. 1985 wurden 1800 ungesicherte und 700 gesicherte Malariafälle gemeldet, 10 Personen
starben an Malaria.[26] In Botswana traten bislang keine Chloroquin-resisten-
ten Parasitenstämme auf, wohl aber in Namibia und in einigen Teilen Natals
(RSA).
Mit Bilharziose sind im Okavango-Gebiet fast alle Bewohner infiziert, ohne
daß häufig Dauerschäden auftreten. Die Gründe hierfür bedürfen näherer
Erforschung.
Ansteckende Gelbsucht, die harmlosere Hepatitis A wie auch die gefährlichere B, sind im gesamten südlichen Afrika aus unbekannten Gründen recht
häufig. Eine Studie in Nordbotswana[27] zeigte eine fast 100%ige Durchseuchung mit Hepatitis A sowie eine 85%ige Durchseuchung, allerdings mit
hoher Immunität, mit Hepatitis B.

In Südafrika scheint die gefährlichere Hepatitis B weniger häufig zu sein;
doch sind Schwarze eher betroffen als Weiße.

Bluthochdruck wie auch Schlaganfälle sind in Botswana überraschend häu-
fig. Ob die sich rasch ändernden sozio-ökonomischen Umstände, der hohe
Salzverbrauch und das stellenweise extrem salzhaltige Wasser oder andere
Faktoren die Hauptgründe dafür sind, bleibt offen. Es fällt auf, daß Herz-

[24] Health Statistics Unit, Ministry of Health: Weekly Bulletin of Notifiable Diseases, No. 50, Gaborone 1985
[25] WHO: Apartheid and Health, 1983
[26] Health Statistics Unit: Weekly Bulletin of Notifiable Diseases, No 50 1985
[27] Gesemann, M. et al.: op. cit.

infarkte, die als klassische Komplikation von Bluthochdruck gelten, extrem selten sind. Dafür treten, wie in anderen Teilen der Welt, bei Hypertonikern häufig Schlaganfälle auf. In einer Erhebung im Kgalagadi-Distrikt, einer extrem ländlichen Gegend[28], stellte der Autor fest, daß die allermeisten Patienten mit Bluthochdruck hervorragend mit einfachen und preiswerten Medikamenten zufriedenstellend behandelt werden konnten. Dies wurde möglich durch eine regelmäßige Überwachung und ausführliche Aufklärung dieser Patienten. Rauchen ist auch in dieser Patientengruppe noch recht selten.

In Südafrika ist Bluthochdruck vor allem unter der städtischen schwarzen Bevölkerung sehr häufig, und viele sterben dort an Komplikationen wie Schlaganfällen. Auffallend ist auch hier die geringe Häufigkeit von Herzinfarkten. Die hohe Sterblichkeit schwarzer Südafrikaner gegenüber der geringeren weißer Südafrikaner bei ähnlicher Hypertonie-Häufigkeit stellt auch einen Hinweis auf die unterschiedliche Versorgungssituation dar.

Karies oder Zahnverfall nimmt unter der Bevölkerung Botswanas drastisch zu. 1983 waren 65% der Bevölkerung davon betroffen, was hauptsächlich dem rasch steigenden Zuckerverbrauch zuzuschreiben ist. Praktisch alle Stadtbewohner trinken stark gesüßte Limonaden, auch Tee wird stark gezuckert.
Zahnhygiene trägt weniger zur Zahngesundheit bei als niedriger Zuckerverbrauch, muß aber in Botswana auch verbessert werden. Während für die Masse der Bevölkerung moderne Methoden der Zahnhygiene wie Zahncremes und Zahnbürsten zu teuer sind, außerdem die Aufklärung über diese Methoden massiv hinter dem Bedarf zurückbleibt, verschwinden unglücklicherweise traditionelle Methoden der Zahnhygiene wie Holzstückchen und speziell zubereiteter Sand[29].

Psychiatrische Krankheiten wie Alkoholismus, Schizophrenien, Neurosen und auch Suizide[30] sind in Botswana wie auch in Südafrika sehr häufig. Verläßliche Zahlen fehlen allerdings für beide Länder.

---

[28] Hoffmann, K./Hohmann, H.: Hypertension in Kgalagadi, in: Botshelo. Journal of the Medical and Dental Association of Botswana, Vol. 15, No.2, June 1985, pp. 2-11
[29] Dental Health Services, Ministry of Health, Botswana: National Dental Health Plan 1983-2000
[30] Hoffmann, K.: Suicide in the Kalahari, unveröff. Manuskript

Indikatoren und Ziele der Gesundheitsversorgung

1981 lag die Lebenserwartung in Botswana für Frauen bei 59.31 Jahren, für Männer bei 52.71 Jahren. Diese, verglichen mit Europa, niedrige Zahl erklärt sich vor allem aus der nach wie vor hohen Säuglingssterblichkeit, die für männliche Säuglinge bei 76.0 pro 1000 Lebendgeborene, für weibliche bei 60.6 pro 1000 Lebendgeborene liegt[31]. In Südafrika lag 1981 die Lebenserwartung für schwarze Südafrikaner niedriger und die Säuglingssterblichkeit höher als heute in Botswana[32].

Schwangerenvorsorge, regelmäßige Untersuchungen und Impfungen der Kinder sowie Familienplanung werden im Rahmen des basisorientierten Gesundheitswesens Botswanas sehr effektiv durchgeführt. 1981 besuchten 82% der schwangeren Frauen die Schwangerenvorsorge[33]. Dies ist eine beeindruckend hohe Zahl. In den meisten Gegenden allerdings ist diese Untersuchung mit der Verteilung des Essens im Rahmen des "Drought Relief" Programmes verbunden, so daß ein Rückgang dieser Rate befürchtet wird, wenn dieses Programm gekürzt oder gestoppt wird.

1981 fanden 52% der Entbindungen in Institutionen des Gesundheitswesens statt[34]. 1973 waren es nur 30% aller Entbindungen gewesen.

Das Impfprogramm für Kinder umfaßt Tuberkulose-Impfung gleich nach der Geburt, Dreifach-Impfung gegen Diphtherie, Keuchhusten und Starrkrampf, Impfung gegen Masern und Schluckimpfung gegen Kinderlähmung sowie die entsprechenden Auffrisch-Impfungen. Jedes Kind erhält eine "Child Welfare Card", auf der die monatlichen Gewichte, die Impfungen sowie die Krankheiten eingetragen werden. Der Prozentsatz der geimpften Kinder ist beeindruckend hoch[35]. Die genannten Krankheiten sind infolgedessen extrem selten geworden.

---

[31] Medical Statistics Unit, Ministry of Health, Botswana: Medical Statistics 1982

[32] Race Relations Survey 1984

[33] Ministry of Health, Botswana: Annual Report 1980/81

[34] ebd.

[35] Für 1984 lauten die Zahlen: 70% aller Kinder BCG geimpft (Tuberkulose), 86% erste Dreifach- (Diphtherie, Keuchhusten, Wundstarrkrampf) und Kinderlähmungsimpfung, 79% zweite Dreifach- und Kinderlähmungsimpfung, 79% dritte Dreifach- und Kinderlähmungsimpfung, 71% Masernimpfung (Epidemiology Unit, Ministry of Health: Botswana Epidemiological Bulletin, Vol.6, No.2, 1985; vgl. auch NDP 6, 1985-91).

Die Republik Südafrika hat dasselbe Impfprogramm, erreicht aber selbst nach dem offiziellen Jahresbericht des südafrikanischen Gesundheitsministeriums 1985 nicht die Prozentzahlen Botswanas. Die Bantustans, in denen die Situation noch deutlich schlechter ist, werden in diesem Bericht gar nicht erwähnt.

Alle Schulkinder werden in Botswana regelmäßig von Krankenschwestern untersucht, vorwiegend auf Tuberkulose und Trachom, eine verbreitete Augenkrankheit.

Familienplanung bleibt ein kontroverses Thema, in der Politik wie in der Einstellung der Bevölkerung. Die Bevölkerungszuwachsrate Botswanas ist eine der höchsten der Welt, doch große Teile des "Drought Relief" Programmes handeln direkt gegen sinnvolle Familienplanung. Mit der Essensausgabe an jede schwangere und stillende Frau lohnt es sich, durch mehr Schwangerschaften mehr Essen in den Haushalt zu bekommen. Andere Staaten geben jedem Haushalt die gleiche Menge an Essen aus, unabhängig von der Familiengröße. Dies mag brutal klingen, fördert aber eine sinnvolle Familienplanung.

Nach dem Jahresbericht der "Family Health Division" 1984[36] benutzten 19% der Frauen im gebärfähigen Alter eine moderne Verhütungsmethode, 29.7% der Frauen in der Stadt, aber nur 15% der Frauen auf dem Land. Das Gesundheitsministerium strebt an, daß 30% der Frauen im gebärfähigen Alter eine moderne Verhütungsmethode benutzen. Schwangerschaftsunterbrechung ist, außer bei sehr streng gestellter medizinischer Indikation, illegal. Illegale Schwangerschaftsunterbrechungen sind deshalb nicht selten und enden für die Mutter oft tödlich.

Arzneimittelversorgung

Auf dem Weltmarkt werden heute über 100000 verschiedene Arzneimittel, allerdings deutlich weniger verschiedene Arzneisubstanzen, zu meist von multinationalen Konzernen festgelegten und von Staat zu Staat sehr unterschiedlichen Preisen angeboten. Daß dies zwar dem Profit der Produzenten, aber weniger dem Gesundheitszustand der Bevölkerung nützt, wird gerade auch in der BRD immer offensichtlicher. Entwicklungsländer könnten sich eine Arzneimittelversorgung nach bundesdeutschem Muster schon gar nicht leisten. Die WHO erarbeitete daher eine Liste von 200 Medikamenten, 1985

---

[36] MCH/ FP Unit, Ministry of Health, Gaborone: Annual Report 1984

auf 250 erweitert[37], die für wesentlich angesehen werden, 95% aller auftauchenden Krankheiten zu behandeln. Viele afrikanische Länder übernehmen mehr oder weniger konsequent dieses Schema. Die staatlichen Einrichtungen Botswanas beziehen alle Medikamente und Verbandsstoffe von der staatlichen Zentralapotheke. Diese bestellt auf dem internationalen Markt mittels Ausschreibungen. Die Anforderung eines bestimmten Medikaments in einer bestimmten Menge wird international publiziert, die Angebote der Lieferanten werden gesammelt und der billigste Lieferant, der auch zuverlässig sein muß und dessen Verfallsdaten lang genug erscheinen, erhält den Zuschlag. So bekommt Botswana sehr preisgünstig Medikamente. Nur Monosubstanzen sind zugelassen, und nicht ein Handelsname, sondern der generische Name soll in allen Mitteilungen und Verordnungen vermerkt werden.

Gerade westeuropäische Länder könnten von einem solchen System sicherlich viel lernen.

Alle von der WHO für wesentlich erachteten Medikamente und darüber hinaus noch etwa 300 mehr sind stets in Botswana erhältlich.

1981 betrugen die Ausgaben der Regierung für Medikamente und Verbandsstoffe 3 Mio. Pula[38], das sind grob 3 Pula pro Kopf/Jahr. Medikamente und Verbandsstoffe sind auch privat in Apotheken und anderen Geschäften erhältlich; der dort erzielte Umsatz wird auf 1 Mio. Pula pro Jahr geschätzt.

Psychiatrie

Die Psychiatrie in Botswana ist ein herausragendes Beispiel für eine dezentralisierte, an der Gemeinde orientierte Versorgung.

Im einzigen psychiatrischen Krankenhaus (Lobatse) sind nur etwa 150 Patienten, alle anderen im Lande werden ambulant behandelt und selbst in entlegenen Stationen einmal pro Monat von einem psychiatrisch geschulten Arzt, dem einzigen Psychiater Botswanas oder einer psychiatrischen Fach-Krankenschwester gesehen. Mittlerweile arbeiten in größeren Städten und Dörfern ständig psychiatrische Fach-Krankenschwestern. 1984 wurden von der psychiatrischen Abteilung 9630 Patienten behandelt[39]. Dazu kommen die Konsultationen, die die psychiatrischen Fachschwestern an den großen

---

[37] WHO: Technical Report Series 722, The Use of Essential Drugs, Genf 1985
[38] Ministry of Health, Gaborone: Annual Report 1980/81
[39] Mental Hospital Lobatse: Annual Report 1984

Krankenhäusern durchführen. Die psychiatrischen Fachkräfte werden regelmäßig fortgebildet, selbst kleine Psychotherapie wird gelehrt, aber der Schwerpunkt liegt auf der sozialen Rehabilitation, unterstützt mit Psychopharmaka.

Kommen die Patienten nicht zur Behandlung, werden sie in der Regel vom zuständigen Basisgesundheitsarbeiter aufgesucht. Die Problematik wird vor Ort diskutiert und mit der psychiatrischen Abteilung abgeklärt.

Der NDP 6 (1985–91) formuliert klar (Abs.14.14):

"Die Versorgung änderte sich von einer krankenhauszentrierten zu einer gemeindezentrierten. Sie ist somit besser in der Lage, psychiatrische Patienten in einem Land mit schnellen sozialen und wirtschaftlichen Veränderungen zu behandeln".

Ob da nicht viele europäische Länder von Botswana lernen könnten?

Die Psychiatrie in Südafrika zeigt die bekannten, extremen Ungleichheiten zwischen den Rassen. Wie die medizinische ist auch die psychiatrische Versorgung für Schwarze sehr viel schlechter als für Weiße[40].

Gesundheitsausgaben

Im Haushaltsjahr 1984/85 betrugen die Ausgaben des Gesundheitsministeriums in Botswana 13506100 Pula[41]. Diese Summe deckt die Ausgaben für Krankenhäuser und Gesundheitszentren, für Ausbildung, Verwaltung und Gesundheitserziehung. Dazu kommen 4722337 Pula, die die Stadt- und Bezirksräte für Gesundheit, im wesentlichen die Clinics und Gesundheitsposten, ausgeben. Dies ergibt etwas über 18 Pula (rund DM 20.-) pro Einwohner und Jahr. Vergleichszahlen für die Industrieländer (1982) liegen zwischen 1000 und 3000 DM.

Knapp 30% der Gesundheitsausgaben Botswanas werden von der norwegischen Entwicklungshilfe bestritten. Die Ausgaben Botswanas für das Gesundheitswesen liegen bei 3.5% der gesamten Regierungsausgaben und bei 1.9% des Bruttosozialprodukts.

Öffentliche und private Gesundheitsausgaben in % des Bruttosozialprodukts liegen für die Industrieländer zwischen 5 und 10%.[42].

---

[40] Anonymus: Apartheid and Psychiatry, in: Lancet, Vol.2 (No 8414) 1984
[41] Republic of Botswana: 1985/86 Estimates of Expenditure from the Consolidated and Development Funds
[42] Smart, T./Draper, P.: Public Health and Economic Policy. Financing the NHS, in: Lancet, Vol 2, 1233–35, 1985

In Südafrika gingen die Ausgaben für öffentliches und privates Gesundheitswesen relativ zum Bruttosozialprodukt im Gegensatz zu den meisten
industrialisierten Ländern zurück: 1959/60 lagen sie bei 4.2%, 1980/81 bei
3.2% des Bruttosozialprodukts. Die Mittel werden in Südafrika darüber
hinaus extrem ungleich verteilt: Die Provinzverwaltung Natals gab im Haushaltsjahr 1982/83 pro Kopf für alle Rassen 76.63 Rand aus, der benachbarte
Bantustan Kwa-Zulu 19.02 Rand. Für das selbe Finanzjahr lauten die Zahlen
für die Kap-Provinz 99.34 Rand, Transvaal 57.23 Rand, die Bantustans
Transkei 25.39 Rand und Venda 25.26 Rand.[43]

Während Botswana relativ wenig Geldmittel vergleichsweise effektiv im Gesundheitswesen einsetzt, wobei die für das Gesundheitswesen verwendeten
Gelder ansteigen, sieht man solches Ansteigen in westlichen Industrieländern oft mit fraglicher Effizienz. In Südafrika dagegen findet keine solche
Expansion statt.

Abschließende Bemerkungen

Trotz der schwierigen geographischen und geopolitischen Lage gelang es
Botswana, ein Gesundheitswesen einzuführen und beizubehalten, das hervorragende Verbesserungen für die Mehrheit der Bevölkerung brachte und
bringt. Ganz wesentlich ist dies drei Ärzten zu verdanken, die in Schlüssel-
positionen des Gesundheitsministeriums das Basisgesundheitswesen vertreten, Dr. Sebina, der frühere Staatssekretär, Dr. Moeti, sein Stellvertreter,
und Dr. Maganu, der Direktor des Basisgesundheitswesens. Alle sind Batswana mit einem Abschluß in Public Health. Die großen Geberorganisationen,
vor allem skandinavische und bundesdeutsche staatliche Organisationen und
einige kirchliche Träger, unterstützen mit Kapitalhilfe und Vermittlung von
Fachkräften stark die Basisgesundheitsversorgung.

Doch in jüngster Zeit werden einige Probleme sichtbar. Während sich ausländische Geber zunehmend zurückziehen, duldet die Regierung einen ex-
pandierenden medizinischen Privatsektor (private Arztpraxen, private Apotheken, sogar kommerzielle Krankenhäuser sind in der Diskussion), in den
ausländische wie auch einheimische Fachkräfte drängen und der denen zur

---

[43] Race Relations Survey 1984

Verfügung steht, die dafür bezahlen können. Eine Zwei-Klassen-Medizin wie im benachbarten Südafrika oder in den USA ist zwar noch nicht Realität, steht aber zu befürchten. Eine Wochenzeitung Botswanas, "Der Reporter", schrieb am 7.12.1985[44]:

> "Eines der Hindernisse für eine Verbesserung des Gesundheitszustands der Bevölkerungsmehrheit liegt in unserem besessenen Festhalten an der individualistischen, auf freiem Unternehmertum beruhenden Gesellschaftsstruktur. Dies schließt kollektive soziale Aktionen aus, die viele unserer Probleme lösen und grundlegende Bedürfnisse auf einer Massenbasis befriedigen könnten."

Da kein Motswana Arzt auf dem Lande tätig ist, sind die ausländischen Ärzte und die einheimischen Krankenschwestern das Rückgrat der kurativen medizinischen Versorgung. Für die Krankenschwestern gibt es Weiterbildungsmöglichkeiten wie "Family Nurse Practitioner" und "Community Health Nurse". Selbst da ist es für das Gesundheitsministerium schwierig, dem Drängen dieser spezialisierten Schwestern zu widerstehen, sich privat niederzulassen.

Dennoch kommt es nicht von ungefähr, daß Botswana von der WHO als ein Modelland für Afrika angesehen wird. Was in diesem Land mit geringen finanziellen Mitteln und beschränkter Zahl an qualifizierten Fachkräften für die Gesundheitsversorgung erreicht wird, ist höchst eindrucksvoll. Es stellt einen deutlichen Kontrast dar zur Republik Südafrika, aber auch zur BRD, wo die Kosten-Nutzen-Relation sicher weniger günstig ausfällt als in Botswana.

Statistische Quellen:

Ministry of Health, Gaborone, Botswana:
- Epidemiology Unit: Botswana Epidemiological Bulletin, Vol 6, No 2, 1985
- Health Statistics Unit: Weekly Bulletin of Notifiable Diseases, No 50, 1985
- National Health Planning Unit: A Manual of Health Services, July 1984
- Dental Health Services: National Dental Health Plan 1983-2000
- Medical Statistics Unit: Medical Statistics 1982
- MCH/ FP Unit: Annual Report 1984
- Annual Report 1980/ 81
Republic of Botswana: Establishment Register 1984-85
Princess Marina Hospital Gaborone: Annual Report 1984
Botswana Drug Catalogue 1983
Mental Hospital Lobatse: Annual Report 1984
Republic of Botswana: 1985/86 Estimates of Expenditure from the Consolidated and Development Funds
Botswana 1985, An Official Handbook

---

[44] Mmegi wa Dikgang-The Reporter, Gaborone, Vol 2, No 45, 7.12.1985

6.4 Die Rolle traditioneller Heiler

Frants Staugard

übersetzt von Klaus Hoffmann

Traditionelle und moderne Medizin [1]

Während der letzten Jahrhunderte stellten Vertreter der modernen Medizin einmütig fest, daß die traditionelle Heilkunst nicht nur nutzlos sei, sondern darüber hinaus der Bevölkerung Schaden zufüge. Neuerdings dagegen werden Zweifel an der westlichen, überwiegend kurativ orientierten Medizin dahingehend immer lauter, ob sie dafür tauglich sei, das Ziel "Gesundheit für alle" zu fördern. Es scheint daher an der Zeit zu sein, der Frage nachzugehen, ob wir weltweit die traditionelle Heilkunst neu bewerten sollten und ob vor allem in Entwicklungsländern eine Zusammenarbeit zwischen moderner und traditioneller Medizin die gegenwärtige Konfrontation ersetzen sollte.

Die Heilkunst der Tswana hat einige kulturspezifische Eigenheiten. Doch fallen diese Eigenheiten wenig ins Gewicht, wenn wir die Tswana-Heilkunst mit anderen traditionellen medizinischen Systemen vergleichen. Die Konzepte der Tswana-Heiler über Krankheitsursachen, ihre soziale Rolle und Bedeutung in der Gesellschaft und ihre therapeutischen Hilfsmittel weisen sehr viele parallele und selbst identische Züge mit traditioneller Medizin in völlig anderen Teilen der Welt auf.

Moderne Ärzte vergleichen die Behandlungserfolge bei bestimmten Krankheiten in ihrem eigenen System oft mit denen der traditionellen Medizin. Solche Vergleiche zeigen letztendlich meist die Unzulänglichkeiten traditioneller Gesundheitsversorgung, sind aber vom Ansatz her schon fraglich. Die traditionelle Heilkunst ist weit mehr als nur ein System für die Behandlung aufgetretener Krankheiten. Sie ist sehr wichtig für die soziale Kontrolle in einer traditionellen Gesellschaft. Denn sie sorgt für Gerechtigkeit und Sta-

---

[1] Vortrag, gehalten auf dem "First International Workshop for Health Educators in Southern Africa", Gaborone, 25.-31. März 1984, mit freundlicher Genehmigung des Verfassers leicht gekürzt und übersetzt.

bilität in einer Gemeinschaft ohne geschriebene Gesetze oder fest gefügte
juristische Systeme. Da sie in die vorherrschenden religiösen und moralischen Vorstellungen eingebettet ist, ist sie unersetzbar für die soziale Stabilität einer lokalen Gemeinschaft.

Wie in anderen Teilen des südlichen Afrika ist der traditionelle Heiler in
den Dörfern Botswanas nicht nur ein 'Medizinmann'. Er ist auch ein Ratgeber in religiösen, juristischen und politischen Fragen, ein Polizist, ein
Heiratsvermittler und ein Sozialarbeiter.
Dies legt den Schluß nahe, daß moderne und traditionelle Medizin nicht zu
vergleichende Systeme sind. Eine Integration dieser Systeme in einem um-
fassenden Gesundheitswesen zu fordern, könnte daher für beide Systeme
schädlich sein. Es ist sicher fruchtbarer, Möglichkeiten zukünftiger Zusammenarbeit zwischen moderner und traditioneller Medizin zu untersuchen, um
die spezifischen Werte beider Systeme zu bewahren und zu nutzen.

Religiöse Vorstellungen der Tswana und der traditionelle Heiler

Für die heutige Praxis der traditionellen Heilkunst der Batswana ist der
allgemeine religiöse Hintergrund und besonders die Rolle der unabhängigen
afrikanischen Kirchen von zentraler Bedeutung. In der Tswana Medizin
herrschen Elemente von Magie und sogenannter "Hexerei" immer noch vor
und müssen in ihrem sozialen Zusammenhang analysiert werden, wenngleich
sich die meisten traditionellen Heiler in Botswana nach und nach rationa-
leren Heilmethoden wie der Kräuterheilkunde zuwenden. Diese Entwicklung
ist zweifellos eine Antwort auf den Einfluß westlichen medizinischen Denkens in der Gesundheitspolitik Botswanas und wahrscheinlich eher Ausdruck pragmatischer politischer Haltung als Zeichen einer tiefen welt-
anschaulichen Veränderung.
Die traditionellen religiösen Vorstellungen der Tswana Gesellschaft beruhen
auf der Existenz eines allmächtigen transzendentalen Prinzips, genannt
"Modimo", der große Gott. "Modimo" ist der Erschaffer aller Dinge und bestimmt die wichtigsten Ereignisse des Lebens. Er ("Modimo" wird stets als
männliches Wesen bezeichnet) kann Regen zurückhalten, Blitzschläge aus-
senden, Menschen auf andere Weise töten und tut das nach diesen Vorstellungen oft, um Stammesmitglieder zu bestrafen, die Gesetze und Regeln
nicht einhalten.

Der Chief und seine enge Familie galten als direkte Nachkommen "Modimos", aber "Modimo" war zu weit weg, um direkt vom Chief oder dem Volk durch Gebete angesprochen zu werden. Deshalb fungierten die "Badimo", die Geister der Ahnen, als Vermittler zu "Modimo". Sie spielten eine zentrale Rolle im religiösen Leben des Stammes.

Wenn Stammesmitglieder starben, wurden sie entweder in ihrem Rinderkral oder auf ihrem Familiengrundstück begraben. Sie wurden sitzend beerdigt, bekamen ihre normalen Werkzeuge für die alltägliche Arbeit mit und wurden festlich gekleidet. Ihre Gesichter waren westwärts gewandt. Man glaubte, daß sie sofort nach der Beerdigung auferstehen und zur Welt der Ahnengeister reisen. Diese lag nah am Heimatdorf, meist hinter, unter oder auf dem nächsten höheren Hügel. Von da aus würden die Ahnengeister ihr normales Leben weiterleben und dieselbe Arbeit tun wie zu ihren Lebzeiten. Die "Badimo" interessierten sich weiterhin stark für das Schicksal ihrer Verwandten und wachten über jeden Aspekt ihres Lebens. Sie konnten zwischen dem Willen "Modimos", seinem Ärger oder seinen Segnungen, und dem Dorf vermitteln, aber auch ihre irdischen Verwandten selbst belohnen oder bestrafen.

Während wichtige Ereignisse, die alle Stammesmitglieder betrafen, wie Trockenheit und Regen, "Modimo" zugeschrieben wurden, lagen individuelles Glück oder Unglück normalerweise in der Hand der "Badimo".

Die "Badimo" waren im allgemeinen die Wächter der Stammesgesetze und moralischen Tabus. Sie leiteten das tägliche Leben jedes einzelnen Stammesmitglieds. Im sozialen und politischen Sinne war ihr Einfluß stabilisierend und konservativ. Einen irdischen Verwandten mit Krankheit zu bestrafen, war eines der häufigsten Mittel der "Badimo", ihre Mißbilligung über dessen Verhalten auszudrücken.

Es war folglich wesentlich für die Behandlung einer solchen Krankheit, die "Badimo" zu besänftigen. So konnte das gute Verhältnis zu ihnen wieder hergestellt werden, von dem das Wohlergehen jedes Stammesmitglieds abhing. Während die gewöhnlichen Ahnengeister nur für das individuelle Wohl ihrer Nachkommen verantwortlich waren, bestimmten die "Badimo" des Chief das Schicksal des gesamten Stammes. Als irdischer Vertreter seiner eigenen "Badimo" hatte der Chief somit große Macht und war verantwortlich für viele Riten. Diese umfaßten auch das Regenmachen, das in einem häufig von Trockenheit heimgesuchten Gebiet wie Botswana von größter Wichtigkeit war. Bei der Zeremonie des Regenmachens, das aus verschiedenen Riten bestand, wurde dem Chief vom Stammespriester, dem "Ngaka ya Setswana", assistiert. Unter dem Einfluß des Christentums und der modernen Entwicklung sind fast alle früheren wichtigen Stammesriten, die vom Chief durchgeführt wurden, aus der Tswana Kultur verschwunden. Gebete um Regen werden jedoch nach wie vor häufig sowohl vom Präsidenten als auch in den christlichen Kirchen in Botswana abgehalten.

Der Stammespriester oder traditionelle Heiler spielte eine zentrale Rolle im Stammesleben, und seine soziale Bedeutung wird am besten verständlich vor dem Hintergrund seines Verhältnisses zu den transzendenten Mächten. Der "Ngaka" war der persönliche Ratgeber des Chief und die einzige Person, die zwischen den Menschen und ihren Ahnen vermitteln konnte. Da die Ahnen ihre Unzufriedenheit mit ihren irdischen Nachkommen meist dadurch ausdrückten, daß sie ihnen Krankheiten sandten, war der Stammespriester logischerweise auch der Stammesheiler. Er konnte die Krankheitssymptome deuten und die richtige Behandlung verschreiben.

Das Auftreten der weißen christlichen Missionare im Kulturkreis der Tswana führte zu tiefgreifenden Veränderungen. Die Missionare bauten Kirchen, entwickelten neue Riten, die manchmal die alten Stammesriten ersetzten, und bestimmten teilweise neue moralische Regeln und Strafen. Sie brachten die Tswana dazu, europäische Kleidung zu tragen und christliche Hymnen zu singen. Einige Missionare arbeiteten auch im Erziehungs- und Gesundheitswesen. "Modimo" wurde nun der christliche Gott genannt, und der Name "Modimo" wird weiterhin in allen christlichen Kirchen verwendet. Die Einführung des Christentums schuf neue soziale Unterschiede, nämlich die zwischen Christen und Heiden. Sie verfestigte in gewissem Sinne aber auch zugleich die alte Klassenstruktur der Tswana, insofern als es im wesentlichen die Aristokratie war, die zum Christentum konvertierte, und die Masse der Bevölkerung davon unberührt blieb. Die Konvertierung der Chiefs zum Christentum findet meistens in deren politischem Pragmatismus eher ihre Erklärung als in religiösen Erwägungen.

Der Glaubenswechsel führte unter anderem dazu, daß der traditionelle Heiler von seiner Stellung als Berater des Chiefs verdrängt wurde. Dessen Stellung wurde dann von den christlichen Missionaren eingenommen. Die Verdrängung des "Ngaka" veränderte nachhaltig seinen Rang in der Stammesgemeinschaft, wenngleich nur auf höherer Ebene. Für die Masse der ländlichen Bevölkerung brachte das weiße Christentum keine Alternative zu den "Dingaka"; damit blieben die traditionellen Heiler für die Mehrheit auf dem Lande genauso bedeutsam wie zuvor und wurden kaum von den offiziellen Veränderungen der Gesellschaft betroffen.

Man kann somit die "Dingaka" als örtliche Gemeindeleiter ansehen. Für die Planung einer künftigen Zusammenarbeit zwischen modernem und traditionellem Gesundheitssektor ist dieser Aspekt äußerst wichtig.

Westliches medizinisches Denken gewann einen dominanten Einfluß auf die höheren sozialen Ränge und die aufstrebenden Gruppen der Gesellschaft. Dieser Entwicklung gehorchend, zeigen einige traditionelle Heiler eine sehr große Anpassungsfähigkeit und widmen sich mehr und mehr solchen Aspekten der traditionellen Medizin, die ins Konzept westlicher Rationalität passen, z.B. der Kräuterheilkunde. Die meisten Heiler richten sich jedoch in ihren diagnostischen und therapeutischen Aktivitäten weiterhin streng nach traditionellen Vorstellungen, in denen Krankheit als Symptom einer sozialen Störung im weitesten Sinne aufgefaßt wird. Der Heiler sucht eine Lösung für das Problem, das er hinter der ihm präsentierten Krankheit vermutet. Er gibt Ratschläge und verschreibt Heilmittel, die allgemein akzeptiert sind und in der Vorstellungswelt seiner Klienten Gerechtigkeit und soziale Sicherheit fördern.

Die verschiedenen Fachrichtungen der Heiler in Botswana

Im Rahmen des Forschungsprojekts, das den Hintergrund des vorliegenden Aufsatzes darstellt, wurden sechs Hauptrichtungen von traditionellen Heilern in Botswana beschrieben. Die traditionellen Geburtshelferinnen stellen eine siebte Gruppe dar.

Der "Herbalist" hat sich darauf spezialisiert, Kräuter, die er meist selbst gesammelt hat, anzuwenden. Er hat ein kleines Geschäft, wo er die Kräuter verkauft, oder er reist in seinem Bezirk herum, um die Heilmittel an Klienten oder auch an andere traditionelle Heiler zu vertreiben. Meist, aber nicht zwingend, ist er eng mit einem anderen Kräuterheilkundigen verwandt. Seine Lehrzeit dauert etwa zwei Jahre; sie kostet etwa 100 Pula.

Der "Diviner" ist ein Heiler, der sowohl die 'heiligen Knochen' zu werfen versteht als auch die Kräuterheilkunde beherrscht. Er kombiniert die

Kunst, mittels der 'heiligen Knochen' eine Diagnose zu erstellen, mit der,
die diagnostizierte Krankheit mit pflanzlichen Heilmitteln zu behandeln. Zusätzlich zu der Ausbildung in Kräuterheilkunde muß er etwa sechs Monate
Zeit und etwa 120 Pula an Ausbildungskosten bei einem anderen "Diviner"
investieren. Ebenso wie der Herbalist ist der "Diviner" meist mit einem anderen Heiler derselben Richtung verwandt und behauptet oft, die notwendigen Fähigkeiten geerbt zu haben. Manchmal wird dem "Diviner" die Kunst
von einem Ahnen in einem Traum übertragen. Aber der Heiler muß auf jeden
Fall eine Lehrzeit absolvieren. Der "Diviner", wie auch der "Herbalist",
kann jedoch seinen Beruf auch aus persönlichem Interesse wählen, ohne
von den Ahnen oder einem Verwandten dazu angeregt zu sein.
Der "Sucker" verbindet Kräuterheilkunde, die Kenntnisse des "Diviners"
und das Saugen. Durch letzteres soll eine bestimmte Art von magischer
Unreinheit aus dem Körper entfernt werden. Gesaugt wird mit einem hohlen
Horn oder mit dem Mund (vor allem bei den Basarwa). Zusätzlich zu der
Lehrzeit in Kräuterheilkunde und der Kunst, die 'heiligen Knochen' zu werfen und zu deuten muß der "Sucker" etwa 2 Jahre für etwa 130 Pula diese
spezielle Disziplin erlernen. Meist ist auch der "Sucker" eng mit einem Heiler derselben Richtung verwandt und bezieht sich oft auf ein Traumerlebnis
oder die Vermittlung durch die Ahnen.

Die "Faith Healer" sind völlig verschieden von den anderen Tswana Heilern.
Sie leiten oft eine der knapp 160 Unabhängigen Kirchen in Botswana. Um
eine leitende Position in einer Unabhängigen Kirche zu erhalten, muß der
Prophet vor allem heilen können. Meist behauptet der "Faith Healer", von
"Modimo" in einem Traum dazu berufen worden zu sein, Heilungen zu voll-
ziehen. Auch hier bestehen oft verwandtschaftliche Beziehungen zu anderen
"Faith Healern". Da ein "Faith Healer" sich von Gott erwählt und zur Diagnose und Behandlung von Krankheiten ermächtigt fühlt, erachtet er eine
formale Ausbildung als irrelevant.
Der "Sangoma" haftet, mehr als den anderen Heilern, etwas Heiliges an. Sie
behauptet stets, von den Ahnen für ihren Beruf auserwählt worden zu sein.
Die meisten "Disangoma" sind Frauen. Oft werden sie in jungen Jahren
während einer schweren Krankheit von den Ahnen in einem Traum gerufen
und begeben sich dann unter die Führung und in die Ausbildung einer älteren "Sangoma". Der Ruf der Ahnen ist verpflichtend. Versucht eine Person, dem Ruf zu widerstehen, entwickeln sich verschiedene Krankheitssymptome bis hin zu psychotischen Erscheinungen. Der Traum, in dem der

Ruf ergeht, enthält viele Bilder und Ereignisse, aber stets kommt eine
Schlange darin vor. Die Ausbildung der "Sangoma" umfaßt das Deuten der
heiligen Knochen, Kräuterheilkunde und Saugen. Manche "Disangoma" sind
auf 'Teufelsaustreibungen' spezialisiert, während derer sie singen, tanzen,
manchmal trommeln und sich oft in Trance versetzen. In früheren Zeiten
mußte sich eine "Sangoma" in der Pubertät speziellen Einführungsriten unterziehen, wie sie immer noch auf traditionelle Weise bei den Basotho und
anderen Stämmen im südlichen Afrika abgehalten werden, unter den Batswana aber heute extrem selten sind.

Sowohl die "Faith Healer" als auch die "Disangoma" entstammen nicht der
Tswana Kultur selbst. Beide Gruppen kommen aus Südafrika und tragen
stark religiöse Züge.

In den letzten Jahren entstand eine neue Richtung traditioneller Heilkunde
in Botswana. Man kann deren Vertreter Neo-Herbalisten nennen. In vielerlei
Hinsicht sind sie die Tswana Vertreter alternativer medizinischer Systeme,
wie sie sich gegenwärtig in Westeuropa und Nordamerika entfalten. Solche
Neo-Herbalisten sind in Botswana im Durchschnitt jünger als andere traditionelle Heiler und lernen ihren Beruf in einer formalisierten Ausbildung,
meist in Südafrika. Viele ihrer Ideen und Konzepte sind von Homöopathie
und westlicher Naturheilkunde beeinflußt. Die meisten der von ihnen verwendeten und verkauften Heilmittel sind fertig verpackte homöopathische
oder andere alternativ-medizinische Präparate, meist von südafrikanischen
Firmen hergestellt.

Die traditionellen Geburtshelferinnen arbeiten überall in ländlichen Gebieten.
Sie unterscheiden sich jedoch kulturell und sozial stark von den anderen
traditionellen Heilern. Meist handelt es sich um ältere Frauen, die vorwiegend in ihrer traditionellen Großfamilie Geburtshilfe leisten. Sie sind kulturell fest verhaftet, begründen ihr Tun aber nicht mit religiösen Vorstellungen.

Die Rolle der "Faith Healer"

"Faith Healing" ist ein neueres Phänomen in Botswana und gründet sich
nicht auf die jahrhundertealten Traditionen, Gewohnheiten und Konzepte,
die den Hintergrund für die Arbeit der "Dingaka" darstellen. Nach Ansicht
vieler Beobachter stellen die Unabhängigen Kirchen ein Zwischenstadium
zwischen der ursprünglichen Kultur und europäischen kolonialen Vorstel-

lungen dar. Mit der Rolle der "Dingaka" als Berater des Chief und Vermittler zwischen den Ahnengeistern und den Nachkommen haben die "Faith
Healer" nichts zu tun. Sie sind nicht in erster Linie Gesundheitsarbeiter,
sondern eher religiöse Propagandisten, die ihre Heilkräfte dazu benutzen,
ihren Glauben zu verbreiten. "Faith Healing" bezieht sich auf einen Ruf von
Gott und erfordert keine Ausbildung. Das individuelle Verhältnis des Heilers
zur Medizin und die Heilkünste des individuellen Heilers werden stark betont; somit besteht eine starke Tendenz zu Individualismus und Personenkult. Dies erklärt auch, warum "Faith Healer" in der Regel nicht miteinander zusammenarbeiten wollen, wohingegen sie eine Zusammenarbeit mit den
"Dingaka" akzeptieren.

Alle Unabhängigen Kirchen in Botswana (1983 waren insges. 158 registriert)
gehören zur zionistischen Bewegung und sind Tochterkirchen südafrikanischer Kirchen. Missioniert wird fast ausschließlich durch Heilungen, und
Riten im Zusammenhang mit der Vorbeugung und Behandlung von Krankheiten nehmen fast die gesamte Zeit eines typischen zionistischen Gottes-
dienstes in Anspruch. "Faith Healing" spielt eine große Rolle im heutigen
kirchlichen Leben Botswanas und ist sicherlich ebenso bedeutsam wie die
Aktivitäten anderer Konfessionen. Die Rolle des Heilens in den zionistischen
Kirchen kann man als Anpassung des Christentums an die soziale Realität
des typischen Tswana Dorfes sehen, in dem die Nachfrage nach Gesundheitsversorgung ein wesentliches Anliegen darstellt.
Wie die "Dingaka" finden die "Faith Healer" ihre Förderer und Patienten
meist in den unterprivilegierten Bevölkerungsschichten. Wie die "Dingaka"
bieten die "Faith Healer" ein ganzheitliches Verständnis für Gesundheit und
Krankheit an. Der "Faith Healer" ist mittlerweile tief in der Tradition der
Tswana verwurzelt und spielt oft tatsächlich eine ähnliche Rolle als Gemeindeleiter wie der "Ngaka". Trotz der obengenannten Unterschiede sieht deshalb der Verfasser die "Faith Healer" als Richtung der traditionellen Heiler
in Botswana an.

Traditionelle Heiler und traditionelle Gesundheitsversorgung

Die meisten Batswana leben heute unter dem Einfluß zweier völlig verschiedener Kulturen: der traditionellen Stammeskultur und der modernen westlichen Zivilisation. Diese Tatsache wirkt sich auf fast alle Aspekte des Le-

bens aus. Die Gesundheitsversorgung ist einer der Bereiche, wo die unter-
schiedlichen Einflüsse sich sehr klar zeigen. Wenn jemand erkrankt, stellt sich für ihn die Frage, ob er sich der traditionellen Gesundheitsversorgung zuwenden oder ob er ins Krankenhaus
oder in die Clinic gehen soll. Die letztgenannten Einrichtungen liegen oft
auf einem Hügel und 'schweben', sowohl was ihre Vorstellungen betrifft wie
auch sozial, oft über der Alltagswirklichkeit des Dorfes.

Im Folgenden wird versucht, in kurzen Zügen sowohl die Praxis von traditionellen Heilern als auch die Inanspruchnahme traditioneller Gesundheitsversorgung in repräsentativen Gruppen der ländlichen Bevölkerung Botswanas zu beschreiben.[2]
Die meisten traditionellen Heiler in Botswana sind Männer. In allen ländlichen Gegenden gibt es mehr traditionelle Heiler als moderne Gesundheitsarbeiter. Die meisten traditionellen Heiler sind zwischen 35 und 50 Jahre
alt, verfügen über eine lange Erfahrung und sehen überwiegend Patienten
aus ihrem eigenen oder einem unmittelbar benachbarten Dorf. Bezahlung
von den Patienten erhalten sie meist nur, wenn die Behandlung erfolgreich
war. Die meisten traditionellen Heiler befürworten eine Zusammenarbeit mit
dem modernen Gesundheitssektor. Alle sind nach wie vor stark in der über-
kommenen Tradition verwurzelt und glauben an die Macht der Ahnen, die
Krankheiten verursachen und heilen können. Ziemlich viele Heiler scheinen
ihren Künsten sehr zu vertrauen und behaupten, daß sie alle Krankheiten
behandeln und heilen können.
Etwa 1/3 der traditionellen Heiler gehört einer der registrierten "Dingaka"-
Vereinigungen an; von den übrigen sind viele daran interessiert, einer solchen beizutreten.

Die Mehrheit der ländlichen und etwa 1/3 der städtischen Bevölkerung ver-
tritt nach wie vor traditionelle religiöse Vorstellungen, während die übrigen
bekennende Mitglieder einer christlichen Konfession sind. In ländlichen

---

[2]   Die folgende Darstellung beruht auf einer Anzahl von Erhebungen, die
      in Botswana 1978-82 durchgeführt wurden und Methoden der beschrei-
      benden Epidemiologie anwendeten. Insgesamt wurden 369 traditionelle
      Heiler und 2034 Personen aus ländlichen und städtischen Gegenden
      nach Zufallskriterien ausgewählt und anhand eines Fragebogens inter-
      viewt. Die Studie ist als Buch erschienen: Staugard, F.: Traditional
      Medicine in Botswana. Traditional Healers, Ipelegeng Publ., Gaborone
      1985

Gegenden gehören die meisten Kirchenmitglieder einer Unabhängigen Afrikanischen Kirche an, während in den Städten die Verteilung zwischen
Missions- und Unabhängigen Kirchen etwa 50 zu 50 ist. Die Zugehörigkeit
zu einer bestimmten Konfession hat mindestens so viel soziale wie religiöse
Bedeutung. Die Mehrheit der interviewten ländlichen wie städtischen Bevölkerung kann man als sozial unterprivilegiert bezeichnen, obwohl die
städtische Gruppe generell etwas besser gestellt zu sein scheint als die
ländliche.

Die Mehrzahl der ländlichen wie der städtischen Bevölkerung hatte in den
letzten 12 Monaten vor dem Interview eine Einrichtung des modernen Gesundheitswesens aufgesucht, eine Krankenschwester oder einen Arzt kon-
sultiert, hatte Präparate verschrieben bekommen oder war hospitalisiert
worden. Aber die Mehrzahl der Mütter in den ländlichen und mehr als 20%
der Mütter in den städtischen Gebieten hatten es vorgezogen, ihr Kind zu
Hause mit Hilfe einer traditionellen Geburtshelferin zu entbinden. Bei der
Analyse der Symptome, die zur Inanspruchnahme des modernen Gesundheitswesens führten, ergab sich, daß etwa 20% aller Klinik- und Kranken-
hausbesuche aufgrund von Beschwerden erfolgten, die man als psychosoma-
tisch bezeichnen kann. Etwa 10% aller Inanspruchnahmen des modernen
Sektors erfolgte wegen Infektionskrankheiten und nur ein sehr geringer
Anteil aus Gründen der Gesundheitsvorsorge.

Diese Befunde deuten darauf hin, daß der moderne Gesundheitssektor in
seinen Kontakten mit erwachsenen Klienten überwiegend kurativ orientiert
ist.

Mehr als 2/3 der ländlichen und etwa 1/3 der städtischen Bevölkerung hatten ein oder mehrere Male während der dem Interview vorausgegangenen 12
Monate eine Einrichtung des traditionellen Gesundheitssektors aufgesucht.
Während bei der Stadtbevölkerung die Nutzung dieses Systems mit dem
sozialen Aufstieg abnimmt, wird es von der ländlichen Bevölkerung aller
Schichten in gleich hohem Maß in Anspruch genommen. "Dingaka" und
"Faith Healer" werden von der Stadtbevölkerung gleich häufig aufgesucht,
während die Landbevölkerung "Dingaka" bevorzugt. Die Kirchenzugehörig-
keit spielte bei der interviewten Bevölkerung eine große Rolle. Die meisten
Angehörigen einer Unabhängigen Afrikanischen Kirche bevorzugen die
"Faith Healer", während diejenigen unter den Interviewten, die traditionel-
len religiösen Vorstellungen anhingen, "Dingaka" vorziehen. Mitglieder der
Missionskirchen suchten deutlich weniger traditionelle Heiler auf als die

anderer religiöser Gruppen.

Auch im traditionellen Gesundheitssektor kamen psychosomatische Krankheitsbilder sehr häufig vor. Etwa 15% der Besuche bei "Dingaka" und "Faith Healers" erfolgten mit solchen Symptomen. Infektionskrankheiten betrugen bei der Landbevölkerung etwa 20% der Kontakte. Sowohl bei der ländlichen wie bei der städtischen Bevölkerung erfolgten sehr viele Kontakte mit dem traditionellen Sektor, um Ratschläge zur Krankheitsvorbeugung einzuholen.

Im Gegensatz zum modernen scheint sich somit der traditionelle Sektor in erheblichem Ausmaß der Vorbeugung von Krankheiten zu widmen, wenngleich der wissenschaftlich gebildete moderne Beobachter viele dieser vorbeugenden Aktivitäten als irrational bezeichnen könnte. Bezahlung vom Patienten erhielten die "Dingaka" im allgemeinen nur, wenn die Behandlung erfolgreich war, und der Betrag lag meist unter 20 Pula. Die "Faith Healer" erhielten in der Regel keine Bezahlung, da Heilen Teil ihrer religiösen Arbeit ist.

Ein großer Teil der interviewten Bevölkerung hatte wegen desselben Symptoms sowohl den modernen wie den traditionellen Gesundheitssektor aufgesucht. Der Grund dafür lag meist in der einfachen Erklärung, daß die zuerst durchgeführte Behandlung erfolglos gewesen war.

Die Erhebung zeigte, daß Männer relativ stärker den traditionellen Gesundheitssektor in Anspruch nehmen als Frauen. Sie zeigte auch, daß der traditionelle Gesundheitssektor mit steigendem Alter stärker in Anspruch genommen wird. Steigender Bildungsgrad führt zu einer geringeren Inanspruchnahme des traditionellen Sektors. Höherer sozio-ökonomischer Status war mit einer höheren Inanspruchnahme des modernen Sektors verbunden, während ein sinkender sozio-ökonomischer Status durchaus mit einer wachsenden Bevorzugung des traditionellen Sektors einherging.

Eine wichtige und bedauernswerte Folgerung aus der Erhebung ist, daß der moderne Gesundheitssektor ein Image bekommen hat, das die privilegierten Gruppen der Gesellschaft anzuziehen und die unterprivilegierten Gruppen abzustoßen scheint.

Zweifellos sind die meisten Gesundheitsprobleme bei den sozial unterprivilegierten Gesellschaftsschichten häufiger. Die meisten dieser Krankheiten könnten wiederum durch vorbeugende Maßnahmen verhütet werden. Um dem hohen Ziel "Gesundheit für alle" nahe zu kommen, muß sich der moderne Gesundheitssektor die Frage stellen, warum ein so hoher Prozentsatz seiner

Ressourcen von denen monopolisiert zu werden scheint, die sie objektiv am wenigsten brauchen. Eine Erhebung über die Methoden und Aktivitäten der traditionellen Heiler und eine Zusammenarbeit mit ihnen könnten für den modernen Sektor sehr hilfreich sein.

Politische Einstellungen gegenüber den traditionellen Heilern

Vor 1920 wurde die Existenz der "Dingaka" von der kolonialen Verwaltung kaum wahrgenommen. 1927 entschloß sich die Protektoratsverwaltung jedoch, gegen die "Dingaka" vorzugehen, und erließ die sog. "Witchcraft Proclamation", die sich gegen die Praxis der "Hexerei" wandte; sie hat in Botswana formal immer noch Gesetzeskraft.

Davon unterscheiden sich die Gesetze der Tswana Chiefs in den ersten Jahren des 20. Jahrhunderts auffallend. Die Chiefs anerkannten die traditionelle Medizin als Stammesheilkunde und wollten die Arbeit der "Dingaka" unter ihre Kontrolle bringen.

Die koloniale Verwaltung dagegen sah die "Dingaka" als Vertreter "lasterhafter heidnischer Vorstellungen" und versuchte, ihre 'Machenschaften' zu unterbinden. Die "Witchcraft Proclamation" zielte direkt gegen die "Diviner" und ihre magischen Praktiken. Dagegen wurden die Herbalisten als "ehrliche Menschen, die Heilmittel zusammenmischen, um ihren Patienten zu helfen", angesehen.

In den 60er Jahren wurde die Kontrolle über die "Dingaka" von der zentralen auf die örtliche Ebene übertragen. Die Bezirksräte (District Councils) erhielten die Befugnis, Lizenzen für die "Dingaka" auszustellen. Man machte dabei keinen Unterschied zwischen Herbalisten und "Diviners".

Als Botswana 1966 unabhängig wurde, erfuhren bestimmte Einrichtungen der Tswana Kultur, die von der Kolonialverwaltung vernächlässigt oder unterdrückt worden waren, eine neue Bewertung. Dennoch kann man das koloniale Erbe klar in der Haltung der Regierung des unabhängigen Staates sehen: der "Diviner", der mit übernatürlichen Kräften assoziiert wird, muß verschwinden, während der "Herbalist", der nur mit physio–chemischen Heilmethoden arbeitet, durch die von den Bezirksräten ausgestellte Lizenz legitimiert wird.

In den frühen 70er Jahren wurden in Botswana "Dingaka"-Vereinigungen gegründet. Man kann dies als Folge der gesetzlichen und sozialen Verfolgung ansehen, denen die traditionellen Heiler, vor allem die "Diviner", un-

terworfen waren. Daß die "Dingaka" selbst Berufsvereinigungen bildeten,
war somit ein politisches Mittel, um soziale Anerkennung in Übereinstimmung
mit europäischen Kriterien zu erreichen.
Die Vereinigungen konnten jedoch nie wirklichen Einfluß auf die Regierungspolitik gewinnen. Bald wurden sie für Personenkult und Fraktionsbil-
dung anfällig. Dazu kommt, daß sich die "Faith Healer" nie diesen Vereinigungen anschlossen. Derzeit stellt sich die Frage, ob eine nationale Vereini-
gung wie in Zimbabwe geschaffen werden soll.

Modelle der Zusammenarbeit

Die offiziellen Einstellungen von Regierungen in Entwicklungsländern gegenüber traditioneller Heilkunst lassen sich folgendermaßen systematisieren:

Option 1: die traditionelle Medizin illegalisieren

In Afrika wurde diese Linie von Kenya und der Elfenbeinküste verfolgt. Die
meisten kolonialen Verwaltungen waren ebenfalls so vorgegangen.

Option 2: die traditionelle Medizin informell tolerieren

Dies könnte man als Laissez–Faire Politik charakterisieren, wobei das
Schwergewicht der offiziellen Politik auf moderner westlicher Gesundheitsversorgung liegt und die Existenz und Bedeutung des traditionellen Sektors
mehr oder weniger ignoriert werden. Ähnlich wie die erste Option scheint
dies zu einer Selbsttäuschung zu führen, wo sich das Land der möglichen
positiven Effekte beraubt, die die Zusammenarbeit mit dem traditionellen
Sektor bringen kann. Dies betrifft auch wichtige epidemiologische Informationen über die Inanspruchnahme des traditionellen Sektors.

Option 3: die traditionelle Medizin legalisieren

Die schlichte gesetzliche Zulassung traditioneller Heiler schließt nicht notwendigerweise eine Regulierung traditioneller Medizin ein. In vielen afrikanischen Ländern, einschließlich Botswana, dient sie ausschließlich fiska-

316

lischen Zwecken. Gewisse negative Effekte traditioneller Heilkunst können kontrolliert werden, aber eine wesentliche Verbesserung des Gesundheitswesens im Lande kann so nicht erzielt werden.

Option 4: mit den traditionellen Heilern zusammenarbeiten

Die offizielle Haltung gegenüber traditioneller Medizin in Botswana kann als allmähliche Entwicklung von Option 1 (Kolonialzeit) über Option 2 und 3 beschrieben werden. Seit dem NDP 5 (1979-1985) wird von offizieller Seite Option 4 als wünschenswert für die künftige Politik genannt und anvisiert, die Verbindung mit den traditionellen Heilern zu stärken, um gegenseitiges Verstehen zu verbessern.[3]

Schluß

Die Politik der Zusammenarbeit zwischen dem modernen und dem traditionellen Gesundheitssektor könnte prinzipiell folgende drei Formen annehmen: Eine Integration beider Systeme würde unter anderem bedeuten, daß traditionelle Heiler von der Regierung in der einen oder anderen Form angestellt werden.
Eine Professionalisierung der traditionellen Heiler würde eine staatliche Kontrolle ihrer Aktivitäten durch gesetzliche Mittel und Regeln bedeuten.
Schließlich könnte eine Zusammenarbeit zwischen zwei unabhängigen Sektoren entwickelt werden, die weder Kontrolle noch Regulierung beabsichtigt, sondern die Eigenheiten jedes Sektors respektiert.
Der Verfasser hält eine Integration traditioneller und moderner Medizin für eine schlechte Option, da sie den Charakter der traditionellen Medizin zerstört. Eine Integration würde nur der modernen Medizin kurzfristige Vorteile bringen und der traditionellen Medizin wahrscheinlich einen 'Todeskuß' versetzen.

---

[3]   vgl. NDP 5 (1979-1985), Sektion 13.28: "Es gibt viele traditionelle Heiler verschiedener Richtungen, die häufig wegen gesundheitlicher und persönlicher Probleme aufgesucht werden. Das Gesundheitsministerium wird seine Politik fortsetzen, nach und nach die Verbindung mit den traditionellen Heilern zu stärken - sowohl mit den "diviners" als auch den Herbalisten und den "faith healers". Das Ziel ist, gegenseitiges Verstehen zu verbessern, vor allem wenn es um die Praktiken und Techniken der traditionellen Heiler geht."

Gegen die Professionalisierung sind drei Argumente anzuführen. Der traditionelle Heiler nimmt eine einzigartige soziale Position im Tswana Dorf ein. Er ist ein soziokulturell integrierter Gemeindeleiter. Der Erfolg der "Primary Health Care"-Strategie (vgl. oben Kapitel 6.3), die sich ja gerade auf Zusammenarbeit in präventiver Gesundheitsarbeit vor Ort gründet, könnte durch eine enge Zusammenarbeit mit dem traditionellen Heiler gesichert werden. Eine Professionalisierung des traditionellen Heilers schließt das offensichtliche Risiko ein, den Heiler aus seiner sozio-kulturellen Integration zu reißen, und muß daher vermieden werden.

Es wurde die Ansicht vertreten, daß Kontrolle über die Aktivitäten der traditionellen Heiler von Seiten der Behörden notwendig sei, um Mißbrauch von Macht in der Gemeinde vorzubeugen. Diese Feststellung ist nicht notwendigerweise richtig. Die existierenden Mechanismen der sozialen Kontrolle im Dorf scheinen durchaus wirkungsvoll zu sein und verhindern jede übertriebene Machtausübung eines Individuums in dem Augenblick, in dem diese Macht für andere als für die Gemeinschaft nützliche Zwecke eingesetzt wird. Von dieser Regel einer wirkungsvollen sozialen Kontrolle im ursprünglichen Botswana Dorf muß eine Ausnahme erwähnt werden: Die neue Gruppe der Neo-Herbalisten ist nicht sozio-kulturell integriert und wandert oft von einem Dorf zum nächsten. Eine offizielle Regulierung dieser Aktivitäten ist somit geboten, um Scharlatanerie und reine Profitmacherei zu verhindern.

Der Wert der traditionellen Heilkunst liegt in einem hohen Maß auf dem Feld ihrer psychosozialen Vorstellungen von Gesundheit und Krankheit. Die moderne Medizin muß hier ihren analytischen Blick erweitern und von den ganzheitlichen Anschauungen der traditionellen Medizin lernen, nicht umgekehrt. Vorbeugendes Denken und vorbeugende Handlungen beherrschen die traditionelle Medizin.

Der Verfasser befürwortet nachdrücklich eine Zusammenarbeit zwischen moderner und traditioneller Medizin in Botswana, und zwar als Zusammenarbeit unabhängiger Partner. Diese Kooperation sollte auf verschiedenen Ebenen, lokal wie landesweit, stattfinden und von gegenseitigem Respekt, Offenheit und Interesse an den Ideen und Praktiken der anderen Seite geprägt sein. Gerade auch Ärzte aus Übersee, die in einem Land wie Botswana arbeiten wollen, sollten sich mit den Grundlagen der traditionellen Medizin vor ihrer Ausreise vertraut machen. Die gegenwärtige Gesetzgebung in Botswana, die immer noch stark koloniale Züge trägt, sollte völlig abgeschafft werden.

KAPITEL 7 BOTSWANA UND DIE REGION

7.1 Regionalpolitik im Schatten Südafrikas

Peter Meyns

Einleitung

In der Nacht vom 13. auf den 14. Juni 1985 drangen südafrikanische Kommandoeinheiten nach Gaborone ein, überfielen 10 Häuser in verschiedenen Teilen der Stadt und ermordeten in wenigen Minuten 12 Menschen. Danach kehrten sie in ihren Fahrzeugen über die nur 12km entfernte Grenze nach Südafrika zurück.[1]

Dieser erste offene militärische Angriff Südafrikas auf Botswana löste einen Schock in Gaborone aus. Er verdeutlichte in dramatischer Weise, wie verletzlich Botswana ist – eine Tatsache, der sich die Regierung des Landes allerdings schon seit der Unabhängigkeit schmerzlich bewußt war. Vielfältige Beziehungen der Abhängigkeit von Südafrika, die in die Anfänge der Kolonialzeit zurückreichen, haben zu der Kennzeichnung Botswanas – ebenso wie Lesothos und Swazilands – als "Geiseln Südafrikas" geführt.[2] Doch nicht erst seit dem Angriff vom Juni 1985 ist auch festgestellt worden, daß diese Bezeichnung der Stellung Botswanas im südlichen Afrika nicht gerecht wird.[3] Denn, auch wenn Botswana eher als gemäßigter Staat tituliert wurde und nie eine Führungsrolle im regionalen Befreiungsprozeß beansprucht hat, hat es aus seiner Ablehnung des südafrikanischen Apartheidsystems und jeglichen Rassismus nie einen Hehl gemacht.

---

[1] Dale, R.: Not always so placid a place. Botswana under attack, in: African Affairs, Vol.86, no.342, Jan. 1987, p. 73–91; vgl. auch Kapitel 7.2 unten;

[2] Halpern, J.: South Africa's Hostages: Basutoland, Bechuanaland and Swaziland, Harmondsworth 1965

[3] vgl. Dale, R.: The In Man Out. Sir Seretse Khama of Botswana and the Southern African Subordinate State System, Paper presented to the 17th Annual Meeting of the African Studies Association, Chicago 1974, p.1

In mancher Hinsicht ist gerade Botswana aufschlußreich als Beispiel dafür, wie ein kleines Land, das sich seiner Schwächen bewußt ist, durch unaufdringliche Standhaftigkeit verläßliche Positionen in der regionalen Konfliktkonstellation aufbauen kann.

Regionalpolitik durch das Beispiel nicht-rassischer Herrschaft

Botswanas Stellung in der Region nach seiner Unabhängigkeit im Jahr 1966 war nicht anders als als prekär zu bezeichnen. Geographisch war es fast vollständig von Staaten umgeben, die zur "weißen Allianz" im südlichen Afrika gehörten oder unter ihrer Herrschaft standen: Südafrika, Rhodesien und Namibia. Erschwerend kam hinzu, daß ein Jahr zuvor die Siedlerminderheit in Rhodesien sich durch eine "einseitige Unabhängigkeitserklärung" (UDI) von England losgesagt hatte und mit Wirtschaftssanktionen der UNO belegt worden war. Nur mit Zambia hatte Botswana bei Kazangula am Zambezi einen Berührungspunkt zum unabhängigen Afrika. Ökonomisch gehörte Botswana, nicht zuletzt auf Grund der Vernachlässigung durch die Kolonialmacht England, zu den ärmsten Entwicklungsländern. Schließlich und vor allem war die Struktur der Wirtschaft des Landes durch eine weitgehende Abhängigkeit von Südafrika geprägt. Im Vorfeld der Unabhängigkeit hatte Südafrika zudem deutlich zu erkennen gegeben, daß es nicht tolerieren würde, wenn die BLS-Staaten radikalen Apartheidgegnern Unterschlupf gewähren würden.[4]

Die Konsequenz dieser objektiven Lage für Botswanas Politik ist oft benannt worden:

> "In undertaking both domestic initiatives and in interacting with her neighbours and the world, Botswana always has to consider the impact of such actions upon the bilateral relationship with the Pretoria regime."[5]

Ein anderer Autor sprach von einer "begrenzten Lebensfähigkeit", wobei die Begrenzung von der Reaktion Südafrikas auf die Politik Botswanas abhinge, die wiederum, da sie von der jeweiligen Perzeption bestimmt wird, nicht ein für allemal feststehe. Wie weit Botswana daher

---

[4]   Nolutshungu, S.: South Africa in Africa. A Study in Ideology and Foreign Policy, New York 1975, p.135 f.

[5]   Kostiuk, N.: Botswana., in: Shaw, T./Aluko, O. (Hrsg.): The Political Economy of African Foreign Policy, New York 1984, p.69

"could antagonise South Africa with tolerable consequences for itself...
would be a matter of judgement on which experience alone could finally
decide."[6]

Unvermeidlicherweise ging Botswana von der Bereitschaft aus, die Zusammenarbeit mit Südafrika fortzusetzen und gutnachbarschaftliche Beziehungen zu pflegen. Wesentliche Elemente der wirtschaftlichen Zusammenarbeit und Abhängigkeit von Südafrika waren – und sind bis heute – die Mitgliedschaft in der SACU sowie die Entsendung von Wanderarbeitern nach Südafrika. In Bezug auf die SACU gelang es den drei BLS–Staaten 1969, einen für sie günstigeren Verteilungsschlüssel für die Zolleinnahmen mit Südafrika auszuhandeln.[7] Für alle drei Länder sind die Einkünfte aus dem SACU–Abkommen seit ihrer Unabhängigkeit eine der wichtigsten staatlichen Einnahmequellen. Ebenso ist die Entsendung von Wanderarbeitern nach Südafrika für Botswana von Bedeutung, denn die Beschäftigungsmöglichkeiten in der einheimischen Wirtschaft sind begrenzt. Zum Zeitpunkt der Unabhängigkeit wurden jährlich 45000 Wanderarbeiter in Botswana rekrutiert, in den 80er Jahren betrug die Zahl immer noch um 20000 pro Jahr.

Ungeachtet der engen Einbindung in die von Südafrika dominierten regionalen Wirtschaftsstrukturen gehörte für die Regierung Botswanas unter der Führung ihres Präsidenten, Sir Seretse Khama, der Aufbau eines nichtrassischen politischen Systems im eigenen Land sowie die Ablehnung rassischer Diskriminierung und die Unterstützung der afrikanischen Befreiung in den anderen Ländern der Region von Anfang an zu den grundlegenden politischen Überzeugungen. Auch wenn Botswana sich in den ersten Jahren seiner Unabhängigkeit regionalpolitisch zurückhaltend verhielt, erklärte Khama vor der Gipfelkonferenz der Blockfreien in Lusaka 1970 in aller Öffentlichkeit, wie er die schwierige Lage Botswanas beim Eintreten für diese Grundsätze sieht:

"If we appear reluctant to play an active and prominent role in the
struggle for the establishment of majority rule throughout Southern
Africa it is not because we are unconcerned about the plight of our
oppressed brothers in the white–ruled states of our region. Rather, it is
because we are concerned about our peculiarly exposed position and the
severe limitations it imposes on us. We want to see majority rule established not only throughout Southern Africa but throughout our con-
tinent. And we are determined to contribute towards the achievement of

---

[6]   Nolutshungu, S., op. cit., p.136
[7]   Hudson, D.: Botswana's Membership of the Southern African Customs
      Union., in: Harvey, Ch. (Hrsg.): Papers on the Economy of Botswana,
      London 1981

this noble goal. We are aware, however, that there is a limit beyond
which our contribution cannot go without endangering our very independence."[8]

Auch wenn Botswana die UN-Sanktionen gegen Rhodesien guthieß, sah es
sich schon aus dem Grund außerstande, sie selbst konsequent anzuwenden,
weil die Eisenbahn in Botswana, die von Rhodesien nach Südafrika führt,
im Besitz des Smith-Regimes war und auf dem Territorium Botswanas von
den "Rhodesian Railways" betrieben wurde. Boykottmaßnahmen hätten somit
Botswanas eigenen wichtigsten Verbindungsweg in den Süden lahmgelegt.[9]
Auf einer anderen Ebene hat Botswana die Aufnahme diplomatischer Beziehungen und den Austausch von Botschaftern mit dem Apartheidregime in
Südafrika von Anfang an abgelehnt. Ein Autor hat dies als " a trivial in-
convenience" bezeichnet, da ohnehin regelmäßige offizielle Kontakte zwischen beiden Staaten stattfinden.[10] Diese Auffassung verkennt, wie sehr
Südafrika formalisierte Beziehungen mit afrikanischen Staaten während der
"outward-movement"-Politik und seither angestrebt hat. Ähnlich verhält es
sich mit der Weigerung Botswanas, von Südafrika Entwicklungshilfe anzunehmen. Die spätere Ablehnung von Südafrikas Strategie der regionalen
Kooperation ist hier schon angelegt.

Worin Khama vor allen Dingen die Möglichkeit Botswanas sah, zum Wandel im
südlichen Afrika beizutragen, brachte er ebenfalls in seiner Rede vor dem
Blockfreiengipfel in Lusaka zum Ausdruck:

"I have also believed that Botswana can make a real contribution to the
solution of the problems of Southern Africa by demonstrating that there
are viable alternatives to the courses which the minority regimes have
chosen."[11]

Es genügt, sich die bei den Weißen in Südafrika verbreitete Auffassung zu
vergegenwärtigen, die Schwarzen seien zu geordnetem politischem Zusammenleben unfähig, um die Bedeutung eines solchen Beitrages zu erkennen.

---

[8] Khama, S., President of Botswana, Third No-Aligned Nations Summit
Conference, Lusaka/Zambia 8-10 Sept. 1970, Lusaka o.D., p.97
[9] Morgan, E.Ph.: Botswana - Democratic Politics and Development., in:
Carter, G./O'Meara, P. (Hrsg.): Southern Africa in Crisis, Bloomington
1977, p.206
[10] Hill, C.H.: Independent Botswana: Myth or Reality?, in: The Round Table,
no.245, Jan. 1972, p.59
[11] Khama, S., Third Non-Aligned Nations Summit Conference, op. cit., p.99

Angesichts der ungleichen Machtverhältnisse zwischen Südafrika und Botswana entspricht er durchaus den realistischen Möglichkeiten eines kleinen Staates. In der Tat liegen Botswanas

"strengths...more at the persuasive than at the coercive end of the influence continuum",

wie Dale, der diesen Aspekt in den Mittelpunkt seiner Analyse der Außenpolitik Botswanas stellt, hervorhebt.[12] Es war durchaus angebracht, daß Khama seine Antrittsrede vor der Blockfreienbewegung für seine Überlegungen zum regionalpolitischen Beitrag seines Landes benutzte, denn sie stehen im Einklang mit wichtigen Elementen des zur herkömmlichen Machtpolitik alternativen Politikverständnisses der Blockfreiheit.[13]

Wichtig für Botswana, um seinen außen- und regionalpolitischen Handlungsspielraum zu erweitern, war es zweifellos auch, Beziehungen wirtschaftlicher Zusammenarbeit zu internationalen Partnern aufzubauen und damit

"the possibility of a trade-off of interests between the international system and the local Southern African subsystem"

zu nutzen.[14] Hierum bemühte sich Botswana nach seiner Unabhängigkeit mit Erfolg. So entstanden in den 70er Jahren eine Vielzahl von Beziehungen mit westlichen Staaten (England, USA, BRD, den nordischen Ländern u.a.m.), die Botswana Entwicklungshilfe gewährten. Dazu kamen multilaterale Finanzierungsquellen.[15]

Schon Ende der 60er Jahre wurde zudem erkennbar, daß Botswana ein ungleich größeres wirtschaftliches Potential hatte als bis dahin angenommen. Beträchtliche Rohstofflager von Kupfer/Nickel, Kohle und vor allem Diamanten wurden entdeckt. Gepaart mit der schon erwähnten Revision des SACU-Abkommens, die Botswana ab 1969 größere Einnahmen erbrachte, und einer erfolgreichen Entwicklung der Viehwirtschaft, die durch günstige Abnahmevereinbarungen mit der EG gefördert wurde, führte die Erschließung der Kupfer/ Nickel- und Diamantenvorkommen in den 70er Jahren zu hohen

---

[12] Dale, R.: Botswana's Foreign Policy: State and Non-State Actors and Small Power Diplomacy, Paper presented to the 23rd Annual Meeting of the African Studies Association, Philadelphia 1980, p.22; vgl. auch Dale, R., The In Man Out, op. cit.

[13] Meyns, P.: Einheit und Heterogenität. Ansätze zur Erklärung der Blockfreiheit in der Weltpolitik., in: Nuscheler, F. (Hrsg.): Dritte Welt-Forschung. Entwicklungstheorie und Entwicklungspolitik, PVS, Sonderheft Nr. 16/1985

[14] Henderson, W.: Independent Botswana. A Reappraisal of Foreign Policy Options, in: African Affairs, Vol.73, no.290, Jan. 1974, p.38

[15] Stevens, M.: Aid Management in Botswana: From One to Many Donors, in: Harvey, Ch. (Hrsg.): Papers on the Economy of Botswana, op.cit.

Wachstumsraten. Vor allem die Diamantenvorkommen machten Botswana zu "an African growth economy".[16] Ihre Dominanz in der Wirtschaftsstruktur Botswanas wurde zu Beginn der 80er Jahre noch größer, als die dritte Mine ihre Produktion aufnahm. Seit 1984 kommen jährlich mehr als 70% der Exporteinnahmen Botswanas aus dem Verkauf von Diamanten. Botswana ist inzwischen der größte Diamantenproduzent in der Welt, noch vor Südafrika.[17]

Die geringe Größe des inländischen Marktes hat zur Folge, daß Botswana sowohl für Konsum- als auch für Investitionsgüter nach wie vor stark importabhängig ist. Zu 80% bezieht es seine Importe aus Südafrika. Die Erschließung der Rohstoffvorkommen hat jedoch die Exportfähigkeit des Landes so gestärkt, daß es keine außenwirtschaftlichen Zahlungsschwierigkeiten hat. Botswana gehört damit zu den wenigen afrikanischen Staaten, die mit ihrer Auslandsverschuldung keine Probleme haben.

Die starke Konzentration des wirtschaftlichen Aufschwungs in Botswana auf wenige Sektoren gibt, was die internen sozio-ökonomischen Differenzierungsprozesse anbelangt, gewiß auch Anlaß zu kritischen Anmerkungen.[18]

Die regionalpolitische Stellung des Landes wurde aber durch die gesamtwirtschaftliche Stabilisierung gestärkt und sein Entscheidungsspielraum erweitert. Gepaart mit der nicht-rassischen politisch-moralischen Grundüberzeugung der politischen Führung hat sie der Regierung eine solide Grundlage in ihrer Orientierung auf die Ziele der Befreiung im südlichen Afrika gegeben, die 1969 im "Lusaka-Manifest" zum Ausdruck gebracht wurden.

Botswana hatte an der "Konferenz ost- und zentralafrikanischer Staaten" in Lusaka im April 1969 nicht teilgenommen. Das dort verabschiedete Manifest, das maßgeblich von den Staatschefs von Tanzania (Julius Nyerere) und Zambia (Kenneth Kaunda) inspiriert wurde, fand jedoch die Zustimmung Botswanas und ermöglichte es ihm, seinen Platz an der Seite der afrikanischen Staaten zu finden. Auf dem Gipfeltreffen der OAU im September 1969 und erneut vor der Generalversammlung der UNO im selben Monat erklärte Botswana seine Unterstützung des Lusaka-Manifests. Beide Male war Bo-

---

[16]   Hartland-Thunberg, P.: Botswana: An African Growth Economy, Boulder 1978
[17]   Economist Intelligence Unit: Country Profile 1987-88: Botswana, Lesotho, Swaziland, London 1987, p.21-31
[18]   vgl. Weimer, B.: Unterentwicklung und Abhängigkeit in Botswana. Untersuchung einiger politisch-ökonomischer Determinanten, Hamburg 1981

tswana erstmals durch seinen Präsidenten Sir Seretse Khama vertreten. Für Botswana ist der Kern des Lusaka-Manifests der Wunsch, einen friedlichen Wandel im südlichen Afrika herbeizuführen. Seretse Khama hob folgende Aussage des Manifests hervor:

> "If peaceful progress to emancipation were possible, or if changed circumstances were to make it possible in the future, we would urge our brothers in the resistance movements to use peaceful methods of struggle even at the cost of some compromise on the timing of change."[19]

Andererseits meldete er gegen die ebenfalls im Lusaka-Manifest erhobene Forderung, Südafrika aus der UNO auszuschließen und einem Handelsboykott zu unterwerfen, Bedenken an.[20] Dieser Vorbehalt fand bei den anderen afrikanischen Staaten Verständnis. Insbesondere Tanzanias Präsident Nyerere, ein engagierter Befürworter entschiedener Maßnahmen zur Befreiung des südlichen Afrika, brachte dies zum Ausdruck, als er 1967 sagte:

> "All independent Africa...calls for the complete trade boycott of South Africa and Southern Rhodesia. But if Lesotho or Botswana tried to implement it they would be condemned to complete economic collapse — and might even be militarily occupied by South Africa as well. In neither case could the rest of Africa do anything effective to help. The job of these two countries is to survive, with as little cooperation as is consistent with that survival. We can ask that they should not embrace the racialist states that surround them; we can ask that they should do everything possible to assert the principle of human dignity. But we should not ask them to commit suicide."[21]

Im Rahmen seiner begrenzten Möglichkeiten steckte Botswana seine Stellung in der Region in diesem Sinne ab. Aus der Stellungnahme von Seretse Khama vor der OAU 1969 ging hervor, daß er den sich zu dem Zeitpunkt bereits abzeichnenden wirtschaftlichen Aufschwung Botswanas als wichtige Voraussetzung ansah, die eigenständige Position seines Landes auszubauen:

> "We are now on the threshold of new development; since independence it has been discovered that we are blessed with mineral resources; ... Despite all the handicaps of geography, climate and legacy of colonial neglect, the people of Botswana have now embarked on the struggle to

---

[19] zit. nach: Khama, S., Statement on the Lusaka Manifesto at the OAU Summit Conference, Addis Ababa, 6–9 Sept. 1969, in: Carter, G.M./ Morgan, E.Ph. (Hrsg.): From the Frontline. Speeches of Sir Seretse Khama, London 1980, p.53

[20] ders., op. cit., p.54

[21] Nyerere, J.: Tanzanian Policy on Foreign Affairs. Address at the TANU National Conference, 16th Oct. 1967, Dar es Salaam 1967, p.16

reduce our dependence on neighbouring white-ruled territories. ...Botswana must achieve such economic viability as will enable her to live up to her commitment to her citizens and her commitment to this Organization and humanity as a whole."[22]

Das Lusaka-Manifest wurde zur Richtschnur der Regionalpolitik Botswanas in den folgenden Jahren. Khama trat international verstärkt für die Ziele des Lusaka-Manifests ein und forderte die westlichen Staaten auf, zum friedlichen Wandel im südlichen Afrika beizutragen.[23] Auch seine Zusammenarbeit mit den anderen Staaten Afrikas intensivierte Botswana auf der Grundlage des Lusaka-Manifests.

Die Gruppe der Frontstaaten

Die Wende in der regionalen Entwicklung, die mit dem Zusammenbruch des portugiesischen Kolonialreichs und der Unabhängigkeit Angolas und Mozambiques 1974/75 eintrat, beeinflußte auch die Stellung Botswanas. Die Lage der BLS-Staaten und der vorhersehbar wachsende Widerstand gegen die weißen Minderheitsregimes rechtfertigten schon, als jene unabhängig wurden, die Prognose, daß sie "could not keep out of the struggle and developments in Southern Africa."[24] Dadurch, daß es den Berührungspunkt mit Zambia und damit zum unabhängigen Afrika hatte, war Botswana bereits vor seiner Unabhängigkeit zum Transitland für Flüchtlinge und politische Aktivisten aus Südafrika geworden.

Die Eskalation des Befreiungskampfes in Zimbabwe Mitte der 70er Jahre zog Botswana dann zunehmend in diesen Konflikt hinein. Neben dem Nordosten und Osten Zimbabwes entwickelte sich der Südwesten, der an Botswana angrenzt, zu einem wichtigen Schauplatz des bewaffneten Kampfes. Die Folge waren Übergriffe der Armee des Smith-Regimes und ein anwachsender Flüchtlingsstrom. Bis 1979 hatte das Smith-Regime Botswanas Grenze wiederholte Male verletzt.[25] Durch die wachsende Unsicherheit in diesem Teil sei-

---

[22] Khama, S., Statement on the Lusaka Manifesto, op. cit., p.52
[23] Khama, S., Address on Botswana and Southern Africa to the Foreign Policy Society, Copenhagen, 13. Nov. 1970, in: Carter/Morgan (Hrsg.): From the Frontline, op.cit., p.103 ff.
[24] Magubane, B.: Botswana, Lesotho and Swaziland. South Africa's Hostages in Revolt, in: Callaghy, T. (Hrsg.): South Africa in Southern Africa, New York 1983, p.361
[25] ders., op. cit., p.360 (Er spricht von über 100 Grenzverletzungen.)

nes Landes sah sich Botswana sogar gezwungen, 1977 eine eigene Armee aufzubauen.[26] Gleichzeitig stieg die Zahl der Flüchtlinge sprunghaft an. Viele wurden gleich nach Zambia weitergeleitet, wo sie die Möglichkeit hatten, sich der Befreiungsbewegung anzuschließen. Aber auch die Flüchtlingslager in Botswana, die rein humanitären Charakter hatten, füllten sich und beherbergten 1979, vor dem Lancaster House – Unabhängigkeitsabkommen, 23300 Menschen.[27]

Die neue Situation im südlichen Afrika führte auch zu einer engeren Zusammenarbeit der afrikanischen Staaten. Auslöser war die détente-Initiative, mit der Südafrika eine friedliche Lösung in Zimbabwe in seinem Sinne herbeiführen wollte. Zambia hatte 1974 zunächst mit Südafrika Geheimverhandlungen geführt, die, als sie bekannt wurden, nicht die ungeteilte Zustimmung der OAU-Staaten fanden.[28] Ende 1974 bildeten dann Tanzania, Botswana und die FRELIMO, die gerade die Verantwortung für die Übergangsregierung in Mozambique übernommen hatte, mit Zambia die Gruppe der Frontstaaten, deren Tätigkeit 1975 das Plazet der OAU erhielt.[29]

Botswanas Beteiligung an der Gruppe der Frontstaaten beruhte darauf, daß deren Bemühungen um die Unabhängigkeit Zimbabwes das Lusaka-Manifest, das die Suche nach friedlichen Konfliktlösungen in den Vordergrund stellt, zur Grundlage hatten. Allerdings hatte das Lusaka-Manifest, wenn alle Wege zu friedlichen Lösungen im südlichen Afrika versperrt sein sollten, die Unterstützung des bewaffneten Kampfes nicht ausgeschlossen. Botswana hatte seine Haltung zu dieser Frage schon frühzeitig formuliert, als Khama 1970 erklärte:

"We do not condemn those who resorted to violence when all other paths were closed to them. We recognize that it is the violence of oppression which gives rise to the violence of resistance and liberation. But in Botswana's exposed and defenceless position we cannot allow ourselves to be used as a springboard for violence against the minority regimes which surround us. Nor do our brothers in independent Africa and in liberation movements expect this of us. They recognize that we are de-

---

[26] Dale, R.: The Creation and the Use of the Botswana Defence Force, in: The Round Table, no.290, 1984

[27] Thompson, C.: Challenge to Imperialism. The Frontline States in the Liberation of Zimbabwe, Harare 1985, p.83 und 85; zum Vergleich: Zambia beherbergte 1979 57000 Flüchtlinge, davon ca. 40000 aus Zimbabwe; Mozambique 150000, alle aus Zimbabwe.

[28] Kostiuk, N.: Botswana, in: Shaw/Aluko (Hrsg.), op. cit., p.70

[29] Thompson, C., op. cit., p.14-17

termined to contribute to the total liberation of Africa. They know too that there is a limit beyond which our contribution cannot go without endangering our very independence, and the example of equality, dignity and sanity this independence presents."[30]

Diese Haltung hat Botswana auch als Mitglied der Frontstaaten beibehalten. Sie beinhaltet, daß Befreiungsbewegungen keinerlei militärische Aktivität in Botswana ausüben dürfen, wie z.B. die Einrichtung von Lagern, die Durchführung militärischer Ausbildung oder die Benutzung von Botswana als Ausgangspunkt für Angriffe in ihren Heimatländern. Selbst der Besitz von Waffen, Munition und Sprengstoff in Botswana ist ihnen untersagt.[31] Zur Durchsetzung dieser Politik stehen Botswana aber vergleichsweise schwache eigene Sicherheitskräfte zur Verfügung. Mit Polizeikräften von etwa 1260 und, seit 1977, einer 3000 Mann starken Armee hat Botswana von allen Frontstaaten die bei weitem kleinste Militärmacht.[32] Festnahmen von bewaffneten Guerillas, denen in der Regel deren Abschiebung ins afrikanische Ausland folgt, zeugen vom Einsatz der Sicherheitskräfte Botswanas. Zugleich hat Botswana jedoch geltend gemacht, daß es angesichts der Länge seiner Grenzen nicht mit Sicherheit ausschließen könne, daß einzelne Gruppen von Guerillas durch das Netz hindurchschlüpfen.[33]

Eine andere Frage ist die Haltung Botswanas zu den, wie es heißt, "genuinen politischen Flüchtlingen", die Asyl suchen und nicht an der Vorbereitung von Guerillaaktivitäten beteiligt sind. Es ist seit der Unabhängigkeit ein Grundsatz der Regionalpolitik Botswanas gewesen, solchen politischen Flüchtlingen Zuflucht zu gewähren.

---

[30] Khama, S., Address on Developing Democracy in Southern Africa at the Dag Hammarskjöld Centre, Uppsala, 11. Nov. 1970, in: Carter/Morgan (Hrsg.): From the Frontline, op. cit., p.102; vgl. auch ebd. p.113
[31] Polhemus, J.H.: Botswana's Role in the Liberation of Southern Africa, in: Picard, L. (Hrsg.): The Evolution of Modern Botswana, London 1985, p.264 f.
[32] Dale, R.: The Creation and the Use of the Botswana Defence Force, op. cit., p.222
[33] Polhemus, J.H., op. cit., p.265 f.

Botswana - Initiator der SADCC

Seit 1978 verfolgt Südafrika unter der Herrschaft von P.W. Botha die sog.
"totale nationale Strategie", um nach der Wende in der regionalen Entwicklung von 1974/75 ein neues regionales Gleichgewicht unter seiner Vorherrschaft zu errichten.[34] Gerade die BLS-Staaten, die schon Mitglied der SACU
waren, versuchte Südafrika, noch fester in seinen Enflußbereich einzubinden. Ausdruck davon war die Strategie zur Gründung einer "Constellation
of Southern African States" (CONSAS), die Südafrika 1979 lancierte. Voran-
gegangen war, daß die ersten Bantustans in eine "Unabhängigkeit" von
Südafrikas Gnaden entlassen worden waren (die Transkei 1976, Bophuthatswana 1977, Venda 1979; 1981 folgte die Ciskei). CONSAS als eine regionale
Wirtschaftsgemeinschaft war in erster Linie "an attempt to redress the
glaring economic inequacies of separate development."[35] Südafrika wollte
jedoch 'zwei Fliegen mit einer Klappe schlagen' und durch die Einbeziehung
schwarzafrikanischer Staaten seiner Bantustan-Politik internationale Anerkennung verschaffen.

So ausdauernd Botswana jahrzehntelang gegen seine Inkorporation in Südafrika als weiteres "bantustan" Widerstand geleistet hatte, so eindeutig
lehnte es seine "Bantustanisierung" im Rahmen der CONSAS ab. Auch Lesotho und Swaziland verweigerten die Mitgliedschaft in der CONSAS.

Natürlich begreift Südafrika auch die SACU als Bestandteil seiner gesamten
regionalen Strategie, so daß sich die Frage einer möglichen Aufkündigung
durch die BLS-Staaten stellt. Ökonomisch hätte Botswana durch den Reich-
tum seiner Rohstoffvorkommen noch am ehesten die Voraussetzungen dafür.
Einen Schritt zu größerer wirtschaftspolitischer Eigenständigkeit vollzog
Botswana 1976, als es seine eigene Währung, den Pula, einführte, während
Lesotho und Swaziland der "Rand Monetary Area" angegliedert blieben. Der
Wechselkurs des Pula orientiert sich seitdem nur noch zu 75% am Rand.[36]
Für alle drei Länder bedeutet die Zollunion aber nach wie vor eine nicht
unerhebliche staatliche Einnahmequelle. Andererseits bestehen wenig Zweifel

---

[34] vgl. Meyns, P.: Das Südliche Afrika nach Nkomati. Die Regionalpolitik
      von Botswana, Mozambique und Zimbabwe, Hamburg 1987, p.12 ff.
[35] Geldenhuys, D.: The Constellation of Southern African States and the
      Southern African Development Coordination Council: Towards a New
      Regional Stalemate?, (South African Institute of International Affairs,
      Special Study) Braamfontein 1981, p.7
[36] The Botswana Guardian, 16.8.1985

darüber, daß die Zollunion die Industrialisierungsmöglichkeiten von Botswana zugunsten von Südafrika beeinträchtigt und damit auch die Schaffung von neuen Arbeitsplätzen behindert. Sie festigt damit in zweifacher Hinsicht die Abhängigkeit Botswanas von Südafrika. Es liegt daher nahe, den Schluß zu ziehen, daß der Austritt aus der SACU für Botswana entwicklungspolitisch sinnvoll wäre.[37]

Allen Befürwortern eines solchen Schrittes ist bewußt, daß er ökonomisch nicht genau zu beziffernde Übergangskosten verursachen würde, einmal abgesehen von den politischen und wirtschaftlichen Repressalien, die Südafrika jederzeit ergreifen kann. Tatsächlich entspricht er auch nicht der vorsichtigen, größere Brüche vermeidenden Regionalpolitik Botswanas. So äußerte sich Präsident Masire wie folgt zu einem möglichen SACU-Austritt:

"There were some people, particularly in the early 1980s when our diamond revenues were increasing rapidly, who urged us to withdraw from the Customs Union: they said we were seeking financial benefits at the expense of principle. However, I am afraid we had to see things differently: some of our principles must involve commitments to preserving the economic well-being of the average citizen and providing opportunities for the improvement of the lives of our people, many of whom still live in conditions of deprivation, despite rapid growth in some sectors of our economy. We also have to consider the possible loss of the commitments contained in the Customs Union for freedom of transit for our imports and exports. I think it is more realistic to do everything possible to safeguard the independence and stability of a country than to engage in political gestures which might only serve to undermine the genuine interests of the country and its people."[38]

Wofür Botswana jedoch sich zu engagieren bereit war, waren alternative Beziehungen wirtschaftlicher Kooperation mit seinen schwarzafrikanischen Nachbarn. Schon in seiner Rede vor der Blockfreienkonferenz in Lusaka 1970 hatte Seretse Khama sich für den Ausbau der "kollektiven Selbständigkeit" der blockfreien Staaten untereinander und insbesondere der schwachen Länder im südlichen Afrika ausgesprochen.[39] Die Zusammenarbeit mit Zambia war ein erster Schritt in diese Richtung. 1979 war Seretse Khama dann der maßgebliche Initiator der regionalen wirtschaftlichen Kooperation

---

[37] Weimer, B.: Die Zollunion im Südlichen Afrika. Ein Stabilitätsfaktor in einer instabilen Region?, in: Afrika Spectrum, 19. Jg., 1984, Heft 1, p.12-13 und ff.; Mosley, P.: The Southern African Customs Union - A Reappraisal., in: World Development, Vol.6, no.1, Jan. 1978

[38] Masire, Q.K.J.: Botswana Foreign Policy Perspectives, Address at the Dag Hammarskjöld Centre, Uppsala, May 4, 1984, in: Development Dialogue, 1984, 1-2, p.145 f.

[39] Khama, S., Third Non-Aligned Nations Summit Conference, op. cit., p.99-101

der schwarzafrikanischen Staaten im Rahmen der SADCC.[40] Diese Initiative war zweifellos ein wichtiger Beitrag Botswanas zur regionalen Entwicklung. Sich der Verletzlichkeit der eigenen Stellung bewußt, sah Botswana in der regionalen Kooperation einen Weg, neben der politischen auch die wirtschaftliche Unabhängigkeit zu stärken und damit größere regionalpolitische Entscheidungsfreiheit in den Beziehungen zu Südafrika zu erlangen. Die erste Priorität, stellte Khama fest, besteht darin

"to enlarge our freedom of choice. When there are no options the process of decision taking is an empty one."[41]

Insbesondere ging es Botswana um Transportwege zu Überseehäfen außerhalb Südafrikas. Mit der Unabhängigkeit Zimbabwes bot sich die Möglichkeit an, den Hafen von Beira in Mozambique zu benutzen, und auch die Häfen Benguela in Angola und Dar es Salaam in Tanzania wurden auf bereits existierenden Eisenbahnverbindungen erreichbar.[42] Für die Zukunft, die Unabhängigkeit Namibias und seine SADCC-Mitgliedschaft vorausgesetzt, gab der Plan einer Trans-Kalahari-Eisenbahn nach Walvis Bay Anlaß zu hohen Erwartungen. Bei entsprechender Streckenführung würde sie die Erschließung der großen Kohle- und Soda Asche-Vorkommen im Norden Botswanas begünstigen.[43]

Für Botswana ist regionale Kooperation eine Strategie friedlichen Wandels, und es hält – wie auch die anderen SADCC-Mitglieder – ungeachtet der seit Beginn der 80er Jahre intensivierten südafrikanischen Destabilisierungspolitik in der Region daran fest. Angesichts der offensichtlich auch gegen die SADCC gerichteten Regionalstrategie Südafrikas – siehe die wiederholten Angriffe auf die Transportwege in Mozambique – erklärte Masire 1984 auf dem SADCC-Gipfel:

---

[40] So sagte Zimbabwes Premierminister Mugabe 1982: "I think I am entitled to say that in some ways the SADCC idea is a Botswana idea.", Reply by the Prime Minister, the Hon. R.G. Mugabe, to the Opening Speech by President Quett Masire of Botswana at the Third SADCC Summit Meeting, Gaborone, 22nd July 1982, p.1

[41] Khama, S.: Introduction, in: Nsekela, A. (Hrsg.): Southern Africa. Toward Economic Liberation, London 1981, p.ix.

[42] Polhemus, J.H., op. cit. p.267

[43] Green, R.H.: Economic Co-ordination, Liberation and Development: Botswana – Namibia Perspectives., in: Harvey, Ch. (Hrsg.): Papers on the Economy of Botswana, op. cit. (Green zur Trans-Kalahari-Bahn: "a most unusually favourable perspective", p.189; sein Kalkül basiert auf einem exportgeleiteten Entwicklungsmodell. Ein Problem ist der Status von Walvis Bay nach der Unabhängigkeit Namibias.)

"Progress towards our goals requires peace. From its inception SADCC has sought to be a force for stability and for peace in a turbulent region. We seek to contribute to a break in this region's cycle of violence by concentrating our efforts on overcoming the legacy of colonial fragmentation and underdevelopment. Yet we have never had the peace we require to pursue our objectives. Several of our member states have throughout the year – as in previous years – suffered from acts of aggression and destabilisation, directly or indirectly carried out by South Africa. A cessation of these hostile acts would greatly reduce the obstacles to the realisation of our economic goals. But whatever the future may hold, we shall never accept the perpetuation of our excessive economic dependence on South Africa or on any other country."[44]

Als Initiator der SADCC wurde Botswana zum ersten Vorsitzenden gewählt. Auch das 1982 eröffnete Sekretariat der SADCC wurde in Gaborone eingerichtet. 1984 und erneut 1987 wurde Botswana für jeweils weitere drei Jahre mit dem Vorsitz des Gipfeltreffens, dem obersten Organ der SADCC, und des Ministerrates betraut.[45] Dies läßt die Satzung der SADCC zu. Dennoch ist darin zugleich ein deutlicher Vertrauensbeweis für die wichtige Rolle Botswanas in der SADCC zu sehen.

Botswana und Zimbabwe: Kooperation und zeitweilige Spannungen

Erfolgreiche regionale Kooperation beruht zuallererst darauf, daß die beteiligten Staaten darin ihre eigenen nationalen Interessen und ihren eigenen nationalen Vorteil gut aufgehoben sehen. In der Gruppe der Frontstaaten und in der SADCC wird dieses Moment durch die Existenz des Apartheidregimes als die regional dominierende Macht konstituiert. Auch wenn es offensichtlich starke Unterschiede zwischen ihnen gibt und alle in der einen oder anderen Weise mit Südafrika Kontakte unterhalten, entspricht es ihrem jeweiligen nationalen Interesse, durch die Kooperation miteinander eine größere Distanz bzw. mehr Handlungsfreiheit in ihrem Verhältnis zu Südafrika zu erreichen.

Dieses gemeinsame Interesse schließt Differenzen zwischen einzelnen Staaten in der Region nicht aus. Nationale und regionale Interessen sind nicht immer leicht auf einen Nenner zu bringen. So hat es auch im Verhältnis von

---

[44] Masire, Q.K.J., Opening Statement, in: Rep. of Botswana, SADCC Summit Meeting, Gaborone, 6th July, 1984
[45] The Botswana Guardian, 13.7.1984; Closing Communiqué of the SADCC Summit Meeting, Lusaka, 24.7.1987

Botswana und Zimbabwe zeitweilige Spannungen gegeben, und zwar im sicherheitspolitischen wie im wirtschaftlichen Bereich.

Nach der Unabhängigkeit Zimbabwes brachen im Südwesten des Landes Dissidentenkämpfe aus, gegen die die Regierung Zimbabwes mit großer Härte vorging. Die Unsicherheit in dieser Region hatte eine erneute Flüchtlingsbewegung über die Grenze nach Botswana zur Folge. Zimbabwe verlangte die Repatriierung der Flüchtlinge, da es in ihnen tatsächliche oder potentielle Dissidenten sah. Botswana beharrte jedoch auf den Grundsätzen seiner Flüchtlingspolitik und mußte sich von der Presse Zimbabwes den Vorwurf gefallen lassen, Dissidenten Unterschlupf zu gewähren und mit den Feinden Zimbabwes gemeinsame Sache zu machen.[46] Botswana erinnerte seinerseits daran, daß Flüchtlinge auch das Verbot aggressiver Handlungen gegen ihr Herkunftsland zu beachten haben.

Die zeitweiligen Spannungen zwischen beiden Ländern legten sich, als klar wurde, daß Botswana bewaffnete Dissidenten, die es auf seinem Territorium aufgriff und die offensichtlich keine "genuinen Flüchtlinge" waren, nach Zimbabwe zurückschickte.[47] Anfang 1984 bezeichnete der Außenminister Zimbabwes die Beziehungen zu Botswana wieder als ausgezeichnet.[48] Nachdem in Zimbabwe Ende 1987 die beiden Parteien, die ZANU-PF des Regierungschefs Mugabe und die PF (ZAPU), deren Oppositionsrolle der Hauptgrund für die Dissidentenaktivitäten im Südwesten des Landes war, beschlossen, sich zu vereinigen, normalisierten sich die Beziehungen weiter. Denn nun begannen die Flüchtlinge in Botswana, deren Zahl 1987 bei etwa 3500 lag, wieder freiwillig zurückzukehren. Im Lauf des Jahres 1988 kehrten bereits über 1000 von ihnen nach Zimbabwe zurück.

Für Botswana war es in dieser Frage von großer Bedeutung, in den Beziehungen mit dem befreundeten Frontstaat Zimbabwe seine Grundsatzposition in Bezug auf Flüchtlinge und politisches Asyl aufrechtzuerhalten, um seine Glaubwürdigkeit in gleicher Angelegenheit gegenüber Südafrika zu bewahren.

Auch im wirtschaftlichen Bereich kam es zu Differenzen zwischen Botswana

---

[46] The Herald (Harare), 28.3.1983 ("We won't interfere, pledges Botswana") – Der Informationsminister Botswanas gab der Presse Zimbabwes den Rat, mehr zu tun "educate themselves about our politics", ebd.

[47] The Herald, 21.6.1983 ("Botswana hands dissidents back to Zimbabwe"); 31.7.1984 ("Botswana returns over 300 bandits")

[48] The Herald, 27.1.1984 ("Botswana dialogue blow to dissidents – Mangwende"); ebenso äußerte sich der Sicherheitsminister Zimbabwes, E. Munangagwa, in einem Gespräch mit dem Verfasser am 30.8.1985 in Harare.

und Zimbabwe. Sie betrafen den bilateralen Handelsaustausch. Auch hier
war es Zimbabwe, das aktiv wurde. 1984 wurde das Problem aufgeworfen,
daß einige Firmen, vor allem in der Bekleidungsbranche, sich in Francistown niedergelassen hatten und von den günstigeren Investitions- und Pro-
duktionsbedingungen in Botswana profitierten, um vornehmlich nach Zimbabwe zu exportieren. Sie waren teilweise erst nach der Unabhängigkeit
Zimbabwes nach Botswana übergesiedelt. Sie profitierten dort zusätzlich von
dem seit 1956 bestehenden OGIL-Abkommen zwischen den beiden Ländern,
nach dem Güter aus Botswana, die einen lokalen Produktionsanteil (Wertschöpfung) von mindestens 20% haben, ohne Beschränkungen nach Zimbabwe
eingeführt werden können.

An diesem Abkommen setzte das Handelsministerium Zimbabwes seine Maßnahmen zum Schutz der eigenen Industrie an. Es führte zunächst eine Quo-
tenregelung für bestimmte Produkte (inc. Textilien) ein. Zudem wurde eine
strengere Handhabung der Wertschöpfungsklausel beschlossen. Sogar die
Anhebung des lokalen Produktionsanteils von 25% wurde erwogen. Dies war
für Botswanas junge Industrie eine schwierige Hürde, da z.B. die Beklei-
dungsindustrie über keine lokalen Rohstoffe verfügt und daher darauf angewiesen ist, Zwischenprodukte einzuführen und im Land weiterzuverarbei-
ten. Da diese Einfuhren vorwiegend aus Südafrika kommen, bestand in Zimbabwe ohnehin der Verdacht, daß manche Produkte – nicht nur aus der
Textilbranche – nur das Etikett in Botswana erhielten, aber in Südafrika
gefertigt wurden.[49]

Die volle Tragweite des Problems wurde deutlich, als es 1987 erneut auf-
brach. Im Zuge des wirtschaftlichen Aufschwungs in Botswana waren auch
die Exporte nach Zimbabwe angestiegen, so daß 1986 die bilaterale Handelsbilanz erstmals einen Überschuß für Botswana ergab. Dies wurde in Zimbabwe mit Besorgnis registriert, zumal das Land seine Devisenausgaben zu
drosseln suchte. Diesmal wurde die Aufkündigung des OGIL-Abkommens
angekündigt.

Zimbabwe begründete diese Maßnahme damit, daß es als Mitglied des "Pre-
ferential Trade Agreement" (PTA) im östlichen und südlichen Afrika keinem
Staat außerhalb dieser Handelsregion günstigere Konditionen einräumen dür-
fe als den Mitgliedsstaaten selbst. Es drängte also darauf, daß Botswana

---

[49] The Chronicle (Bulawayo), 14.3.1984 ("Botswana clothing industry hit by
quota system"); 22.5.1984 ("Zimbabwe – Botswana may sign new pact on
trade"); 7.9.1984 ("Botswana traders hit at Zimbabwe"); 8.9.1984
("Complaints by Botswana 'unjustified'")

dem PTA beitreten (und auch aus der SACU austreten) sollte. Dazu jedoch ist Botswana nicht bereit. Was das PTA anbelangt, ist ein wesentlicher Grund dafür, daß Botswana bisher nicht beigetreten ist, genau der, daß in der PTA-Region der zollbegünstigte Handel an restriktivere Regeln bezüglich lokalen Anteilen gebunden ist als im OGIL-Abkommen. Botwana könnte also als PTA-Mitglied weniger nach Zimbabwe ausführen. Eine Aufkündigung des OGIL-Abkommens hätte aber ferner zur Folge, daß Botswana SACU-Zolltarife auf Importe aus Zimbabwe erheben würde. Damit wären Güter aus Zimbabwe nicht mehr konkurrenzfähig im Vergleich zu südafrikanischen, und Botswana würde noch stärker in Abhängigkeit von Südafrika geraten. Die Aufkündigung des OGIL-Abkommens würde also den Zielsetzungen der SADCC und des PTA auf größere regionale Kooperation entgegenstehen.[50]

Schließlich wurde doch eine regionale Lösung gefunden, nachdem im Dezember 1987 ein Spitzentreffen zwischen Mugabe und Masire stattgefunden hatte. Neue Richtlinien für das OGIL-Abkommen wurden erarbeitet; sie sehen eine genaue Kontrolle der Einhaltung der Wertschöpfungsklausel vor, um sicherzustellen, daß Botswana nur eigene Produkte nach Zimbabwe ausführt, deren Wert mindestens 20% in Botswana erbrachte Arbeitsleistung enthält. Ein Mißbrauch des OGIL-Abkommens durch südafrikanische Unternehmer soll auf diese Weise verhindert werden.[51]

Das Nkomati-Abkommen aus der Sicht Botswanas

Am 16. März 1984 unterzeichneten Mozambique und Südafrika ein bilaterales Nichtangriffs-Abkommen, mit dem Mozambique ein Ende der südafrikanischen Destabilisierungspolitik, insbesondere der Unterstützung der RNM-Dissidenten, erreichen wollte – vergebens, wie sich bald herausstellte.[52]

Die Reaktion der Gruppe der Frontstaaten auf das Nkomati-Abkommen war reserviert. Es herrschte die Überzeugung vor, daß Mozambique sich in einer Situation der Schwäche zu diesem Schritt entschlossen hatte. Insofern übten die Frontstaaten keine Kritik, sondern äußerten Verständnis für das

---

[50] Southern African Economist, Vol.1, No.1, Feb./March 1988, p.25-26 ("Trade row: Will Botswana be the casuality?")

[51] South, March 1988 ("Temporary Truce on the Trade Front"); African Business, Aug. 1988 ("Botswana – Zimbabwe trade wrangles resolved")

[52] Meyns, P.: Das Südliche Afrika nach Nkomati, op. cit., p.23 ff. und p.60 ff.

Vorgehen Mozambiques.[53] Die Erfolgsaussichten wurden aber von vornherein für gering gehalten.

In Botswana sah man in der Unterzeichnung des Nkomati-Abkommens durch den bis dahin ideologisch radikalsten Staat im südlichen Afrika eine späte Bestätigung für die eigene Regionalpolitik, die in der Vergangenheit von manchen als zu gemäßigt und willfährig gegenüber Südafrika angesehen wurde. Eine Warnung vor unbegründeter Naivität und ein Plädoyer für die eigene Nüchternheit war es schon, als der Vize-Präsident Botswanas bei der Eröffnung der SADCC-Konferenz im Januar 1985, ohne Mozambique beim Namen zu nennen, das bekannte englische Limerick in Erinnerung rief, in dem es heißt:

> "There was a young lady from Riga
> who went out for a ride on a tiger.
> They came back from the ride
> with the lady inside
> and a smile on the face of the tiger."[54]

In dem Maße, wie der schwarze Widerstand gegen die Apartheid innerhalb Südafrikas zunahm, hatte Südafrika schon seit 1983, wie auf alle seine Nachbarstaaten, auch auf Botswana verschärften Druck ausgeübt. Am 21. April 1983 hatte der südafrikanische Außenminister Botswana eine Liste von Namen übergeben, die Südafrika als "ANC terrorists" bezeichnete, welche von Botswana aus Gewaltakte gegen Südafrika planen und durchführen würden, und forderte die Unterbindung ihrer Tätigkeit.[55]

Die Unterzeichnung des Nkomati-Abkommens verdeutlichte, worauf Südafrika abzielte, nämlich auf formalisierte Sicherheitsabkommen mit seinen Nachbarstaaten. Botswana zweifelte von vornherein daran, daß das Abkommen der Region den Frieden bringen würde. Außenminister Mogwe erklärte, der erhoffte Frieden werde "futile and shortlived" sein, weil die Ursache des Konflikts unangetastet bleibe.[56]

Zu diesem Zeitpunkt war Botswana bereits von Südafrika mit der Forderung konfrontiert worden, ein ähnliches Nichtangriffs-Abkommen zu unterschrei-

---

[53] vgl. das Kommuniqué des Treffens der Frontstaaten in Arusha am 29. April 1984, in: Europa-Archiv, Folge 16/1984, p. D479-481
[54] Mmusi, P.S., Statement by the Conference Chairman, in: SADCC 1985: Mbabane, Proceedings of the Annual SADCC Conference, Mbabane/ Swaziland on Jan. 31st and Feb. 1st, 1985, Gaborone 1985, p.27
[55] The Star (Johannesburg), 14.6.1985 ("No alternative to raid – Pik"; "Botswana has been given many warnings")
[56] The Star, 15.3.1984 ("Botswana will not be at peace pact")

ben. Im Februar 1984 fand eine Besprechung statt, in der es um die Förderung des Soda Asche-Projekts im Rahmen des SACU-Abkommens gehen sollte. Stattdessen tischte Südafrika einen ausformulierten Entwurf eines Nichtangriffs-Abkommens à la Nkomati auf, erklärte, Mozambique würde in den Tagen unterzeichnen, und forderte Botswana auf, gleiches zu tun. Botswana lehnte ab.[57]

Durch wirtschaftliche Erpressung versuchte Südafrika in der Folge, Botswana zum Nachgeben zu zwingen. Unmißverständlich erklärte der südafrikanische Außenminister Pik Botha:

> "Botswana does not tell the world it expects South Africa to co-operate on certain economic projects which Botswana wants to launch, without coming to an acceptable understanding of the combating of acts of terror which are perpetrated against South Africa from Botswana territory."[58]

Die Förderung junger Industrien, wie des Soda Asche-Projekts (vgl. oben Kapitel 2.3 und 3.3), ist im SACU-Abkommen ausdrücklich vorgesehen. Südafrika hatte bereits seine Bereitschaft signalisiert, auf die Errichtung einer eigenen, synthetischen Soda Asche-Anlage zugunsten Botswanas zu verzichten.[59] Aber nun machte es weitere Fortschritte von der Lösung der Sicherheitsfrage in seinem Sinne abhängig. Auch die Überweisung von Botswanas Anteilen aus den gemeinsamen Zolleinnahmen der SACU zögerte Südafrika hinaus.[60]

Ungeachtet dieses Drucks weigerte sich Botswana hartnäckig, ein Nichtangriffs-Abkommen mit Südafrika abzuschließen. Es gebe dafür keinen guten Grund, da Botswana sich nicht mit Südafrika im Krieg befinde; es habe auch gar nicht die Kapazität dazu. Botswana bekräftigte seine Flüchtlingpolitik, die in Übereinstimmung mit der Genfer Konvention von 1951 stehe, und das

---

[57] Gespräch mit G. Garebamono, Secretary of Foreign Affairs, in Gaborone, 23.8.1985; Garebamono war bei diesem Treffen persönlich anwesend, als Staatssekretär im Ministry of Mineral Resources and Water Affairs, Delegationsleiterin war die Ministerin dieses Ressorts, Frau Dr. G.K.T. Chiepe; beide wechselten später, jeweils in gleicher Funktion, ins Außenministerium.

[58] zit. nach The Herald, 14.9.1984 ("Threat by Botha: Masire hits back"); vgl. auch Rand Daily Mail, 14.9.1984 ("Botswana's reply to Pik's charge on pact signing")

[59] Economist Intelligence Unit: Country Profile: Botswana, Lesotho, Swaziland 1986-87, London 1986, p.21

[60] The Star, 20.8.1984 ("Botswana 'is being pressed to sign accord with SA'")

Verbot für Flüchtlinge, Botswana als Sprungbrett für Angriffe gegen ihr Herkunftsland zu benutzen. Schließlich,

"the signing of a so-called non-aggression pact with South Africa would, in addition to compromising our sovereignty, serve no useful purpose since a mere signature cannot enhance our capacity to be more vigilant than we are now against guerrilla infiltration into South Africa."[61]

Zur Zusammenarbeit in Sicherheitsfragen hatte sich Botswana ohnehin seit jeher bereiterklärt und war Hinweisen Südafrikas nachgegangen, so z.B. auch der Liste, die Pik Botha am 21. April 1983 übergeben hatte. Die Untersuchung hatte ergeben, daß es sich um anerkannte Flüchtlinge handelte, die nie gegen die Bedingungen ihres Aufenthaltes in Botswana verstoßen hatten. Etliche Flüchtlinge auf der Liste hielten sich gar nicht mehr in Botswana auf.[62]

Anfang 1985 setzte Botswana seinen Standpunkt doch durch. Bei einem Treffen der beiden Außenminister am 22. Februar erklärte Pik Botha, daß Südafrika Botswanas Haltung akzeptiere und für glaubwürdig halte und daß es von Botswana nicht mehr die Unterzeichnung eines Nichtangriffs-Abkommens verlange. Auch die Blockierung der ökonomischen Projekte würde beendet werden. Diese Vereinbarung wurde im Anschluß an das Treffen öffentlich gemacht.[63] Die Rückendeckung Botswanas seitens der USA und Englands wird als ein Faktor gesehen, der dazu beitrug, daß Südafrika von seiner Forderung abrückte.[64]

---

[61] Statement by Botswana's Minister of External Affairs, Dr. G.K.T. Chiepe, to the Security Council on 21 June 1985, in: Southern Africa Record, no.39, August 1985, p.34
[62] ders., op. cit., p.39
[63] African Economic Digest, 1.3.1985 ("SA drops security pact bid")
[64] Dale, R.: Botswana's Southern African Security Policy, 1966–1985, Paper presented at the 28th Annual Meeting of the African Studies Association, New Orleans 1985, p.3; Ajulu, R./Cammack, D.: Lesotho, Botswana, Swaziland: Captive States, in: Johnson, P./Martin, D. (Hrsg.): Destructive Engagement. Southern Africa at War, Harare 1986, p.157

Verschärfter Druck Südafrikas

Das wichtigste kurzfristige Ziel der südafrikanischen Regionalstrategie ist die Eliminierung aller Stützpunkte und Nachschublinien der Befreiungsbewegungen, insbesondere des ANC. Immer wieder hat die Regierung in Pretoria behauptet, daß ANC-Guerillakämpfer das Territorium Botswanas zur Infiltration nach Südafrika benutzen. Nach dem Nkomati-Abkommen verstärkte sie den Druck auf Botswana noch. Der Grund dafür war leicht zu erkennen.

Für den ANC hat sich die logistische Situation seit dem Nkomati-Abkommen und dem bereits 1982 abgeschlossenen Sicherheitsabkommen Südafrikas mit Swaziland erheblich verschlechtert. Die bevorzugten Transitwege durch Mozambique stehen nicht mehr zur Verfügung. Ein Ausweichen nach Botswana drängte sich geradezu auf. Mit der kleinsten Armee unter den Frontstaaten, einer 1230km langen Grenze mit Südafrika und einer kleinen Bevölkerung in einem großen Land hat Botswana immer erklärt, daß es nicht garantieren könne, jegliche Infiltration nach Südafrika zu verhindern, obwohl es sich darum bemühe.[65]

Zimbabwe hat demgegenüber, mit einer ungleich größeren Armee und einer kürzeren Grenze, weniger Mühe, Infiltrationen nach Südafrika zu verhindern.

Tatsächlich haben die Sicherheitskräfte Botswanas seit dem Nkomati-Abkommen mehrfach bewaffnete ANC-Kämpfer festgenommen und Waffen- bzw. Sprengstofflager entdeckt, die dem ANC zugeschrieben wurden.[66] Als es Anfang 1987 zu einem Feuerüberfall in einem Grenzort, 30km südlich von Gaborone kam, hieß es in einem Bericht, dieser Ort sei als "Piccadilly Circus" von ANC-Guerillakämpfern auf dem Weg nach Südafrika bekannt.[67]

In dieser Sicht mußte Botswana ein Interesse daran haben, seine Sicherheitskontrollen zu verschärfen. Um die Jahreswende 1985/86 wurden 11 angebliche ANC-Mitglieder und einige Wochen später, im Rahmen einer Hausdurchsuchungsaktion in Gaborone und Umgebung, weitere 18 Personen als "illegale Einwanderer" festgenommen. Im März zog der ANC, nach Gesprä-

---

[65] Economist Intelligence Unit: QER of Namibia, Botswana, Lesotho, Swaziland, No.1-1986, p.28

[66] The Star, 18.10.1984 ("Arms trial for ANC 3"); The Star, 11.1.1985 ("Botswana troops fire on teenager"); Financial Mail (Südafrika), 28.6.1985 ("Justifying Gaborone"); Radio Botswana, 16.3.1987 ("Botswana jails Transkeians on weapons charges"), zit. nach Facts and Reports, Vol.17, no.H, 24.4.1987, item H 121

[67] The Times, 3.1.1987; Piccadilly Circus: ein sehr belebter Platz im Zentrum von London.

chen mit der Regierung Botswanas, seinen Vertreter aus Gaborone ab, da
dessen Sicherheit nicht mehr gewährleistet sei. Der PAC tat das Gleiche.[68]
Damit war die sichtbare politische Präsenz der südafrikanischen Befreiungsbewegungen in Gaborone noch weiter eingeschränkt.

Um die Sicherheitslage des Landes besser in den Griff zu bekommen, verabschiedete das Parlament 1986 einen "National Security Act", der hohe
Strafen für "Akte von Terrorismus und Sabotage" vorsieht. Zweifellos ist
das Gesetz primär gegen die südafrikanischen Agenten gerichtet, die sich in
Botswana tummeln. Kritisiert wurde aber von der Oppositionspartei, daß seine Bestimmungen auch innenpolitisch eingesetzt werden können. Hier wird
eine Verbindung zwischen der ständigen Bedrohung Botswanas durch Südafrika und möglichen autoritären Tendenzen der Regierung im Land selbst
sichtbar.[69]

Auch durch die Erhöhung der Einsatzbereitschaft der Armee hofft die Regierung, die Sicherheit im Lande zu verbessern. Durch Ausbildungsverträge
mit England und den USA sollte die Schlagkraft der Armee, vor allem bei
der Abwehr der südafrikanischen geheimen nachrichtendienstlichen und militärischen Operationen in Botswana, gestärkt werden. Auch ihre Ausrüstung
wurde durch eine Erhöhung des Verteidigungsbudgets verbessert. Mit der
Erhöhung der Schlagkraft seiner Sicherheitskräfte, die auch im Alltagsbild
durch vermehrte Straßenkontrollen um Gaborone sichtbar wurden, demon-
strierte Botswana, daß es sich nicht mehr vollständig auf seine langjährige
Devise verlassen wollte, daß die Stärke des Landes in seiner Schwäche liege.[70] Dennoch bleiben seine Möglichkeiten gegen die überlegene südafrikanische Armee nach wie vor begrenzt. Auch im Rahmen der Gruppe der
Frontstaaten bleibt die Armee Botswanas bei weitem die kleinste.

Der Überfall vom Juni 1985 zeigte, daß Botswana – anders als z.B. Angola –
bei den westlichen Staaten starken Rückhalt hat. In seltener Einmütigkeit
verabschiedete der UNO-Sicherheitsrat eine Resolution, in der Südafrika
scharf verurteilt wurde – selbst die USA und England stimmten zu.[71] Das
hinderte Südafrika nicht daran, im Mai 1986 Botswana erneut anzugreifen,
diesmal aus der Luft, und drei Menschen zu töten. Zugleich wurden auch

---

[68] Economist Intelligence Unit: Country Report: Namibia, Botswana, Lesotho,
      Swaziland, no.2-1986, p.28
[69] vgl. Dale, R.: Not always so placid a place, op. cit., p.87; Economist
      Intelligence Unit: Country Profile 1987-88: Botswana, p.7
[70] vgl. New African, Nov. 1988 ("Botswana gets tough"); Facts and Reports,
      Vol.17, no.M, 2.7.1987, item M 95
[71] United Nations Security Council, S/RES/568 (1985), 21. Juni 1985

Ziele in Zambia und Zimbabwe angegriffen in einer Aktion, die offensichtlich darauf angelegt war, die Vermittlungsmission der "Commonwealth Eminent Persons Group", die sich gerade in Südafrika aufhielt, zum Scheitern zu bringen.[72] Im März 1988 schlug Südafrika noch einmal in Botswana zu und tötete in einem Kommandounternehmen, das einer vermeintlichen ANC-Unterkunft galt, 4 Menschen, darunter 2 Batswana.[73]

Diese Angriffe Südafrikas gegen seine Nachbarstaaten, vor allem aber die Zuspitzung der Lage in Südafrika selbst in den Jahren 1985/1986, die ihren Ausdruck in der Notstandsgesetzgebung und der damit verbundenen Repression fand, haben der Forderung nach Sanktionen gegen Südafrika starken Auftrieb gegeben – auch in den westlichen Industriestaaten, auf die es dabei ankommt. Der US-Kongreß verabschiedete 1986 sogar ein Gesetz mit einem Paket selektiver Sanktionen.

Botswana bereitet die Frage von Sanktionen gegen Südafrika – wie schon gegen das UDI-Regime in Rhodesien zu seiner Zeit – erhebliches Kopfzerbrechen. Einer Entscheidung zugunsten von Sanktionen würde es sich nicht in den Weg stellen, besteht aber auf der Position, daß Botswana sich ihnen auf Grund der Verletzlichkeit seiner politischen und wirtschaftlichen Lage gegenüber Südafrika nicht selbst anschließen kann.

Auf dem Gipfeltreffen der SADCC im August 1986 ebenso wie auf der vorangegangenen Sitzung der Gruppe der Frontstaaten, wo Zambia und Zimbabwe für eine entschiedene Aussage zu Sanktionen plädierten, setzte sich die Position Botswanas durch. Sie darf jedoch nicht als eine Ablehnung von Sanktionen verstanden werden, so wie Botswanas Politik, Guerillaaktionen gegen Südafrika von seinem Territorium aus zu verhindern, keine prinzipielle Ablehnung des Guerillakriegs bedeutet. Dies wird deutlich durch den Beschluß der SADCC-Länder, nichts zu tun,

> "to undermine the effectiveness of sanctions imposed on South Africa by the international community."[74]

Auch Zambia und Zimbabwe rückten im übrigen von ihren Positionen ab, nachdem die Sanktionsresolution der blockfreien Staaten im UN-Sicherheitsrat am Veto der USA und Englands gescheitert war.

---

[72] International Herald Tribune, 20.5.1986 ("Pretoria hits 3 Nations in Raids aimed at ANC")
[73] The Guardian, 29.3.1988 ("SA commandos kill four in Botswana")
[74] Sunday Times, 24.8.1986 ("Frontline States fall out on sanctions")

Sanktionen gehören zu einer Strategie des friedlichen Wandels in Südafrika. Botswana befürwortet Sanktionen, möchte deren politische und sozio-ökonomische Kosten für sich selbst aber gering halten. Daß die schwierige Lage, in der das Land sich befindet, zu ambivalenten Positionen führt, ist wohl unvermeidlich. Das jahrelange Tauziehen um das schon erwähnte Soda Asche-Projekt ist ein Beispiel. 1988 schien das Hin und Her sich zugunsten eines "joint venture" zwischen Botswana und Südafrika zu klären. Es ist anzunehmen, daß Südafrika diese Entscheidung auch im Zusammenhang mit seiner vorbeugenden Planung für den Fall internationaler Sanktionen getroffen hat.[75] Das 1987 vollzogene spektakuläre Tauschgeschäft Diamanten gegen Aktien zwischen Debswana und De Beers dürfte, aus der Sicht Südafrikas, ebenfalls in diesem Rahmen stehen.[76]

Seine regionalpolitischen Grundsätze aufrechtzuerhalten angesichts seiner Abhängigkeit von Südafrika, ist für Botswana eine ständige Gratwanderung. Ende 1986 ließ Südafrika sein Bantustan Bophuthatswana von Bürgern Botswanas Visa verlangen. Es ging zum einen um die Anerkennung Bophuthatswanas als "unabhängigen" Staat, darüber hinaus aber auch um eine erneute Demonstration der Abhängigkeit Botswanas. Am 1. Januar 1987 sollte die Eisenbahn, die von Zimbabwe durch Botswana nach Südafrika führt, soweit sie auf dem Territorium Botswanas verläuft, an den Staat Botswana übergeben werden. Bis dahin gehörte sie Zimbabwe – ein Relikt aus der Kolonialzeit. Da das Zugpersonal erst hinter der Grenze, in Bophuthatswana, die Züge an Südafrika übergibt, drohte ein Zusammenbruch des Transports auf der Linie, auf der fast alle Außenhandelsgüter Botswanas und etwa 50% von Zimbabwe verfrachtet werden. Denn die Anerkennung eines Bantustans als "unabhängig" kam für Botswana nicht in Frage. Als Botswana und Zimbabwe vereinbarten, die Übergabe der Eisenbahn zu verschieben, erstreckte Bophuthatswana seinen Visumzwang auf Zimbabwe. Schließlich löste Botswana das Problem mit Hilfe chinesischer Entwicklungshelfer, die zu Bahnarbeiten im Land waren und in kürzester Zeit eine neue Übergabestation in Botswana bauten, so daß die Züge nun schon in Botswana an südafrikani-

---

[75] African Business, Oct. 1985, Botswana Survey, p.48; Sept. 1986, Botswana Survey, p.60; Dez. 1987 ("Sua Pan's future hangs in balance"); Botswana Gazette, 15.3.1988 ("Full steam ahead for Sua Pan"); African Business, April 1988, p.43 ("Budget favours private sector")

[76] 1982-85 hatte Debswana, als der Markt ungünstig war, große Mengen von Diamanten vom Markt zurückgehalten. Diese verkaufte das Unternehmen 1987 an De Beers gegen Aktien des Stammhauses; sein Kapitalanteil beträgt 5.27%, vgl. Southern African Economist, Vol.1,no.1, Feb./ March 1988, p.44 ("Carats as carrots in Botswana")

sches Personal übergeben werden können.[77] Am Ende verzichtete Bophuthatswana wieder auf seine Visumsforderung. Dies wurde als ein Erfolg der
Politik der leisen Töne Botswanas gegenüber Pretoria gesehen.[78]

Botswana steht weiter unter starkem südafrikanischen Druck. Ob mit einem
formalisierten Sicherheitsabkommen à la Nkomati oder nicht, Südafrika
dringt immer wieder auf Mitwirkung in den Sicherheits- und (wegen der
Flüchtlinge) Einwanderungsbehörden Botswanas, bis hin zur Beteiligung an
Grenzkontrollen auf der Seite Botswanas.[79] Von den Grundsätzen seiner
Flüchtlingspolitik wird Botswana sich jedoch nicht abbringen lassen. Eine
strengere Kontrolle der Einhaltung der Flüchtlingsbestimmungen ist indessen in den letzten Jahren schon sichtbar geworden - zweifellos ein Zuge-
ständnis an Pretoria. Botswana befürchtet, daß Südafrika ähnliche wirtschaftliche Boykottmaßnahmen anwenden könnte wie gegen Lesotho. Dort
trugen sie Anfang 1986 dazu bei, den Militärputsch gegen die Regierung
Jonathan herbeizuführen.

Ansätze dazu gab es schon mit dem erwähnten Eisenbahnzwischenfall. Ende
1987 führte Südafrika auch mehrere Wochen lang an verschiedenen Grenz-
stellen überaus langsame Kontrollen durch, die den Verkehr nahezu lahm-
legten. Der Vergleich mit Lesotho ist jedoch nur bis zu einem gewissen
Grad tauglich, denn Botswanas Regionalpolitik seit der Unabhängigkeit weist
nicht die Sprünge auf, die Lesothos Entwicklung gekennzeichnet haben.[80]
Zudem ist die innenpolitische Lage in Botswana stabil. Infolgedessen gibt es
dort keine interne Widerstandsgruppe, die Südafrika im Sinne seiner Destabilisierungspolitik instrumentalisieren könnte, wie in Angola, Mozambique,
Zimbabwe und eben auch in Lesotho.

---

[77] African Economic Digest, 3.1.1987 ("Railway take-over delayed"); The
      Star, 11.1.1987 ("Homeland bars Botswana citizens"); Times, 5.2.1987
      ("Border control threat to Harare's rail link"); Financial Times, 10.2.1987
      ("Rail conflict averted"); Times, 10.2.1987 ("Diplomatic pressure behind
      African rail farce")
[78] Times, 16.4.1987 ("Botswana wins dispute on visas"); 27.5.1987 ("Keeping
      on the right track" - Ein Interview mit Außenministerin Chiepe)
[79] Economist Intelligence Unit: QER (jetzt Country Profile) of Namibia,
      Botswana, Lesotho, Swaziland, no.1-1986, p.28; no.2-1986, p.28
[80] vgl. Hirschmann, D.: Changes in Lesotho's Policy towards South Africa,
      in: African Affairs, no.311, April 1979, p.177-196

Verletzlich, aber verläßlich

Die Grenzen der Möglichkeiten ihrer Regionalpolitik sind der Regierung Botswanas immer nur allzu bewußt gewesen. Es wäre jedoch eine Geringschätzung ihres Beitrags zum regionalen Befreiungs- und Entwicklungsprozeß, zu sagen, ihre Rolle sei nur eine humanitäre gewesen. Vielmehr hat die Regionalpolitik Botswanas aus einer Position der Schwäche heraus, ohne radikal klingende Reden, deutliche Konturen angenommen. Von Seretse Khama konnte gesagt werden, daß er "despite his conservative traditionalist background ... a significant role in Southern African politics" gespielt habe. An seinen nicht-rassischen Prinzipien und an seiner Ablehnung des Apartheidsystems hat es keinen Zweifel gegeben.[81] Unter seinem Nachfolger, Quett Masire, blieb die Regionalpolitik Botswanas nicht weniger verläßlich. Die Politik Botswanas gegenüber Südafrika läßt sich mit folgenden drei Aussagen seines Vizepräsidenten P.S. Mmusi zusammenfassen:

> "- Refusal to allow Botswana to be used as a launching pad for attacks on South Africa...;
> - Acceptance of genuine refugees from South Africa provided they do not abuse Botswana's hospitality by organising attacks on South Africa;
> - Maintenance of a functional relationship with South Africa appropriate to the proximity of the two countries (they share a long border) and their economic ties (both are members of the Southern African Customs Union)."[82]

An anderer Stelle verdeutlichte Mmusi, daß die Beziehungen Botswanas zu Südafrika ein Gebot der geographischen Nähe, aber von politischer Distanz geprägt sind, als er sagte:

> "It is a truism - but for some of us more sharply true than others - that we cannot choose our neighbours but we can choose our friends. It has been said that good fences make good neighbours. We know the hard realities of living with bad neighbours - and we will keep our fences in good repair."[83]

---

[81] Ajulu, R./Cammack, D.: Lesotho, Botswana, Swaziland: Captive States, in: Johnson/Martin, op. cit., p.153
[82] Mmusi, P.J., Vize-Präsident von Botswana, in einem Interview mit der Rand Daily Mail (Südafrika), 11.9.1984
[83] Mmusi, P.S., Statement by the Conference Chairman, in: SADCC 1985: Mbabane, op. cit., p.27 (Hervorh. i. Orig.)

7.2 Hintergrund und Analyse eines militärischen Überfalls

Rolf Hasse

Südafrikas Mittel der Destabilisierung reichen von offenen militärischen Überfällen über wirtschaftliche Erpressung und Bombenattentate bis zur Unterhaltung von Surrogatarmeen oder sog. Destabilisierungskontingenten. Die Opfer sind in allen Fällen die Wirtschaft des jeweiligen Landes und die Zivilbevölkerung. Praktisch kein Nachbarstaat ist bisher davon verschont geblieben. Mit mehr oder weniger offenen Mitteln bekämpft Pretoria die Unabhängigkeit von Zambia, Angola, Zimbabwe, Mozambique, Botswana, Lesotho und Swaziland. Schon werden Stimmen laut, die behaupten, Südafrika bereite eine Surrogatarmee zur Bekämpfung des 1989 unabhängig werdenden Namibias vor. Diese Politik basiert m.E. auf dem Primat des militärischen Denkens und ist der Ausdruck der "Arroganz der Macht" eines Staatswesens, das sich nur durch Gewalt behaupten kann, da es nie gelernt hat, innen- oder außenpolitische Konflikte mit anderen Mitteln zu lösen. Dieses Hegemonialstreben bedient sich völkerrechtswidriger Mittel völlig hemmungslos und versucht, durch Maßnahmen der Propaganda die wirklichen Absichten zu verschleiern.

Der historische Hintergrund: Apartheid und weiße Herrschaft

Südafrikas Destabilisierungspolitik in der Region wird nur verständlich vor dem geschichtlichen Hintergrund seiner eigenen Entwicklung.

Die kapitalistische Entwicklung Südafrikas war durch die immensen Profite der Minenwirtschaft möglich. Diese beruhten auf den niedrigen Löhnen der Massen. Das Lohnniveau konnte fast immer unter der Reproduktionsgrenze liegen, da ein beinahe unerschöpfliches Reservoir an Arbeitskraft zur Verfügung stand, und hatte die Verelendung vor allem der schwarzen Lohnarbeiter zur Folge. Auf Grund der absichtsvoll betriebenen Zersplitterung der schwarzen Arbeiter in ethnische Gruppen sowie der Anwerbung ausländischer Arbeitskräfte konnten effiziente Gewerkschaftsbewegungen lange verhindert werden. Auf der anderen Seite stand die theologisch verbrämte ideologische Geschlossenheit der Buren, die sich aufgrund einer diffusen kalvinistischen Bibelinterpretation als "Gottes auserwähltes Volk" sehen. Der Rassenwahn, verbunden mit den tiefsitzenden Ängsten einer weißen Minderheit unter einer überwältigenden Mehrheit von Schwarzen, und die Unfähigkeit, die sozioökonomischen Veränderungen zu begreifen, führten 1948 zum Wahlsieg der "National Partei" und damit zur Durchsetzung der Apartheid als Staatsform. Nur wenige Jahre nach dem ruhmlosen Untergang des Faschismus in Europa zeichnete sich hier ein Trend gegen den allgemeinen Zeitgeist ab, der die Politik Pretorias noch heute kennzeichnet.

Eine der wesentlichen Stützen des Systems ist die Rassenklassifizierung. Dieses Gesetz, gleich nach der Machtübernahme der "National Partei" 1950 eingeführt, unterteilte die Bevölkerung zunächst nur in Weiße, Coloureds (Mischlinge und Asiaten) und Eingeborene (Natives, die Schwarzen). Doch schon 1959 wurden durch Proklamation Nr. 46 die Coloureds in Cape Coloureds, Cape Malay, Griqua, Indians, Chinese, Andere Asiaten und Andere Mischlinge unterteilt. Diese Verordnung hat der oberste Gerichtshof der Kap-Provinz 1967 aufgehoben. Doch im gleichen Jahr wurde ein neues Gesetz verabschiedet, das dem Premierminister das Recht zugestand, Mischlinge und Schwarze in weitere Gruppen zu unterteilen. So wurde dann auch die schwarze Bevölkerung nach ihren jeweiligen Sprachen und Volksgruppen aufgespalten. Dies war notwendig, um das politische Ziel der "getrennten Entwicklung" (Apartheid), das nichts anderes ist als das Prinzip des "Teile und Herrsche" durchzusetzen. Es ging darum, die Herrschaft der weißen Minderheit über 4/5 der Bevölkerung zu sichern. Dies war am einfachsten dadurch zu organisieren, daß man alle anderen ebenfalls zu Minderheiten erklärte, sie durch die Homeland Politik in Reservate abdrängte und sich jeglicher Verantwortung für sie dadurch zu entledigen versuchte, daß man diese Gebiete als "Staaten" für "unabhängig" erklärte. Gleichzeitig wurden durch den "Group Areas Act" (Gesetz zur Separierung der städtischen Wohngebiete nach rassischen Zuordnungen) die Wohngebiete in den Städten den jeweiligen rassischen Gruppen zugeordnet. Im Namen dieser Politik wurden Millionen, überwiegend Schwarze, entwurzelt und an anderer Stelle, in der Regel den ödesten Landstrichen, neu angesiedelt und zusammengepfercht. Das führte dazu, daß 86% des Staatsgebietes von einem Fünftel der Bevölkerung beansprucht und unter Kontrolle gehalten wird.

Um oppositionelle Tendenzen zu unterdrücken, wurden Polizei und Militär mit umfangreichen Befugnissen ausgestattet und eine Fülle von Zensurgesetzen erlassen. Ein Staatswesen entstand, das sich gegen alle Einflüsse von außen abschottete und nach innen eine Enge und Kleingeistigkeit erzeugte, die sich bleiern auf jede soziale Entwicklung legte.

In die Zeit der Einführung der Apartheid in Südafrika, damals noch "Union of South Africa", fiel die sog. Bangwato Krise in Bechuanaland. Daß die Heirat des rechtmäßigen Thronfolgers der Bangwato, Seretse Khama, mit der Engländerin Ruth Williams eine weltweit diskutierte Staatsaffäre wurde, war in erster Linie auf die Intervention Südafrikas und Süd-Rhodesiens bei der Regierung in London zurückzuführen. Der Gedanke, daß der traditionelle Führer eines schwarzen Volkes unmittelbar an ihrer Grenze eine weiße Frau geheiratet hatte und trotz allen Drucks zunächst nicht bereit war, auf Frau oder Thronfolge zu verzichten, war den Buren so unerträglich wie den Rhodesiern und nicht zuletzt zahlreichen britischen Parlamentsabgeordneten, die es durchsetzten, daß Seretse Khama mehr als fünf Jahre in Großbritannien in Verbannung lebte und seine Heimat nicht besuchen durfte.

Die Bangwato Krise hatte jedoch neben der rassistischen noch eine zweite Dimension. Zu dieser Zeit gingen die Politiker in Pretoria davon aus, daß die drei High Commission Territories – Basotoland (heute Lesotho), Bechuanaland (Botswana) und Swaziland südafrikanischem Staatsgebiet zugeschlagen und in der zukünftigen Republik Südafrika (nach einem weißen Referendum ausgerufen im März 1961) aufgehen würden. Diese Überlegungen spielten eine große Rolle im Rahmen der Konzeption der territorialen Apartheid. Durch Einverleibung der drei Gebiete hätte das Homeland-Konzept rein rechnerisch wesentlich besser ausgesehen, dies besonders durch Botswana mit seiner riesigen Fläche und geringen Bevölkerung. Doch die High Commission Territories setzten sich in London erfolgreich durch und wurden unabhängige Staaten. Als Ironie der Geschichte geschah dies in Botswana überwiegend durch die Anstrengungen Seretse Khamas, der zwar seine Frau nicht aufgegeben hatte, aber auf die Thronfolge verzichtete, um der Führer der ersten ernst zu nehmenden politischen Partei in Bechuanaland zu werden. In dieser Position war es Seretse Khama, der die Entwicklung zur Unabhängigkeit noch beschleunigte und Botswanas erster Präsident wurde.

Südafrika blieb von den Entwicklungen der 60er Jahre auf dem afrikanischen Kontinent nicht unberührt. Als 1957 die ehemalige britische Kolonie Goldküste als Staat Ghana unabhängig wurde, mußte dies Südafrika noch nicht beunruhigen, doch der afrikanische Nationalismus und die politischen Ziele seines ersten Führers, Kwame Nkrumah, Ghanas Präsidenten, fanden zunehmende Verbreitung. Bis zur zweiten Hälfte der 60er Jahre waren die meisten ehemaligen Kolonien unabhängig geworden, darunter nun auch Staaten nahe der Grenze der Republik Südafrika wie Zambia und Malawi (1964), Botswana und Lesotho (1966). Der afrikanische Nationalismus, vertreten von Jomo Kenyatta (Kenya), Julius Nyerere (Tanzania) und Kenneth Kaunda (Zambia), gab den südafrikanischen nationalistischen Bürgerrechtsbewegungen Aufschwung, war jedoch nicht verantwortlich für ihr Entstehen. Diese reichen teilweise zurück bis in das Ende des vergangenen Jahrhunderts. Doch die Buren fühlten sich durch deren neu erstarkte Macht im Lande bedroht und reagierten auf ihre Weise. Insgesamt 156 politischen Führern der verschiedenen Bürgerrechtsbewegungen wurde 1956 ein Hochverratsprozeß gemacht. Nach fünf Jahren Dauer mußten alle freigesprochen werden.

Nach dem Sharpeville Massaker vom 21.3.1960, bei dem die Polizei 69 unbewaffnete Demonstranten erschoß, rief die Regierung erstmals den Staatsnotstand aus und verbot die Bürgerrechtsbewegungen ANC und PAC. Im Untergrund arbeiteten beide Organisationen weiter. Doch 1966 wurden wiederum eine Reihe ihrer Führer in einem Hochverratsprozeß angeklagt, unter diesen auch Nelson Mandela. Diesmal wurden alle verurteilt und auf die berüchtigte Strafinsel Robben Island geschickt. In diesem Prozeß sollte auch nachgewiesen werden, daß die "Freiheits–Charta", auf dem Volkskongreß 1955 verabschiedet, ein kommunistisches, staatsumstürzlerisches und damit landesverräterisches Papier sei. Dies gelang nicht. Doch der Staat konnte andere Wege gehen. Er kann Personen, Organisationen und Publikationen bannen, das heißt verbieten. Davon wurde in den letzten 30 Jahren reichlich Gebrauch gemacht. Wer nach südafrikanischem Gesetz gebannt ist, darf nicht zitiert werden. Dies geschah auch mit der Freiheits–Charta, die das Regime noch immer als kommunistisch diffamiert.

Ende der 60er Jahre hatte Südafrika noch zwei Verbündete auf dem Kontinent: die portugiesischen Kolonien Angola und Mozambique sowie Süd-Rhodesien (Zimbabwe). Doch befanden sich alle drei Länder bereits in

Kämpfen mit den jeweiligen Befreiungsbewegungen. Südafrika unterstützte offen den Kolonialkrieg der Portugiesen gegen das mozambiquanische und angolanische Volk.

In der südafrikanischen Propaganda kommt der afrikanische Nationalismus nicht vor. Sie spricht immer von der 'kommunistischen Bedrohung', dem 'sowjetischen Hegemonialstreben' usw. und verschleiert damit den rassistischen Hintergrund. Da nach der burischen Rassenklassifizierung die Schwarzafrikaner auf der untersten Stufe der Entwicklung stehen, ist es natürlich eine Bedrohung, daß diese in den Nachbarstaaten mehrheitsbestimmte demokratische Staatswesen aufgebaut haben und sehr wohl in der Lage sind, sich selbst zu regieren. Diese Staaten mit rassistischen Argumenten zu diffamieren, ist international nicht mehr möglich. Umso wirksamer erscheint die Erzeugung einer diffusen Kommunistenangst.

Die Unabhängigkeit Angolas und Mozambiques 1975/76, ein Jahr nach der Revolution in Portugal, bedeutete eine entscheidende Wende der politischen Verhältnisse in der Region. Beide Staaten bekannten sich zum Sozialismus. Dies war Grund genug für Südafrika, ihre Neutralität (beide Staaten bekennen sich zu einer blockfreien Politik) zu ignorieren und sie völkerrechtswidrig offen zu bekämpfen. In Angola geschah das Seite an Seite mit dem CIA, in Mozambique mit den ehemaligen portugiesischen Kolonialisten und durch Unterstützung des Smith Regimes in Rhodesien.

Nach dem Rücktritt von Premierminister Vorster 1978 wurde Pieter Willem Botha, der bis dahin Verteidigungsminister gewesen war, Premierminister und ernannte General Magnus Malan zum Verteidigungsminister. Damit erhielt militärisches Denken ein Übergewicht in der Politik der Republik Südafrika. Die Militarisierung des Regierungsapparates wurde durch verschiedene Änderungen erreicht. Das weiße Parlament verlor an Macht, ebenso die Ministerien. Zum Zentrum der Macht wurde das "State Security Council". Diesem Sicherheitsrat, der vom Militär dominiert wird, steht der Premierminister, heute Präsident vor.

Im Verteidigungsweißbuch von 1977 legte P.W. Botha seine Sicht der Probleme in der Region dar. Das Papier sprach vom "totalen marxistischen Angriff", einem von Moskau gesteuerten Komplott, um die weiße Herrschaft zu stürzen. Die Antwort auf den "totalen marxistischen Angriff" war die "totale Strategie". Diese sah moderate Reformen nach innen vor, betonte aber die Erhaltung eines soliden militärischen Gleichgewichts in Bezug auf die Nachbarstaaten. Außerdem schlug das Weißbuch wirtschaftliche Aktionen in Bezug auf Transport und Verteilung sowie Telefon und Telex Kommunikation vor, um die politische und wirtschaftliche Zusammenarbeit unter den Staaten des südlichen Afrika zu fördern. Zunächst stand eine Idee im Vordergrund, die sich "Constellation of Southern African States" (CONSAS) nannte und als anti-kommunistische Gruppierung gedacht war. Zu diesem Zeitpunkt ging Pretoria davon aus, daß der von Südafrika unterstützte Bischof Abel Muzorewa die Wahlen in Zimbabwe gewinnen würde. CONSAS sollte zu einer Art Wirtschaftsgemeinschaft entwickelt werden, wobei Zimbabwe wegen seiner vergleichsweise hoch entwickelten Wirtschaft eine Schlüsselstellung einnahm. Als weitere Staaten in dieser Gruppe waren Botswana, Namibia, Malawi, Lesotho und Swaziland vorgesehen, die mit der Republik Südafrika sowie den "unabhängigen Homelands" zur wirtschaftlichen Kooperation zusammenfinden sollten.

Wie unrealistisch das Konzept war, zeigt nicht nur die falsche Einschätzung der Wahlen in Zimbabwe. Als der Plan bekannt wurde, verhandelten die Staaten Angola, Botswana, Lesotho, Malawi, Mozambique, Zambia, Swaziland und Tanzania über eine wirtschaftliche Kooperationsgemeinschaft mit diametral entgegengesetztem Ziel, die als SADCC 1980 in Lusaka gegründet wurde. Der überwältigende Wahlsieg Robert Mugabes in Zimbabwe und seine klare Einstellung gegen das Rassistenregime in Pretoria führten zum sofortigen Eintritt Zimbabwes in die Gruppe der Frontstaaten und in die SADCC. Das Ziel der SADCC ist die Förderung der wirtschaftlichen Kooperation seiner Mitgliedstaaten untereinander und eine allmähliche Lösung aus der Abhängigkeit von Südafrika.

Anatomie eines militärischen Überfalls

In der Nacht zum 14. Juni 1985 überfielen südafrikanische Kommandoeinheiten Botswanas Hauptstadt Gaborone. Sie schlugen an verschiedenen Stellen zeitgleich zu. Die Eindringlinge töteten und verwundeten Menschen und verwüsteten oder sprengten Häuser.

Am 14. Juni, 13.00 Uhr, sendete South African Broadcasting Corporation dazu das folgende Interview mit General Constand Viljoen, dem Oberbefehlshaber der SADF (Auszug)[1] :

---

[1]   Übersetzung nach Tonaufzeichnung des Verfassers

"General, wie wichtig waren die Ziele in Gaborone für den ANC?" – "Sehr wichtig, wir haben die Nervenzentren für die Kontrolle von Sabotage in Südafrika angegriffen. Die Ziele waren Häuser und Büros, verteilt über das ganze Stadtgebiet." – "Wenn die Ziele Häuser und Büros in Gaborone waren, wie steht es mit zivilen Opfern?" – "Wir haben Megaphone benutzt, um die Bevölkerung zu warnen; sie war sehr kooperativ. Einige der Ziele, die wir kennen, haben wir nicht angegriffen, aus dem einzigen Grund, weil es Botswana Staatsbürger einschließen könnte, und das wollten wir auf jeden Fall vermeiden. Nach mir vorliegenden Berichten haben wir den Fall einer verwundeten, nicht ausgebildeten Terroristin sowie zwei verwundeter Kinder. Wenn die Nachricht von Radio Botswana zutrifft, ist eins der Kinder möglicherweise gestorben." – "Die Ziele, die Sie dort angegriffen haben, wie waren Sie in der Lage, sie als ANC–Basen zu identifizieren?" – "Diese Ziele zu identifizieren ist ein langer Prozeß. Sie sammeln alle Geheimdienst- informationen über einen langen Zeitraum und überprüfen sie und stellen absolut sicher, daß die Ziele richtig sind. Sie können sich denken, wie schwierig eine Entscheidung dieser Art zu fällen ist. Es ist nicht, daß wir unverantwortlich sind. Wir haben sehr verantwortlich zu sein betreffend der Ziele, die wir angreifen. Und soweit ich weiß, hat Radio Botswana heute morgen bestätigt, daß wir richtig waren mit unserer Geheimdienst- aufklärung."

Radio Botswana hat nie eine solche Bestätigung gesendet. Auch sonst deck- ten sich die Angaben des Generals nicht mit den Beobachtungen vor Ort.

Die Ziele:

Michael Frank Hamlyn (24), Ahmed Mohamed Geer (36), Roelfin Geer (28) – Dieses Ziel lag in der Nähe der Universität. Hier wohnten A.M. Geer, ein Computerfachmann aus Somalia, mit seiner holländischen Frau und im Hin- terhaus der südafrikanische Pazifist M.F. Hamlyn, der an der Universität Botswanas studierte, um daheim dem Wehrdienst zu entgehen. Die Süd- afrikaner erschossen A.M. Geer und M.F. Hamlyn; anschließend warfen sie eine Sprengladung in das Haus, welche die schwangere Frau Geer schwer verletzte.

Duke Machobane (32), Peter Mofako (6) – Machobane lebte mit seiner Freun- din und dem kleinen Peter in einem Haus im Stadtteil Maru–a–Pula. Angehö- rige eines Kommandos erschossen Duke in der Schlafzimmertür und Peter im Bett.

Harry Thamsnque Mnyele (37) – Der aus Südafrika stammende Künstler wurde durch eine Tränengasgranate, die in sein Schlafzimmer geschossen wurde, geweckt. Als er versuchte, zu entkommen, wurde er von hinten erschossen. Anschließend wurde das Haus in Tlokweng verwüstet.

Lindi Phale (34), Georg Phale (36), Joseph Malaza (28) – Eine Kommandoeinheit fuhr vor dem Haus der Phales vor und warnte über Megaphone die
Nachbarschaft, in ihren Häusern zu bleiben; dann wurde das Haus gestürmt,
und seine Bewohner wurden erschossen.

Nkukuwana Mtswene (71) – Der alte Mann wohnte hinter dem Tuli Court und
wurde von den Südafrikanern im Bett erschossen.

Gladys Kesupile (19), Eugenia Kobole (18) – Die beiden Kindermädchen, die
im Personalhaus eines Anwesens im Gaborone Village wohnten, wurden
mitsamt ihrer Unterkunft in die Luft gesprengt.

Basi Amos Zondi (59) – Im Stadtteil Tselofelo wurde er Zeuge, wie eine
Kommandoeinheit das Haus des Filmemachers Tim Williams, der jedoch nicht
anwesend war, stürmte; als er sich aus seinem Haus wagte, wurde er
erschossen.

In allen Fällen wurden die Häuser verwüstet und teilweise mit geballten
Ladungen gesprengt. Die Bilanz – ermordet: sechs südafrikanische Flüchtlinge, zwei Botswana Staatsbürger, zwei Ansässige, zwei Besucher aus Nachbarländern; verwundet: drei Flüchtlinge, zwei Botswana Staatsbürger und
eine Holländerin.

Vier der Opfer waren Mitglieder des ANC. Niemand hatte sich verteidigt,
denn niemand besaß eine Waffe.

Beweise für seine Behauptungen blieb das Regime in Pretoria der Regierung
in Gaborone schuldig.

Am 20. Juni 1985, nach einer Woche des Schweigens über die Beweise, aber
wiederholter Drohungen, Botswana erneut zu überfallen, stellte das südafrikanische Fernsehen Major Craig Williamson, den "Meisterspion", vor, und
der lieferte die offensichtlich bestellten "Beweise". Plötzlich tauchte ein
Schnellfeuergewehr mit Schalldämpfer auf. Es wurde in Gaborone
"erbeutet". Wo? Bei wem? Darüber schwieg sich der südafrikanische Pro-
pagandaapparat aus. Doch nach einigem Unfug – ANC-Plakate und Flug-
blätter wurden als Dokumente ausgegeben, private Adressenverzeichnisse
mit Telefonnummern als die unverschlüsselten Anschriften von Terroristen –
kam die Überraschung. Zwei Handgranaten wurden gezeigt, und es wurde
behauptet, die habe man bei Gladys Kesupile und Eugenia Kobole gefunden,
bei jenen beiden Motswana Mädchen, die durch eine einzige Sprengladung
mitsamt ihrem Häuschen in Stücke gerissen wurden.

In ihrer Ausgabe vom 29. Juni 1985 veröffentlichte die Botswana Wochenzeitung Mmegi wa Dikgang (Der Reporter) jene Liste mit Zielen und Namen,
die General Viljoen am 14. Juni der internationalen Presse vorgelegt hatte.
Auf dieser Liste tauchte ein Name gleich doppelt unter verschiedenen Zielen
auf. Unter einem anderen Ziel wurde der Name eines Flüchtlings angegeben,
der vor über einem Jahr Botswana verlassen hatte. Die beiden Motswana
Mädchen waren angeblich Ausbilderinnen für Selbstmordkommandos – und
derlei makabre "Irrtümer" mehr.

Nun machte auch die Tatsache Sinn, daß einige der Opfer, nachdem sie
erschossen worden waren, noch fotografiert wurden. Die Mörder kannten
ihre Opfer nicht! Wie krampfhaft die südafrikanische Propagandamaschine
versuchte, die unschuldigen Opfer posthum zu "Terroristen" zu machen,
zeigte der Fall Ahmed Mohamed Geer, des mit einer Holländerin verheirateten Somali. Ein paar Tage nach dem Überfall hieß es, er habe für die
somalische Widerstandsbewegung spioniert, um die Verbindungen Somalias
zu Südafrika zu durchleuchten; doch eine Woche später war er plötzlich
Mitglied der PLO.

Sollte man nun annehmen, daß es sich um schlampige, inkompetente Geheim-
dienstarbeit gehandelt hat?

Es ist höchst wahrscheinlich, daß auch eine bessere "Zielaufklärung" nicht
das gefunden hätte, was sie zu finden beabsichtigte. Botswana hat wiederholt betont, daß es dem ANC nicht erlaubt, das Land als Sprungbrett für
Überfälle auf Südafrika zu benutzen; und der ANC hat verschiedentlich
darauf hingewiesen, daß er dies nie getan hat und nicht beabsichtigt,
dahingehend seine Politik zu ändern. Wenn aber Pretoria davon ausgehen
mußte, daß es überzeugende Beweise für seine Anschuldigungen nicht finden
würde, ist das eigentliche Ziel wohl woanders zu suchen.

Der Überfall auf Gaborone fand zwei Tage vor dem Jahrestag des Soweto
Massakers (16. Juni 1976) statt, und die Machthaber in Pretoria befürch-
teten Unruhen und Demonstrationen. Dies deutet an, daß dem ganzen Unternehmen von den Urhebern mehr innenpolitisches als außenpolitisches
Gewicht beigemessen wurde. Es war offensichtlich die Absicht, den Massen
die Stärke und Schlagkraft der SADF zu demonstrieren mit dem Ziel, die
fortschrittlichen Kräfte zu demoralisieren und die weiße Rechte zu
beruhigen ('der Staat tut etwas gegen den Terrorismus'). Es sollte
außerdem die Propagandalüge untermauert werden, daß alle Anschläge und
Guerillaaktionen in Südafrika in den Nachbarstaaten ihren Ursprung haben.
Daß hier die eigentlichen Gründe für den Überfall zu suchen sind, bewies

sich durch die Reaktion der Massenmedien in der RSA. Die Presse, mit wenigen Ausnahmen, berichtete in überschwenglicher, teils arroganter Weise und feierte die "Erfolge". Die der Regierung besonders nahestehende Zeitung "The Citizen" brachte Fotos, die offensichtlich unmittelbar nach dem Überfall, vermutlich von Angehörigen der SADF, aufgenommen waren. Gegenüber Botswana sollte der Überfall die Hilflosigkeit der Regierung in Gaborone demonstrieren und sie gefügig machen für Erpressungen.

Die Folgen des Überfalls

Die Verunsicherung der Bevölkerung Botswanas wurde nur zum Teil erreicht und beschränkte sich überwiegend auf den Süden des Landes. Viele südafrikanische Flüchtlinge, besonders wenn sie aus dem Setswana sprechenden Teil der südafrikanischen Bevölkerung stammen, leben seit den 60er Jahren in Botswana und sind so weit integriert, daß sie oft gar nicht mehr als Fremde wahrgenommen werden. Dies änderte sich. Man erfuhr oft beiläufig am Arbeitsplatz, daß dieser und jener eigentlich kein Motswana sei. Gleichzeitig wuchs die Wachsamkeit gegenüber südafrikanischen Agenten. In dem Dorf Ramotswa, 30km südlich der Hauptstadt und unmittelbar an der Grenze zu Südafrika, gab es nach dem Überfall auf Gaborone verschiedene kleinere Überfälle, und die Bevölkerung wurde aufmerksam. Dies betraf in erster Linie die Weißen. Sie wurden auf Spaziergängen von der Polizei verfolgt oder von der Bevölkerung gemeldet, wenn sie nicht schon seit Jahren bekannt waren.

Die soziale Kontrolle in den Dörfern machte es der Polizei leicht, über alle Verdächtigen informiert zu sein. Dies führte aber nur in seltenen Fällen zu Schwierigkeiten. Die Polizei verhielt sich freundlich und so die Angehörigen der Armee, die an den Ausfallstraßen der Städte Straßensperren errichteten und alle Fahrzeuge einer mehr oder weniger genauen Kontrolle unterzogen. Im allgemeinen verlief auch dies reibungslos, führte aber gelegentlich zu Beschwerden wegen der Verkehrsbehinderung.

In dem Ort Lobatse kam es bei verschiedenen Weißen zu mysteriösen Einbrüchen, bei denen nichts gestohlen wurde, aber sämtliche Papiere und Pässe durchwühlt wurden. Berufene und unberufene "spycatcher" wurden besonders in öffentlichen Bars aktiv und fragten unbekannte Gäste nach Herzenslust aus. Schlimmer erging es denen, die einmal in die Mühlen der Ermittlungen gerieten; sie hatten häufig Pech. Ein weißer Ex-Südafrikaner,

der in den 60er Jahren nach Lobatse gekommen war und in der Zwischenzeit die Staatsangehörigkeit Botswanas erworben hatte, wurde dadurch verdächtig, daß er Dynamit auf seinem Wagen transportierte. Das war zwar
ganz legal, da er dafür eine Lizenz besaß und den Sprengstoff in seinem
Steinbruch benötigte, doch ermittelte nun das CID. Bei einer Hausdurch-
suchung wurde ein Jagdgewehr gefunden, ebenfalls legal. Doch einige
Schuß Munition verschiedenen Kalibers paßten nicht zu diesem Gewehr. Bei
dieser Munition handelte es sich zwar ebenfalls um Jagdmunition, doch
konnten die Eigentümer nicht ausfindig gemacht werden. Die Patronen
waren von Jagdgästen liegen gelassen worden. Der Mann hatte zwanzig
Jahre vorher seinen Wehrdienst in der RSA abgeleistet und hob als
Andenken seinen Uniformrock auf. Dieser paßte ihm zwar nicht mehr – aber
alle diese Details wurden ihm zum Verhängnis. Da das CID unter Erfolgs-
zwang stand, wurde der Mann nach Südafrika ausgewiesen, was per Präsi-
dentenorder ohne Angabe von Gründen möglich ist. Die Anwendung dieser
Möglichkeit wurde als Bestätigung dafür angesehen, daß man gerichts-
verwertbare Beweise nicht gefunden hatte, andererseits aber nicht zugeben
konnte, daß man sich getäuscht hatte.

Besonders 1985/86 kam es zu einer Reihe dubioser Ausweisungen, unter
anderem auch von Journalisten, die zwar aus Südafrika stammten, sich aber
bei der Obrigkeit unbeliebt gemacht hatten. Nicht überraschend wurden in
dieser Zeit unter dem Deckmantel der Sicherheitsmaßnahmen alte Rech-
nungen beglichen.

Nach diesen Erfahrungen wurden besonders die 1986 verabschiedeten neuen
Sicherheitsgesetze als dem demokratischen Image Botswanas abträglich an-
gesehen, da sie den Sicherheitsorganen fast gleiche Vollmachten wie in
Südafrika einräumen.

Die Zunahme der Wachsamkeit der Bevölkerung wurde und wird durch anonyme Bombendrohungen geschärft. Positiv ist zu vermerken, daß Polizei und
Armee nunmehr wesentlich professioneller arbeiten und dadurch auch gele-
gentliche Erfolge aufweisen konnten. Die oft geschmähten "roadblocks" der
Armee erwiesen sich 1988 als äußerst hilfreich, als dadurch zwei Südafrikaner festgenommen werden konnten, die kurz vorher eine unbewaffnete
Polizeipatrouille beschossen und dabei zwei Beamte schwer verletzt hatten.

Die offensichtlich von Südafrika beabsichtigte allgemeine Verunsicherung
der Bevölkerung ist bisher nicht erreicht worden, und die sich ent-
wickelnde größere Sensibilität und Wachsamkeit ist vermutlich für die under
cover arbeitenden Agenten Pretorias eher ein Nachteil.

7.3. Politische Flüchtlinge in Botswana – gestern und heute

Katrin Sell

" ... und das Tragische daran ist, daß sogar wir, die wir jetzt frei sind und unsere Türen Tausenden von Flüchtlingen geöffnet haben, unseres eigenen Überlebens nicht sicher sein können, solange unsere Politik der offenen Tür gegenüber diesen Vertriebenen von jenen als feindlicher Akt angesehen wird, die diese Menschen zwingen, aus ihren Heimatländern zu fliehen und in unseren Zuflucht zu suchen ..."[1]

Flüchtlinge aufzunehmen, hat in der Gesellschaft Botswanas eine lange Tradition, die in die vorkoloniale Zeit zurückreicht. Flüchtlinge gab es nicht erst nach der willkürlichen Grenzziehung der europäischen Großmächte. Schon vorher bestanden zwischen den Völkern des südlichen Afrika mehr oder weniger genau definierte Grenzen, gab es Auseinandersetzungen, Kriege und Eroberungen, vor denen einzelne Gruppen flohen und sich unter den Schutz eines anderen Volkes begaben. Dies geschah fast immer in der Form, daß den Schutz Suchenden Land, aber auch Vieh zugeteilt wurde. Als Gegenleistung hatten sie die Herrschaft ihres Gastgebers anzuerkennen und ihm Tribut zu leisten.

Der Beginn des 19. Jahrhunderts brachte die Difaqane Kriege (vgl. Kapitel 1.2). Im Verlaufe dieser kriegerischen Auseinandersetzungen wurden die alten Gemeinschaften der Batswana zerstört. Die Amandebele, deren Führer Mzilikazi sich von Shaka getrennt hatte, gingen für eine gewisse Zeit als eine der stärksten Nationen aus diesen Kriegen hervor. Sie hielten das frühere Siedlungsgebiet der Batswana im Südosten des heutigen Botswana besetzt und verfolgten die Batswana mit Überfällen und Plünderungen, bis sie selbst 1837 von den Buren besiegt wurden und weiter nach Norden in das heutige Zimbabwe zogen.

---

[1]   aus der Rede Sir Seretse Khamas anläßlich der Verleihung der Nansen-Medaille in Genf am 22. Mai 1978 (übers. von der Verfasserin)

Als die Batswana nach ihrer weitgehenden Zersplitterung wieder in ihre alten Siedlungsgebiete zurückkehrten und sich neu zu organisieren begannen, geschah dies nicht unbedingt entsprechend der früheren Zusammensetzung ihrer Gruppen; schwache, zersplitterte Gruppen schlossen sich größeren, stärkeren an. So entstanden neue Staaten, deren Bevölkerung zu einem beträchtlichen Teil aus verschiedenen Gruppen bestand. Viele waren vor der Unterwerfung oder Vernichtung durch die Amandebele oder die Buren geflüchtet. Nachdem die Buren die Amandebele vertrieben hatten, beanspruchten sie deren Gebiet für sich und verlangten von den dorthin zurückgekehrten Batswana, daß sie nun ihnen anstelle der Amandebele Tribut in Form von Arbeit entrichteten. Viele von denen, die zu schwach waren, um sich dagegen zu wehren, flüchteten vor Verfolgung und Strafe unter den Schutz anderer Batswana wie der Bakwena, die selbst aus dem Einflußbereich der Buren weiter nach Westen gezogen waren. Die Bakwena unter Sechele waren durch den Handel entlang der 'Missionarsstraße' in den Besitz von Feuerwaffen gekommen und hatten damit eine gewisse Macht, sich den Buren zu widersetzen. Da Sechele sich weigerte, Flüchtlinge an die Buren auszuliefern, griffen diese die Bakwena 1852 an, stießen aber auf unerwartet heftigen Widerstand. Die gemeinsame Bedrohung der Tswana Staaten führte zu einem Bündnis zwischen den neuen selbständigen Staaten der Bakwena, Bangwaketse, Barolong und Bangwato, dem später Bakgatla und Batawana beitraten. Dies begünstigte das Entstehen eines vereinten Botswana.

Wegen des Überfalls und weiterer Versuche der Buren im Transvaal, die Batswana zu unterwerfen, wandten sich Sechele und andere Tswana-Führer nach ihm an die britische Kolonialverwaltung am Kap mit der Bitte um Schutz vor den Übergriffen der Buren. Im Jahre 1885 erklärte Großbritannien Bechuanaland zum britischen Protektorat. Die Grenzen des Protektorats im Norden und Westen waren zwischen den europäischen Großmächten Großbritannien, Portugal und dem Deutschen Reich als Grenzen ihrer jeweiligen Einflußsphären ausgehandelt worden, ohne Rücksicht auf die unter den dort lebenden Völkern bestehenden historischen Grenzen. Die Herero und Nama, die auf diese Weise unter deutsche Kolonialherrschaft gekommen waren, wehrten sich dagegen, daß ihnen Land und Vieh geraubt wurde. Ihr Aufstand (1904-1907) wurde von deutschen Truppen grausam und blutig niedergeschlagen, und nur einem kleinen Teil der Herero gelang es, vor endgültiger Vernichtung durch Flucht nach Bechuanaland zu entkommen. Auf

der Grundlage eines alten Freundschaftsvertrages erklärte sich Sekgoma
Letsholathebe, der Führer der Batawana, bereit, den Herero Asyl zu gewähren. Auf Druck der Deutschen setzte die britische Protektoratsverwaltung
die Entwaffnung der Herero durch und legte Wert darauf, daß sie es sei,
die die Ansiedlung der Flüchtlinge genehmigte. Hier sollte von vornherein
eine Einigkeit der Herero mit Sekgoma verhindert werden. Dieser jedoch
ließ den Flüchtlingen, um ihre Unterstützung zu gewinnen, ihre autonome
Position, so daß sie unter ihrer eigenen Führung, die Sekgoma direkt unterstand, ihre gewohnte Lebensweise fortsetzten. Im Laufe der Zeit bildeten
die Herero einen bedeutenden Anteil an der Tswana-Bevölkerung und wurden später Staatsbürger Botswanas.

Während der folgenden Jahre blieben die Grenzen zur Südafrikanischen
Union offen. Erst die Einführung der Paßgesetze 1952 löste neue Flücht-
lingsbewegungen in das Protektorat Bechuanaland aus.
Diese Gesetze, die auch Frauen das Tragen von Pässen vorschrieben, waren
in den Städten bereits auf heftigen Widerstand der ANC-Frauenliga ge-
stoßen. Als der Zwang, Paßbücher zu kaufen, 1957 auf die ländlichen Gebiete
des südlichen Transvaal ausgedehnt wurde, gab es auch dort Proteste und
Unruhen. Frauen im Hurutshe-Reservat boykottierten das Registrieren ihrer
Pässe und verbrannten die gekauften Paßbücher. Der Führer der Bahurutshe wurde daraufhin von der Regierung abgesetzt, und mit ihm flohen
viele Familien in das Protektorat Bechuanaland. Aus einer Gruppe von 500
Personen, die sich in Lobatse bei den Balete niederließen, kehrten viele
später von sich aus in das Transvaal zurück, weil sie keine Arbeit fanden
und der Boden knapp war. Der Teil der Gruppe, die mit ihrem Führer Asyl
bei den Bamangwato suchte, wurde von Tshekedi Khama in der üblichen
Weise aufgenommen; sie erhielten Vieh und Land und wurden so in die
Gemeinschaft integriert.

Das internationale Aufsehen, das der Fall erregte, hielt die britische Verwaltung davon ab, die Bahurutshe gegen ihren Willen zurückzuschicken; die
südafrikanische Regierung war daran auch anscheinend nicht interessiert.
Diese Gruppe von Flüchtlingen belastete weder die Beziehungen zu Südafrika noch die Verwaltung des Protektorates. Doch war dies der Anfang
eines beständigen Stroms von Apartheid-Flüchtlingen aus der Südafrikanischen Union und Namibia und eines zunehmenden politischen Konflikts, der
nach dem Massaker von Sharpeville 1960 und dem Verbot der Kongreß-

Parteien einen ersten Höhepunkt erreichte. Etwa 1400 Menschen flohen nach Bechuanaland, viele von ihnen Mitglieder des ANC und des PAC. Die südafrikanische Regierung versuchte, die Rolle der High Commission Territories als Aufnahmeländer für Flüchtlinge zu unterbinden. Da die britische Regierung sich weigerte, Flüchtlinge auszuliefern, griff die südafrikanische Polizei zu drastischen Maßnahmen wie Entführung. Die britische Regierung protestierte dagegen, und unter dem Druck der Weltöffentlichkeit gab die südafrikanische Regierung die Entführten zurück. Die britische Regierung hatte ihre Bereitschaft bewiesen, Gegnern der Apartheid politisches Asyl zu gewähren, gleichzeitig machte sie jedoch deutlich, daß sie politische Aktivitäten zur Unterwanderung der von Weißen regierten Nachbarländer nicht zulassen werde. Für politische Flüchtlinge, die sich aktiv im Kampf gegen weiße Minderheitenregimes engagierten, bot sich Bechuanaland als Transitroute über den Knotenpunkt Kasane im Norden an, insbesondere nach der Unabhängigkeit Zambias (ehemals Nord-Rhodesien, unabh. 1964).

Als Flüchtlingsziel oder Durchgangsland spielte Botswana auch nach seiner Unabhängigkeit 1966 eine Rolle. Nachdem Botswana 1967 den "Refugee Recognition and Control Act" verabschiedet hatte, unterzeichnete die Regierung 1969 die Genfer Flüchtlingskonvention der Vereinten Nationen von 1951 und das Protokoll von 1967 über den Umgang mit Flüchtlingen, das die Definition des Flüchtlingsbegriffes zeitlich weiter ausdehnt und damit Staaten, die inzwischen selbständige Mitglieder der UN geworden waren, die Möglichkeit gab, der Konvention beizutreten. Die Genfer Konvention und das Protokoll geben den Unterzeichnern Richtlinien für die Aufnahme von Personen, die aus begründeter Furcht vor Verfolgung wegen ihrer Rasse, Religion, Nationalität, Zugehörigkeit zu einer besonderen sozialen Gruppe oder politischen Auffassung nicht in ihr Land zurückkehren können oder wollen. Botswanas Gesetz übernahm die grundlegenden Bestimmungen der Konvention, machte aber von der Möglichkeit Gebrauch, einzelne Artikel auszuschließen. Generell gewährt Botswana Flüchtlingen den gleichen Schutz ihrer Rechte wie seinen Staatsbürgern, sowie den Schutz vor Ausweisung, allerdings unter besonderer Betonung des Verhaltens, daß der Flüchtling kein Verbrechen begangen hat und deshalb oder aus anderen Gründen eine Gefahr für die Gemeinschaft oder eine Bedrohung für die nationale Sicherheit des Landes darstellt. Botswana bietet Flüchtlingen einen Aufenthalt in Sicherheit und, soweit es die eigenen Mittel erlauben, ein Leben frei von Armut, Not und Krankheit. Hinsichtlich Ausbildung und Beschäftigung genießen Staatsbürger entsprechend den Gesetzen des Landes jedoch Vorrang vor allen Ausländern. Die wesentliche Einschränkung der Konvention betrifft die Bewegungsfreiheit innerhalb des Landes. Zum Schutz der Flüchtlinge und um ihnen Unterkunft und die Möglichkeit zur Selbstversorgung zu geben, werden sie in der Mehrzahl in einem Flüchtlingslager untergebracht. Das Verlassen des Lagers oder der Aufenthalt außerhalb ist strikten Regelungen unterworfen und bedarf besonderer Genehmigung, die erteilt wird, wenn der Flüchtling sicherstellen kann, daß er in der Lage ist, woanders im Land für seinen Unterhalt zu sorgen.

Diese Einschränkungen müssen unter dem Gesichtspunkt der Sicherheit für die Staatsbürger Botswanas, aber auch der der Flüchtlinge selbst gesehen werden. Zur Zeit seiner Unabhängigkeit war Botswana ganz von Staaten umgeben, die der afrikanischen Bevölkerung grundlegende Rechte vorenthielten: im Süden und Westen sowie, durch den Caprivi-Streifen, im Norden von der Republik Südafrika und im Osten von Rhodesien. Nur im äußersten Norden bestand ein, jederzeit durch die Nachbarn gefährdeter, wenige hundert Meter breiter Zugang zur Republik Zambia über die Fähre bei Kasane.

Ein erstes größeres Flüchtlingsproblem nach der Unabhängigkeit trat an der Nordgrenze auf. In den Jahren 1967–69 flohen fast 4000 Menschen vor portugiesischen Vergeltungs- und Umsiedlungsmaßnahmen aus Angola nach Botswana. Sie waren überwiegend Hambukushu, die vor dem Bestehen der Kolonialgrenzen in engem Kontakt mit den Batswana gelebt hatten. Der Anspruch des damaligen Batawana-Herrschers Sekgoma, daß sie unter seiner Hoheit ständen, hatte unter anderem in der Frühzeit des Protektorats zu Konflikten mit der Kolonialverwaltung und zu seiner Absetzung geführt. Ihre Ansiedlung in Ngamiland, wo ebenfalls Hambukushu als Teil der Tswana-Bevölkerung lebten, war relativ unproblematisch. Sie ließen sich leicht integrieren, da sich an ihrer gewohnten Lebensweise und Umgebung nichts wesentliches änderte. Im Jahre 1975 erhielten sie die Staatsbürgerschaft Botswanas. Die Kosten des Ansiedlungsprogrammes wurden hauptsächlich vom UNHCR, World Food Programme (WFP) und anderen internationalen Hilfsorganisationen getragen, zum Teil auch von der Regierung Botswanas. Die Effizienz in der Durchführung des Programms und in der gerechten Verteilung der Gelder verschafften Botswana die Anerkennung der internationalen Organisationen und förderte deren Bereitschaft, dem Land Flüchtlingshilfe zu gewähren, auf die es tatsächlich dringend angewiesen war.

Mit der Intensivierung des Befreiungskrieges gegen die weiße Regierung in Rhodesien kam seit den frühen 70er Jahren ein zunehmender Strom von Flüchtlingen über die Nordostgrenze Botswanas. Die Flüchtlinge waren Rekruten der Befreiungsarmeen, überwiegend der ZAPU, oder ländliche Bevölkerung aus Matabeleland, die vor den Auswirkungen des Krieges und willkürlichen Übergriffen der rhodesischen Armee flüchteten. Von Anfang an war nicht vorgesehen, diese Flüchtlinge im Lande anzusiedeln und zu integrieren. Ihr Aufenthalt wurde als vorübergehend angesehen und erforderte andere Maßnahmen als bisher, nicht zuletzt wegen ihrer großen Zahl (ab 1976 über 30000). Das erste Flüchtlingslager wurde 1975 in Francistown eingerichtet, weitere in Selebi–Phikwe und Dukwe. Sie waren zunächst nur als Auffangs– und Durchgangslager konzipiert; Anwärter auf Rekrutierung durch die Befreiungsarmeen wurden zum Training nach Zambia ausgeflogen. Die Fährverbindung über den Zambezi war von der rhodesischen Armee unterbrochen worden. Die Zahl der Flüchtlinge nahm schneller zu als auf dem Luftwege weitergeleitet werden konnte. Insbesondere nach dem Scheitern der Verhandlungen der Smith–Regierung mit den afrikanischen Führern über deren Beteiligung an der Regierung verursachten verstärkte Guerilla-Aktivitäten der ZAPU von Zambia aus und die Zwangsrekrutierung von Schwarzen für die rhodesische Armee ein weiteres Ansteigen der Flüchtlingszahlen.

Botswana war nicht in der Lage, zu verhindern, daß ZAPU–Guerillas zunehmend Gebrauch von seinem Territorium machten, aber auch nicht, Schutz gegen Überfälle und Grenzverletzungen der rhodesischen Armee zu gewähren. Entführungen von Flüchtlingen und Bombenattentate, wie auf das ZAPU–Büro in Francistown und andere, bei denen auch Batswana verletzt und getötet wurden, verschärften die Spannungen zwischen den Regierungen und führten 1978 zu ersten bewaffneten Auseinandersetzungen der paramilitärischen Polizeieinheiten Botswanas mit der rhodesischen Armee, die 15 Batswana das Leben kostete. Als Reaktion auf die wachsende Gefährdung der eigenen Sicherheit und territorialen Integrität erklärte die Regierung Botswanas zwar ausdrücklich ihre Bereitschaft, Flüchtlingen Asyl zu gewähren, warnte die Befreiungsbewegungen jedoch davor, Botswana als Operationsbasis für Angriffe gegen die Nachbarländer zu benutzen. Die paramilitärische Polizeieinheit wurde zur regulären Armee ausgebaut (BDF) und verlieh der Warnung dadurch Nachdruck, daß sie etwa 1000 Guerillas zwang, sich nach Zambia zurückzuziehen. Gleichzeitig erhob Botswana Klage über

rhodesische Agressionen vor den Vereinten Nationen. Der Strom der Flüchtlinge nahm dennoch zu, und die Grenzzwischenfälle rissen ebenfalls nicht
ab.

Im Jahre 1977 entsandten die Vereinten Nationen eine Abordnung, die Empfehlungen aussprach, wie mit internationaler Hilfe für Botswana die Last
der Finanzierung von Maßnahmen erleichtert werden könnte. Der Ausbau
der Flüchtlingslager wurde im wesentlichen von den Vereinten Nationen
(UNHCR), durch den Lutherischen Weltbund und Hilfsorganisationen verschiedener Staaten getragen. Offiziell wurden die Lager vom Lutherischen
Weltbund verwaltet, tatsächlich hatte die ZAPU jedoch einen wohl erheblichen Einfluß.

Unterdessen kamen im selben Zeitraum Flüchtlinge aus der Republik Südafrika. Nach den Massakern von Soweto 1976 flüchtete eine große Zahl von
Jugendlichen nach Botswana. Die Angaben über diese Gruppe von 14- bis
25jährigen sind widersprüchlich, da vermutlich die Dunkelziffer sehr groß
war. Ein ganz erheblicher Teil hielt sich illegal im Lande auf. Auch wenn
die Zahl insgesamt wesentlich geringer war als die Zahl der Flüchtlinge aus
Rhodesien, so stellte diese Gruppe doch Botswana vor erhebliche Probleme.
Die Flüchtlinge aus Südafrika waren städtisches Leben gewöhnt und zogen
den Aufenthalt in Gaborone den ländlichen Zentren vor. Das führte zu
Spannungen mit der Bevölkerung der Hauptstadt, wo die Mehrzahl anfangs
- mehr oder weniger - sich selbst überlassen blieb. Ihr Wettbewerb mit den
Batswana auf dem ohnehin knappen Arbeits- und Wohnungsmarkt, ihre
sichtbare Arbeitslosigkeit und Fälle von Kriminalität, andererseits die Unterstützung, die sie vom UNHCR für Lebensunterhalt, Ausbildung und selbständige Gewerbe erhielten, riefen beträchtliche Ressentiments in der Bevölkerung hervor.
Darüber hinaus befürchtete die Regierung eine Politisierung und Radikali-
sierung der akademischen Jugend. Die Flüchtlinge aus der RSA hatten jedoch in ihrer Mehrzahl keine Beziehungen zu einer der beiden Befreiungsbewegungen ANC oder PAC, sondern standen der "Black Consciousness"-
Bewegung nahe. Dies machte es für das Botswana Council of Refugees und
den UNHCR nicht leicht, die Flüchtlinge zu kontrollieren. Versuche, sie für
Befreiungsbewegungen zu gewinnen und sie damit besser kontrollieren zu
können, mußten aufgegeben werden, nachdem das durch den Protest der
Jugendlichen bekannt geworden war. Flüchtlinge, die sich für den ANC

rekrutieren ließen und in Ausbildungslager nach Tanzanzia gingen, wählten offensichtlich eine andere Route und erreichten ihre Bestimmungsorte über Swaziland und Mozambique.

Nach der Unabhängigkeit Zimbabwes (1980) und der Rückführung eines großen Teils der Flüchtlinge aus diesem Land wurden die Lager Selebi-Phikwe und Francistown geschlossen. Ein erneuter Strom von Flüchtlingen aus Zimbabwe, wenn auch nicht in so großer Zahl, trat kurze Zeit später wieder auf, verursacht durch die Kämpfe im Matabeleland zwischen der Regierungsarmee und früheren ZIPRA-Guerillas, dem militärischen Flügel der ZAPU des J. Nkomo. Die Flüchtlinge berichteten von willkürlichen Erschießungen und anderen Terrormaßnahmen der Regierungsarmee. Beschuldigungen der Regierung in Harare, das Flüchtlingslager Dukwe diene bewaffneten Banditen zur Vorbereitung eines Regierungssturzes in Zimbabwe, sowie offensichtliche Fehlinformationen und Propaganda führten teilweise zu erheblichen Belastungen der politischen Beziehungen beider Staaten. Die Zahl der Flüchtlinge aus Zimbabwe wurde 1985/86 mit 4300 Personen angegeben und ist seitdem rückläufig. Eine Verbesserung der innenpolitischen Situation zwischen ZAPU und ZANU ist dafür ursächlich.

Das Flüchtlingsproblem Botswanas ist gegenwärtig durch die ständigen Drohungen der Regierung Botha gekennzeichnet, Botswana militärisch zu überfallen und dafür zu "bestrafen", daß es dem ANC erlaube, von Botswana aus die Republik Südafrika zu bedrohen. Wie ernst diese Drohungen gemeint sind, wissen die Batswana spätestens seit dem Überfall auf Gaborone vom 14. Juni 1985. Da Südafrika Botswana offensichtlich aus innenpolitischen Gründen als Vorwand benötigt, ist die tatsächliche Zahl der Flüchtlinge aus Südafrika nicht entscheidend. In diesem Sinne ist auch der 1986 in Botswana erlassene "National Security Act" ein außenpolitisches Mittel der Regierung in Gaborone, klarzustellen, daß es Guerilla-Aktionen von seinem Territorium aus nicht duldet. Unter den wenigen in Gaborone verbliebenen Flüchtlingen hat die Unsicherheit ihrer Situation noch zugenommen. Zum einen haben sie Angst vor Attentaten, zum anderen befürchten sie, daß die Regierung sie als Bedrohung ansieht und loszuwerden versucht, indem sie ihnen nahelegt, im Interesse ihrer eigenen Sicherheit das Land zu verlassen, was in letzter Zeit tatsächlich in mehreren Fällen geschehen ist.

Unsicherheit und Mißtrauen unter den Flüchtlingen gehen bis hin bis zum Verdacht der Korruption und Kollaboration offizieller Stellen mit der süd-afrikanischen Polizei.

Literaturverzeichnis

Adam, E.: Botswana: Parlamentswahlen 1984: Parteienpluralismus in Afrika, in: Afrika Spectrum (Hamburg) 21 (1986) 2, p. 189-210

Aiken, B.: The Chobe, Sable Publishers, Sandton 1984

Ajulu, R./Cammack, D.: Lesotho, Botswana, Swaziland: Captive States, in: Johnson, P./Martin, D. (Hrsg.): Destructive Engagement. Southern Africa at War, Harare 1986

Allen, C.: Botswana: an African Success Story, in: Africa Report (New York) 32 (Jan./Feb. 1987), p. 22-24

Andringa, J.: Clear Skies and Cloudy Days in Botswana, in: Botswana Notes & Records (Gaborone) 18 (1986), p. 115-121

Anhaeusser, C.R./Maske, S. (Hrsg.): Mineral Deposits of Southern Africa, Vol. I & II, Geological Society of South Africa, Johannesburg 1986

Annual Report, Education Department, Protectorate Bechuanaland, 1961

Anonymus: Apartheid and Psychiatry, in: Lancet, Vol. 2 (No 8414) 1984

Armstrong, A. (Hrsg.): Women and Law in Southern Africa, Zimbabwe Publ. House 1987

Baldock, J.W.: Mineral Resources Report No.4, Resources Inventory of Botswana: Metallic Minerals, Mineral Fuels and Diamonds, (GS Lobatse) 1977

Bechuanaland 1965, Her Majesty's Stationary Office, London 1966

Bell, M.: Rural-Urban Movement among Botswana's Skilled Manpower: Some Observations on the Two Sector Model, in: Africa (Manchester) 50 (1980) 4, p. 404-421

Berg, S. van der: Long-Term Economic Trends and Development Prospects in South Africa (Konferenzpapier, Institut für Afrikanische und Internationale Studien, Human Sciences Research Council, München, 15.-17. Mai 1987, hektogr.)

Beske, F.: Zielvorgaben für eine europäische Gesundheitspolitik, in: Dt. Ärzteblatt 1/2, 1986, 24-28

Bloom, D.E./Freeman, R.B.: The Effects of Rapid Population Growth on Labour Supply and Employment in Developing Countries, in: Population and Development Review 12 (3), 1986, p.381-414

Botswana Council of Refugees (Hrsg.): A Guide for Refugees in Botswana, Gaborone 1985

Botswana Energy Profile: an Overview, in: SADDC Energy Bulletin (Luanda) 5 (1987) 14, p. 5-20

Briggs, D.R./Wing, J.: The Harvest and the Hope. The Story of
Congregationalism in Southern Africa. The United Congregational
Church of Southern Africa, Johannesburg 1970

Bush, R./Cliff, L./Janson, V.: The Crisis in the Reproduction of Migrant
Labour, in: Lawrence, P. (Hrsg.): World Recession and the Food
Prices in Africa, London 1986

Campbell, A.: A Comment on Kalahari Wildlife and the Khukhe Fence, in:
Botswana Notes & Records (Gaborone) (1981) 13, p. 111–118

Carter, G.M./Morgan, E.Ph. (Hrsg.): From the Frontline. Speeches of Sir
Seretse Khama, London 1980

Chernichovsky, D./Lucas, R./Mueller, E.: Household Economy of Rural
Botswana: an African Case, Washington/D.C.: The World Bank, 1985

Chiepe, G.K.T.: Statement to the Security Council on 21 June 1985, in:
Southern Africa Record, no.39, August 1985

Chirenje, M.J.: Chief Khama and His Time, 1935–1923, (Rex Collins) London
1978

Chrobot, St.: Unterentwicklung im Wirtschaftswunder – benötigt Botswana
Entwicklungshilfe?, (DGFB-Diskussionspapier No.2), Hamburg 1988

Cleland, J./Hobcraft, J. (Hrsg.): Reproductive Change in Developing
Countries. Insigths from the World Fertility Survey, Oxford University Press, Oxford 1985

Coale, A.J.: Demographic Transition Reconsidered, International Population
Conference, Vol.I., International Union for the Scientific Study of
Population, Liege 1973, p. 53–72

Colclough, Chr./McCarthy, St.: The Political Economy of Botswana. A Study
of Growth and Distribution, Oxford Univ. Press/New York 1980

Colclough, Chr.: Dependent Development in Southern Africa 1960– 1980:
National Strategy Options in a Regional Context, in: Oommen, M.A./
Inganji, F.K./Ngcongco, L.D. (Hrsg.): Botswana's Economy since In-
dependance, Tata McGraw-Hill Publ. Company, New Delhi 1983

Cole, D.T.: An Introduction to Tswana Grammar, Cape Town, Longman 1955/
1975

Coles, T.: The Story of Education in Botswana, Macmillan, Gaborone 1985

Commonwealth Group of Eminent Persons : Mission to South Africa, The
Commonwealth Report, Middlesex England 1986

Connor, O.: The African City, London 1983

Cooke, H.J.: The Palaegeography of the Middle Kalahari of Northern Bo-
tswana and Adjacent Areas, Botswana Society, Proceedings of the
Symposium on the Okavango Delta and its Future Utilization,
Gaborone 1976

369

Cooper, D.: Unions in Botswana: Comparisons with Lesotho, in: South African Labour Bulletin (Johannesburg/Braamfontein) 10 (Juli/Aug.1985) 8, p. 103-114

Cownie, D.: Botswana and The SADCC: Expanding External Options through Regional Cooperation, Los Angeles/Cal. (ASA), 1984

Crowder, M. (Hrsg.): Education for Development, Proceedings of the Symposium held by the Botswana Society, Macmillan Botswana, Gaborone 1984

Curry, R.L. (jr.): Adaption of Botswana's Development Strategy to Meet its People's Needs for Land, Jobs, in: The American Journal of Economics and Sociology (Lancaster/Pa.) 45 (1986) 3, p. 297-312

Curry, R.L. (jr.): Mineral-Based Growth and Development-Generated Socio-Economic Problems in Botswana: Rural Inequality, Water Scarcity, Food Insecurity and Foreign Dependence Challenge New Governing Class, in: The American Journal of Economics and Sociology (New York) 44 (1985) 3, p. 319-336

Curry, R.L. (jr.): Problems Produced by the Growth Pattern of Botswana's Mineral-based Economy, in: The American Journal of Economics and Sociology (New York) 44 (1985) 4, p. 449-462

Curry, R.L.: Botswanas Macroeconomic Management of its Mineral-based Growth, in: The American Journal of Economics and Sociology (New York) 46 (1987) 4, p. 473-488

Curry, R.L.: Poverty and Mass Unemployment in Mineral-rich Botswana, in: The American Journal of Economics and Sociology (New York) 46 (1987) 1, p. 71-88

Dale, R.: Botswana's Foreign Policy: State and Non-State Actors and Small Power Diplomacy, Paper presented to the 23rd Annual Meeting of the African Studies Association, Philadelphia 1980

Dale, R.: Botswana's Southern African Security Policy, 1966-1985, Paper presented at the 28th Annual Meeting of the African Studies Association, New Orleans 1985

Dale, R.: Not always so placid a place. Botswana under attack, in: African Affairs, Vol.86, no.342, Jan. 1987, p.73-91

Dale, R.: The Creation and the Use of the Botswana Defence Force, in: The Round Table, no.290, 1984

Dale, R.: The In Man Out. Sir Seretse Khama of Botswana and the Southern African Subordinate State System, Paper presented to the 17th Annual Meeting of the African Studies Association, Chicago 1974

Davies, J./Goldberg, G.: Groundwater Research in Botswana – Past, Present and Future, Proceedings Regional Workshop on Hydrogeology in Commonwealth Africa, Lobatse 1980

De Vries, J.J.: Holocene Depletion and Active Recharge of the Kalahari Groundwaters. A Review and an Indicative Model, in: J. Hydrol. 70,

1984

Dennis, C.: The Role of Dingaka tsa Setswana from the 19th Century to the Present, in: Botswana Notes & Records, Vol.10 (1979) Gaborone, p. 53-66

Doyal, L./Pennell, I.: Den Tod verhindern ohne das Leben zu verbessern. Zum Widerspruch imperialistischer Medizin in der Dritten Welt, in: medico international, Frankfurt 1982

Du Toit, A.L.: Crustal Movement as a Factor in the Geographical Evolution of South Africa, in: S. Afr. Geogr. J. 16, 1933

Du Toit, A.L.: Report of the Kalahari Reconnaissance of 1925, Irrigation Department, Pretoria 1926

Du Toit, A.L.: The Geology of South Africa, Oliver & Boyd, Edinburgh 1954

Economist Intelligence Unit: Country Profile: Botswana, Lesotho, Swaziland 1986-87, London 1986

Economist Intelligence Unit: Country Report: Namibia, Botswana, Lesotho, Swaziland, no.2-1986

Economist Intelligence Unit: QER of Namibia, Botswana, Lesotho, Swaziland, No.1-1986

Egner, E./Appiah-Endresen, I.: Botswana., Division for Industrial Studies, Regional and Country Studies Branch, UNIDO, Gaborone 1981

Egner, E.: District Development in Botswana: Report to SIDA, Gaborone 1978

Ehlers, K./Rücker, Th.: Die Berücksichtigung von Ressourcenschutzaspekten in staatlichen Programmen für die Landwirtschaft in Botswana, o.O. (Berlin), o.J. (1988), unveröffentl. Diplomarbeit (TU, Institut für Landschaftsökonomie)

Ellenberger, D.F.: History of the Basotho, Ancient and Modern, New York, Negro Univ. Press, 1912/1969

Farr, J.L. et al.: Evaluation of Underground Water Resources in Botswana, GS-10 Project Final Report, Geological Survey Botswana, Lobatse 1981

Foster, S.S.D. et al.: The Likelihood of Active Recharge in the Botswana Kalahari, in: J. Hydrol. 55, 1982

Gabatshwane, M.S.: Tshekedi Khama of Bechuanaland, London 1961

Gargano, M.D.: Withdrawal from the Rand Monetary Area: Swaziland Prospects, in: Africa Insight, Vol.10, No.2 (1986), p.79-82

Geisler, W./Wellmer, G.: DM Investitionen in Südafrika, Bonn 1983

Geldenhuys, D.: The Constellation of Southern African States and the Southern African Development Coordination Council: Towards a New Regional Stalemate?, (South African Institute of International Affairs, Special Study), Braamfontein 1981

Gensch, G.: Botswana: der Tanz ums goldene Kalb, in: Epd-Entwicklungspolitik (Frankfurt/M) (1988) 2, p. 13-16

Gesemann, M. et al.: Seroepidemiologische Untersuchungen zur Prävalenz
des HBV, HAV, Delta-Agens und HTLV III in der Bevölkerung Botswanas, in: Mitt. Öster. Ges. Tropenmed. Parasitol. 8, 1986, 259-269

Gish, O./Walker, G.: Mobile Health Services, Tri Med Books, London 1977

Gould, J.E.: Rainwater Catchment Possibilities for Botswana, Botswana Technology Centre, Gaborone 1984

Granberg, P.: An Attempt to Estimate the Botswana 1980 Market for Manufactured Products, Fantoft (Norwegen) 1984 (Chr. Michelsen Institute,
Derap Working Papers A 313)

Granberg, P.: Botswana's Customs Revenue. A Formal Analysis of the Revenue Generating Formula, Fantoft (Norwegen) 1985 (Chr. Michelsen
Institute, Derap Working Papers A 338)

Gruber, L.: Einkommens- und Rinderverteilung in Botswana: die Ergebnisse
des "Rural Income Distribution Survey" (RIDS), Hamburg 1988 (DGFB-
Diskussionspapier, No.2)

Gruber, L.: Landwirtschaftliche Kooperation zwischen Europäischer Gemein-
schaft und Afrika im Rahmen der Lomé-Abkommen. Fallstudien zum
Zucker- und Rindfleischhandel, Hamburg 1987 (Institut für Afrika-
Kunde, Hamburger Beiträge zur Afrika-Kunde, Bd. 30)

Gwebu, Th.: Spatial Organization of Urban Centres in Botswana: The
Evolution of Development with Equality, in: African Urban Quarterly
(Albany/N.Y.) 2 (May 1987) 2, p. 149-160

Gwosdz, W./Modisi, M.P.: The Carbonate Resources of Botswana, Min. Res.
Report No.6, Geol. Survey of Botswana, Lobatse 1983

Halbach, A.: Südafrika und seine Homelands. Strukturen und Probleme der
"getrennten Entwicklung", München/Köln/London 1988 (IFO-Institut
für Wirtschaftsforschung, Abt. Entwicklungsländer)

Halpern, J.: South Africa's Hostages: Basutoland, Bechuanaland and Swaziland, Harmondsworth 1965

Hanlon, J./Omond, R.: The Sanctions Handbook. For or Against?, Middlesex
England 1987

Hanlon, J.: Apartheid's Second Front, Middlesex England 1986

Hanlon, J.: Beggar Your Neighbours. Apartheid Power in Southern Africa,
London 1986

Hartland-Thunberg, P.: Botswana: An African Growth Economy, Boulder 1978

Harvey, Ch. (Hrsg.): Papers on the Economy of Botswana, London/Nairobi/
Ibadan 1981

Head, B.: A Bewitched Crossroad. An African Saga, AD. Donker, Craighall

1984

Head, B.: Serowe. Village of the Rain Wind, African Writers Series, Heinemann (o.J.)

Henderson, R.: The Southern African Customs Union: Politics of Dependence, in: Onwuka, R. (Hrsg.): The Future of Regionalism in Africa, London (u.a.), (Macmillan), 1985, p. 225-253

Henderson, W.: Independent Botswana. A Reappraisal of Foreign Policy Options, in: African Affairs, Vol.73, no.290, Jan. 1974

Hermans, Qu.: Towards Budgetary Independence. A Review of Botswana's Financial History, 1900 bis 1973, in: Botswana Notes and Records, Vol.6. (1974), Gaborone, p. 89-116

Herrmann, R./Dick, H.: Ernährungssicherung in Afrika: das Beispiel Botswana, in: Die Weltwirtschaft (Tübingen), 1987, 1, p. 183-199

Hesselberg, J.: The Third World in Transition: The Case of the Peasantry in Botswana, Scandinavian Institute of African Studies, Uppsala 1985

Hill, Ch.: Independent Botswana: Myth or Reality?, in: The Round Table, No.245, Jan. 1972, p.55-62

Hinchey, M.T. (Hrsg.): Proceedings of the Symposium on Drought in Botswana 1978, publ. by The Botswana Society in Coll. with Clark Univ. Press, Gaborone 1979

Hirschmann, D.: Changes in Lesotho's Policy towards South Africa, in: African Affairs, no.311, April 1979

Hitchcock, R.R./Smith, M.R. (Hrsg.): Settlement in Botswana. The Historical Development of a Human Landscape, Proceedings of the Symposium held in Gaborone Aug. 1980, Heinemann Educational Books, Marshalltown 1982

Hoffmann, K./Hohmann, H.: Hypertension in Kgalagadi, in: Botshelo. Journal of the Medical and Dental Association of Botswana, Vol 15, No 2, June 1985, p. 2-11

Hoffmann, K.: Skizzen zur Psychiatrie in Botswana, in: Nachrichten aus der Ärztlichen Mission, 1/1988

Hoffmann, K.: Suicide in the Kalahari, unveröff. Manuskript

Hohscheid, G.: Flüchtlinge der Apartheid, in: Informationsdienst südliches Afrika 11, 1982

Holdt, K. v.: The Economy: Achilles Heel of the New Deal, in: South African Review 3, Johannesburg 1986

Holm, J./Morgan, R.: Coping with Drought in Botswana: An African Success, in: The Journal of Modern African Studies (Cambridge) 23, (Sept. 1985) 3, p. 463-482

Holm, J.D./Cohen, M.S.: Enhancing Equity in the Midst of Drought: the

Botswana Approach, in: Ceres (Rom) 19 (1986) 6/114, p. 20-24

Holub, E.: Sieben Jahre in Südafrika, Wien 1881

Horn, J. ten: Refugees from Mugabe, in: New African, Nr. 217, Oct. 1985

Hubbard, M.: Agricultural Exports and Economic Growth: A Study of the
    Botswana Beef Industry, London: KPI, 1986

Hudson, D.: Botswana's Membership of the Southern African Customs Union,
    in: Harvey, Ch. (Hrsg.): Papers on the Economy of Botswana, London
    1981

Hudson, D.: The Establishment of Botswana's Central Bank and the Intro-
    duction of a New Currency, in: Botswana Notes and Records, Vol.10
    (1979), p.113-133

Ingstad, B./Sangested, S.: Unmarried Mothers in Changing Tswana Society.
    Implications for Household Form and Viability, (Norsk Utenrikspolitik
    Institut), Oslo 1987

Iwanowski, M.: Reisehandbuch Botswana: Wüsten, Sümpfe und Savannen,
    Dormagen: Iwanowski, 1987

Jeal, T.: Livingstone, Penguin 1985

Jennings, C.M.H.: The Hydrogeology of Botswana. Thesis Univ. Natal, Pieter-
    maritzburg, 1974

Jerve, A.M.: Cattle and Inequality. A Study in Rural Economic Differentia-
    tion from Southern Kgalagadi in Botswana, Bergen/Norwegen (Chr.
    Michelsen Institute, Derap Publ.) 1982

Jerve, A.M.: Cattle is Wealth. A Pastoral Economy in a Capitalist Setting.
    A Case Study from Botswana, Bergen/Norwegen (Chr. Michelsen
    Institute, Derap Publ.) 1981

Jeske, J.: Industrialisierungsprobleme in landumschlossenen Kleinstaaten
    des Südlichen Afrika: weltwirtschaftliche, regionale und nationale
    Rahmenbedingungen für ausgewählte Produktionsbereiche,
    (Selbstverlag des Instituts für Geographie der Univ. Würzburg),
    Würzburg 1986

Johnson, P. et al.: Okavango. Africa's Last Eden, Country Life Books,
    London 1978

Johnson, P./Martin, A.D.: Destructive Engagement. South Africa at War,
    Harare 1986

Jones, D.: Traditional Authority and State Administration in Botswana, in:
    The Journal of Modern African Studies (Cambridge) 21 (March 1983)
    1, p. 133-139

Journal 'Education with Production' der "Foundation for Education with
    Production", Gaborone, seit 1981 (bi-annual)

Kandela, P.: South Africa. The Training of Black Doctors, in: Lancet, Vol.

1 (No 8473) 1986

Katz, R.: Num. Heilen in Ekstase. Spiritualität und uraltes Heilwissen: Die faszinierende Welt der San im Südlichen Afrika, Interlaken 1985

Khama, Sir Seretse: Introduction., in: Nsekela, A. (Hrsg.): Southern Africa. Toward Economic Liberation, London 1981

Khama, Sir Seretse : Acceptance Speech at Nansen Award Ceremony, Geneve

22nd May 1978

Klimm, E.: Die verarbeitende Industrie in Botswana, in: Internationales Afrikaforum (München) 20 (1984) 3, p. 287-293

Knappert, J.: Myths and Legends of Botswana, Lesotho and Swaziland, (Nisaba: Religious Text Translation Series, Vol.14), Leiden 1985

Kostiuk, N.: Botswana., in Shaw, T./Aluko, O. (Hrsg.): The Political Economy of African Foreign Policy, New York 1984

Kruck, W.: Hydrogeologic Interpretations of Landsat Imagery in Arid Zones of South and West Africa, in: Satellite Hydrology, American Water Resources Assoc., 1979

Kunene, M.: Emperor Shaka the Great. A Zulu Epic, African Writers Series, Heinemann 1979

Landell-Mills, P.M.: The 1969 Southern African Customs Union Agreement, in: Journal of Modern African Studies, Vol.9, No.2 (1971), p. 263-281

Langley, Ph.: Managing the Botswana Brigades: An Experience in Training Development Staff, in: Cahiers de l'IPD (Douala) (1983) 2, p. 3-93

Larsson, A. und V.: Traditional Tswana Housing. A Study in four Villages in Eastern Botswana, Swedish Council of Building Research, Stockholm 1984

Lee, R.B./DeVore, I. (Hrsg.): Kalahari Hunter-Gatherers. Studies of the !Kung San and their Neighbors, Harvard Univ. Press 1982

Leete, R.: The Post-demographic Transition in East and South East Asia: Similarities and Contrasts with Europe, in: Population Studies 41(2): 1987, p.187-206

Libby, R.: The Politics of Economic Power in Southern Africa, Princeton Univ. Press, Princeton 1987

Liphuko, L.S.: Does the Civil Service Really Consult? The Cases of the Tribal Grazing Land Policy, National Conservation Strategy and the Self Help Housing Agency, Paper presented at the Symposium on Democracy in Botswana, 1.-5. August 1988

Lipton, M.: Employment and Labour Use in Botswana (2 Bde.), Gaborone 1978

Magubane, B.: Botswana, Lesotho and Swaziland: South Africa's Hostages in Revolt, in: Callaghy, Th. (Hrsg.): South Africa in Southern Africa:

The Intensifying Vortex of Violence, New York 1983, p. 355-369

Magubane, B.M.: The Politicl Economy of Race and Class in South Africa, in: Monthly Review Press, New York und London 1979

Main, M./Fowkes, J./Fowkes, S.: Visitor's Guide to Botswana. How to get there, what to see, where to stay, Johannesburg 1987

Main, M.: Kalahari. Life's Variety in Dune and Delta, Johannesburg 1987

Majelantle, R./Mhozya, X.: Prospects for Absorbing Migrant Miners into the Botswana Economy, (International Labour Organization, Working Paper/International Migration for Employment), Geneva March 1988

Mallik, D.I.J. et al.: A Geological Interpretation of Landsat Imagery and Air Photography of Botswana, in: Overseas Geology and Mineral Resources, no. 56, Inst. of Geological Sciences, London 1981

Manyeneng, W.G./Khulumani, P./Larson, M.K./Way, A.A.: Botswana Family Health Survey 1984, Family Health Division, Ministry of Health, Gaborone, and Westinghouse Public Applied Systems, Columbia, Maryland 1985

Marks, S./Rathbone, R. (Hrsg.): Industrialisation and Social Change in South Africa. African Class Formation, Culture and Consciousness, 1870-1930, London/New York 1982

Martin, D./Johnson, Ph.: The Struggle for Zimbabwe, Faber & Faber, London/Boston 1981

Masire, Q.K.J.: Botswana Foreign Policy Perspectives, Address at the Dag Hammarskjöld Centre, Uppsala, May 4, 1984, in: Development Dialogue, 1984, 1-2

Masire, Q.K.J.: Man in Conflict, in: Leadership (Johannesburg) 6 (1987) 4, p. 40-52

Matthews, J.: The Third Lomé Convention and its Significance to Southern Africa, in: Africa Insight (Pretoria) 15 (1985) 4, p. 262-270

May, D.: A Geography of Botswana, Gaborone und Manzini 1983

Mayeneng, W.G./Tumkaya, N./Maakwe, G.M.: Report of the Conference on Population and Development for Members of Parliament and House of Chiefs, September 4-6, 1986. Government Printer, Gaborone 1986

Maylam, P.: A History of the African People of South Africa: From the Early Iron Age to the 1970's, David Philip, Cape Town & Johannesburg 1986

Mazor, E. et al.: Chemical Composition of Groundwaters in the Vast Kalahari Flatland, in: J. Hydrol. 48, 1980

Mazor, E. et al.: Northern Kalahari Groundwater. Hydrolic, Isotopic and Chemical Studies at Orapa, Botswana, in: J. Hydrol. 34, 1977

Mazor, E.: Rain Recharge in the Kalahari - A Note on Some Approaches to the Problem, in: J. Hydrol. 55, 1982

Mertes, J.: Die SADCC – ein Modell für Süd-Süd-Kooperation?, Frankfurt 1988

Meyns, P.: Das Südliche Afrika nach Nkomati. Die Regionalpolitik von Botswana, Mozambique und Zimbabwe, Hamburg 1987

Meyns, P.: Einheit und Heterogenität. Ansätze zur Erklärung der Block-freiheit in der Weltpolitik, in: Nuscheler, F. (Hrsg.): Dritte Welt-Forschung. Entwicklungstheorie und Entwicklungspolitik, PVS, Sonderheft Nr. 16/1985

Ministry of Agriculture (Botswana) (Hrsg.): Initiatives for Farm Equipment Programmes in Botswana, Proceedings of a National Workshop, held in Gaborone 1985, Geneva: ILO, 1986

Ministry of Commerce and Industry, Botswana (Hrsg.): Botswana: A Guide to Investment II, Gaborone 1983

Ministry of Finance and Development Planning, Republic of Botswana: National Development Plan (NDP) 5 (1979-1985), (Government Printer, Gaborone 1980) und National Development Plan (NDP) 6 (1985-1991), (Government Printer, Gaborone 1985)

Mofolo, Th.: Chaka, African Writers Series, Heinemann 1981

Mofolo, Th.: Moeti oa Bochabela, Morija, Sesuto Book Dept., 1907/1973

Molamu, L./Molokomme, A./Somolekae, G.: Perceptions and Attitudes of Botswana Mineworkers towards the South African Gold Mines, with special reference to living and working conditions, legal issues and trade unions, (International Labour Organization, Working Paper/ International Migration for Employment), Geneva September 1987

Molokomme, A.: The Woman's Guide to the Law, Gaborone (Botswana Ministry of Home Affairs) 1984

Molutsi, P.P.: Botswana's Councillors and Members of Parliament: Who and What do they Represent?, Paper presented at the Symposium on Democracy in Botswana, 1.-5. August 1988 (hektogr.)

Molutsi, P.P.: The Ruling Class and Democracy, Paper presented at the Symposium on Democracy in Botswana, 1.-5. August 1988 (hektogr.)

Molyneux, T.G.: Gold Section of SEDGE Botswana Ltd.: Prospecting in Tati Concession, unpubl. report (GS Lobatse) 1971

Morgan, E.Ph.: Botswana – Democratic Politics and Development, in: Carter, G./O'Meara, P. (Hrsg.): Southern Africa in Crisis, Bloomington 1977

Morrison, S.: Dilemmas of Sustaining Parastatal Success: The Botswana Meat Commission, in: IDS Bulletin (Brighton) 17 (Jan. 1986) 1, p. 30-38

Morton, F./Ramsay, J. (Hrsg.): The Birth of Botswana. A History of the Bechuanaland Protectorate from 1910-1966, Gaborone 1987

Mosley, P.: The Southern African Customs Union – A Reappraisal., in: World

Development, Vol.6, No.1, Jan. 1978

Mothlathledi, F.O./Romahn, B.: Developing an Energy Master Plan for
Botswana, in: SADCC Energy Bulletin (Luanda) 5 (1987) 15, p. 57–61

Mtetwa, J.: Man and Cattle in Africa. A Study of Social Change in Pastoral
Societies in Botswana, Saarbrücken 1982

Murray, R.: Botswana., in: Mining Annual Review, London 1986

Mwase, N.: Reflections on the Proposed Botswana–Namibia Trans–Kalahari
Railway, in: Eastern Africa Economic Review (Nairobi) 3 (June 1987) 1
p. 65–75

National Development Plan (NDP), siehe Ministry of Finance and Development
Planning.

Ndegwa, Ph. (Hrsg.): Development Options for Africa in the 1980s and
Beyond, Nairobi (OUP), 1985

Nengwekulu, R.: Class, State, Politics and Elections in Post Colonial
Botswana, Univ. of Botswana Elections Study Group, Report of the
1984 elections in Botswana, Univ. of Botswana 1986

Nengwekulu, R.: Some Findings on the Origins of Political Parties in
Botswana, in: Pula, Vol.1979, Gaborone

Nolutshungu, S.: South Africa in Africa. A Study in Ideology and Foreign
Policy, New York 1975

Nord, M.: Sandrivers of Botswana – A Study of the Major Sandrivers of
Botswana, Phase II, SIDA, Gaborone 1985

Official Yearbook of the Republic of South Africa 1984, van Rendsburg
Publ., Johannesburg 1985

Omond, R.: The Apartheid Handbook, Middlesex England 1985

Oommen, M.A./Inganji, F.K./Ngcongco, L.D. (Hrsg.): Botswana's Economy since
Independence, Tata McGraw–Hill Publ. Company, New Delhi 1983

Owens, M. und D.: Der Ruf der Kalahari, München 1987

Pallister, D./Stewart, S./Lepper, I.: South Africa Inc. – The Oppenheimer
Empire, Simon & Schuster Ltd., London 1987

Palmer, R./Parsons, N. (Hrsg.): The Roots of Rural Poverty in Central and
Southern Africa, London/Ibadan/Nairobi/Lusaka 1977

Parson, J.: Botswana in der Peripherie Südafrikas: Die Grenzen kapitalistischer Transformation eines Arbeitskräftereservats, in: Altheimer,
G./Hopf, V.–D./Weimer, B. (Hrsg.): Botswana – Ein Lesebuch, Münster,
i.E.

Parson, J.: Botswana. Liberal Democracy and the Labour Reserve in Southern Africa, Westview Press, Boulder/Colorado und London 1984

Parson, J.: The Peasantariat and Politics: Migration, Wage Labor and Agriculture in Botswana, in: Africa Today (Denver/Col.) 31 (Sept. 1984) 4, p. 5-25

Parson, J.: The Trajectory of Class and State in Dependent Development: The Consequences of New Wealth for Botswana, in: Journal of Commonwealth and Comparative Politics (Leicester) 21 (Nov. 1983) 3, p. 39-60

Parsons, N.: Settlement in East-Central Botswana ca. 1800-1920, in: Hitchcock, R./Smith, M. (Hrsg.): Proceedings of the Symposium on Settlement in Botswana, Botswana Society, Marshalltown 1982, p. 115-128

Parsons, N.: A New History of Southern Africa, Macmillan, London & Basingstoke 1982

Parsons, Q.N.: Report on the Botswana Brigades 1965-83, National Institute for Development Research and Documentation, UB, Gaborone 1983

Passarge, S.: Die Kalahari, Berlin 1904

Peters, P.: Struggles over Meaning, Struggles over Power: Cattle, Water and the State in Botswana, in: Africa (Manchester) 54 (1984) 3, p. 29-49

Picard, L.A. (Hrsg.): The Evolution of Modern Botswana: Politics and Rural Development in Southern Africa, London (Rex Collins) 1985

Picard, L.A.: The Politics of Development in Botswana: a Model for Success? Boulder/Colorado 1987

Polhemus, J.H.: Botswana's Role in the Liberation of Southern Africa, in: Picard, L. (Hrsg.): The Evolution of Modern Botswana, London 1985

Population Reference Bureau: 1987 World Population Data Sheet, Washington/ D.C. 1987

Proceedings of a Seminar on the Mineral Exploration of the Kalahari, Bulletin 29, Geol. Survey of Botswana, Lobatse 1985

Proctor, J.H.: The House of Chiefs and Political Development of Botswana, in: Journal of Modern African Studies Nr.6 (1) 1966

Raphaeli, N. u.a.: Public Sector Management in Botswana: Lessons in Pragmatism, The World Bank (Washington/D.C.), 1984

Rees, D.: Rates of (Ex) Change, in: Leadership Vo.5, Nr.1, 1986

Reeves, C.V.: Evidence of Rifting in the Kalahari, in: Nature 237, 96-6, 1972

Rensburg v., P.: Looking Forward from Serowe, Foundation for Education with Production, Gaborone 1984

Rensburg v., P.: Report from Swaneng Hill. Education and Employment in an African Country, Dag Hammerskjöld Foundation, Uppsala 1974

Rensburg v., P.: The Serowe Brigades. Alternative Education in Botswana, publ. für Bernard van Leer Foundation by Macmillan Education, London 1978

Report of the Commissioner, 1958-59, Cape Town 1959

Retief, P.: Report of the Director-General for National Health and Population Development for the Year 1985, South Africa

Ringrose, S./Matheson, W.: Desertification in Botswana: Progress Towards a Viable Monitoring System, in: Desertification Control Bulletin (Nairobi) (1986) 13, p. 6-11

Roberts, S.: The Tswana Polity and 'Tswana Law and Customs' Reconsidered, in: Journal of Southern African Studies (London) 12 (Okt. 1985), p. 75-87

Rodeco Consulting (BRD): Coal Utilization Study, Gaborone 1976

Ross, K.: Okavango. Jewel of the Kalahari, BBC Books, London 1987

SADCC 1985: Mbabane, Proceedings of the Annual SADCC Conference, Mbabane/Swaziland on Jan. 31st and Feb. 1st, 1985, Gaborone 1985

SADCC: Draft Annual Progress Report, o.O. (Gaborone), o. J. (1988)

Sanders, A.: Chieftainship and Western Democracy in Botswana, in: Journal of Contemporary African Studies (Pretoria) 2 (April 1983) 2, p. 365-379

Schapera, I.: A Handbook of Tswana Law and Customs, Franc Cass, London 1955² (auch Cornwall 1955 und London 1977)

Schapera, I.: Chiefs and Public Opinion, in: Cohen, D.L./Parson, J. (Hrsg.): Politics and Society in Botswana, Univ. of Botswana, Gaborone 1976

Schapera, I.: Tribal Innovators. Tswana Chiefs and Social Change 1795-1940, Athlone Press, Univ. of London 1970

Seidman, A. und N.: US Multi-Nationals in Southern Africa, Dar es Salaam 1977

Seidman-Magketla, N.: Finance and Development: the Case of Botswana, in: Journal of Modern African Studies, Vol.20, No.1, 1982

Seidmann, G.: Working for the Future, Foundation for Education with Production, Gaborone 1985

Shaw, T./Aluko, O. (Hrsg.): The Political Economy of African Foreign Policy, New York 1984

Shostak, M.: Nisa erzählt. Das Leben einer Nomadenfrau in Afrika, Reinbek 1982

Silitshena, R.: Intra-rural Migration and Settlement Changes in Botswana, African Studies Centre, (ASC Research Reports 20), Leiden 1983

Silitshena, R.: Urbanization in Botswana, in: Norsk Geografisk Tidsskrift (Oslo) 38 (1984) 2, p. 109–128

Smart, T./Draper, P.: Public Health and Economic Policy: Financing the NHS, in: Lancet, Vol 2, 1985, 1233–1235

Solway, J.: Caught in the Middle: Botswana's Position in Southern Africa, in: Southern Africa Report (Toronto) 3 (Feb. 1988) 4, p. 15–17

Sommerlatte, H.: Gold und Ruinen in Zimbabwe. Aus Tagebüchern und Briefen des Schwaben Karl Mauch (1837–1875), Gütersloh 1987

South African Foundation: 1986 Information Digest

South African Institute of Race Relations: Race Relations Survey 1984, Johannesburg 1985

Southall, R.: Botswana as a Host Country for Refugees, in: Journal of Commonwealth and Comparative Politics, Vol 22 Nr. 2, July 1984

Southern Africa Labour and Development Research Unit and South African Medical Students Trust: The Economics of Health Care in Southern Africa. A Review Article, in: Social Dynamics. A Journal of the Social Sciences, Univ. Capetown, Vol 4, No 2, Dez. 1978, p. 109–161

Staugard, F.: Traditional Healers. Traditional Medicine in Botswana, Vol.I, (Ipelegeng Publ.), Gaborone 1985

Staugard, F.: Traditional Midwives. Traditional Medicine in Botswana, Vol. II, (Ipelegeng Publ.), Gaborone 1986

Stevens, M.: Aid Management in Botswana: From One to Many Donors, in: Harvey, Ch. (Hrsg.): Papers on the Economy of Botswana, London 1981

SWECO-Consult: Study of the Use Extraction and Transfer of Okavango Water for Development of the Okavango Corridor, Final Report, Gaborone 1976

Tankard, A.J./Jackson, M.P.A./Erikson, K.A./Hobday, D.K./Hunter, D.R./ Minter, W.E.L.: Crustal evolution of Southern Africa – 3.8 billion years of earth history, Springer-Verlag, New York 1982

Taylor, J.: The Pattern and Consequences of Declining Mine Labour Recruitment in Botswana, Geneva: ILO, 1987

The World Bank: Financing Adjustment with Growth in Sub-Saharan Africa 1986–1990, Washington 1986

Thompsom, C.: Challenge to Imperialism. The Frontline States in the Liberation of Zimbabwe, Harare 1985

Tlou, Th./Campbell, A.: History of Botswana, Macmillan Botswana, Gaborone 1984

Tlou, Th.: A History of Ngamiland 1750 to 1906. The Formation of an African State, Macmillan Botswana, Gaborone 1985

Tredten, I.: Rural Development and the Role of Power Relations. A Case Study on Flood Plain Agriculture from North Western Botswana, Bergen/Norwegen (Chr. Michelsen Institute, Derap Publ.) 1985

United Nations (Hrsg.): Convention and Protocol Relating to the Status of Refugees, 1981

Veenendal, E.M./Opschoor, J.B.: Botswana's Beef Exports to the EEC: Economic Development at the Expense of a Deteriorating Environment, Amsterdam 1986 (Institute for Environmental Studies, Free University)

Vengroff, R.: Botswana. Rural Development in the Shadow of Apartheid, Ass. Univ. Presses, Canbury New Jersey 1977

VIAK-Consulting: Eastern Botswana Regional Water Study, Ministry of Mineral Resources & Water Affairs, Gaborone 1984

Waarden, van C.: Places of History and other Interest in and around Francistown, Francistown 1986

Watanabe, B./Mueller, E.: A Poverty Profile for Rural Botswana, in: World Development (Oxford) 12, (Feb. 1984) 2, p. 115-127

Weimer, B.: Arbeitspapier betr.: Südafrika gegen SADCC, Stiftung Wissenschaft und Politik, SWP-AP 2510, März 1987

Weimer, B.: Auswirkungen von Wirtschaftssanktionen gegen Südafrika auf die Southern African Development Coordination Conference (SADCC), in: Maull, H. (Hrsg.): Südafrika: Krise ohne Ausweg?, Leverkusen, i.E.

Weimer, B.: Botswana. Weidewirtschaft und Ökologie, in: Informationsdienst Südliches Afrika (Bonn), Aug./Sept. 1986, 5, p. 11-13

Weimer, B.: Botswana., in: Nohlen, D./Nuscheler, F. (Hrsg.): Handbuch der Dritten Welt, Bd. 5, Hamburg 1982[2]

Weimer, B.: Der Konflikt im Südlichen Afrika - eine Kommunikationsstörung?, in: Senghaas, D. (Hrsg.): Regionalkonflikte in der Dritten Welt, Baden-Baden, i.E.

Weimer, B.: Die Allianz der Frontlinien-Staaten im südlichen Afrika: Vom "Mulungushi-Club" (1974) zum "Nkomati-Akkord" (1984), Stiftung Wissenschaft und Politik (SWP-S 316), Ebenhausen 1985

Weimer, B.: Die Zollunion im Südlichen Afrika - ein Stabilitätsfaktor in einer instabilen Region?, in: Afrika Spectrum, Vol.19, No.1, 1984, p. 5-23

Weimer, B.: Reiche Bauern - Zerstörte Umwelt. Zum Zusammenhang von Ökonomie, Ökologie und Entwicklungspolitik, dargestellt am Beispiel der Rindfleischerzeugung in der BRD und der Republik Botswana, in: Afrika Spectrum, 19 (1984) 3, p. 253-268

Weimer, B.: Rich Farmers - Poor Environment. Economy and Ecology of Beef Production in Botswana and West Germany, Vilsheim 1987 (DGFB-Diskussionspapier No.1)

382

Weimer, B.: Symposium on Democracy in Botswana. Konferenzbericht, in: DGFB-Rundbrief No.4, Dezember 1988

Weimer, B.: Unterentwicklung und Abhängigkeit in Botswana. Untersuchung einiger politisch-ökonomischer Determinanten, Hamburg 1981 (Arbeiten aus dem Institut für Afrika-Kunde, No.29)

Werbner, R. (Hrsg.): Land Reform in the Making: Tradition, Public Policy and Ideology in Botswana, London (Rex Collins) 1982

Whiteside, A.: Development Planning in the Third World: Education in Botswana. A Case Study, in: Development Southern Africa (Sandton/RSA) 1 (Nov. 1984) 3-4, p. 343-358

Whiteside, A.: Industrialisation in Southern Africa: Policies and Results, o.O. (Durban), 1987 (Univ. of Natal, Economic Research Unit, hektogr.)

WHO: Apartheid and Health, Genf 1983

WHO: The Use of Essential Drugs, Technical Report Series 722, Genf 1985

Wikner, T.: Sandrivers of Botswana - A Reconnaissance of the Major Sand-rivers, SIDA, Gaborone 1980

Wyndham, C.H.: Trends with Time of Cardiovascular Mortality Rates in the Populations of the RSA for the Period 1968-1977, in: South African Medical Journal, Vol.61, No.26, 1982, p. 987-993

Zeitschriften (Auswahl), in denen regelmäßig über das südliche Afrika berichtet wird:
Africa (Manchester, U.K.)
African Affairs (Oxford Univ. Press, U.K.)
Africa Analysis (Africa Analysis Ltd., London, U.K.)
Africa Confidential (Mitcham, U.K.)
Africa Insight (Pretoria, RSA)
African Business; New African (IC Publications, London, U.K.)
Africa Today (Denver/Colorado, USA)
Afrika Spectrum (Hamburg, BRD)
Facts and Reports (International Press Cuttings on Southern Africa, publ. by the Holland Commitee on Southern Africa, Amsterdam, NL)
Informationsdienst südliches Afrika (Bonn, BRD)
Journal of Modern African Studies (Cambridge, U.K.)
Journal of Southern African Studies (London, U.K.)
South (South Publications Ltd., London, U.K.)

Autorenverzeichnis

Brunborg, Helge	Dr., Ökonom und Demograph; Tätigkeit im Central Statistics Office in Gaborone/Botswana; gegenwärtig Dozent für Demographie am Department of Demography der University of Botswana, Gaborone.
Dittmar, Fritz	Lehrer; im Rahmen der Entwicklungshilfe von 1983 bis 1986 Tätigkeit als Dozent für Naturwissenschaften am Teacher Training College, Lobatse/Botswana.
Elsenhans, Hartmut	Dr., Professor für Internationale Beziehungen an der Universität Konstanz. Schwerpunkte: Algerien, Westafrika, Nord–Süd–Beziehungen.
Hasse, Rolf	Dipl. Ing. Architekt; zehn Jahre Tätigkeit in Afrika im Rahmen der Entwicklungshilfe; von 1977 bis 1980 Sen. Architect am Ministry of Works, Dar es Salaam/Tanzania; von 1983 bis 1987 Town Architect im Town Council Lobatse/Botswana; seit 1988 Sen. Architect im City Council Harare/Zimbabwe.
Hoffmann, Klaus	Dr., Arzt; von 1983 bis 1986 Medical Officer in Charge, Tsabong Health Centre/Botswana, vermittelt durch "Dienst in Übersee".
Hoyer v., Michael	Dr., Hydrogeologe; als Mitarbeiter der "Bundesanstalt für Geowissenschaften und Rohstoffe", Hannover, seit 15 Jahren Einsatz in Entwicklungsländern, v.a. Afrika; seit 1982 Leiter der Abteilung Hydrogeologie im Geologischen Dienst von Botswana.
Meyns, Peter	Dr., Professor für Internationale Beziehungen und Entwicklungspolitik an der Universität – GH –Duisburg; regelmäßige Forschungsaufenthalte im südlichen Afrika, v.a. in Zambia, Botswana, Mozambique und Zimbabwe.
Mngaza, Yaliso	B.A., M.S., Soziologe; bis 1983 Dozent am Department of Sociology der University of Botswana, Gaborone; seitdem Planning Officer des Botswana Ministry of Local Government and Lands.

Molema, Leloba	Dr., Literaturwissenschaft und Philosophie; Dozentin für moderne afrikanische Literatur an der University of Botswana, Gaborone.
Molokomme, Athaliah	B.L., M.L., Juristin; bis 1987 Dozentin an der Faculty of Law der University of Botswana, Gaborone; gegenwärtig Promotion an der Universität Leiden/Niederlande.
Nengwekulu, Ranwedzi	M.A., Soziologe; Public Relations Officer der South African Student's Organization bis zu deren Verbot; derzeit Dozent am Department of Political and Administrative Studies der University of Botswana, Gaborone.
Nthobatsang, Sophisto	Lehrer; Dozent für Sozialwissenschaften am Teacher Training College Lobatse/Botswana.
Sell, Katrin	Lehrerin; von 1983 bis 1987 im Rahmen der Entwicklungshilfe tätig als Lehrerin für Mathematik an der Serowe Secondary School, Serowe/Botswana.
Staugard, Frants	Dr., Arzt; Professor für Öffentliches Gesundheitswesen, Nordic School of Public Health, Gotenborg/Schweden; Tätigkeit als Arzt in Dänemark, Schweden, Norwegen und Kanada; von 1978 bis 1985 Regional Medical Officer und Epidemiologe in Botswana.
Weimer, Bernhard	Diplom-Volkswirt; 1975 bis 1978 Research Fellow, University of Botswana; seit 1980 wissenschaftlicher Referent, Afrika-Fachgruppe der Stiftung Wissenschaft und Politik, Ebenhausen.
Zeil, Peter	Dipl. Geophysiker; von 1983 bis 1986 als Consultant im Auftrag der "Bundesanstalt für Geowissenschaften und Rohstoffe", Hannover, Mitarbeiter im Geologischen Dienst von Botswana; seit 1988 Dozent am International Institute for Aerospace Survey and Earth Sciences (ITC), Delft/Niederlande.
Zeil-Fahlbusch, Elisabeth	Dr., Philosophie und Sozialwissenschaften; freie Lektorin; in Botswana von 1983 bis 1986, Schulunterricht und Dozentin an der University of Botswana, Gaborone.

Summary

The purpose of this anthology is to give a general overview of the Republic of Botswana as part of the Southern African region. Starting with an introduction to the geographic features and natural resources of the country and to the history of the Batswana people, the main focus of the book rests on Botswana's social, economic and political developments over the more than 20 years since she became independent of British rule in 1966, and her future outlook within the context of Southern Africa with apartheid South Africa being the dominant economic as well as political and military factor.

Botswana is a sparsely populated, landlocked country, 80% of her 582000 km² surface being made up by Kalahari grass and bush savannah. The vast majority of her 1.2 million inhabitants live along the Eastern hills which form the border with South Africa and Zimbabwe respectively. The backbone of the economy is the export of diamonds and beef. Botswana is economically linked to the Southern African Customs Union (SACU) and politically committed to the cause of the Frontline States and the Southern African Development Co-ordination Conference (SADCC). (Chapter 1.1)

Inhabited from early times by San hunter/gatherers and pastoralist Khoe, iron age civilisations of Bantu-speaking farmers developed from 200 A.D. at the fringes of the Kalahari. From about 1500 A.D. peoples of Tswana and Kgalagadi lineages, which had formed out of the large tribal grouping of the Sotho, began crossing the Molopo and Limpopo rivers into what is present day Botswana, and established feudal states. The two radical and – for the Tswana States of the Ngwaketse, Ngwato, Kwena, Kgatla and Tawana – crucial changes of the 19th century were the Difaqane, a 30 years period of intense tribal warfare caused by pressure on land and population explosion and sparked off by the expansion of the Zulu state under Shaka, and European colonization spreading east- and northwards from the Cape of Good Hope. For the Tswana kingdoms which slowly regained strength after the Difaqane and formed an alliance against the common threat of Ndebele invasion and Boer aggression, the European scramble for Africa resulted eventually in their dominions being proclaimed a British Protectorate (Bechuanaland Protectorate) in 1885, considered by the British a strategic bid in the powerplay with Boers to the South and Germans to the South West. This fact would be decisive for the future as it saved Botswana from

the fate of being swallowed by either South Africa or Cecil Rhodes'
Southern Rhodesia who claimed it throughout the colonial era. Transition to
independence, which had been called for by the African nationalist movement since the 1950s, was smooth resulting in the setting-up of a multi-
party democratic constitution and general elections in 1965. A year later
the Republic of Botswana became fully independent under president Sir
Seretse Khama, leader of the Botswana Democratic Party (BDP) which had
won an overwhelming majority in the elections. Botswana's post-colonial
history is marked by internal poltical stability - with the BDP having been
re-elected ever since - and by economic progress from one of the poorest
countries in the world to one of Africa's richest states today. (Chapter 1.2).
Botswana's climate is semi-arid with frequent periods of drought (Chapter
2.1) and scarcity of surface water forcing the country to rely partly on
non-renewable aquifers. Thus supply and distribution of water to the
growing urban areas and industrial centres is a matter of particular con-
cern in the country's development. (Chapter 2.2).
Though ancient small scale mining sites in the East and North East of Botswana (iron, copper, gold) are numerous, it was only in the late 1960s that
unexpected mineral wealth was discovered beneath the Kalahari sands.
Besides copper/nickel (Selebi-Phikwe), coal (Morupule) and large soda ash
deposits (Sua Pan) it is above all the large resources of diamonds mined at
Orapa, Lethlakane and Jwaneng that have spinned off Botswana's economic
development since the mid 70s and made it into an unprecedented "African
growth economy". (Chapter 2.3).
Chapter 3 tries to evaluate Botswanas economic achievements, problems and
prospects from different points of view. Chapter 3.1 gives a historical out-
line of Botswana's political economy stressing the continued allegiance of
the vast majority of the rural people to the traditional ruling class which
overlaps with the post-independence petty bourgeoisie. Chapter 3.2 centres
on Botswana's industrialization opportunities as an export-geared mining
economy with a very small domestic consumer market pointedly stating that
as such not only are her prospects for independent expansion of the manufacturing sector limited but moreover does she face the danger of de-
industrialization, because high government revenues from the mining sector
have led to the neglect of production in agriculture and manufacture
resulting in the lack of freedom of both political and economic action. This
would further imply structural constraints for Botswana's continued membership of SACU and, therefore, continued political and military dependence

on South Africa. Chapter 3.3 picks up these controversial issues and, to
the contrary shows that Botswana's membership of SACU hinders rather
than encourages the country's economic development opportunities. But, as
SACU has turned out to be of increased economic importance to South Africa, Botswana has by its membership of SACU been able to gain greater
bargaining power vis à vis South Africa. Furthermore, the article points
out that, given real economic growth rates of 12% p.a. over the last 10
years, Botswana is indeed an example of unique economic success in macro-
economic terms. The diamond boom – sparking off a growing balance of
payments surplus, growing foreign exchange reserves, domestic budget
surplus and expanded development budgets – has lessened Botswana's former dependence on the customs revenues from the SACU pool and thus
given her more scope in foreign policy and trade with regard to South
Africa. At the same time, the dependence of South Africa on the regional
market including SACU has heightened due to her own economic crisis and
been intensified by international economic sanctions against South Africa.
The article indicates, too, that the diamond revenues have not only enabled
the government to expand Botswana's physical and social infrastructure
impressively – improving the standard of living also of the poor – but that
the manufacturing industry (and with that economic diversification and sec-
toral linking) have also been on the increase over the last 10 years albeit
remaining in the shadow of the mining sector. Growth, though, does not
necessarily mean development. Unemployment in the formal sector has increased dramatically, the government's employment creation policy having
therefore widely failed; the export of migrant labour to South Africa has
persisted; because of the lack of employment opportunities in the formal
sector and the crisis of subsistence farming, the informal sector has gained
increased significance. The crisis in subsistence farming comes about by
the dominance of the cattle industry and the lack of alternatives in the
agricultural sector. As a result, the inequality of rural income distribution
has widened, rural households disintegrate, urbanization rates are high and
rural underdevelopment is spreading. Thus, the article stresses, have the
four global goals of the government's development strategy only partly
been achieved. While to a certain extent "rapid economic growth" and
"greater economic independence of South Africa" have been attained, "social
justice" and "sustained development" have not. The reasons for this, so
goes the argument, are more a lack of communication – as development and
social policy are planned and implemented by the ruling bureaucracy

without participation of the concerned – than a failure of macro-economic distribution. From its analysis of South Africa's economic crisis, chapter 3.4 confirms the result of the former article that South Africa has become more dependent on the regional market and especially SACU. This makes it less likely – the focus of this article – that South Africa would take severe retaliatory economic measures against Botswana in consequence of international sanctions against herself as these means would rob her of calculable and secure markets. On the other hand, it seems more likely that Botswana will face a period of sustained economic and military pressure on the part of South Africa. Moreover, economic sanctions could also have some positive effect on Botswana's economy as South African companies might move into Botswana, thus avoiding sanctions at home and securing themselves access to international as well as Southern African markets including South Africa herself.

Botswana has a rich cultural heritage much of which has yet to be studied (Chapter 4). The main pillars of traditional Tswana socio-political order are the institutions of the "bogosi" (chieftainship) and the "kgotla" (the tribal meeting as well as meeting place). Magico-religious beliefs and practices and the traditional Tswana healing system ("Bongaka ya Setswana") are still of great significance to the majority of the people. In his attitudes and practice is the traditional healer ("ngaka") guided by a commomly accepted frame of reference to interpret the experiences and problems of his clients, defining illness not only by 'objective' symptoms but rather psychologically by the absence of harmony in interpersonal relations and spending more effort on preventing social disruption than on curative actions. As mediator between the dead (the ancestors) and the living, as well as between the destructive and positive forces amongst the living, his role is essentially to restore permanently the spiritual and moral identity and integrity of the community. In a rapidly changing society like Botswana's today, this role is of great importance. It is indeed to be observed that the traditional Tswana healing system and the imported Western health care system co-exist as parallel institutions operating under completely distinct presuppositions and responding to different needs of the population. (Chapter 4.1). This issue will be taken up again later in the book. (see Chapter 6.4 below). Chapter 4.2 gives, with the example of a Tswana love song, an insight into oral Tswana literature, tracing its authenticity and setting in its social and cultural context by revealing its artistic structure and content as a true ex-

pression of Tswana ways of life and human identity as opposed to aliena-
tion and dispossession. The third article in this Chapter, however, deals in
a critical perspective with the cultural and legal aspects of the status of
women in traditional Tswana society as well as in the present day legal
system, pointing out the discriminatory relicts in the latter and making
proposals for their scrapping in order to give women the chance of fully
participating in the development process of modern Botswana society.
(Chapter 4.3).

Botswana is currently experiencing one of the highest rates of population
growth in the world (3.5% p.a.) caused by increased life expectancy and re-
duced infant mortality, which compare favourably with the rates in South
Africa's black population as well as with those in all other Southern African
countries, and high fertility rates. The achievements of the former are due
to enhanced health care and better general standards of living conditions
and it can be expected that these rates will still improve till 2011. Fertility
rates have not yet started to drop, meaning not only further population
growth but also perpetuation of Botswana's youthful age structure. Today
almost half of the population are children, forcing the country to not only
continued but accelerated efforts in expanding the education and health
sectors and in the creation of employment opportunities. The prospects for
that should be good if current economic growth rates can be maintained,
but whether Botswana's natural resources will suffice for a population
which will have doubled in the coming 30 years is an open question.
(Chapter 5.1).

Given Botswana's high urbanization rate, housing is another implication of
the population growth. The traditional settlement pattern in Botswana is the
three-site-system, families having their main residence in an agrotown or
bigger village, moving to the lands according to season and sending some
family members or hired personnel to the mostly far outlying cattle posts
to tend the cattle. The agrotown centred around the residence of the chief
and the "kgotla" is a unique type of spaciously laid out 'urban' settlement
of Botswana's rural areas, being neither a town in the Western sense nor
for historical reasons a village. With the exception of Francistown (which
grew out of a mining settlement) and Lobatse (which originated as a railway station) towns in the Western sense only developed after independence
and were planned by foreign consultants (Gaborone and the mining towns
Selebi-Phikwe, Orapa and Jwaneng). The government's urban development
policy is geared towards slowing down urbanization by giving financial

preference to the rural areas and refering the responsibility for urban development to the towns themselves but these often still lack both appropriate funds and human resources. Botswana's Self Help Housing Programme to prevent urban squatting, organized by the Ministry of Local Government is, however considered highly efficient while the central government housing programme is marked by a diffuse policy of finance and subsidies favouring the better-off, and high building standards and costs which are not met by appropriate rents. (Chapter 5.2).

As a result of colonial neglect, Botswana's social infrastructure was extremely poor at independence. The efforts of the government since then in providing educational and health facilities, though, are tremendous (Chapter 6). Primary and secondary education is free for all, enrolment rates comparing favorably with other African countries. Since 1982 Botswana has a national university with steadily growing registration rates. The expansion of vocational training has been given top priority in Botswana's current National Development Plan as the country's needs for skilled manpower in all technical fields are still considerable. (Chapter 6.1). The brigades, a model of community initiative to provide on-the-job training within a programme of production that could recover costs, for primary school leavers otherwise lacking any prospect of aquiring craft skills, and first promoted by P. v. Rensburg in Serowe, remain of significance as an alternative in rural areas even if somewhat marginalized by the government adopted option of expanding formal vocational training. (Chapter 6.2). Botswana's national health care system, designed according to the WHO recommendations of primary health care, is amongst the most successful achievements of Botswana's social policy (Chapter 6.3). The article contains the relevant data (medical personnel, health facilities, spectrum of disease, indicators of health care like mortality and life expectancy, psychiatry, drug catalogue and government spending) stressing the high cost efficiency in Botswana's health sector. Chapter 6 is rounded off by an analysis of the traditional Tswana healing system advocating a co-operation based on mutual respect and interest between the modern health care sector and the various traditional healers for the benefit of both and the health needs of the population as a whole. (Chapter 6.4).

A portrayal of Botswana would be incomplete without regarding her political status within Southern Africa as a whole. Given her geographic position and her economic ties with South Africa – to a large extent a result of colonial legacy –, her post-independence attitude to South Africa deserves particular attention (Chapter 7). Botswana's regional policy, being very well aware of the limits of its options, is above all marked by continuity and pragmatism, and has earned the country a high reputation in Southern African politics. Botswana has never (nor could she have) claimed a leading role in the regional liberation struggle but she has always fought against apartheid with all means available to her, her own history and post-independence path being a striking example of non-racialism. In the face of an unequal balance of power, Botswana has maintained a functional relationship with South Africa but has not established formal diplomatic relations, nor has ever accepted development aid from South Africa. Botswana resisted both South Africa's CONSAS attempt of 1979 and a Nkomati type non-aggression pact launched by South Africa in 1984 after the Nkomati accord with Mozambique, though conceding to South Africa by never allowing Botswana territory to be used as a launching pad for military attacks on South Africa and by closely monitoring the movements of South African refugees in the country. According to the maxim 'that one cannot chose one's neighbours but can chose one's friends' Botswana has from the start, sought political and economic co-operation with the other African states in the region, based on the Lusaka Manifesto of 1969. She was a co-founder of the alliance of the Front Line States (1975) aiming at peaceful change in Southern Africa, and in 1979 was the initiator of SADCC adhering to its goals and means despite South Africa's destabilization policy, intensified since the beginning of the 1980s. (Chapter 7.1).

Attempts at destabilizing its neighbour states by economic, military and political means has always been a component of South Africa's foreign policy in the region supposedly to fight off so called communist onslaught or, strictly speaking, threats to white minority rule. Despite her moderate standing Botswana has also been hit. In June 1985 12 people were killed during a military raid by South African defence forces on Gaborone aimed at South African stated bases of the ANC, and other raids were to follow. As there are no ANC bases in Botswana operations of this kind carried out by South Africa obviously serve to intimidate Botswana and her people but, moreover, to reassure South Africa's whites of the power of the state. (Chapter 7.2). Botswana has, throughout her history been a host country for refugees. After independence Botswana subscribed to the UN Refugee Convention (1969) and firmly holds on to her policy of giving asylum to political refugees despite South African warnings. (Chapter 7.3).

HAMBURGER BEITRÄGE ZUR AFRIKA-KUNDE

Band 30

LUDWIG GRUBER

Landwirtschaftliche Kooperation zwischen Europäischer Gemeinschaft und Afrika im Rahmen der Lomé-Abkommen

Fallstudien zum Zucker- und Rindfleischhandel

Der zwischen EG und Ländern Afrikas, der Karibik und des Pazifik (AKP) 1975 erstmals abgeschlossene und im fünfjährigen Rhythmus erneuerte Lomé-Vertrag bildet das Kernstück der europäischen Entwicklungszusammenarbeit mit der Dritten Welt. Die vorliegende Neuerscheinung greift mit dem Zuckerprotokoll und der Handelsregelung für Rindfleisch zwei Elemente des Vertragswerkes auf, die nach Auffassung von EG-Vertretern exemplarischen Charakter für gerechtere Beziehungen zwischen Entwicklungs- und Industrieländern haben. Dieser positiven Selbsteinschätzung von offizieller Seite stellt der Autor zwei zentrale Fragen gegenüber: Hat die Gemeinschaft mit der Abnahmegarantie für jährlich rund 1,3 Millionen Tonnen AKP-Zucker vor dem Hintergrund ihrer protektionistischen Zuckermarktpolitik tatsächlich einen ernsthaften Beitrag zu einem Ausgleich zwischen Nord und Süd in den internationalen Handelsbeziehungen erbracht? Ist es durch die Abnahmegarantie für jährlich rund 18 000 Tonnen Rindfleisch aus Botswana gelungen, die dort bestehenden Einkommensdisparitäten im ländlichen Milieu abzubauen und die Entwicklungschancen der ärmeren Bevölkerungsgruppen zu verbessern?

Im ersten Teil der Studie wird aufgezeigt, daß die EG trotz Abschluß des Zuckerprotokolls zu jedem Zeitpunkt der Durchsetzung ihrer eigenen zuckerpolitischen Interessen oberste Priorität eingeräumt hat. Dieser Zielsetzung wurden ihre zumindest verbal erhobenen entwicklungspolitischen Ansprüche zum Schaden aller zuckerexportierenden Entwicklungsländer einschließlich der AKP-Staaten untergeordnet. Im zweiten Teil werden unter Einbeziehung der sozioökonomischen Gegebenheiten in Botswana die Folgen der in den Lomé-Verträgen verankerten Rindfleischpräferenz dargestellt. Im Ergebnis zeigt sich, daß gerade die ärmeren Bevölkerungsgruppen nicht von der Belieferung des EG-Marktes profitieren können. Dagegen ist in erster Linie eine dünne Schicht großer, politisch einflußreicher Rinderhalter Hauptnutznießer der Handelsbestimmung. Für die Masse der ländlichen Bevölkerung hingegen verschlechtern sich fortlaufend die Entwicklungschancen. Ursache hierfür ist die intern verfolgte Agrarstrategie, die in engem Zusammenhang mit der Belieferung des EG-Marktes gesehen werden muß. (XII, 406 S., 19 Tab., 5 Abb., 2 Kt., ISBN 3-923519-74-5)

INSTITUT FÜR AFRIKA-KUNDE. HAMBURG 1987

AFRIKA SPECTRUM

ist eine wissenschaftliche Zeitschrift für moderne Afrikaforschung. Die Beiträge sind schwerpunktmäßig auf verschiedene, anwendungsorientierte Problematiken ausgerichtet. Die Hefte enthalten außerdem Kurzbeiträge, Rezensionen und den juristischen Dokumentationsteil "Aus afrikanischen Gesetzblättern", für den die Gesetzblätter von rd. 50 afrikanischen Ländern und Organisationen ausgewertet werden. Afrika Spectrum wendet sich an alle Vertreter von Wissenschaft und Praxis mit afrikabezogenen Interessen.

Themen bzw. Schwerpunktbereiche:

Heft 81/1   Algerien: Industrie; Landwirtschaft; Öl und Gas; Planification; Sozialpolitik; Technologiepolitik; Hochschulen und Forschung

Heft 81/2   Beziehungen OAU-Arabische Liga - Tanzania: Wahlen 1980 - Somalia: Wirtschaft - Zaire: Verschuldung - National Party of Nigeria - Benin: Entwicklungsweg

Heft 81/3   SADCC - Zimbabwe: Wirtschaftspolitik; Verkehrskooperation - Mosambik: Dienstleistungsökonomie - Malawi/Lesotho: Entwicklungsweg

Heft 82/1   Islam im heutigen Afrika - Koranschulen und Erziehung in Nordnigeria - Mauretanien: Politische Entwicklung - Liberia: Seeschiffahrt - Nigeria: Indigenisierung

Heft 82/2   Marokko: Innenpolitik; EG-Assoziierung - Nigeria: Prioritäten sozialwissenschaftlicher Forschung; Außenpolitik; Erdöl

Heft 82/3   VR Kongo: Ernährungspolitik - Mauritius: Ferntourismus - Liberia: Innenpolitik - Regionale wirtschaftliche Zusammenarbeit - EG-ECOWAS - Afro-arabische Zusammenarbeit

Heft 83/1   Afrika: Ländliche Produktionssysteme - Traditionelle Erziehungsmuster - Zaire: Stabilität - Lesotho: Industrie - Elfenbeinküste: Entwicklungsplan

Heft 83/2   Äthiopien: Agrarreform - Ghana: Wirtschaft - Stadtentwicklung: Lusaka - Nordkamerun: Islam - Grenzen: Afrika; Ghana-Togo

Heft 83/3   Senegal: Wahlen - Elfenbeinküste: Entwicklungsweg - Südafrika: Kirchen und Staat - Zimbabwe: Bildungssystem - Pastoral-nomadischer Sektor

Heft 84/1   Südliches Afrika: Zollunion (SACU), SADCC v. RSA - Zambia: Kupferökonomie - Algerien: Eisenbahn

Heft 84/2   Afrika: Grundbedürfnisse - Äthiopien: Entwicklungsplanung - Somalia: Nomadismus - Sierra Leone: Holzkohle

Heft 84/3   Ökologie und Sozialstruktur im Sahel - Zaire: Ernährung - Botswana: Rindfleischproduktion - Nigeria: Experten/Bauern - Japan: Rohstoffe in Afrika - Afrika: Militär

Heft 85/1   OAU - Südafrika: Gewerkschaften - Schwarzafrika: Agrarpolitik und Ernährung - Mosambik: Bildung und Gesellschaft - Nordnigeria: Grundbesitzverhältnisse

Heft 85/2   Afrika: USA/UdSSR/China - Ökonomische und wissenschaftlich-technische Zusammenarbeit RGW-Afrika - UdSSR und Nigeria - Nigeria: Parteipolitik 1979-1983

Heft 85/3   Franc Zone in Afrika - USA: Südafrikapolitik - Zentralkamerun: Informelles Gewerbe - Nigeria: Parteipolitik - Sudan: Frauen und Bewässerungswirtschaft

Heft 86/1   Nigeria: Außenwirtschaft; Agro-Business - Zimbabwe: Schule und ländliche Entwicklung - Mauritius: Gewerkschaften

Heft 86/2   Nigeria: Außenwirtschaft; Primarschulen - Swasiland: Außenpolitik - Botswana: Wahlen 1984 - UDEAC - Somalia: Wirtschaftspolitik

Heft 86/3   Afrika: Grundbedürfnisse - Westsahara-Konflikt - Kongo: Ländliche Entwicklung - Afro-Arabische Beziehungen - Mosambik: Wirtschaft - Nigeria: Außenpolitik

Heft 87/1   Afrika: Agroindustrie; AIDS; Krise und Entwicklungspolitik - Tanzania: IWF-Abkommen - Sudan: Rolle der Frau

Heft 87/2   Madagaskar: Reismarkt - Äquatorialguinea: Schwierige Rehabilitation - Burkina Faso: Thomas Sankara - Nigeria: Nachrichtendienste - Niger: Legitimität und Souveränität

Heft 87/3   Horn von Afrika: Ogadenkrieg - Ghana: Politische Kosten der Strukturanpassung - Nigeria: Gesundheitsdienste; Außenpolitik

Heft 88/1   Südliches Afrika: Pretorias Totale Strategie; Inkatha - Guinea: Wirtschaftsstruktur - Senegal: Wahlen - Kamerun: Strukturanpassung

Heft 88/2   Uganda: Ländliche Industrialisierung - Senegal: Demokratie - Nigeria: Militär; Hagg

Heft 88/3   Äthiopien: Ländliche Entwicklung - Nigeria: Demokratie und Dritte Republik - Mauretanien: Militärregierung - Afrika: Giftmüllexporte

Heft 89/1   Horn von Afrika: Flüchtlingsprobleme - Zambia: Entwicklung und Ökologie; Wahlsystem - Angola: Landwirtschaftspolitik

Jahresabonnement (3 Hefte) DM 70,- zuzüglich Versandkosten, Einzelheft DM 25,-

zu beziehen durch:

Institut für Afrika-Kunde
Neuer Jungfernstieg 21
D-2000 Hamburg 36
Tel.: 040 / 35 62 523

ARBEITEN AUS DEM INSTITUT FÜR AFRIKA-KUNDE
Heft 49

AXEL HARNEIT-SIEVERS

SWAPO of Namibia
Entwicklung, Programmatik und Politik seit 1959

Innerhalb der Auseinandersetzung um die Unabhängigkeit Namibias stellt die "South West Africa People's Organization of Namibia" (SWAPO) einen der zentralen Akteure dar. Wesentliches Ziel der vorliegenden Arbeit ist es, historische, politische und programmatische Entwicklungslinien der SWAPO nachzuzeichnen und an einigen Stellen vertieft zu analysieren. Dabei wird zunächst der Versuch unternommen, bisher weitgehend verstreut vorliegende Informationen zur Geschichte und politischen Entwicklung der SWAPO zu sammeln und in einen einheitlichen Kontext zu bringen; ein Schwergewicht liegt dabei auf den 1960er Jahren. Sodann wird die Parteikrise von 1975/76 (u.a. anhand unveröffentlichter Dokumente) als Ausgangspunkt einer wichtigen Reorganisationsphase der SWAPO, die zu organisatorischen wie auch programmatischen Neuerungen von dauerhafter Bedeutung führte, untersucht. Schließlich werden das SWAPO-Programm - und andere programmatische Äußerungen, die von ihm zum Teil deutlich abweichen - sowie das tatsächliche Verhalten der Organisation in den internationalen Verhandlungen um Namibia seit 1978 miteinander konfrontiert, um den politisch-programmatischen Kern der SWAPO einerseits und potentiell verhandlungsfähige Positionen andererseits herauszuarbeiten.

Die Untersuchung kommt zu dem Ergebnis, daß die SWAPO im wesentlichen eine "nationalistische", d.h. primär auf die Erringung der politischen Unabhängigkeit hin orientierte Bewegung geblieben ist. Sie scheint aus einer angenommenen sicheren Machtposition heraus zu Zugeständnissen im Hinblick auf eine Machtteilhabe anderer politischer Gruppen in einem unabhängigen Namibia bereit zu sein; deutlich ist ebenso ein großer Pragmatismus in ökonomischen und sozialen Fragen. (III, 195 S., ISBN 3-923519-60-5, DM 28,-)

INSTITUT FÜR AFRIKA-KUNDE. HAMBURG 1985